CONTEMPORARY LOGISTICS

物流学

（第12版）（TWELFTH EDITION）

Business Administration Classics
工商管理经典译丛·运营管理系列

小保罗·墨菲（Paul R. Murphy，Jr.）
迈克尔·克内梅耶（A. Michael Knemeyer） 著
杨依依 译

中国人民大学出版社
·北京·

译者序

本书是由美国约翰卡罗尔大学的小保罗·墨菲教授和俄亥俄州立大学菲舍尔商学院物流专业的迈克尔·克内梅耶教授合著的《物流学》(第 12 版)(Contemporary Logistics, 12th Edition)的译著，它是一本全面阐述物流管理的教材，适合管理类本科生和 MBA 学生使用，也适合从事物流和供应链管理的实际工作者阅读。

世界各地地缘政治局势的紧张、各国和各大洲之间的商业贸易稳定增长、严重的自然灾害导致的供应链的脆弱、技术的进步等给物流管理者既提出了挑战，又创造了机遇。本版反映了物流学科的这些特点，并增加了一些新的内容，如人道救援物资物流、仓储和库存管理的绩效衡量、采购组合方法等。本版每章都有一些修订，增加了一些新的例子和参考文献，书中的数据和图表在上一版的基础上进行了修正或更新。

本版有以下几个特点：

1. 体系合理、完整。第 1 篇阐述与物流有关的基本概念、信息技术在物流管理中的应用、物流战略与企业财务绩效之间的联系，讨论物流中的组织和管理问题。第 2 篇主要讨论供应链管理的概念及采购管理。第 3 篇详细阐述物流系统的几个要素，包括需求管理、订单管理、顾客服务、库存管理、设施选址、仓储管理、包装和物料搬运、运输与运输管理以及国际物流。

2. 实用性强。作者有着丰富的企业咨询经验，因此本书内容具有很强的实用性。尽管书中大部分内容都以美国为背景，但其中涉及的方法完全可以用来分析解决我国的物流管理问题。

3. 体例规范，图文并茂。每章开头设有学习目标，章末设有小结、关键术语、讨论和复习题、建议读物以及案例等。

本书由武汉科技大学杨依依副教授翻译。

本书的出版得到培生教育出版集团(北京)办事处和中国人民大学出版社的大力支持，在此深表感谢。

书中翻译错误或欠妥之处，敬请读者批评指正。

杨依依

于武汉科技大学

序　言

《物流学》（第 12 版）出版之时，企业经营的商业环境呈现以下特征：世界各地地缘政治局势紧张，各国、各大洲之间的商业贸易稳定增长，严重的自然灾害导致供应链更加脆弱，技术进步的速度有增无减。这些及其他一些事件给物流管理者既提出了挑战，又创造了机遇。物流学仍是一个有趣、令人兴奋、充满活力的学科。本版反映了物流学科的这些特点。

本版中有哪些新的内容

本版参考了评论家、读者及其他一些相关人员的意见，在结构、陈述和内容上进行了一些调整。具体如下：

- 现任职于俄亥俄州立大学菲舍尔商学院的物流专业教授迈克尔·克内梅耶成为本版的一位新合著者。在物流与供应链管理领域，迈克尔在学术上、实践上、咨询上均有丰富的经验，他为本版提供了一些新的见解和观点。
- 本版新增了一个章末案例（案例 9－1“全印度物流服务公司”），并对其他一些案例进行了修改。例如，对案例 7－1“汉迪安迪公司”、案例 11－1“Let There Be Light 灯罩公司”以及案例 14－1“纽伦堡-奥格斯堡机械公司”中的一些内容和讨论题进行了修改。
- 本版每章都有一些修订，增加了新的例子和参考文献。例如，在第 1 章关于贸易全球化的讨论中，报告了 1991—2011 年的世界贸易平均增长率（而不是第 10 版中 1997—2007 年的数据）。又如，第 14 章关于国际贸易术语解释通则（Incoterms）的讨论中，采用的是 Incoterms 2010。Incoterms 2010 在 2011 年初正式生效。
- 本版中还增加了新的内容。例如，第 1 章中对人道救援物资物流这一迅速兴起的研究领域进行了讨论。另外，第 3 章的物流活动绩效衡量指标一节中对仓储和库存管理的绩效衡量问题进行了进一步探讨。第 6 章增加了关于“采购组合方法”的内容，重点介绍了卡拉杰克组合矩阵。
- 所有包含国家和产业数据的图表都进行了修正或更新。例如，表 1－1“企业物流成本占国家 GDP 的百分比”，图 10－3“工作场所安全问题”，表 12－1“各国运输基础设施统计”。
- 本书第 11 版对每章章末的关键术语进行了修改，在书后的术语表中给出了每个关键术语的定义。本版中出现的一些新的关键术语包括人道救援物资物流、大数据、物流不确定性金字塔模型、邻近采购、总拥有成本等。
- 本书第 11 版对章末建议读物进行了调整，超过 60％的读物是 2009 年后发表的。

教师补充资料

教师可以从 www. pearsonhighered. com 网站下载补充资料。网站注册非常简单，教师可以即时了解新书目和书籍的新版本。培生公司专门的技术支持团队愿意随时帮助教师使用这些与本教材相关的网络补充资料。教师可以访问 support. pearson. com/getsuppport 了解可能遇到的常见问题以及免费的用户支持电话号码。补充资料包括：

- 教师指南；
- PPT。

本版《物流学》由小保罗·墨菲和迈克尔·克内梅耶合著，欢迎您将意见和建议发送到以下邮箱：drmurphy@jcu. edu（小保罗）和 knemeyer. 4@osu. edu（迈克尔）。小保罗和迈克尔真诚地感谢前任作者唐纳德·伍德（Donald F. Wood）、詹姆斯·约翰逊（James C. Johnson）和丹尼尔·沃德洛（Daniel L. Wardlow）对之前版本的重要贡献。

目　录

第 1 篇

物流概述

Overview of Logistics

《物流学》的第 1 篇将从多个维度介绍复杂和动态的物流主题。第 1 章物流概述，介绍物流的概念及物流日益重要的原因。将论及物流的经济影响，并讨论物流与组织内其他职能（如营销职能）的相互作用。

第 2 章介绍应用于企业各业务职能部门的常见信息管理系统，并提供这些常用的信息管理系统具体应用于物流管理的一些实例，还将探讨互联网对物流的影响及信息技术所带来的挑战。

第 3 章讨论受物流决策影响的一些战略性财务结果。将利用战略利润模型重点说明物流活动是如何影响净收入、已动用资本和已动用资本回报率等企业关键财务指标的。

第 4 章探讨物流中的组织和管理问题。首先讨论物流组织结构和组织设计，接着将讨论物流中的一些管理问题，如生产率、偷窃、恐怖主义对物流系统的影响等。

第1章 物流概述

学习目标

- 讨论物流的经济影响
- 定义什么是物流
- 分析物流日益增长的重要性
- 讨论物流的系统方法和总成本方法
- 了解企业内的物流关系
- 了解营销渠道
- 了解物流渠道中的活动
- 熟悉物流职业

1.1 物流的经济影响

尽管当今物流学科已与20世纪70年代本书第1版出版时大不相同，但物流的经济影响一直没有改变。在给物流下定义之前，我们认为讨论物流对经济的影响非常重要，你可能会惊讶于物流对经济的巨大影响。从宏观经济的角度，表1-1列举了一些国家中物流成本占其国内生产总值（GDP）的百分比。虽然各国的绝对物流成本和相对于GDP的相对物流成本各不相同，但毫无疑问，对所有国家来说，物流都是经济的重要组成部分。

表 1-1 企业物流成本占国家 GDP 的百分比

国家	物流占 GDP 百分比（%）
美国	8.5
巴西	12.0
南非	12.8
印度	13.0
中国	18.0
越南	25.0
印度尼西亚	27.0

资料来源：各个国家的经济发展报告。

更具体地说，物流在各国的经济增长和发展中起着非常重要的作用。例如，相对较高的物流成本（占 GDP 的百分比）一直制约着中国经济的发展。特别是其公路运输的高成本严重制约着中国电子商务市场的发展。[1] 同样，在印度，恶劣的道路状况和劣质的运输设备等导致物流效率低下，对印度电子商务的发展提出了挑战。[2]

除了以上宏观经济层面影响的例子外，物流的经济影响还会涉及个体消费者。这些影响可以通过**经济效用**（economic utility）的概念来解释，经济效用是产品在满足顾客的需要和需求中的价值或有用性。拥有效用、形式效用、时间效用和地点效用是四种一般类型的经济效用。很明显，物流对时间效用和地点效用有影响。

拥有效用（possession utility）是指使顾客能够占有产品的价值或效用。拥有效用受产品支付方式的影响。例如，信用卡和借记卡使顾客不用使用现金或现金等价物就可以购买产品，从而使拥有效用更容易实现。同样，相对于传统的汽车贷款，汽车租赁使顾客能够拥有更称心的车型。

形式效用（form utility）是指产品能被顾客使用并对顾客有价值。虽然形式效用通常与生产和制造有关，但物流对形式效用也会产生影响。例如，为了实现生产经济性（如更低的单位成本），一家软饮料企业可能生产成千上万箱的某种软饮料（如健怡可乐）。但你不太可能购买成千上万箱的健怡可乐（除非你正在组织一项非常大的社会活动），你通常是以较少的批量购买可乐，例如 6 罐或 12 罐。通过调配，物流可以将成千上万箱的健怡可乐拆分为顾客所需的较小数量。

地点效用（place utility）是指在顾客需要的地方提供产品，将产品从价值较低的地点移动到价值较高的地点。还是以健怡可乐为例。当健怡可乐从价值较低的地方（例如，仓库里）移动到价值较高的地方（例如，超市的货架上），地点效用就增加了。

与地点效用紧密相关的是**时间效用**（time utility），它是指在顾客需要时提供产品。认识到不同产品对时间的敏感性不同非常重要，易逝产品推迟三天交付的后果很可能比非易逝产品晚三天交付的后果严重得多。

同时实现拥有效用、形式效用、地点效用和时间效用能够大大促进（但不能保证）顾客满意。让我们来看看我以前一位学生通过网络为其在外地的女友订购情人节鲜花的经历。卖家通过允许买家信用卡支付促进了拥有效用。订购的精美花束（形式效用）在情人节送到了该女友所住的地方（地点效用和时间效用）。尽管卖方提供了拥有效用、形式效用、地点效用和时间效用，但买方对这次消费仍相当不满意。原因是：鲜花随附的问候卡上，女友的名字写错了（该男友的名字却是对的）！

1.2 物流：它是什么

现在你对物流的经济影响有了一些了解，接下来对**物流**（logistics）进行定义就非常重要了。本书采纳供应链管理专业协会（Council of Supply Chain Management Professionals，CSCMP）对物流的定义。CSCMP 是世界上最著名的物流专业组织之一。根据 CSCMP 的定义，“物流是供应链管理的一部分，它以满足顾客需求为目标，对产品、服务和相关信息在原产地和消费地之间有效且高效率地正向和逆向流动和存储进行计划、实施和控制”。[3]

让我们更详细地分析此定义。首先，物流是供应链管理的一部分。我们将在第5章详细介绍供应链和供应链管理。目前要了解的关键点是，物流是供应链这一更大概念中的一部分，供应链聚焦于组织内或组织间业务职能（如营销、生产和财务）间的协调。物流被明确认为是供应链管理的一部分，这意味着物流会影响企业及其相关联的供应链的目的和目标的实现。

CSCMP 的定义还提到物流的“计划、实施和控制”。其中“和”字尤其重要，它表明物流应当涉及所有这三项活动——计划、实施、控制——而不是仅一项或两项。请注意，CSCMP 的定义还提到“有效且高效率地正向和逆向流动和存储”。一般来说，可以认为“有效”是指“企业能否做好它所承诺过的事情？”例如，如果某个企业许诺所有的订单将在收到订单后 24 小时内发货，那么实际上有多少订单是在 24 小时内发货的呢？相比之下，“效率”可被认为是企业利用资源实现所承诺事情的好坏。例如，一些企业使用溢价的加急运输服务以掩盖其物流系统中其他部分的不足，但这样做会增高成本。

对于“正向和逆向流动和存储”，多年来物流仅关注正向的流动和存储，即那些指向消费地的流动和存储。但是，物流学科已经逐渐意识到逆向流动和存储（逆向物流）的重要性，也就是那些起始于消费地的流动和存储。虽然本书中大部分讨论仍聚焦于正向物流，但当今许多企业也意识到了逆向物流的战略和战术意义。事实上，随着一些企业及供应链意识到逆向物流成为其赢得竞争优势的机会，逆向物流也越来越受到关注。[4] 2015 年全球领先的物流服务提供商联邦快递（FedEx）收购老牌逆向物流服务企业 GENCO 就是一个很好的例证。

CSCMP 的定义还表明物流涉及“产品、服务和相关信息”的流动和存储。实际上，在当代商业环境中，物流正如它关注产品的流动和存储一样关注信息的流动和存储。FedEx 的首席执行官（CEO）和主席弗雷德·史密斯（Fred Smith）已经认识到当代物流中信息的重要性，他认为“有关包裹的信息与包裹本身一样重要”。[5] 另外，利用信息替代库存是当代物流和供应链的一个重要公理。[6] 例如，当今许多零售商的收银设备会跟踪顾客购买商品的时间和内容。

最后，CSCMP 的定义指出物流的目的是“满足顾客需求”。这一点也非常重要，原因之一在于物流战略和活动应当基于顾客需要而不是制造商或零售商的需要和能力。当代信息技术促进了企业对顾客需求的理解，使企业与顾客间能够实时互动与沟通，这也是满足顾客需求的关键。

满足顾客需求的重要性还在于：不同顾客有不同的物流需要，千篇一律的物流方法（**大量物流**（mass logistics））——每个顾客获得相同类型和水平的物流服务——会导致一些顾客被过度服务而另一些顾客没有得到足够的服务。为此，企业应当考虑**定制物流**（tailored logistics）的方法，为有相似物流需求的顾客群提供适合他们需求和需要的物流服务。[7] 例如，某零售商可能要求其所有的供应商先将产品运往零售商自营的配送中心，另一零售商可能要求其供应商将产品直接运至零售商的各个门店。

本教材中的原理不仅适用于营利性企业，也适用于政府和非营利组织。从政府的角度来说，物流与军队有着密切关系。这一点并不令人吃惊，因为物流最早就是与军队联系在一起的。让我们来看看供应链中断可能带来的潜在后果。例如，2015 年俄罗斯正式关闭北方配送网络（Northern Distribution Network），包括铁路和道路连接线，这条路线是帮助打击塔利班的国家向阿富汗提供补给的关键物流路线。[8]

社区救济食品发放中心为我们提供了物流与非营利组织相关的例子。例如，纽约城的救济食品发放中心（Food Bank of New York City）每年负责向收容所、食品分发处等 1 000 多个食品援助项目提供近 7 500 万磅①食品。从物流的角度来看，纽约城的救济食品发放中心负责收集、储存、重新包装并从其 90 000 平方英尺②的仓库配送食品。[9]

此外，**人道救援物资物流**（humanitarian logistics）是物流在非营利组织中的一个新兴应用领域。简单地说，人道救援物资物流可被定义为涉及调动人员、资源、技能和知识以帮助受到自然或人为灾害影响的人们的过程和系统。[10] 例如，遭遇灾难性的地震等自然灾害时，需要尽快找到食品和医疗物资的供应来源，并尽快进行收集、运输和配送。过去 50 年来，自然灾害的发生越来越频繁和严重，因此，在不久的将来，人道救援物资物流可能成为一个重要的主题。

1.3　物流日益增长的重要性

自 20 世纪后半叶开始，对于企业物流的正式研究以及有关交通管理和实物配

① 1 磅=0.453 6 千克。

② 1 平方英尺=0.092 903 04 平方米。

送等的最初概念就已存在。坦率地讲，大约从 1950 年到 1980 年，对物流学科重要性的认识非常有限，但是自 1980 年开始，企业物流得到越来越多的重视，部分原因在于物流学科巨大而快速的变化。下面我们将讨论物流重要性日益增长的几个主要原因。

1.3.1 经济管制的放松

在 20 世纪 70 年代和 80 年代，经济管制的大幅减少（通常被称作放松管制）放宽了政府对承运人的费率和运价、进入和退出、合并和收购等的控制。在美国运输业，这些控制尤其严格，因此价格竞争实质上并不存在，顾客只能被迫接受承运人提供的任何服务。这意味着物流管理者几乎不能控制物流系统中这一最重要的成本组成部分之一。

美国航空运输、铁路运输和汽车运输业经济管制的放松使各个承运人在定价和服务上有了灵活性。这种灵活性对物流非常重要，原因有以下几点。首先，它使企业提供前面所讨论的定制物流成为可能，也就是说企业可以指定不同的物流服务水平，其价格也能够相应地调整。其次，定价灵活性的提高可以让购买大量运输服务的企业利用少数承运人进行大量货物运输来降低其运输成本。

虽然上述讨论关注的是美国的经济管制放松，但在其他国家，似乎放松管制也有类似的影响。例如，欧洲国家间运输经济管制的放松导致这些国家的卡车货运价格降低。[11] 同样，相对于国有和国家运营的机场，商用机场的私有化使运作效率大大提高。[12]

1.3.2 顾客行为的改变

"唯一不变的是变化"是一个众所周知的商业格言。虽然顾客行为的变化通常是心理学和营销学的范畴，但这些变化也对物流有着重要的影响。下面我们将讨论顾客行为变化的几个例子（定制化顾客、改变的家庭角色、不断增加的顾客期望）及其可能对物流的影响。

定制化顾客表明顾客期望得到满足其实际偏好的、高度定制的产品提供物。应对定制化顾客的一种方法是大量定制，即企业提供为满足单个细分市场或顾客需求而设计的高度定制化产品和服务的能力。未来，**3D 打印**（3D printing）技术（增材制造）的发展也将促进大量定制。3D 打印是指从数字化文件制作三维实体的过程。[13]

此外，定制化顾客不会接受"一刀切"的方法，这意味着物流系统必须具有柔性。例如，FedEx 和联合包裹服务（UPS）等物流服务提供商为潜在顾客提供了多种运输服务选择。FedEx 和 UPS 的顾客可以选择当天交付服务、午前到达的次日交付服务、营业结束前到达的次日交付服务、午前到达的两天交付服务等。一般规则是，交付时间越早，运输成本越高。

关于改变的家庭角色，在美国大约 60%的有孩子的家庭是双职工家庭。由于这些双薪家庭的缘故，家庭食品杂货店购物体验的便利性日益受到重视。这种便利性表现在不同的方面，如延长营业时间、商品送货上门、即食的食物，这些都会对物流产生影响。对于营业时间的延长——有些商店现在 24 小时营业——零售商必须解决诸如补货货车的最佳交货时间和何时补货的问题。例如，对于 24 小时营业的食品杂货店，在店内挤满顾客时补充货架的做法不太可取。

尽管送货上门方便了买方，但食品杂货的时效性意味着应当在买方在家时送货。因此，根据买方的时间合理安排送货对于避免顾客不满意非常重要。[14] 最后，即食食物的增加意味着一些食物加工商在它们的生产设施里增加了大容量的烹饪系统。从物流的角度来看，食物加工商不断进行试验，尝试使用能够延长即食食品保质期的包装物。例如，创新的真空包装技术使得冷藏（非冷冻）微波食品现在的保质期可达到 45 天。[15]

随着时代的发展，顾客期望也在不断增加。对于这一点，大家都不会感到吃惊。这意味着过去的满意绩效水平如今可能并不适用。丰田汽车北美零部件业务就是一个绝佳的例子。为了保留顾客并减少顾客流失到其他汽车修理厂的可能性，丰田现在为一些位于主要大都市区域的丰田经销商提供汽车零部件的当天交付服务（而非次日交付）。重新设计后的丰田汽车零部件配送网络促进了当天交付的实现。[16] 同样，在线零售商亚马逊现在在美国的一些城市提供当天送达服务，在有些城市甚至提供一小时送达服务。[17]

1.3.3 技术进步

在每学年伊始，威斯康星州的比洛特学院（Beloit College）都会发布一份年度心智调查表，里面详细列出了刚入校新生的世界观。[18] 2019 届毕业生尤其值得关注，这届学生出生于 1997 年，他们从未生活在一个没有谷歌（Google）的世界里。在你一生中惊人的技术进步——从台式电脑到平板电脑、从第二代移动电话到第四代移动电话——对企业管理乃至企业物流有着深远的影响。下面我们将讨论几个技术发展影响物流的例子。

技术发展影响了渠道的设计，它使企业能够提供多种分销渠道。某些情况下，这种分销渠道是直接的（生产商和最终消费者间没有其他中间环节），最终消费者从生产商直接订货而不经过中间环节。消除生产商和消费者间的中间环节（也被称为**非中介化**（disintermediation））确实会影响物流系统的设计，因为仓库和配送中心等固定设施的数量和选址都会有所变化。另外，零售商的网店物流需要考虑的因素（例如，大量的顾客订单、订单的订货量较小）与其实体店的大不相同（例如，明确的顾客群体、订单订货量较大）。

技术发展可以提高订单拣选过程的生产率，我们将在第 7 章更详细地讨论这一问题。传统上，订单拣选通常会用到纸质拣货单。拣货单上列有特定物品及其拣选数量，但不一定列出物品在设施中的具体位置，因此要找到需拣选物品的位置可能相当费时，而且由于字迹模糊等原因，纸质拣选单经常导致拣选错误。如今，可以使用射频识别设备、语音导向拣选、机器人拣选等进行订单分拣。虽然相较于纸质拣选，这些先进的拣选技术更昂贵，但它们带来了分拣效率的极大提高。例如，相较于纸质拣选，射频识别终端可以减少大约 60%的分拣错误。[19]

货物跟踪是技术发展影响物流管理的另一个例子。在 20 世纪 80 年代早期，本书的一位作者在一家美国卡车运输企业工作，当时货物跟踪是一个耗时的、劳动强度非常大的工作，有时候可能还无法获得所需查询货物的位置状态。如今，全球定位系统可以提供货物的实时位置信息（有时距准确位置的误差不到 10 英尺①）、车辆温度信息、湿度和震动信息。这些信息对于制药和医疗保健企业尤为重要。[20]

1.3.4　零售业的发展

处在 21 世纪第二个十年的零售业明显不同于 21 世纪初的零售业。这些差异例证了有效和高效的物流对零售业成功的重要性。例如，像沃尔玛、家乐福和迪克体育用品（Dick's Sporting Goods）等场地面积大且有大量商品待售的**大型零售商**（big-box retailer）清楚地认识到卓越的物流是企业战略的必要组成部分，它们的物流实践通常被认为是新兴物流趋势的标志。对于物流中的环境和社会问题，大型零售商也引领着潮流。例如，百思买到 2020 年的两个可持续发展目标是，回收利用 10 亿磅的消费品和减少 20%的碳足迹（相对于 2009 年）。[21,22]

全渠道零售（omni channel retailing）是一种不分销售渠道，专注于为顾客提供无缝购物体验的战略。零售商使顾客能够在任何渠道（在线渠道、实体渠道、移动 App 等）内部或渠道之间进行交易，从而提高信息可获性、提升顾客体验。全渠道零售有多种不同的形式。如果你在网上购买某种商品并在实体店取货，你就参与到了全渠道零售之中。你可能没有想到的是，在这种情况下，为了满足你的在线订单，那家实体店的商品库存会减少。因此，库存的可视性和准确的需求预测对于全渠道零售的成功至关重要。[23]

1.3.5　贸易全球化

虽然国家之间的贸易往来已有数千年历史，但全球化在今天的影响比以往任何时候都要大。自 1990 年以来，世界贸易年平均增长率约为 5%，其中包括世界经济放缓的 2008 年和 2009 年。[24] 展望未来，2016—2020 年世界贸易的年平均增长率预计在 3%～4%之间。[25] 人民生活水平的提高和多国贸易联盟等诸多因素促进了全球贸易的增长，其中物流也起到了关键作用。确实，船运**集装箱**（container），即一种规格统一、可重复使用的装运货物的密封金属容器，通常被誉

① 1 英尺＝0.304 8 米。

为全球贸易发展的重要催化剂。船运集装箱使得许多不同的产品能够通过水运安全地进行远距离运输。这一点非常重要，因为相较于长途的空中运输，长途水运要便宜得多。

在第 14 章，我们将对国际物流进行更详细的介绍。现在你必须认识到，相对于国内物流，全球贸易所带来的国际物流更具挑战性且成本更高。在挑战性方面，买家和卖家之间的地理距离更远（也可以理解为更长的运输时间），物流过程的监控有时也因商业惯例、文化和语言的差异变得复杂。在成本方面，更远的地理距离会导致更高的运输成本，对单证的要求也会使成本大幅增加。

1.4 物流的系统方法和总成本方法

物流是系统方法应用于企业问题的一个经典例子。从整个企业的角度来看，**系统方法**（systems approach）指出，只有认识到企业主要职能领域（例如营销、生产、财务和物流）间的相互依赖性，企业目标才能够实现。系统方法的启示之一就是，主要职能领域的目的和目标必须和企业的目的和目标相一致。也就是说，一种物流系统不可能适合所有企业，因为每一个企业的目的和目标可能都不一样。因此，强调顾客满意的企业与强调成本最小化的企业，其物流系统有可能完全不同。

系统方法的启示之二是，一个职能领域制定的决策应该考虑对其他职能的潜在影响。例如，追求满足顾客需要和需求的营销概念，通常会导致许多企业待售库存的最小**存货单位**（stock-keeping unit，SKU）或单项产品（每种不同类型或包装尺寸的商品属于不同的 SKU）的数量激增。SKU 数目的增加为顾客提供了更多的选择，这也是当今顾客通常所希望的。

相反，从物流的角度来看，SKU 的增加也带来了一些挑战。例如，更多物品需要识别、储存、跟踪，这些都增加了出错的机会，这是当今顾客所不喜欢的。一家消费品生产企业错误地将某种产品的 3 只装、半打装、一打装分配了相同货号，这就是错误识别的一个例子。可以想象一下，一个订购了 3 只装但收到了半打装或一打装产品的顾客的反应。

正如企业的主要职能领域应当认识到它们之间的相互依赖性一样，组成物流职能的各项活动（我们称之为职能内物流）也应该意识到这一点。物流管理者应该平衡每种物流活动，以确保任一物流活动不会对其他物流活动带来不利影响。

可以用图 1－1 来说明这一点，该图表明企业物流是由**物料管理**（materials management，物料向企业的移动和储存）和**实物配送**（physical distribution，产成品的储存和向顾客的移动）组成。职能内物流试图以具有成本效益的方式协调物料管理和实物配送以支持企业的顾客服务目标。

可以利用多种方式来协调物料管理和实物配送。其中一种方法是使用同一卡车运输原材料、零部件，并取走产成品。虽然这看起来似乎就是常识——本书的作者认为常识是成为一名高效物流经理的关键，试想一个企业使用同一汽车货运公司将

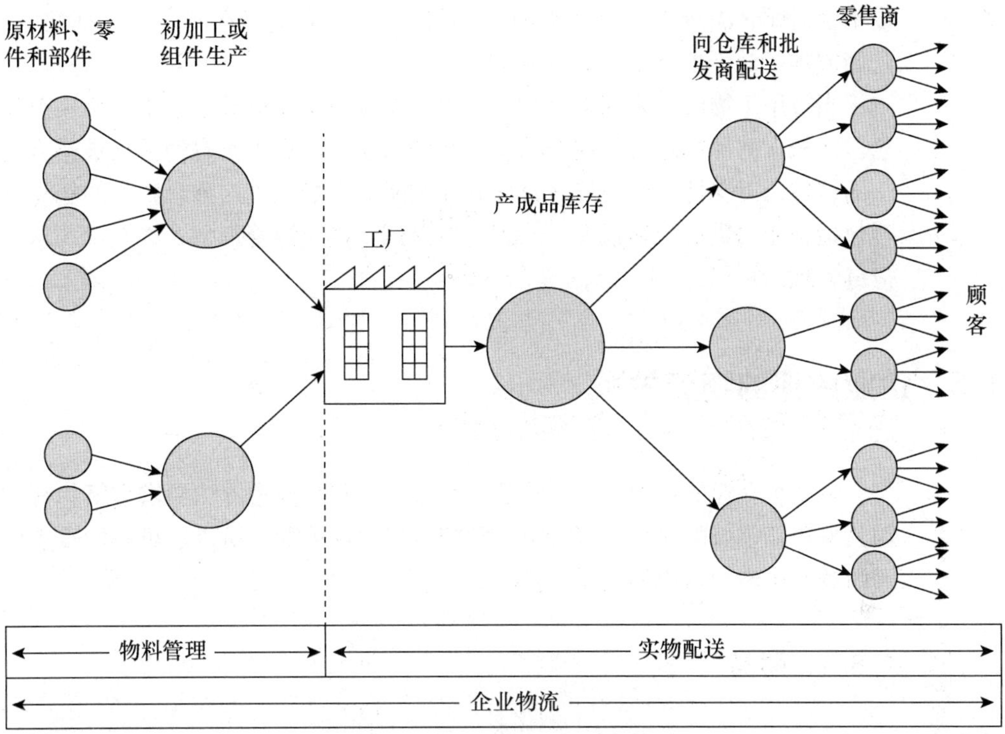

图1-1 内向和外向物流的控制

原材料和零部件运送到它的一个生产工厂，并从该工厂取走产成品。但不幸的是，一辆货车会在清晨运输原材料和零部件，另一辆货车会在傍晚时来取走产成品。怎么会发生这种事？很简单，内向物流组和外向物流组不知道它们在使用同一家货运公司，尽管在同一栋大楼中工作，但这两个组从来没有沟通过！

在这张图中，圆圈代表储存库存的建筑物，箭线代表了由承运人执行的货物移动，一个走走停停的过程。当前人们更多关注的是不同数量和不同速度的货物移动而不是静止不动的库存。供应链同时向这张图的左、右两边扩展，包括供应商的供应商和顾客的顾客。

物流管理者使用**总成本方法**（total cost approach）以具有成本效益的方式来协调物料管理和实物配送。此方法建立的前提是所有移动和储存产品相关的活动应该被看作一个整体（例如，它们的总成本）而不是各自独立的。使用总成本方法还要理解**成本权衡**（cost trade-offs），即一项物流活动的变化会导致一些成本增加，另一些成本下降。重要的是，理解物流成本权衡，会认识到某些物流活动的成本通常会朝着相反的方向发展。例如，运输成本的降低通常与库存成本的增加相关联。

总成本方法的关键是，在制定决策时，同时考虑所有相关成本。例如，使用更快捷的运输，如空运，将增加企业的运输成本。同时，快捷运输使得订单周期更短，从而允许接收货物的企业持有更低水平的库存，这样该企业的库存持有成本和仓储成本都会有所减少。总成本方法会评估库存和仓储成本的减少是否大于使用更快捷运输而导致的成本增加。如果确实如此，企业可以考虑使用更快捷的运输（假设不会对顾客满意带来负面影响），因为总物流成本（本例中，包括运输、库存、仓储成本）低于现有系统的总成本。

当被用于物流决策制定过程时，总成本方法也就形成了通常被称为总物流的概念。此概念的独特之处不在于其所执行的活动，而在于所有的活动被整合为一个统一的整体，以支持企业的战略目标并使配送成本最低。这种总物流的思想可以扩展至包括企业的供应商和顾客。比如可以应用于供应链管理中，本书第 5 章将讨论供应链管理。

1.5　企业内部的物流关系

从整个企业的角度来看，物流的系统方法和总成本方法要求理解物流以及物流与其他职能领域的关系。因为第 6 章将专门讨论采购，所以这里我们重点讨论物流与财务、生产和营销的关系。

1.5.1　财务

财务人员通常负责将企业有限的资金分配给各业务部门所申请的项目。因此，财务部门通常在批准那些影响物流的资金预算决策中起着重要作用，例如物料搬运设备（如叉车）和包装设备（如收缩包装机）的获取。在这种情况下，如果决定要获取设备，那么财务人员可以决定是购买还是租用相关设备。

库存是另一个财务和物流相互作用的领域。对此面临的基本挑战是，财务部门通常用资金成本或价值来衡量库存，然而物流部门倾向于用库存单位来衡量库存。正如下例所示，衡量库存的不同方法可能会带来这两个部门的摩擦。从现金流来看，相对于 15 盒价值 900 美元的洗发水，财务部门可能更愿意销售两盒价值 1 000 美元的电吹风。从生产率的角度，如每位工人可搬运的盒子数量来看，物流部门则更喜欢销售 15 盒洗发水。

另外，在通货膨胀时，同一种物资在不同的时间补充库存，意味着每单位物资有不一样的成本。尽管库存水平未受影响，但企业是使用历史成本还是当前价值作为库存总价值的指标，结果将大不相同。此外，某些库存物资（如汽车和农产品等）的价值随时间而不断贬值。本书作者有过这样的企业咨询经验，企业的某种 SKU 市场价值已为零，然而企业仓储设施中仍有数百单位这种 SKU 库存。

1.5.2　生产

生产和物流间最常见的联系体现在生产批量上。在很多情况下，生产人员希望每种产品的生产批量更大一些，因为这可以将相关的固定成本分摊给更多的产品，从而使单位生产成本更低。生产批量过大会导致大量的库存，储存和跟踪这些库存通常是物流人员的责任。通常储存和跟踪5个单位某产品比储存和跟踪500个单位该产品要容易得多。

当这些产品需求有限或为零时，生产批量过大还会造成产品的过量库存。至少，这些产品会增加企业的库存持有成本并占用本可用于储存其他产品的空间。滞销（或卖不出去）的产品还可能增加企业的搬运成本，比如叉车司机会定期将150台冰箱从一个仓库区搬到另一个仓库区，仅仅是为了避免让企业管理人员看到冰箱在同一地方存放过长时间！你可能很难相信，当管理人员警觉到这种行为时，这150台冰箱在仓库中已被移动了近5年。

延迟思想（postponement，将组装、生产和包装等增值活动推迟到尽可能晚的时间[26]）的广泛应用也影响了生产和物流间的关系。更确切地说，一些增值活动（例如，装箱、箱子贴标）以前是在生产车间进行的，现在则在仓库设施中完成。因此，仓库设施可能需要增加新设备，并改变布局以使特定的增值活动能够实现。

1.5.3 营销

当代营销非常强调顾客满意度，物流策略可以通过降低产品成本来提高顾客满意度，即以低价格在顾客希望购买或使用的地点为顾客提供更多的选择。物流策略为企业提供了一种独特的方法使其与其他竞争对手区分开来，而且物流是许多企业创造营销优势的一个重要途径。以下关于物流与营销关系的讨论将集中在营销组合上，有时也称作营销的4P（地点、价格、产品和促销）组合。

地点决策

地点决策涉及两种类型的网络：物流网络和营销渠道网络（在本章后面将详细讨论）。物流决策考虑如何以最有效的方式在产地到销售地之间移动和储存产品。有效的物流系统可以使企业能够吸引和利用最具生产力的渠道和供应链成员。渠道成员通常能够挑选和选择销售哪家制造商的产品。如果制造商不能始终如一地在正确的时间以正确的数量提供完好无损的产品，那么渠道成员可能终止与此供应商的关系或停止对此供应商产品的积极促销。

从营销角度来看，地点决策可能还涉及吸引顾客的新策略。当今一种比较流行的营销策略是**联合品牌**（co-branding），它指在同一个地点顾客可以购买来自两个或多个品牌零售商的产品。联合品牌的例子有，位于万豪酒店内的星巴克咖啡店，沃尔玛店内的赛百味餐厅，共址的唐恩都乐（Dunkin' Donuts）快餐店和芭斯罗缤（Baskin Robbin）冰激凌店。从营销的角度来看，联合品牌可以通过提供一站式购物和名牌产品（而非自有品牌）为潜在顾客提供便利。[27] 从物流的角度来看，涉及向各个零售区位送货的决策。例如，是应当每个联合品牌方各自送货，还是联合品牌各方拼装运输以使到各个零售区位的运输次数最少。每个联合品牌方各自送货会由于多次交付而导致更高的运输成本。联合品牌各方拼装运输，则要求各方间更高程度的协调。

价格决策

营销人员需作出的一项与价格相关的关键决策是，产品的运输成本应如何反映到其售价中。对于一些在线零售商来说，这是一个非常恼人的问题。例如，企业的售价是否应反映产品的**抵岸成本**（landed costs）？抵岸成本是指产品的产地价格加上运至目的地的成本。一方面，基于产品抵岸成本的售价允许卖方为潜在顾客提供“免费”的送货服务，因为货物交付的运输成本已包含在抵岸成本中。另一方面，基于产品抵岸成本的售价可能导致产品售价的大幅提高，从而降低买方对多数产品的需求。一些在线零售商解决这一难题的方法是，只有订货大于所要求的最低订货额（例如，50 美元）时才能获得“免费”送货服务。

除了运输因素外，物流管理者在产品定价方面也会发挥重要作用。他们了解提供各种不同水平顾客服务的成本，因此在进行成本和顾客服务权衡时应向物流管理者进行咨询。由于批量越大，单位配送成本越低，因此物流管理者也能帮助制定企业的数量折扣定价政策。

产品决策

在产品决策方面，营销和物流可能有许多潜在联系。例如，如前面所提到的，产品种类的激增使顾客有更多的选择，但在产品识别、储存和跟踪等方面给物流提出了挑战。

营销和物流间的另一产品决策方面的联系涉及持有的特定 SKU 的数量。营销人员通常倾向于持有更多数量的产品，因为这样减少了**缺货**（stockouts，有需求时正好没货）的可能性。但是，从物流角度来看，更多的库存需要额外的储存空间并增加了库存持有成本。

产品设计通常是营销人员的职责范围，也对物流的效果和效率有重要影响。例如，长颈玻璃饮料瓶比铝罐更独特，但是从物流的角度看，长颈玻璃饮料瓶比铝罐占用的空间更大而且更容易损坏。

另外，营销人员越来越强调提供**可持续产品**（sustainable products），也就是既满足当代人的需求，又不损害后代人满足其需求的能力的产品。对可持续产品的强调也会影响物流决策。例如，让我们来看看公平贸易产品，也就是通过公平、稳定的价格以及传授环境可持续性的耕作方法，为发展中国家的生产者提供更好的交易保障的产品。[28] 从营销的角度来看，顾客对公平贸易产品（如咖啡或巧克力）的需求，导致一些企业建立了不同的公平贸易品牌。[29] 从物流的角度来看，组织承诺销售公平贸易产品（如咖啡或巧克力），可能对所需原材料有不同的采购要求。

促销决策

许多促销决策需要营销和物流的紧密配合。其中涉及的一个重要问题就是大力广告宣传的产品的可获性，尤其是当企业对某产品开展降价促销时。没有什么事情比促销活动中大力推销的产品的缺货给企业造成的信誉损失更大。另外，在许多情况下产品供求不平衡会被认为是企业的诱导转向战术，即通过承诺某低价产品来吸引顾客，结果顾客却发现这种产品没货，有货的是另一种更昂贵的替代产品。

此外，一旦决定为推出某种新产品而进行促销，物流人员必须确保在计划发售日（不提前，不推迟）新产品准备到位。苹果公司新款 iPhone 手机的发售就充分说明了这样做的复杂性。由于 iPhone 手机是在中国制造的，苹果公司会预先购买 FedEx 等空运承运人的仓位以便将产品运至世界各地的配送中心。为了防止偷窃等事件的发生，从工厂直到各个配送中心，苹果公司的安保人员会全程押运货物。[30]

1.6 营销渠道

另一个有助于研究企业间营销关系的概念是营销渠道。**营销渠道**（marketing channels）是指“从生产地向消费地移动商品和转移商品所有权所需的一系列机构。包括所有机构和营销过程中的所有营销活动”。[31] 营销渠道中的主要传统机构包括制造商、批发商和零售商。这些渠道成员在不同的渠道安排中一起工作。这些渠道安排包括：所有权渠道、谈判渠道、财务渠道、促销渠道和物流渠道。下面我们将详细介绍在这五种渠道安排中制造商、批发商和零售商是如何相互作用的。

所有权渠道涉及商品所有权的变化，商品本身可以实际不在现场或甚至不存在。如果商品销路非常好，那么可能需要在商品生产出来之前就先付款购买。比如委托制作的艺术作品或稀缺的新型消费品。有时，有的产品只有在获得了足够的财务承诺后才开始制造。最常见的例子如新型的商用飞机。拥有商品的一方几乎总是有权对商品进行交易或出售，并承担商品储存的风险和成本。另外，拥有商品的一方还可以将商品作为贷款抵押，尽管这可能会对商品的使用和移动产生某些限制。

谈判渠道是形成买卖协议的渠道。它包括面对面交易，或通过电话、电子邮件、电子数据交换或几乎所有其他沟通形式进行交易。在很多情况下，没有进行实际谈判，产品的价格就已经定好，要么按此价格购买，要么不买。在一些交易中，采用拍卖的方法。还有一些交易则是高度结构化的、有组织的交易，如一些农产品市场的交易。谈判还会涉及如何处理其他渠道的活动。例如，每个购买方都会指定交货的地点和时间及付款的地点和时间，甚至连包装设计也可能是谈判的内容。（有一个关于亨利·福特的老故事：一些零部件供应商被要求使用由上等木材按精确规格制作的板条箱来运输零部件。原来，这些箱子用后会被部分拆解，用作福特 T 型车的地板。）

财务渠道处理货物的付款事务。更重要的是，它负责处理企业信贷。渠道中的各个参与方财务实力不同，通常是一个参与方必须帮助其他参与方以维持整个渠道活力。例如，一家新开张的零售商店可能寄售一些商品，这意味着批发商而不是该零售店拥有这些商品。零售商只用向批发商支付已卖出商品的货款，批发商几乎承担所有的财务风险。有时，为了开发它认为必要的新产品线，批发商会在发出订单时提前支付现金货款来帮助制造商。或者，批发商下一个大的保证订单，制造商可以拿这个订单作为获取银行贷款的依据。

信贷对于渠道中的所有各方都非常重要。渠道中各方经常要接受或提供信贷，信贷已成为谈判中不可缺少的部分。如果到期未付或信用超期，就需要通过财务渠道进行托收。事实上，2007—2009 年经济衰退的一个滞后效应就是一些大企业需要更长的时间来支付其账单。更具体地说，一些大型企业如今通常在 90 天内支付账单，经济衰退前账单支付时间仅为 30～60 天。虽然这样对大型企业更有利，但支付周期的延长给其供应商带来了负面影响。[32]

促销渠道关注新产品或现有产品的促销。它可以与财务渠道相互关联，因为货币补贴通常是促销活动的一部分。此外，促销渠道与物流渠道也在多个方面有联系。第一，像赠券、平面广告牌或展板这些特定的广告材料必须与促销产品一起配送。第二，一些纸板箱或消费包装可能有特殊的标签，并且其在零售商处的布置必须与其他促销活动相配合。第三，因为物流人员处理订单流程，他们有实际销售的即时记录，这些记录可以反映促销活动是否有成效。

正如前面提到的，物流渠道及其组成和运作是本书的主要话题。物流渠道对整个渠道过程最显著的贡献是**分类组合功能**（sorting function），该功能弥合了“生产者的产品、服务组合与消费者所要求的产品、服务组合之间的差异”。[33] 分类组合功能有四个步骤，这些步骤对理解商品在物流渠道中的流动非常重要。

- 归类，指将不同的产品分类成同类的库存。
- 集中，指将不同来源的相似库存集中在一起。
- 调配，指将同类产品分解为较小的批量。
- 配货，指为了转售（通常是转售给零售顾客）将各类产品集中在一起。

这些步骤发生在制造商和消费者之间，意味着它们是由批发商、零售商或专业中介机构来完成。

除了物流渠道中的主要或主导参与者外，还有许多鲜为人知的参与者发挥着次要却必不可少的作用，它们被称为服务商或渠道中介机构。中介机构使整个系统运行得更好，但是只有当这些中介机构确能增加交易的价值时才应被使用。在主要参与方之间不能很好地交流和互动的地方，中介机构就会兴起并繁荣。例如，在国际交易中，翻译人员可能就是重要的中介。在需要有序例行工作的领域（如订单处理）及信息搜寻（如顾客寻找产品或生产商寻找顾客）时，中介机构也发挥着作用。中介机构填补了利基市场，它们非常专注，在渠道不同成员间起缓冲作用。它们通常不拥有所处理的产品或货物的所有权。

前面讨论的五种渠道表明了中介机构起作用和适用的地方。例如，在所有权渠道中，最常见的中介机构是银行或金融机构，作为正在进行的交易的一部分，它们可以拥有商品的暂时或部分所有权。通常这是信用延期的一个条件。银行例行向渠道中所有参与方提供贷款，使商品得以制造、营销和销售。

经纪人与谈判渠道有关，是被雇用来安排某特定交易的独立承包商。经纪人既可用于买方也可用于卖方。通常用于为买方（托运人/收货人）或卖方（卡车司机）安排货物运输。经纪人可以为卡车司机带来增值，因为卡车司机认为他们的时间用于驾驶比用于通过电话或网络洽谈下一批货物运输更合算。同样，经纪人给托运人/收货人带来增值，因为经纪人拥有运输方式选择的专业知识。

银行和金融机构是财务渠道中的重要中介机构，它们提供交易完成所必需的信贷。对于高价项目，例如轮船或仓库，买方几乎总会借款来支付部分货款。有时，协议中也会有保险的要求，因此保险公司也可能成为中介机构。

促销渠道中有帮助促销的中介机构，例如那些为贸易展览设计、制造和运输展品的企业。广告代理能安排广告宣传资料的准备和媒体投放，企业通常使用公共关系代理代表它们应对新闻媒体。一些企业选择外包其人员促销工作，雇用中介机构提供合同销售员工。这些由中介机构安排的促销活动必须与企业的总体营销活动相协调。

本书提及了许多物流渠道中的中介机构。最常见的是货运代理，它的功能是将小批量货物组合成较大批量的货物，再以卡车满载或火车车皮满载的数量交给卡车运输企业或铁路运输企业。在国际物流中，中介机构大量存在，可以列出上百种不同类型的中介机构。如专业的咖啡检验员，专门负责咖啡豆运输的检查和损坏索赔的仲裁。

1.7 物流渠道中的活动

为了成功地将系统方法和总成本方法应用于物流，有必要理解不同的物流活动。请牢记，由于一种物流系统不可能适用于所有企业，所以物流系统中活动的数量可能对于每个企业都不一样。因此，被认为与物流相关的活动包括但不限于以下活动：

顾客服务	需求预测
设施选址决策	国际物流
库存管理	物料搬运
订单管理	包装
采购	逆向物流
运输管理	仓储管理

1.7.1 顾客服务

顾客服务有很多定义，例如“让现有顾客高兴”。顾客服务涉及确保正确的人在正确的地点和时间以正确的方式和成本收到正确的产品。我们将在第 7 章对顾客服务进行详细讨论。

1.7.2 需求预测

需求预测是指预测未来一段时期的产品需求的活动。供应链概念的不断普及促进了供应链合作伙伴间在需求预测方面的协作。这种协作可以通过减少供应链的总体库存水平来提高效率。我们将在第 7 章中讨论需求预测。

1.7.3　设施选址决策

人们常说，零售店的成功取决于三个因素：位置，位置，位置。也可以说，某个物流系统的成功依赖于相关仓储和生产设施的选址。物流系统的布局由于受到多国贸易协定的影响而发生改变时，设施选址决策更加重要。设施选址决策将在第 9 章讨论。

1.7.4　国际物流

国际物流是指与售往国外的商品相关的物流活动。与国内物流相比，国际物流费用更高，更具挑战性。我们将在第 14 章详细讨论国际物流。

1.7.5　库存管理

库存是指为了各种目的而维持的产品存货，如为了转售给其他人或支持制造或组装流程。在管理库存时，物流人员需要同时考虑三种相关成本：持有产品的成本、订购产品的成本和缺货成本。我们将在第 8 章进一步讨论库存管理。

1.7.6　物料搬运

物料搬运是指在某设施（例如工厂、仓库）范围内产品的短距离移动。我们将在第 11 章讨论物料搬运时应考虑的因素。

1.7.7　订单管理

订单管理是指对顾客下订单到顾客收到订货之间所发生活动的管理。因此，订单管理是顾客可见度非常高的物流活动。订单管理将在第 7 章进行讨论。

1.7.8　包装

包装既有用于营销的消费者包装，也有用于物流的工业包装。工业（保护性）包装是指用于产品储存和运输的包装（例如，盒子、箱子）。包装与物料搬运和仓储活动有重要联系。第 11 章我们将讨论包装和物料搬运。

1.7.9　采购

采购是指从组织外部购买原材料、零部件和辅料以支持企业的运作。[34] 如今供应链管理越来越普及，由于采购是企业与外部组织联系的直接纽带，因此其战略重要性也日益增加。第 6 章中我们将详细讨论采购管理。

1.7.10　逆向物流

产品会由于多种原因被退回，如产品召回、产品损坏、需求不足和顾客不满意。与逆向物流相关的挑战会比较复杂，因为退回产品通常是小批量移动并可能在前向配送渠道之外进行移动。我们将在第 4 章探讨逆向物流问题。

1.7.11　运输管理

运输可以定义为货物或人从一个地方到另一个地方的实体移动，运输管理（交通管理）是指某特定组织对运输活动的管理。运输可占企业总物流成本的 50%以上，因此在许多组织中是最昂贵的物流活动。我们将在第 12～13 章对运输应考虑的一些因素和运输管理分别进行讨论。

1.7.12　仓储管理

仓库是指能够在一段时期储存存货的地方。正如前面提到的，仓储在当代物流和供应链系统中的角色发生了重要变化。我们将在第 10 章讨论仓储管理。

1.8　物流和供应链职业

对本科和 MBA 层次来说，物流和供应链管理人员的市场需求仍持续旺盛。入门级的职位包括物流（供应链）分析师、咨询顾问、顾客服务经理、执行主管等。第二级职位包括国际物流经理、供应链软件经理、采购经理、运输经理和仓库运作经理。[35] 有多种可能的职业发展路径可供选择，对于具有物流和供应链管理专业知识的管理人员来说不存在职场的玻璃天花板问题，这和本书第 1 版出版时的情况已有所不同。实际上，苹果公司 CEO 蒂姆·库克（Tim Cook）在成为公司 CEO 之前就一直负责苹果公司的供应链运营。

由于物流和供应链管理的重要性不断增加，一些专业组织致力于提高其成员的专业知识。之所以会出现这些专业协会，是因为技术发展如此迅速以至于专业人员必须定期接受培训和再培训。本书的附录 A 列出了一些较著名的专业物流和供应链组织。

小 结

本章导出了物流主题，CSCMP 将物流定义为："物流是供应链管理的一部分，它以满足顾客需求为目标，对产品、服务和相关信息在原产地和消费地之间有效且高效率地正向和逆向流动和存储进行计划、实施和控制。"

本章讨论了物流的经济影响和近年来物流重要性不断增加的原因。本章还讨论了物流的系统方法和总成本方法以及企业内的物流关系，并对营销与物流间的各种联系进行重点讨论。本章还简单描述了一些物流活动，并在最后对物流职业进行了简单介绍。

关键术语

3D 打印	抵岸成本	延迟	大型零售商
物流	分类组合功能	联合品牌	营销渠道
最小存货单位（SKU）	集装箱	大量物流	缺货
成本权衡	物料管理	可持续产品	非中介化
全渠道零售	系统方法	经济效用	实物配送
定制物流	形式效用	地点效用	时间效用
人道救援物资物流	拥有效用	总成本方法	

讨论和复习题

1.1 你对物流如此重要的经济影响感到惊讶吗？为什么？

1.2 区分拥有效用、形式效用、时间效用和地点效用。

1.3 物流如何有助于时间效用和地点效用？

1.4 为什么有些物流系统有效果却没有效率？

1.5 解释物流的目的是满足顾客需求这一事实的重要性。

1.6 解释物流管理为何与你支持的慈善组织有关。

1.7 为什么经济管制的放松使得物流越来越重要？

1.8 解释家庭购物体验的便利性日益受到重视对物流的影响。

1.9 技术对物流管理有哪些影响？

1.10 解释大型零售商为什么是物流趋势的引领者。

1.11 什么是解决问题的系统方法？此概念是如何应用于物流管理的？

1.12 区分物料管理和实物配送。

1.13 解释物流的总成本方法的含义。

1.14 定义成本权衡。你相信此概念切实可行吗？为什么？

1.15 财务与物流发生联系的领域有哪些？

1.16 讨论延迟的概念，因为它涉及生产和物流的相互连接。

1.17 定义抵岸成本。解释它与定价决策的关系。

1.18 从产品决策的角度，讨论营销与物流的一些可能联系。

1.19 简单讨论所有权渠道、谈判渠道、财务渠道、促销渠道和物流渠道。

1.20　讨论五种企业物流部门执行的活动。

建议读物

Day, Jamison M., Steven A. Melnyk, Paul D. Larson, Edward W. Davis, and D. Clay Whybark. "Humanitarian and Disaster Relief Supply Chains: A Matter of Life and Death." *Journal of Supply Chain Management* 48, no. 2 (2012): 21–36.

Fawcett, Stanley E. and Matthew A. Waller. "Designing the Supply Chain for Success at the Bottom of the Pyramid." *Journal of Business Logistics* 36, no. 3 (2015): 233–239.

Lin, Yong, Saara Pekkarinan, and Shihua Ma. "Service-Dominant Logic for Managing the Logistics-Manufacturing Interface: A Case Study." *International Journal of Logistics Management* 26, no. 3 (2015): 195–214.

Lutz, Heather and Laura Birou. "Logistics Education: A Look at the Current State of the Art and Science." *Supply Chain Management: An International Journal* 18, no. 4 (2013): 455–467.

McGinnis, Michael A., Jonathan W. Kohn, and John E. Spillan. "A Longitudinal Study of Logistics Strategy: 1990–2008." *Journal of Business Logistics* 31, no. 1 (2010): 217–235.

Perego, Alessandro, Sara Perotti, and Ricardo Mangiarcina. "ICT for Logistics and Freight Transportation: A Literature Review and Research Agenda." *International Journal of Physical Distribution & Logistics Management* 41, no. 5 (2011): 457–483.

Ravi, V. and Ravi Shankar. "Survey of Reverse Logistics Practices in Manufacturing Industries: An Indian Context." *Benchmarking: An International Journal* 22, no. 5 (2015): 874–899.

Stank, Theodore, Chad Autry, Patricia Daugherty, and David Closs. "Reimagining the 10 Megatrends That Will Revolutionize Supply Chain Logistics." *Transportation Journal* 54, no. 1 (2015): 7–32.

Tan, Vinh V. "Competency Requirements for Professionals in Logistics and Supply Chain Management." *International Journal of Logistics: Research and Applications* 15, no. 2 (2012): 109–126.

Winter, Marc and A. Michael Knemeyer. "Exploring the Integration of Sustainability and Supply Chain Management: Current State and Opportunities for Future Inquiry." *International Journal of Physical Distribution & Logistics Management* 43, no. 1 (2013): 18–38.

案　例

案例 1-1　儿童乐园和超级健身房

儿童乐园（Kiddieland）是位于美国中西部的一家玩具零售商。公司总部在芝加哥，它的 70 家店面选址于明尼苏达州、威斯康星州、密歇根州、伊利诺伊州、印第安纳州、俄亥俄州、艾奥瓦州和肯塔基州。它的一个配送中心位于哥伦布（服务于肯塔基州、印第安纳州、密歇根州和俄亥俄州），另一个位于芝加哥（服务于伊利诺伊州、艾奥瓦州、明尼苏达州和威斯康星州）。

儿童乐园销售各种玩具、电子游戏、计算机和游戏设施。重点销售的是全系列的品牌产品和一些精选的以儿童乐园为品牌的产品。儿童乐园的主要竞争对手包括各种地方折扣连锁店。儿童乐园成功的关键是全面的产品线、超值的价格和自助服务。

唐纳德·赫斯特（Donald Hurst）是儿童乐园的物流经理。他负责两个配送中心的运输管理和库存控制。唐纳德的主要任务是确保所有店面随时有存货，同时不持有过高水平的库存。

1 月下旬的一天早上，当唐纳德正在检查新一年的商品计划时，他发现从 3 月份开始，儿童乐园将开始促销超级健身房室外儿童锻炼中心。唐纳德感兴趣的是，这样一套新装置的售价为 715 美元。这个超级健身房分三个箱子包装，总重量达 450 磅。"天哪！"唐纳德想，"我们至今销售的最大装置的零售价是 159 美元，重量只有 125 磅。"

当唐纳德沿着走廊走向儿童乐园游戏设施采购员奥尔加·奥尔森（Olga Olsen）的办公室时，他想"一定是弄错了"。奥尔加刚开始此工作不久，压力异常大，因为她的两个助理刚辞职去西海岸另谋高就了。

奥尔加一看到唐纳德就惊呼，"唐纳德，我的朋友，我一直想跟你谈谈。"唐纳德立即知道他担心的最坏的事情被证实了。

第二天上午，唐纳德和奥尔加与兰迪·史密斯（Randy Smith）——唐纳德的运输经理，托特（A. J. Toth）——儿童乐园八个芝加哥店面的总经理，莎伦·拉比加（Sharon Rabiega）——唐纳德的负责配送服务的助理，进行了会面。大家心情非常好，因为去年盈利非常可观，今年的奖金比去年的多了50%。

托特直切正题："你的意思是告诉我，我们期望顾客将自己的配偶、三个孩子、一条狗和450磅的超级健身房塞进一辆小型轿车而不会大发雷霆?"

兰迪附和道，"而且，我们不能将超级健身房从制造商那里运到消费者处，因为超级健身房的运输批量为10套或更多。"

奥尔加开始担忧了。"我们现在不能退货了，"她抱怨道，"我已经为儿童乐园订购了400套，而且春夏游戏装置的促销活动广告上周已经付印了。还有，我正期望依靠超级健身房获取更多利润呢!"

"越野车如何?"托特问道。"在我们的停车场越野车占了一半以上。那三个箱子能放进去吗?"

到现在，问题越来越明确。下午3点，唐纳德总结了所讨论的几个方案：

1. 为每个店面购买一辆两轮拖车。
2. 找一家当地的货车运输公司，将超级健身房从儿童乐园店面拖到顾客住所。
3. 将超级健身房储存在两个配送中心，让给零售店送货的货车同时负责将超级健身房送至顾客处。
4. 如果顾客自己不能将超级健身房运回家，可以让他支付运输费用。
5. 与超级健身房制造商协商，让它直接将货物运至顾客处。

大家都同意下周一碰头讨论备选方案。周日上午，罕见的暴风雪袭击了芝加哥。由于暴风雪，儿童乐园总部周一和周二放假。在周三，这些人又重新聚在一起。

唐纳德开始了会议。"好吧!"唐纳德首先说，"让我们回顾一下我们的备选方案吧。莎伦，关于为每个店面购买拖车，你了解到了什么?"

"好的，"莎伦回答，"我能够找到的最好交易是以1 800美元/辆的价格购买70辆拖车，每个店面还需250美元安装足够的防撞缓冲器，另外要加上每个店面50美元/年的许可和保险费用。可惜的是，最新型汽车上的保险杠不能和拖车栓钩相配。"

"噢，不，"奥尔加叹息道，"我们只期望每家店面销售5.7套。那意味着每套设备的运输费用为368美元，"她边按计算器边说，"这样就损失了147美元的毛利!"

接着，兰迪·史密斯总结了第二个选择。"迄今为止，距离我们的大部分店面25英里之内的运费是38.21美元/套。"兰迪继续说，"实际上，38.21美元/套是离店面25英里的运费。对于25英里以内的距离，运费要少些，超过25英里，每增加1英里运费增加1.5美元。"

托特插话道："根据我们的市场调查，85%的顾客驾车到店面用不了25分钟，因此，将标准收费定在40美元是可行的。"

兰迪继续道："我们找到的大部分运输公司一周送货两次而不是每天送货。"

莎伦继续道："为我们配送中心运送货物的货车承运商是一家集运公司。他们说将一辆

18轮卡车驶入住宅区太不合理。每次他们尝试送货上门都会撞倒几个邮筒，并且在一些屋主的草坪上留下车痕。”

奥尔加补充道：“我跟超级健身房公司谈过有关直接将货物送到顾客住所的事情，他们说别再提了。因为每当他们这样做时，”奥尔加继续道，“顾客通常遇到这样的情况，其中一个货箱收到两个，另一个货箱没有。”

“好的，奥尔加，”唐纳德打断道，“我们能让顾客支付运费吗?”

奥尔加考虑了一会。“嗯，我们以前从来没有那样做过，但是我们也从来没有销售过450磅重的商品。听起来可行。”奥尔加继续道，“我们的选择是要么自己支付40美元/套的运费，要么让顾客支付。”

“这意味着16 000美元的运费。”她补充道。

“还有一件事，”唐纳德说，“如果我们要求顾客支付运费，就必须在春夏宣传小册子中写明。”

奥尔加笑了。“如果我们决定收取运费，我们只要在校样上插入一句话就可以了。”她继续道，“任何修改都必须标在版面校样上，校样必须在下周一前返给印刷商。”

［问题］

1. 列出并讨论为了递送超级健身房每个店面购买一辆两轮拖车的优点和缺点。

2. 列出并讨论让当地货车运输公司将超级健身房从零售店运至顾客家中的优点和缺点。

3. 列出并讨论将超级健身房储存在配送中心并让将货物从配送中心运送到零售店的货车直接将超级健身房交付到每个顾客家中的优点和缺点。

4. 列出当顾客无法自己将超级健身房运回家时让顾客支付送货上门费用的优点和缺点。

5. 你更喜欢哪个方案？为什么？

6. 起草一个简短声明插到公司的春夏宣传小册子中以清晰地向顾客解释你在问题5中推荐的策略。

7. 在第一次会议中，托特问到越野车，但是后来没再提。你该如何查明这一问题?

【注释】

［1］Hua Wang，“High Logistics Cost，Toll Road and Institutional Factors Countermeasure in China，” Journal of Modern Accounting and Auditing 7，no. 11（2011）：1301-1306.

［2］Sean McLain and Newly Purnell，“Indian Startups Vie to Win E-Commerce Battle，” The Wall Street Journal，October 25，2015.

［3］www. cscmp. org/about-us/supply-chain-management-definitions.

［4］C. Clifford Defee，Terry Esper，and Diane Mollenkopf，“Leveraging Closed-Loop Orientation and Leadership for Environmental Sustainability，” Supply Chain Management：An International Journal 14，no. 2（2010）：87-98.

［5］Quote by Fred Smith，CEO and chairman of FedEx.

［6］David Ross，Distribution Planning and Control：Managing in an Era of Supply Chain Management，3rd ed.（New York：Springer，2015）.

［7］Joseph B. Fuller，James OConor，and Richard Rawlinson，“Tailored Logistics：The Next Advantage，” Harvard Business Review 71，no. 3（1993）：87-98.

［8］http://www. silkroadreporters. com/2015/06/19/central-asia-will-miss-the-northern-distribution-network.

［9］www. foodbanknyc. org.

［10］Luk N. Van Wassenhove，“Humanitarian Aid Logistics：Supply Chain Management in High Gear，” Journal of the Operational Research Society 57（2006）：475-

489.

[11] Francine LaFontaine and Laura Malaguzzi Valeri, "The Deregulation of International Trucking in the European Union: Form and Effect," Journal of Regional Economics 35, no. 1 (2009): 19-44.

[12] Tae H. Oum, Jia Yan, and Chunyan Yu, "Ownership Forms Matter for Airport Efficiency: A Stochastic Frontier Investigation of Worldwide Airports," Journal of Urban Economics 64, no. 2 (2008): 422-435.

[13] http://3dprinting.com/what-is-3d-printing.

[14] Jane Hiback, "Alternative Retailing Strategies," Natural Food Merchandiser, August 2011, 18-19.

[15] Joe Condon, "Packaging Technology Extends Chilled Shelf-Life out to 45 Days," www.beefcentral.com/p/news/article/3180, May 2013.

[16] http://toyotadriverseat.com/pr/tds/same-day-parts-deliveries-help-230692.aspx.

[17] http://techcrunch.com/2015/10/22/amazon-brings-its-one-hour-delivery-service-prime-now-to-the-san-francisco-bay-area/.

[18] http://www.beloit.edu/mindset/2019/.

[19] Kristi Montgomery, "Tips for Quicker Product Picking," Multichannel Merchant, December/January 2012, 28-29.

[20] Ian Putzger, "Apps Mania," CT&L, April 2012, 32-33.

[21] http://sustainability.bby.com/management-approach/product-stewardship.

[22] http://searchcio.techtarget.com/definition/omnichannel.

[23] http://multichannelmerchant.com/opsandfulfillment/warehouse/key-omnichannel-success-strong-logistics-strategy-21022014/.

[24] http://www.wto.org/english/new_e/pres15_e/pr739_e.htm.

[25] http://www.atkearney.com/documents/10192/5498252/Global+Economic+outlook+2015-2020-Beyond+the+New+Mediocre.pdf/5c5c8945-00cc-4a4f-a04f-adef094e90b8.

[26] Glossary, www.cscmp.org.

[27] Marilyn Odesser-Torpey, "Co-Branding: Positives and Pitfalls," Convenience Store Decisions, April 2012, 46-48.

[28] Derek Townsend, "Fair Trade Future?" Food Service, June 2008, 27.

[29] No author, "More Chocolate Manufacturers Moving to Ethical Sourcing," Candy Industry, April 2010, 10-12.

[30] http://www.bloomberg.com/news/2013-09-11/the-iphone-s-secret-flights-from-china-to-your-local-apple-store.html.

[31] American Marketing Association Dictionary, www.marketingpower.com.

[32] Angus Loten, "Big Customers Are Taking Longer to Pay," The Wall Street Journal, June 7, 2012, B7.

[33] American Marketing Association Dictionary.

[34] Donald J. Bowersox, David J. Closs, and M. Bixby Cooper, Supply Chain Logistics Management (Boston, McGraw-Hill Publishing, 2002).

[35] www.cscmp.org.

第 2 章 物流与信息技术

学习目标

- 说明物流管理中有效且高效利用信息的重要性
- 辨别信息管理系统的一般类型以及它们在物流中的应用
- 了解物流是如何支持在线零售的
- 说明云计算是如何用于支持物流软件使用的
- 说明企业如何利用电子采购来推进采购效率
- 解释物联网是如何影响物流经理的信息可获性的
- 了解所面临的一些当代信息技术挑战

自 20 世纪 70 年代中期本书第 1 版问世以来，物流学科经历了许多变化。例如，本书第 1 版重点关注的是实物配送管理，相关定义强调的是货物的移动和储存。本版重点关注物流及其在供应链管理中的作用。相应地，物流被定义（见第 1 章）为对产品、服务和相关信息的流动和储存。

信息的有效和高效利用可以给物流和供应链管理带来诸多益处。其中最突出的四大益处如下：

- 拥有更多的供应链知识和可视性，使信息取代库存成为可能；
- 利用销售点数据，可以更好地了解顾客需求，从而有助于改善计划并减少供应链中的变异；
- 通过企业资源计划（ERP）系统，更好地协调制造、营销和配送活动；
- 精简的物流信息系统可以简化订单处理流程并缩短提前期。[1]

适当信息技术的成功实施和开发是维持竞争优势的关键。[2] 此外，有效且高效地利用信息可以使企业库存与顾客需求相匹配，从而在降低成本的同时提高顾客满意度。例如，一些美国食品杂货店认真地研究了西班牙裔顾客的消费习惯，发现西班牙裔顾客比其他族群更重视产品的新鲜度。因此，相较于其他地区的食品杂货店，位于西班牙裔人口稠密地区的食品杂货店通常会储存更多的新鲜产品。同样，一家总部位于美国的家居用品零售商利用人口统计数据使产品组合本地化，以更好地符合消费者兴趣偏好，并在其时尚床上用品类商品中实现了18%的收入提升。[3]

在继续进一步讨论之前，了解**数据**（data）和**信息**（information）的区别十分重要。“数据只是简单的事实，是记录下来的对某现象的测量结果。信息是以适合决策的形式表示的大量事实。”[4] 如今硬件和软件技术的发展使物流人员可以在较短的时间内获得海量的数据。要管理这些数据，管理者首先必须确定哪些数据与他们的问题相关，然后对这些数据进行组织和分析，并作出适当的决策。在当今的商业竞争环境下，以上这些行动必须在尽可能短的时间内完成。

当前物流管理人员需要考虑的一个问题是**大数据**（big data）的出现。大数据是指通过不同来源（如传感器、智能手机、射频标签和企业间的数据交换）收集到的大量近实时数据。物流人员需要制定策略，确定如何管理获得的大量数据，以帮助他们管理资产、提高可视性，并增强整个供应链的沟通。利用这些数据，企业可以感知到需求的变化，然后通过物流活动有效且高效地应对这些变化。[5]

利用数据分析方法对大数据进行分析可以为物流经理提供一些实用的信息。通常物流经理利用数据分析进行车辆路径优化和调度。GPS等大数据远程信息处理和路径优化已证实带来了巨大的成本节约。[6] UPS利用一种名为ORION（行车集成优化和导航）的数据分析工具，使该公司的驾驶员可以确定其快递派送区域内最优的派送路径。[7] 另外，数据分析可通过优化驾驶员行为、行车路径、设备维护和燃料使用来提高生产率。[8]

本章首先简单介绍适用于企业各职能的、常见的信息管理系统。将通过实例说明这些常见信息管理系统该如何运用于物流管理中。接着解释互联网对物流的影响。最后对所选的几种主要信息技术面临的挑战进行说明。

2.1 信息管理系统的一般类型

斯蒂文·奥尔特（Steven Alter）教授指出了适用于所有企业职能的六种不同类型的信息管理系统。[9] 表2-1对这六种信息管理系统进行了概括，本节将对这六种信息管理系统进行简要介绍。

表2-1 信息管理系统的一般类型

系统类型	物流实例
办公自动化系统：提供有效的方式处理个人和组织的业务数据，执行计算并生成文件	应用于经济订货批量计算、生产设施选址、运输成本最小化等的电子表格

续表

系统类型	物流实例
通信系统：通过多种不同形式的互动和信息分享，帮助人们协同工作	通过计算机技术实现的虚拟会议 语音识别拣选
交易处理系统（TPS）：收集和存储交易信息并对交易过程的某些方面进行控制	电子数据交换 条形码等自动识别技术 销售点（POS）系统
管理信息系统（MIS）和主管信息系统（EIS）：将 TPS 数据转换成信息以监控绩效和管理组织，以易于理解的形式向高级主管提供信息	物流信息系统
决策支持系统（DSS）：通过提供信息、模型或分析工具来帮助管理者制定决策	仿真 仓库管理系统等专用软件 数据挖掘
企业系统：创造并维持一致的数据处理方法和跨业务职能的集成数据库	企业资源计划系统的物流模块

资料来源：Taken from Steven Alter，Information Systems，4th ed.（Upper Saddle River，NJ：Prentice Hall，2002），p. 191.

2.1.1　办公自动化系统

办公自动化系统为处理个人和组织的业务数据、进行计算并生成文件提供了有效的方法。[10] 办公自动化系统中安装有一些通用软件包，包括文字处理、电子制表、演示以及数据库管理软件等。这些软件大部分在日常生活中也广泛使用。

与物流人员最相关的通用软件包是电子制表软件。早期的个人电脑制表程序仅仅相当于一个快速计算器，当今的电子表格则集合了大量的功能，管理者利用电子表格可以低成本地快速处理各种复杂的业务问题。

实际上，20 世纪 90 年代初期物流电子制表软件的应用反映出当时软件包能力非常有限。例如，可处理的一些典型问题包括：经济订货批量（EOQ）计算，仓库面积测定，运输方式和承运人决策，生产计划，重心法选址决策等。[11] 20 世纪 90 年代之后，电子制表软件的处理能力不断提升，企业可以利用电子制表软件分析原来只能由专用程序解决的问题。一些运输成本最小化的经典问题（如以最小运输成本将产品从多源产地运往多目的地）都可以使用电子制表软件进行分析。[12]

如今，利用电子制表软件可以对基本物流优化模型进行求解。**物流优化模型**（logistics optimization models）利用电子制表软件和插件帮助物流人员对战略、战术、操作和协同层面的关键物流问题进行复杂的判断和决策。[13] 例如，全球消费品制造企业宝洁（P&G）使用安装有“What's Best ”插件的电子制表软件进行工厂选址和工厂规模这一战略层面的决策。[14] 物流优化模型与传统的运筹学不同，物流优化模型通常更注重具体实施而不是纯优化。[15] 因此，电子制表软件的使用为物流人员提供了一个执行“what-if”分析的方法，支持其制定物流决策。

2.1.2 通信系统

通信系统有助于不同利益相关者（雇员、供应商和顾客）通过不同的方式进行互动和信息分享来协同工作。[16] 从物流的角度来看，“9·11”事件凸显了严格定义和高效执行的通信系统的重要性，尤其对于那些使用和提供空运服务的企业。由于恐怖袭击后的几天全美航空系统处于完全瘫痪状态，许多空运货物被转为货车运输，以致延迟了货物的交付，因此，联邦快递等空运服务提供商为通知客户货物抵达时间忙得不可开交。[17]

自20世纪70年代本书首版以来，传真机、个人计算机、电子邮件、移动电话、平板电脑和智能手机等电信技术迅速发展。在20世纪90年代，这些技术还被认为是工作场所的奢侈品，如今，这些技术很多已成为现代物流人员完成工作不可或缺的工具。

电子数据交换（EDI，将会在2.1.3节进行讨论）在20世纪90年代曾被许多专家视为物流信息技术的标尺。在进入21世纪的第一个10年，**无线通信**（wireless communication）脱颖而出，成为物流信息技术的标尺。[18] 本书中，无线通信指的是不通过电线电缆进行的通信，包括红外线、微波、无线电传输等。

无线通信在物流中应用广泛。让我们来看一种比较普及的应用，即全球定位系统。**全球定位系统**（global positioning systems，GPS）是指用于传输精确描述物体准确位置信号的卫星网络。我们比较熟悉的个人导航设备就是一种GPS，在驾驶时个人导航设备可以提供地图或语音提示。

高昂的燃油成本和不断提高效率与生产率的压力，使得GPS对物流运输极具价值。事实上，那些使用了GPS的企业报告说，GPS的应用提高了工人的生产率、减少了运作成本、改善了顾客关系。更确切地说，某项研究发现，GPS的应用使运输企业的每位车辆驾驶员每天可以抢回1小时的时间，相当于大约每位员工5 500美元的人力成本节约。该研究还指出，GPS的应用可以使企业车辆每周减少230英里①的运输里程，年节约燃油大约52 000美元。[19]

平板电脑，如苹果iPad，也极大促进了物流决策。在工业环境下（仓库或港口）使用这种消费者品级的移动设备可能要求这些设备更坚固耐用。[20] 例如，Markley Enterprise是美国的一家生产营销宣传产品的小公司，该公司利用iPad和第三方应用程序提高了仓库工作人员的生产率，提高了拣选精度，取消了纸质文书工作。[21] 同样，位于美国克利夫兰市的Arhaus Furniture家具公司也给它的送货卡车配备了iPad，从而节约了文书工作成本，提高了卡车利用率，改善了顾客服务。[22]

硬件和软件技术的不断发展大大降低了无线通信的成本，使用这些技术的企业已不再限于那些资金雄厚的大企业。硬件和软件成本的降低缩短了相应的投资回收

① 1英里=1.609 344千米。

期，应用 GPS 在一年内就可以收回投资。[23]

2.1.3 交易处理系统

交易处理系统（TPS）收集和存储交易信息并对交易过程的某些方面进行控制。为了达到 TPS 的主要目标，即高效地处理交易，企业可以选择使用批处理或实时处理。[24] 采用批处理，数据被收集并存储起来以备根据计划（如每 6 小时一次）或交易量（如每 25 次交易）稍后进行处理。实时处理意味着在接收交易记录的同时就进行处理。虽然当今对速度和时间压缩的关注使批处理显得有些过时，但是在不需要实时处理的情况下，批处理仍然十分有效，而且相对于实时系统，批处理成本更低，员工也更容易学会。

与物流相关的交易处理系统的一个典型例子是**电子数据交换**（electronic data interchange，EDI），即在计算机之间传递结构化的交易数据。EDI 实现了企业间数据的无缝传输（若技术上兼容的话），促进了供应链参与各方的整合与协调。因此，相较于没有实施 EDI 的供应链，与供应商和顾客之间建立了紧密 EDI 连接的企业往往具有更大优势。EDI 的一般用途包括：开发票、采购订单提交、定价、提前货运通知、电子转账和账单支付。

电子数据交换有很多好处，可以减少文书准备和处理的时间、库存持有成本、人工成本、信息丢失、装运错误、退货、提前期、订单周期和订货成本等。另外，EDI 的使用可以提高现金流、账单正确率、生产率和顾客满意度等。EDI 也存在一些潜在不足，包括人们缺乏对其好处的认识，高额的安装成本，缺少标准格式以及计算机软硬件不兼容等。

尽管 EDI 存在这些不足，而且往往被认为是一种“过时”的技术[25]，但 EDI 仍是 21 世纪最重要的物流技术。虽然有人认为互联网将替代 EDI，但时间证明互联网只能作为 EDI 的补充而不能完全替代 EDI。例如，沃尔玛是最早用基于网络的 EDI（I-EDI）取代增值网（VAN）EDI 的企业之一。重要的是，I-EDI 的安装成本远远低于增值网 EDI 的安装成本，使一些小企业也能够用得起 EDI，大大扩展了 EDI 的应用范围。[26]

自动识别技术是另一种与物流相关的交易处理系统，包括光学特征识别（可以读取字母、单词和数字）、机器视觉（可扫描、检查并解释查看的对象）、声音数据录入（可录下并解释人类的语音）、射频识别（扫描仪与标签间非视距传输）以及磁条技术。

自动识别系统是销售点（POS）系统的基本组成部分。安装 POS 系统的目的是为指导和加强管理决策提供数据。操作上，POS 系统通常利用光学扫描仪或手持扫描仪来扫描通用产品代码（UPC）标签。通用产品代码被读入并记录在数据库中以提供诸如产品价格、适用税率、是否可使用食物券等信息。每件产品的具体价格和描述同时被迅速传递到柜台旁的监视屏上。当所有产品被记录完毕，顾客收到列有所购产品、每件产品价格和总账目的核对单。

当前，条形码扫描仪仍是使用最普遍的自动识别系统。利用条形码扫描仪可以整合供应链上的供应商和顾客，因为供应链上所有的成员都读取相同的标签。另外，成员间货物的转移都可通过简单的电子方式进行记录。传统上，激光扫描仪用于读取条形码。扫描仪记录库存数据并且可以直接与计算机相连以调整库存记录和跟踪产品移动。

射频识别（radio-frequency identification，RFID）是另一种自动识别技术，这种技术在 21 世纪初受到极大关注。从概念上看，RFID 使用射频来识别已植入 RFID 标签的物品。操作上，RFID 包括三个组成部分：扫描天线、传输相关数据的 RFID 标签（芯片）、解释数据的收发器。当一个 RFID 标签处在扫描天线的扫描范围时，标签数据就会被扫描天线捕捉到，并通过收发器进行解释。与条形码相比，RFID 不需要在物品和 RFID 硬件之间有明晰的视距，能存储更大量的数据，并且能够同时提供读、写能力。

沃尔玛要求在 2005 年 1 月 1 日之前其前 100 名供应商运至沃尔玛的一个位于得克萨斯的配送中心的货物必须使用 RFID 标签，这是 RFID 应用于物流的一个重要促进事件。虽然这一目标并未实现，但沃尔玛这一强制要求使这种自 20 世纪 40 年代就已存在但一直未被组织广泛使用的技术重新受到关注。结果，这种技术得到了极大发展，成本也不断下降。美国服装和医疗保健行业的顾客数量越来越庞大，许多大型零售企业已使用 RFID 对每件服装进行跟踪，美国大约 10%的医院安装有某种形式的 RFID 系统。[27]

企业的报告显示，采用 RFID 技术可以带来诸多好处。例如，沃尔玛及其供应商的报告显示库存缺货大幅减少（20%～50%）。[28] 另外，在一家服装零售店，RFID 减少了 80%的库存盘点时间，提高了库存盘点准确性。[29] 尽管 RFID 可以带来一些好处，但在该技术更广泛运用于物流领域前必须面对各种挑战。更广泛运用 RFID 的一个主要不利条件是相关软硬件的安装成本，安装成本可从小企业的 10 万美元到大企业的 2 000 万美元不等。

RFID 的另一个缺点涉及技术不正当使用时的隐私问题。例如，一家大型零售店将 RFID 芯片植入某系列的化妆品中，从货架上选购商品的顾客会被网络摄像机摄像并被发送到制造商的总部。[30] RFID 的另一个缺点是，对于水果、蔬菜等水分含量高的物品，数据的准确率较低。

2.1.4 管理信息系统和主管信息系统

这些系统将 TPS 数据转换成信息以监控业绩表现和管理组织，目的是向管理人员和主管提供他们真正需要的信息。[31] 由此，**物流信息系统**（logistics information system，LIS）可定义为“为物流决策者收集、分类、分析、评价和发送所需及时、准确信息的人、设备和程序”。[32]

如图 2-1 所示，物流信息系统始于物流管理者对信息的请求而终于管理者收到定期的、定制化的报告。物流管理者要真正得到他们所需的信息，在提交需求时必须相当明确。例如，需要关于某具体仓库或配送中心信息的物流经理必须明确指出，需要“芝加哥仓库”的信息而不是“公司仓库”的信息。

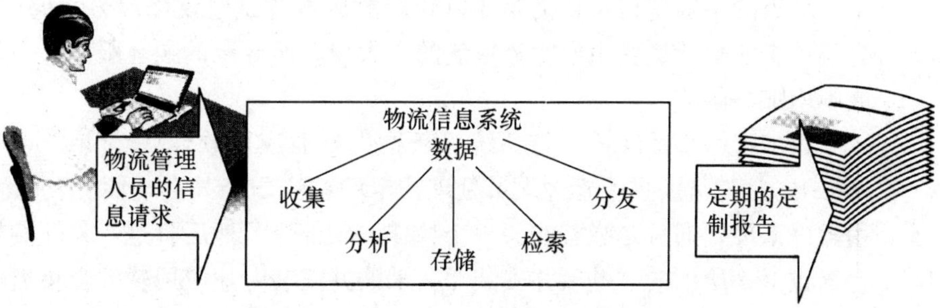

图 2-1　物流信息系统的结构和功能

资料来源：Adapted from Michael Etzel, Bruce Walker and William Stanton, Marketing, 14th ed. (New York: McGraw-Hill Irwin, 2007), p. 172.

一个有效且高效的企业物流信息系统必须提供及时的信息。及时的信息包括多个维度。首先，及时是指时时更新的信息状态，它会受到企业收集和分析过程的影响。信息收集应该同时强调内部和外部信息源。不幸的是，物流的内部信息源并不总像期望的那样丰富。事实上，有关物流对企业价值的贡献的研究发现“对物流的评估比我们想象中的要少得多”。[33] 外部信息关注来自企业以外的信息，包括顾客、竞争对手和供应商的信息，也涵盖关于经济、技术、政治、法律和社会文化环境的信息。

及时还可指管理者收到所需信息的速度，这受到信息检索和分发过程的影响。一名管理人员快速接收信息的能力受到计算机软硬件系统的影响，运算速度更快、功能更强大的技术有助于减少检索和分发信息的时间。反之，软件或硬件不兼容、电源中断、系统崩溃和计算机病毒等软硬件故障将大大降低信息检索和分发的速度。

准确的信息同样反映了企业物流信息系统的效果和效率。因此，物流信息系统必须关心相关数据的性质和质量，例如，尽管互联网提供了以低成本获取海量外部信息的机会，但一些网上信息的可靠性值得怀疑。请记住垃圾进/垃圾出（GIGO）原则：错误的、误传的或不清楚的信息会导致物流人员做出拙劣的决策。

2.1.5　决策支持系统

决策支持系统（DSS）通过提供信息、模型和分析工具来帮助管理者制定决策[34]，已为物流人员广泛使用。决策支持系统在物流领域的具体应用包括车辆路径安排、库存控制决策、自动订单拣选系统的开发、买卖双方谈判优化模型等。下面介绍几种较典型的物流相关决策支持系统技术。

仿真（simulation）是一种模仿现实世界系统的技术，通常用数学方程式代表系统各组成部分之间的关系。仿真的可靠性主要取决于模型与现实情况的接近程度。尽管仿真是一种强大的分析工具，但由于使用不良数据或对各变量关系的不适当假设等，拙劣构造的仿真会使物流问题的仿真结果不太理想或不可行。

仿真的主要优点是帮助企业以较低的成本测试建议修改方案的可行性。另外，它还使企业免于遭受由于物流系统的重大变动所导致的顾客服务水平降低或运作总成本增加等困境。

第二种类型的决策支持系统可泛称为**专业应用软件**（application-specific software），是为帮助物流管理人员处理特定的物流职能与活动而开发的。对于专业应用软件来说，通常是顾客购买一个特殊的软件包，然后将这一软件安装到其计算机上（也就是所谓的“购买并安装”）。采购并安装专业应用软件会相当昂贵，因为软件成本可能接近 50 万美元，实施成本则可能高达数百万美元。

一种日益普及的专业应用软件是**按需软件**（on-demand software）（也称为**服务软件**（software-as-a-service）或**云计算**（cloud computing）），也就是“用户每次使用时才访问进入的而不是用户拥有或许可安装的软件”。[35] 相较于购买并安装软件，按需软件的主要优点是，根据需要按使用付费的模式使顾客可以避免高额的资本投资成本（本章后面还将更详细地介绍按需软件）。

运输管理系统（transportation management systems，TMS）和**仓库管理系统**（warehouse management systems，WMS）是两种主要的与物流相关的专业应用软件。事实上，历年来《物流管理》（*Logistic Management*）杂志进行的年度软件调查都显示，运输管理系统和仓库管理系统是最可能被购买或升级的应用软件。[36] 由于这两种软件是比较重要的物流决策支持系统，因此，我们将对它们进行简要介绍。

运输管理系统是使创建订单、提交货物、货运跟踪、审计和付款过程自动化的软件包。[37] 表 2-2 列出了运输管理系统软件可执行的 15 项代表性工作。那些已实施运输管理系统的组织报告说，实施运输管理系统可以减少空车里程、降低燃油消耗和运输支出。

表 2-2 运输管理系统的工作能力

资产跟踪	承运人选择
索赔管理	驾驶员管理
货物支付	货物配载
货物提交	订单或装运可视性
包裹交付确认	包裹取件跟踪
拣选作业计划	费率
实时路径报告	路径优化
装运合并	

资料来源：“Transportation Management Systems Solution Selector,” Logistics Today, September 2004, 76-80.

多种因素使运输管理系统的需求持续上升。这些因素包括：旧的运输管理系统需要升级、联合运输的发展、运输管理系统能力的提高（已不仅仅是执行）、前面所描述过的大数据的出现和对整体解决方案的渴望。[38] 另外，如今运输管理系统的使用被视为组织改善其物流活动的环境可持续性的一种方法。利用所提供的信息，企业可以用更高效环保的方式将货物在需要时运至所需的地方。[39]

仓库管理系统是一种监督企业内部物料储存和流动的软件包。[40] 可由仓库管理系统控制的活动包括库存管理、产品接收、储存位置确定、订单选择过程、订单装运。仓库管理系统可能带来的好处有：数据输入错误减少、订单拣选移动距离大幅降低等。仓库管理系统还可以带来运作成本的降低、缺货的减少、库存精度提高和顾客服务水平的提升。

研究显示，与未采纳仓库管理系统的企业相比，采用并实施仓库管理系统的企业的物流效率要高得多。尽管仓库管理系统的成本会影响仓库运营成本，但整个物流过程的成本会有所降低。这主要是因为仓库管理系统的使用提高了可视性。[41]

有许多不同的运输管理系统和仓库管理系统可以供物流管理者选择。重要的是，企业应使用最满足其需要的软件包，而不是知名企业提供的软件包或提供许多不需要功能的软件包。另外，运输管理系统和仓库管理系统的安装可能导致企业的剧变，因为组织将改变已建立的运输和仓储管理方法，并且现有的员工需要进行多种培训以熟练使用这个新系统。

数据挖掘（data mining）可以定义为“应用数学工具对大量数据进行分析以提取其中的相互关系和规则”。[42] 数据挖掘是近年来大受欢迎的一种决策支持系统技术。数据挖掘利用复杂的定量技术在海量数据中寻找“隐藏的”模式。利用这些模式，管理者可以提高其决策能力，同时加强组织的竞争优势。尽管数据挖掘的特点好像是一种“钓鱼”，亦即运用复杂的定量技术只是要寻找一些不知是否有意义的关系。实际上，数据挖掘应遵循一套定义明确的方法。[43]

高效的数据挖掘取决于**数据仓库**（data warehouse），数据仓库是企业收集的所有相关数据的中心存储库。沃尔玛被公认为拥有世界上最早的数据仓库的企业之一，它的供货商大量使用数据挖掘以提高物流的效率和效果。例如，数据挖掘使沃尔玛发现，在预计风暴将袭击佛罗里达州时啤酒和家乐氏 Pop Tarts（一种烤制的蛋糕类产品）两种商品需求量将大幅增加。因此，当预计风暴将袭击佛罗里达州时，沃尔玛就会增加本地商店中啤酒和家乐氏 Pop Tarts 的库存。

机器学习（machine learning）是一种能够协助物流经理利用越来越多的可用数据的新兴技术。这种基于计算机的技术使用一些可以从数据中学习的算法，这些算法利用数据来建立并不断更新诸如预测等活动的模型。一个机器学习系统可以使用一些诸如网页访问、停留时间、社交媒体活动等指标来更好地规划物流活动。[44] 另外，机器学习还被用于机器停机的早期预警系统。因此，机器学习既有可能用于支持供应方的决策，又可能用于支持需求方的决策。

2.1.6　企业系统

企业系统是我们将讨论的最后一种常见的信息系统，它生成并维持一贯的数据处理方法和跨多种业务职能的集成数据库。[45] 最有名的企业系统可能是**企业资源**

计划（enterprise resource planning，ERP）系统，该系统“可以让企业自动集成大部分业务流程，在整个企业分享通用的数据和实践，在实时环境中生成并访问信息”。[46] 原理上，ERP 系统（如甲骨文（Oracle）和 SAP 提供的企业资源计划系统）允许所有的潜在使用者在进行决策时访问同一数据库。企业资源计划系统的吸引力在于其降低成本（如库存减少）、提高生产率和顾客满意度的潜力。

当代的企业资源计划系统包含一种企业全局性的观点，其起源可追溯到物流和制造领域的库存控制和物料需求计划程序。[47] 与早期的程序不同，当今的企业资源计划系统（至少在概念上）为企业内所有的业务领域提供了访问和分析同一数据库的机会，这在以前是难以实现的，因为过去有些数据是为特定业务领域专用的，而且计算能力不足。

最常被提及的企业资源计划系统的一个缺点就是其安装成本。众所周知，企业资源计划软件相对较贵，但软件成本仅是企业资源计划实施成本的一部分。例如，企业资源计划所需的大量数据要求全新的计算机硬件系统或对现有系统进行更新升级。其他的一些经常被忽略或隐藏的成本包括员工培训、数据转换（将现存数据转换成可用并且一致的格式）、集成和检测新系统、维护以及咨询等费用。实际上，咨询费用会使企业资源计划实施成本不断增高，有人认为咨询费甚至可能是软件成本的 3 倍。[48] 当所有相关成本都被考虑在内，企业资源计划的安装成本可以轻易达到几千万美元，甚至几亿美元也不奇怪。

实施企业资源计划系统的第二个缺点是非常费时。实际上，上面段落中提到的实施企业资源计划的许多隐藏成本都是由于企业资源计划实施相关的一些隐藏时间所造成的。例如，员工培训、数据转换以及集成和检测新系统，所有这些都导致企业资源计划实施时间远高于仅安装企业资源计划软件的时间。一般的经验结果表明，实施企业资源计划系统的实际时间是企业资源计划软件供应商说明的时间的 2～4 倍。

企业资源计划系统的第三个缺点是，它最初缺乏强大的诸如运输管理系统或仓库管理系统这些物流领域的专业应用能力。许多企业在其企业资源计划程序中加入所谓的“最佳”物流应用软件（这一类型软件中的最好产品），但是在 ERP 系统中加入这些软件可能带来很大的成本支出和时间消耗。近年来，企业资源计划提供商开始提供高质量的物流领域应用能力，特别是仓库管理系统（WMS）方面的物流应用能力。[49]

基于前面关于时间和实施成本的讨论，一些企业资源计划系统的安装并不像人们期望的那样顺利也就不足为奇了。企业资源计划的差错偶尔会导致物流系统问题。例如，一家著名家用医疗产品制造商，由于企业资源计划实施问题致使公司几次降低收入预期。从物流的角度看，与企业资源计划相关的问题包括错过交货日期、无法回应顾客询价、缺乏有关订单状态的信息等。这些与订单相关的问题会导致高于一般水平的错误订单的退货，错过交货期致使企业需要花更多的费用进行加急运输。[50]

2.2　互联网对物流的影响

尽管当今互联网似乎是一种无处不在的技术，但现实是，目前世界上仅有 49%的人口使用互联网。在 21 世纪初仅 5%的世界人口使用互联网。[51] 正如 21 世纪互联网的使用不断扩大，互联网对于物流学科的影响也不断增加。我们不可能全面讨论互联网对物流学科的影响，本节我们将介绍互联网给物流学科带来的四种特殊影响——在线零售、云计算、电子采购、物联网。

2.2.1　在线零售

应当注意的是，在线零售与店内零售在物流上具有相似性。例如，二者都存在许多物流职能和活动，如运输、仓储、物料搬运和订单管理。此外，二者还可能使用相同类型的设备和材料，如条形码和仓库管理系统。

在物流活动的执行上，在线零售与店内零售有极大不同。例如，与店内零售相比，网上购物的订单量大增，但每张订单的订货量有所减少。因此，在线零售要求订单管理系统具有处理大量订单的能力，并且信息管理系统应当能够正确地传送每个订单以保证及时履行订单。

由于每个订单的订货量减少，因此在线零售具有开箱拣选（而不是整箱）的特点，手提袋和小推车等物料搬运设备给开箱拣选带来了便利，而且开箱拣选要求产品放在有利于拣选效率和效果的位置。大家不必惊讶，在线零售的小订货量对包装也有重要影响，企业需要适合容纳少量产品的容器——小纸箱、信封、袋子等。[52] 一些既做线上零售又做店面零售的企业会选择将在线订单的拣配出货活动外包，因为在线订单的拣配出货活动与店面零售大不相同。[53]

另外两个在线零售需要考虑的关键物流因素是运输和退货。在线零售的订货批量小，更适合选用拥有庞大配送网络和专门知识的包裹运输企业，这反过来就要求企业在装货月台使用小型车辆（如厢式送货车）进行外向运输。此外，许多线上零售商需要面对“最后一英里”（也就是将产品交付给顾客的最后一个环节）的配送问题，如拥堵、频繁停车、顾客无法收货时的回程等。另外一个需要考虑的新问题是，在线订单的当天交付服务。亚马逊、eBay、沃尔玛等企业都在寻求为在线顾客提供当天交付能力的方法。[54] 事实上，现在亚马逊在部分选择的市场已开展了一种名为 Prime Now 的会员服务，这种会员服务承诺一些家庭日常用品免费 2 小时送达，亚马逊附属餐厅的订单 1 小时送达。[55] 尽管仍处于试验阶段，但这一策略对于物流的影响将是巨大的。

尽管退货是所有类型的零售企业都必须面对的一个问题，但与其他零售类型相比在线购物的退货率往往要高很多。有人估计，传统零售方式的退货率为 10%，在线购物的退货率达 30%左右。[56] 由于大多是个人顾客的退货而不是组织或企业的退货，在线零售商应尝试使退货流程尽量便捷。当在线顾客收到其订货时，他们应当同时收到有关如何退货的信息、退货标签以及退货用包装（如信封、包装袋等）。相对顺利、便捷的退货流程不仅可以提高退货效率和效果，还是建立和维持顾客忠诚的有效方法。[57]

此外，必须注意的是，“一刀切”的物流策略不可能促进线上购物的效率和效果，相反，需要应用多种物流策略，并充分认识到不同物流策略之间的权衡。例如，解决顾客不在家这种“最后一英里”问题的方法是，在顾客居住处安装某种类型的产品投递容器（如投件箱）。但是，对于大件商品（如冰箱）、易腐品（如某些种类的食物）、高价商品（如珠宝首饰）使用这种容器并不可行。全球物流提供商UPS计划在美国300个地方安装自服务包裹储物柜。UPS委托进行的一项研究显示，35%的热衷于网购的消费者希望将货物交付到一个能延长服务时间的取货点而不是送货到家。[58] 由于特定顾客对于不同的产品可能要求完全不同的服务水平，且不同顾客对于某特定产品的服务需求水平也可能大不相同，因此对于在线购物来说实施合适的在线购物物流策略面临极大挑战。[59]

2.2.2 云计算

进入21世纪以来，云计算（按需软件和服务软件的总称）迅速发展。事实上，全世界范围内的公共云服务市场显著增长。[60] 在公共云服务市场，软件、服务或信息可以通过互联网来分享，使用者不需要掌控技术基础设施。有多种与物流相关的云计算应用软件，如协同预测与库存优化云计算软件。运输管理系统已成为最流行的按需应用软件。[61]

云计算越来越受青睐的原因之一在于其按使用付费的模式使顾客避免了高额的资金投入成本，加快了软件的投资回报。另外，由于云计算属于运作支出而不是资本支出，因此其成为许多难以支付购买、安装和维护诸如运输管理系统和仓库管理系统这类专业应用软件的企业的可行选择。2007年以来世界性的经济增长放缓导致许多组织大幅削减其信息技术支出，这有益于基于云的应用程序的发展。云计算的其他优点还包括，快速和低廉的安装，需要更少的信息技术管理人员，以及软件供应商提供的定期升级更新。[62] 因此，像诸如红色草原公司（Red Prairie）这样的生产率软件提供商现在都提供运输管理系统和仓库管理系统的云服务。[63]

尽管从财务的角度来看云计算尤为诱人，但它仍然存在缺点。例如，上文提到的定期软件升级更新太过频繁，顾客很难跟上。基于云的应用软件定制程度有限，即顾客需要将他们正在做的事情与软件能够实现的功能相匹配。[64] 同时，由于互联网是基于云的软件的主要交易媒介，诸如数据保护之类的安全问题就成为主要担心的问题。

2.2.3 电子采购

电子采购（electronic procurement）（也称为**e-采购**（e-procurement））利用互

联网使企业采购物品和服务变得更加容易、快捷且更便宜。电子采购可以带来诸多益处：交易收益、合规收益、管理信息收益以及价格收益。交易收益衡量的是电子采购所带来的交易效率提升的益处（例如，缩短开具发票至支付之间的时间间隔）。合规收益关注的是遵守所建立的采购政策而带来的节约。管理信息收益包括实施电子采购后管理信息、顾客满意以及供应商满意水平所带来的好处。价格收益是指采用电子采购所带来的价格方面的降低。例如，发票的电子化处理能够节省大量的邮资和信笺等方面的费用，这部分节约也能使买方受益。[65]

电子采购也存在一些重要的缺陷。对一般的电子商务而言，尤其是电子采购，其中一个顾虑就是信息安全，也就是存在敏感或私人信息被盗或被泄露的风险。另一个顾虑是电子采购没有人情味，人与人之间的互动被计算机交易取代。尽管对电子采购的潜在益处宣传得天花乱坠，但一项研究发现只有大约 25%的被调查企业要求使用电子采购。这项研究还发现，在具备使用电子采购所要求的技能和知识等方面用户信心明显下降。[66]

电子采购大大促进了在线逆向拍卖活动的发展。你可能熟悉传统的拍卖，即多个买家竞标一个特定的产品，产品最后卖给出价最高的投标人。在**逆向拍卖**（reverse auction）中，一个买家邀请多个卖家投标，出价最低的卖家通常会赢得该业务。随着逆向拍卖的发展，逆向拍卖的一些参数也在变化。例如，在一些情况下买家不一定要接受最低的投标，在其他一些情况下买家也可以不必接受任何一个投标。[67]

买方往往喜欢逆向拍卖，因为他们的目标是获得低的采购价格，而且逆向拍卖的在线特性使得买方能够很快打探到卖方的底价。相反，卖方则对逆向拍卖提出批评，因为逆向拍卖主要强调的是低价格。然而，逆向拍卖也可以给卖方提供有价值的信息，例如其他投标人的数目，在某种意义上这可能非常重要，因为大量的投标人很可能导致激烈的价格竞争。[68]

2.2.4　物联网

物联网（Internet of Things，IoT）是指嵌入到物体中的并能通过互联网进行跟踪和控制的传感器和数据通信技术。[69] 物联网的概念出现在 21 世纪初，最近已成为物流学科的一个重要关注领域。传统的互联网将计算机连接在了一起，物联网将这种连接延展到其他类型的物体中。这种新的连接可以提供有价值的信息和业务洞察力，有助于物流经理降低成本、提升服务。

物联网的潜在益处可以体现在所有类型的物流活动中，诸如仓储、运输、最后一英里交付等。例如，通过连接入互联网，仓库内一辆用于移动货物的叉车现在可能就是有价值信息的来源。在叉车上可以安装无线网络、数据存储器、能够提供各种叉车操作数据和运行环境数据的传感器。叉车可以向仓库经理报告潜在的机械或安全问题，叉车还可以提高仓库库存的可视性。因此，叉车的每次移动不仅仅是移动一件货物，而是成为一个用于提高物流绩效的连接和处理信息的移动信息中心。[70]

研究显示，在接下来的十年，物联网有在全球创造约 8 万亿美元价值的潜力，其中，在供应链和物流领域预计贡献 1.9 万亿美元。特别的是，物联网被认为能够通过提高员工生产率和加强顾客互动而在供应链和物流领域带来价值。[71] 尽管在未来五年内，联网的物体数量预计将增加两倍，但这仍只是最终能够联网的所有物体的一小部分。因此，物联网仍在继续定义着它对物流学科的影响方式和程度。

2.3 信息技术的挑战

至此，本章介绍了一些与某些类型的信息技术相关联的各种挑战。在本章最后，我们将在宏观层面讨论几种信息技术的挑战，也就是无论使用哪种类型的信息技术都可能面临的挑战。

其中一个宏观层面的挑战是，要认识到信息技术仅是帮助管理者解决组织问题的一个工具，而不是解决组织问题的万灵药或全能解决方案。可以通过一名高管经常忘记与不同主顾的定期会议这一事例来说明这一点。为了解决错过会议这一问题，这名高管和其老板决定为其配备智能手机，智能手机里存有详细的各个会议时间、地点的日程表，但不幸的是，这个高管仍然经常错过定期会议，因为他有时会忘记带智能手机、忘记开机或忘记将会议信息上传到手机日程表上。在这种情况下，技术上的解决方案无法解决，可能实际上还会加剧管理者的混乱。

安全问题是另一个信息技术在宏观层面上的挑战。安全问题存在于多个方面。例如，2006 年的一项研究显示，信息安全是当今企业面临的最重要的技术问题。[72] 另外，一般企业由于专有信息被盗估计每年大约损失 30 万美元。[73] 再者，订单和运输跟踪等物流活动对互联网的日益依赖使得网站安全至关重要，要尽可能保护网站免受计算机病毒或计算机黑客的攻击，计算机病毒和黑客攻击可能影响顾客访问网站。

另一种安全问题与便携式电脑、闪存盘、智能手机等技术设备的尺寸不断减小、便携性不断增加有关。与大型技术设备相比，小型设备更易丢失或被窃。重要的是，要认识到小型便携技术设备的丢失和被窃可能导致组织在丢失设备的同时也失去存储于设备中的数据。一个尤其值得关注的例子是，俄亥俄州政府的一名实习生的笔记本电脑在其汽车中被盗，她的电脑中存储了大约 100 万名俄亥俄州居民的个人数据。

第三个信息技术的挑战是人力资源问题。重要的是，诸如员工抵触等人员相关因素被确认为信息技术实施失败的主要原因。[74] 另外一种越来越受到社会关注的人力资源问题是技术依赖。雇主可能对雇员的技术依赖负有责任。

小　结

本章讨论了物流与信息技术的一些关键问题。介绍了六种常见的信息管理系统，尤其强调了相关的物流应用。主要讨论了全球定位系统、电子数据交换、专业应用软件、企业资源计划系统。

本章还从在线零售、云计算、电子采购和物联网这四个方面论述了互联网对物流的影响。最后讨论了信息技术面临的挑战，如认识到信息技术只是一种工具而不是万灵药。

关键术语

专业应用软件	全球定位系统（GPS）	射频识别（RFID）
大数据	信息	逆向拍卖
云计算	物联网（IoT）	仿真
数据	物流信息系统（LIS）	运输管理系统（TMS）
数据挖掘	物流优化模型	仓库管理系统（WMS）
数据仓库	机器学习	无线通信
电子数据交换（EDI）	按需软件（服务软件）	电子采购
企业资源计划（ERP）		

讨论和复习题

2.1　信息是以何种方式有助于物流和供应链管理的？

2.2　列出六种常见的信息管理系统，并各列出一种相应的物流应用软件。

2.3　你认为电子数据表是与物流人员联系最紧的通用软件工具包吗？为什么？

2.4　通信系统如何在诸如恐怖袭击和自然灾害之后促进物流管理？

2.5　你认为自本书第1版出版以来出现了哪些信息技术的发展。这些信息技术的发展对物流经理有何帮助？

2.6　讨论全球定位系统在运输管理中为何极具价值。

2.7　讨论EDI的利弊。

2.8　讨论自动识别技术和POS系统的关系。

2.9　为什么一些企业对是否采用RFID技术犹豫不决？

2.10　讨论及时准确的信息对物流信息系统的重要性。

2.11　运输管理系统和仓库管理系统有何益处？

2.12　什么是数据挖掘？它是如何用于物流中的？

2.13　讨论企业资源计划系统的优缺点。

2.14　回顾第1章中列举的物流活动，选出一项你感兴趣的活动并考察互联网如何影响这项活动。你对你的考察结果是否感到惊奇？为什么？

2.15　从物流的角度考虑，在线零售与线下店内零售有哪些不同？

2.16　为什么“一刀切”式的物流策略

不可能促进线上购物的效果和效率？

2.17 讨论云计算的利弊。

2.18 讨论电子采购的利弊。

2.19 什么是物联网？它可能如何影响物流管理？

2.20 管理者面临的宏观层面的信息技术挑战有哪些？

建议读物

Bell, John E., Randy Bradley, Brian S. Fugate, and Benjamin T. Hazen. "Logistics Information System Evaluation: Assessing External Technology Integration and Supporting Organizational Learning." *Journal of Business Logistics* 35, no. 4 (2014): 338–358.

Fawcett, Stanley E., Paul Osterhaus, Gregory M. Magnan, and Amydee M. Fawcett. "Mastering the Slippery Slope of Technology." *Supply Chain Management Review* 12, no. 7 (2008): 16–25.

Hazen, Benjamin T. and Terry Anthony Byrd. "Toward Creating Competitive Advantage with Logistics Information Technology." *International Journal of Physical Distribution & Logistics Management* 42, no. 1 (2012): 8–35.

Kerr, John. "Technology Outlook: Getting by without the Big Buys." *Supply Chain Management Review* 13, no. 1 (2009): 14–19.

Leonard, Lori N. K. and Christine Clemons. "Supply Chain Replenishment: Before-and-After EDI Implementation." *Supply Chain Management: An International Journal* 11, no. 3 (2006): 225–232.

Min, Hokey. "Application of a Decision Support System to Strategic Warehousing Decisions." *International Journal of Physical Distribution & Logistics Management* 39, no. 4 (2009): 270–281.

Moser, George and Peter Ward. "Which TMS Is Right for You?" *Supply Chain Management Review* 12, no. 3 (2008): 50–56.

New, Steve. "The Transparent Supply Chain." *Harvard Business Review* 88, no. 10 (2010): 76–82.

Pearcy, Dawn H. and Larry C. Guinipero. "Using e-Procurement Applications to Achieve Integration: What Role Does Firm Size Play?" *Supply Chain Management: An International Journal* 13, no. 1 (2008): 26–34.

Porter, Michael and James E. Heppelmann. "How Smart, Connected Products are Transforming Companies." *Harvard Business Review* 93, no. 10 (2015): 96–114.

Rai, Arun, Paul A. Pavlou, Ghiyoung Im, and Steve Du. "Interfirm IT Capability Profiles and Communications for Cocreating Relational Value: Evidence from the Logistics Industry." *MIS Quarterly* 36, no. 1 (2012): 233–262.

Sanders, Nada. "How to Use Big Data to Drive Your Supply Chain." *California Management Review* 58, no. 3 (2016): 26–48.

Savitske, Katrina. "Internal and External Logistics Information Technologies: The Performance Impact in an International Setting." *International Journal of Physical Distribution & Logistics Management* 37, no. 6 (2007): 454–468.

Schoenherr, Tobias. "Diffusion of Online Reverse Auctions for B2B Procurement: An Explanatory Study." *International Journal of Operations & Production Management* 28, no. 3 (2008): 259–278.

Shamir, Joseph. "Machine Learning: A New Tool for Better Forecasting." *Supply Chain Quarterly* 8, no. 4 (2014): 39–42.

Tomasi, Bill. "Information Without Borders." *Supply Chain Quarterly* 10, no. 1 (2016): 28–32.

案　例

案例2-1　投资还是不投资？这是一个问题

迪安·帕洛塔（Dean Pallotta）是俄亥俄州托莱多市的一家制造高端定制的小型房车（Mini）的中等规模企业的总裁兼CEO。该公司原是服务于美国中西部市场的一个地方公司，现在市场已扩展到包括南加利福尼亚和新英格兰在内的全美市场。随着市场的扩大，公司的供应源也相应增加，其关键零部件的供应商大多位于南加利福尼亚、太平洋西北岸以及密歇根州。另外，还有一些生产零部件的小供应商分布于全球。该公司决定在俄亥俄州生产Mini有两个方面的原因：迪安在汽车行业的前合伙人在临近的密歇根州，同时Mini房车的最大单一部件（卡车或货车底盘）是从一家位于密歇根州的美国轻型卡车制造商处购买的。

正如本行业的其他公司一样，迪安的公司实际上只生产很少的一部分零部件，整个产品是通过购买外部供应商的零部件进行组装生产的，但车辆装配的工艺顺序是有明确规定的，只有这样零部件才能最高效地装配在一起。近期，迪安意识到所需零部件的库存和运输成本占据了相当大一部分支出，而且大幅削减这部分成本的时机已经成熟。他一直都在考虑投资一个仓库管理系统（WMS）以提高其生产工厂旁的仓库中大量库存的可视性。运输成本是需要考虑的第二个问题，因为随着新市场的扩张以及需要从更多的供应商处进行采购，装运计划也变得越来越困难。因此，迪安对实施运输管理系统（TMS）可能带来的潜在利益非常感兴趣。

为了应对这些挑战，迪安组建了一个跨职能小组来研究一些可能的、基于技术的解决方案。小组成员包括迪安、乔森·谢（物流副总裁）、斯蒂芬妮·辛格（采购总监）、伊森·马修（工厂厂长）、杰森·保罗（库存计划员）、奥吉·拉斯卡（仓库经理）。该小组认为实施 WMS 可能带来以下好处：

1. 提高仓库劳动生产率；
2. 增加库存的可视性和可追踪性；
3. 改善对生产工厂的响应性；
4. 减少文书工作。

关于 TMS，可能带来以下好处：

1. 提高顾客服务，尤其是西海岸顾客的服务水平；
2. 可以通过集中内向运输减少成本；
3. 通过更加可靠的交付减少库存；
4. 通过改进运费支付改善现金流；
5. 提高货物入库的仓储效率。

另外，几个小组成员还主张一并实施 WMS 和 TMS 这两种系统以同时优化这两个领域。大家的争论在于这些技术往往是各自独立实施的，只有协调这些技术以支持企业的总体目标，才能获得真正的价值。

在讨论应对方案时，小组成员还表达了一些担忧。迪安非常担心可能出现的问题，因为他以前工作过的那家公司的 ERP 实施很困难。特别是，他亲身经历了整个实施过程。虽然潜在的好处令人兴奋，但着手实施 WMS 和 TMS 对小组来说也是令人担心的。他们不仅担心购买软件所需的大量资本投资，更担心软件实施过程中将面临的困难，他们尤其担心所需的时间以及员工对这些变化的反应。

关于供应商，在不稳定的小型房车市场中，斯蒂芬妮经常有机会买断那些破产企业的零部件。购买这些零部件可以节省大量成本，但可能造成这些零部件库存的暂时增加或从现有供应商处采购的数量暂时减少。她想知道这些机会是否会影响技术投资可能带来的潜在好处。

伊森在运作工厂时，通常假设（默认）从供应商购买的零部件会有一些缺陷，自制的产品在刚离开装配线时也可能存在一些毛病，因此，Mini 房车都会经过非常严格的全面测试。（他们的广告是这样宣传的："我们希望你永远不会对你的 Mini 房车做我们所做过的任何事情。"）同样，零部件在安装前也要经过严格的检验。由于库存中仅有少量的特定零部件可供使用，而且零部件采购提前期不确定性较高，生产计划的中断非常严重，这会导致零部件的高额紧急订单或整个工厂的停工，企业为此会付出巨大的代价。

尽管有诸多担心，迪安还是痛苦地意识到，无视仓库和运输问题将是一个错误，必须采取措施来改变这种状况。虽然他们目前感觉主要压力来自仓库，但运输问题正开始成为更大的问题。为了帮助决定是否投资 WMS 和 TMS 系统，迪安和小组成员一起绘制了一张表格，对实施这两个系统的预期影响进行了总结（见表 2A）。这些数据是基于潜在技术提供商所提供的信息、营销部门提供的需求预测、IT 部门提供的成本预测以及小组成员提供的信息分析而得。在迪安重新回顾这些信息，为下次会议做准备时，他想知道他们应当做出什么样的决定。

表 2A　潜在技术项目分析

	TMS 项目	WMS 项目	WMS/TMS 项目
净利润（美元）	573 000	245 000	775 000
净现值（NPV）（美元）	409 938	172 902	505 243
投资回报率（ROI）	85%	75%	76%
投资回收期（月）	9	11	19
获利指数	673%	590%	488%
预付成本（美元）	100 000	50 000	200 000
风险	中	低	非常高

［问题］

1. 对于实施 WMS 系统，该小组还应当考虑其他一些成本和利益因素吗？如果是，还应考虑哪些因素？

2. 对于实施 TMS 系统，该小组还应当考虑其他一些成本和利益因素吗？如果是，还应考虑哪些因素？

3. 分析同时实施两种系统的优缺点。

4. 如果同时采用两种系统，帕洛塔的公司是否需要改变与零部件供应商的关系？如果需要，要做出什么变化？帕洛塔的公司是否需要改变与运输提供商的关系？如果需要，要做出什么变化？请进行讨论。

5. 你会建议小组如何做出决策？为什么？

【注释】

［1］Stephen M. Rutner, Brian J. Gibson, Kate L. Vitasek, and Craig G. Gustin, "Is Technology Filling the Information Gap?" Supply Chain Management Review, March/April 2001, 58-63.

［2］Benjamin T. Hazen and Terry Anthony Byrd, "Toward Creating Competitive Advantage with Logistics Information Technology," International Journal of Physical Distribution & Logistics Management 42, no. 1 (2012): 8-35.

［3］Marshall Fisher and Ramnath Vaidyanathan, "Which Products Should You Stock? " Harvard Business Review 90, no. 1 (2012): 108-118.

［4］William G. Zikmund and Michael d'Amico, Marketing, 7th ed. (Cincinnati, OH: South-Western, 2001), p. 125.

［5］Robert F. Byrne, "Driving Profitable Growth with Big Data and Better Forecasts," Supply Chain Europe 21, no. 1 (2012): 40-41.

［6］Victor Mayer-Schonberger and Kenneth Cukier. Big Data: A Revolution That Will Transform How We Win, Work and Think (Boston: Houghton Mifflin Harcourt, 2013).

［7］Mary Siegried. "Finding the Big Picture in Big Data," Inside Supply Management, no. 1 (2014): 19-23.

［8］Nada Sanders, " How to Use Big Data to Drive Your Supply Chain," California Management Review 58, no. 3 (2016): 26-48.

［9］The framework in this section is adapted from S. Alter, Information Systems, 4th ed. (Upper Saddle River, NJ: Prentice Hall, 2002).

[10] Alter, Information Systems, p. 191.

[11] John E. Tyworth and William L. Grenoble, "Spreadsheet Modeling in Logistics: Advancing Today's Educational Tools," Journal of Business Logistics 12, no. 1 (1991): 1-25.

[12] Brian J. Parker and David J. Caine, "Minimizing Transportation Costs: An Efficient and Effective Approach for the Spreadsheet User," Transport Logistics 1, no. 2 (1997): 129-137.

[13] Michael R. Bartolacci, Larry J. LeBlanc, Yasanur Kayikei, and Thomas A. Grossman, "Optimization Modeling for Logistics: Options and Implementations," Journal of Business Logistics 33, no. 2 (2012): 118-127.

[14] G. Anthes, "Modeling Magic: IT-Based Operations Research Builds Better Supply Chains at Procter & Gamble," http://www. computerworld. com/s/article/99484/ModelingMagic.

[15] Bartolacci et al. , "Optimization Modeling for Logistics."

[16] Alter, Information Systems, Chapter 5.

[17] Kristen S. Krause, "FedEx's 9-11 Response," Traffic World, September 9, 2002, 12-13.

[18] Roger Morton, "Working Without a Wire," Logistics Today, February 2005, 29-33.

[19] Bridget McCrea, "The Golden Age of Wireless," Logistics Management, October 2008, 47-50.

[20] Mary Shacklett, "Supply Chain Technology Prospects for the Warehouse," World Trade: WT 100 25, no. 3 (2012): 24-28.

[21] Andrew K. Reese, "iPad in the Warehouse," Supply & Demand Chain Executive 11, no. 3 (2010): 14-17.

[22] Heath E. Combs, "Arhaus to Equip Trucks with iPads," Furniture Today 34, no. 47 (2010): 34.

[23] No author, "Remote Asset Management Worth the Cost," GPSWorld, January 2009, 27.

[24] Alter, Information Systems, Chapter 5.

[25] Malcolm Wheatley, "A Question of Standards," Automotive Logistics, September/October 2008, 60-64.

[26] Zhenyu Hang, Brian D. Janz, and Mark N. Frolik, "A Comprehensive Examination of Internet-EDI Adoption," Information Systems Management 25, no. 3 (2008): 273-286.

[27] No author, "Will 2012 See Widespread Adoption of RFID?" RFID Journal, January/February (2012): 6-9.

[28] John S. Webster, "Wall-Mart's RFID Revolution a Tough Sell," Network World, September 15, 2008, 34-36.

[29] Alan M. Field, "Tag, You're It!" Florida Shipper, October 13, 2008, 10-11.

[30] Tom Andel, "Big Brother in Aisle Five?" Paperboard Packaging, February 2006, 4.

[31] Alter, Information Systems, Chapter 5.

[32] Adapted from a definition of "marketing information system" provided by Philip Kotler and Gary Armstrong in Principles of Marketing, 11th ed. (Upper Saddle River, NJ: Prentice Hall, 2006), Chapter 4.

[33] James S. Keebler, Karl B. Manrodt, David A. Durtsche, and D. Michael Ledyard, Keeping Score: Measuring the Business Value of Logistics in the Supply Chain (Oak Brook, IL: Council of Logistics Management, 1999), Chapter 2.

[34] Alter, Information Systems, Chapter 5.

[35] David Hannon, "On-Demand Brings Spend Control to the Masses" Purchasing, March 2, 2006, 40-42.

[36] Bridget McCrea, "Scrutiny Rules the Day," Logistics Management, April 2009, 38-40.

[37] Amy Zuckerman, "Transportation Management Systems Give Shippers Power to Make Smarter Trucking Choices," World Trade, January 2008, 34-38.

[38] Bridget McCrea, "5 Trends Driving TMS Growth," Logistics Management 51, no. 1 (2012): 42-44.

[39] Simon Kaye, "Green is the Color of Today's TMS," Material Handling & Logistics 67, no. 2 (2012): 33-34.

[40] Dave Piasecki, "Warehouse Management Systems," www. inventoryops. com.

[41] Becky Partida, "WMS Can Produce Big Logistics Benefits," Supply Chain Management Review 16, no. 3 (2012): 51-53.

[42] Sam Joseph and Daniel Scuka, "AI," Japan Inc. , November 2001, 20-28.

[43] Michael S. Garver, "Try New Data-Mining Techniques," Marketing News, September 16, 2002, 31-33.

[44] Joseph Shamir, "Machine Learning: A New Tool for Better Forecasting," Supply Chain Quarterly 8, no. 4 (2014): 39-42.

[45] Alter, Information Systems, Chapter 5.

[46] Joel D. Wisner, G. Keong Leong, and Keah-

Choon Tan, Principles of Supply Chain Management: A Balanced Approach, 2nd ed. (Mason, OH: South-Western Cengage Learning, 2008), p. 507.

[47] Kuldeep Kumar and Jos van Hillegersberg, "ERP Experiences and Evolution," Communications of the ACM 43, no. 4 (2000): 23-26.

[48] Bob Violino, "Will a New Planning System Bust You?" Baseline, June 2005, 88.

[49] Bridget McCrea, "ERP: Gaining Momentum," Logistics Management, November 2008, 44-46.

[50] Marc L. Songini, "Faulty ERP App Results in Shortfall for Medical Firm," Computerworld, January 2, 2006, 8.

[51] www. internetworldstats. com.

[52] Norm Saenz, Jr., "Picking the Best Practices for E-fulfillment," IIE Solutions 33, no. 3 (2001): 37-40.

[53] William Hoffman, "One-Click Shopping," Journal of Commerce, February 20, 2006, 22-23.

[54] Tim Parry, "Walmart Testing Same-day Delivery Service," Multichannel Merchant Exclusive Insight, October 10, 2012, 2.

[55] www. amazon. com

[56] Saenz, "Picking the Best Practices."

[57] Tim Parry, "Many Happy Returns?" Multichannel Merchant, February 2006, 37.

[58] http://www. dcvelocity. com/ariticles/20160701-ups-to-install-parcel-lockers-at-300-locations-by-years-end-in-program-expansion.

[59] Alberto Grando and Marco Gosso, "Avoiding the E-Commerce Trap" EBF, Summer 2004, 48-51.

[60] Bridget McCrea, "Cloud Breakthrough," Logistics Management 51, no. 11 (2012): 36-40.

[61] Bridget McCrea, "The State of On-Demand: CATCHING FIRE," Logistics Management, January 2009, 43-45.

[62] John Fontana, "What's Behind On-Demand's Software Rise," Network World, December 12, 2005, 1, 14.

[63] David Biederman, "Supply Chains Head to the Cloud," Journal of Commerce 13, no. 1 (2012): 186-189.

[64] Hannon, "On-Demand Brings Spend Control."

[65] David Eakin, "Measuring E-Procurement Benefits," Government Procurement, August 2002, 6-12.

[66] Maria Varmazis, "Buyers Become More Selective in Online Tools," Purchasing, September 15, 2005, 43-45.

[67] Bridget McCrea, "Going Once, Going Twice," Industrial Distribution, July 2005, 30-32.

[68] Ibid.

[69] Lew Manci, "7 Technology Trends Shaping the Future of Material Handling" Supply Chain Quarterly 8, no. 4 (2014): 30-36.

[70] Ibid.

[71] www. dhl. com/content/dam/Local_Images/g0/New_aboutus/innovation/DHLTrendReport_Internet_of_things. pdf.

[72] Paul Demery, "Safe Driving? Is Your Lap Strapped in?" *Accounting Technology*, September 2006, 45-49.

[73] Ray Zambroski, "Think Before You Send," *Communication World*, May-June 2006, 38-40.

[74] Tracey E. Rizzuto and Jennifer Reeves, "A Multidisciplinary Meta-Analysis of Human Barriers to Technology Implementation," *Consulting Psychology Journal: Practice and Research* 59, no. 2 (2007): 226-240.

第3章 物流战略和财务绩效

学习目标

- 领会物流如何影响企业的战略性财务结果
- 回顾物流管理者使用的基本财务术语
- 解释受物流活动影响的组织财务报告要求
- 使用战略利润模型强调物流活动的财务影响
- 探讨利用平衡计分卡考察物流系统绩效的价值
- 比较物流活动的一些常用绩效衡量指标

正如第1章所描述的，在大多数企业中，有效且高效的物流职能发挥着至关重要的作用。如今，产品生命周期越来越短，顾客期望越来越高，技术不断发展进步，股东的要求越来越高，企业的供应链也越来越全球化。所有这些都要求企业开发出差异化、有效且高效的物流活动。[1] 越来越多的研究显示，要达到优异的顾客服务水平并最终提升企业财务绩效，物流活动是需要考虑的重要因素。[2]例如，美国家居用品零售商威廉姆斯-索诺玛公司（Williams-Sonoma）通过实施改进的高精度物流配送程序，大大提高了顾客服务水平、降低了存货损耗，从而通过物流改善大大提高了企业利润。[3]

逆向物流的管理决策为管理者提供了另一种影响企业财务绩效的潜在方法。逆向物流系统的改善可以为企业提供降低成本、增加收入的机会。根据行业和产品类型的不同，逆向物流成本占企业收入的大约3%～6%。[4] 化妆品、护肤品、香水的制造商雅诗兰黛（Estée Lauder）投资130万美元引入了扫描系统等技术，以促进其逆向物流工作。在成本改善上，该系统的建立使雅诗兰黛大大降低了那些废弃的、退回的货物的百分比，同时节约了 50 万美元的劳动力成本。在收入增加上，该系统是一个基于退回化妆品的 2.5 亿美元产品线的关键组成部分。雅诗兰黛回收这些产品，出售给二手店或发展中国家的零售店。[5]

另外一个物流战略与企业战略、企业财务绩效相联系的例子体现在运输领域。为了应对由于油价波动和货运能力限制所带来的财务压力，运输管理者正不断调整运输方式。为了保持利润率，组织领导者正在考虑进行一些战略转变，比如从离岸到近岸、在产品设计时就考虑产品运输的要求、将精细思想运用到运输和库存政策中。[6] 每项与物流相关的战略决策都有助于解决当今动态商业环境下的财务问题。

提高财务流畅性是当今物流管理者的一项关键技能。麻省理工学院的杰拉德·根特泽（Jarrod Goentzel）博士和詹姆斯·赖斯（James Rice）博士为物流管理者提供了一些建议，他们认为物流管理者在首次提高财务流畅性时应该关注以下一些方面。[7] 第一，理解物流活动对财务的影响非常重要。理解本章中列出的关键财务报表可以作为一个起点。第二，物流管理者需要能够区分盈利能力和营业额在创造财务回报中的作用。本章后面我们将介绍战略利润模型，通过理解战略利润模型，物流管理者就可以区分盈利能力和营业额在创造财务回报中的作用。第三，认识到会计是一门不精确的科学非常重要。因此，物流管理者应当与会计部门的同事合作，了解企业所使用的方法，以了解所提供信息的可靠性。第四，作业成本法虽然难以实施，但会带来显著的好处。我们将在第 7 章介绍这种成本方法，这种方法强调顾客分类分析的价值。第五，认识到库存持有成本的细微变动非常重要。本书将在第 8 章详细介绍库存持有成本。第六，了解现金流与物流管理者有关。本章中现金流量表的描述就提供了一个依据。第七，物流管理者应当对他们的活动是如何影响营运资本的有一个评估。因此，理解物流决策如何影响库存管理、应收账款、应付账款是非常有用的。

本章将介绍物流决策是如何影响企业战略性财务结果的。首先，描述物流职能战略与企业总体战略及最终财务绩效的联系。接着，介绍一些基本财务术语和影响物流经理的一些财务报告要求。然后，探讨如何利用战略利润模型分析物流活动对企业净收入、已动用资本、资本回报率等财务衡量指标的影响。最后，介绍平衡计分卡和运输、仓储、库存方面的一些常用物流绩效衡量指标。

3.1 战略和财务绩效的联系

企业物流能力需要直接与一些客观的（而非主观的）企业绩效衡量指标相联系，这是物流学科研究中一个反复出现的话题。这一观点还主张，物流管理者必须不断找到有效沟通的方法，让大家知道物流能力是如何创造价值并最终支持企业战略和财务成功的。[8] 事实上，一项针对制造企业的国际调查显示，大约 70%的调查对象认为物流绩效对于企业赢得竞争优势是重要的或非常重要的。[9]

战略的制定主要可分为企业战略、经营单位战略、职能战略三个层次。企业战略致力于确定企业目标、企业参与竞争的业务类型、管理企业的方法。通常企业力图通过有效管理业务组合并确保每项业务都获得财务佳绩来创造价值。

经营单位战略主要聚焦于提供给顾客的产品和服务，并致力于发现和维持持续竞争优势的方法。著名的战略管理大师迈克尔·波特（Michael Porter）提出企业可以实行三种战略，即成本领先战略、差异化战略和聚焦战略。**成本领先战略**（cost leadership strategy）要求企业从事能够使其在给定质量水平下成为行业低成本生产者的活动。**差异化战略**（differentiation strategy）需要企业开发出能够提供具有顾客价值且区别于竞争对手提供物的独特属性的产品和服务。最后，**聚焦战略**（focus strategy）是指企业将精力集中于某一特定细分市场以实现成本领先或差异化优势。[10] 利用物流杠杆有助于这些战略的实现，从而使企业赢得竞争优势。[11]

物流战略是一种职能战略。职能层次的战略问题涉及那些支持公司和经营单位设定的更高层次目标的实现而进行的业务活动。战略的层次性要求企业的各个职能部门必须为其他层次的战略构建提供输入。这些输入可以表示为企业可获得的资源、能力信息。在制定了企业战略和经营单位战略后，职能部门必须将这些战略转化为各种行动计划。这些行动计划必须完成以确保更高层次战略的成功。

职能战略涉及营销、财务、制造、采购、物流等职能领域。物流战略决策包括仓库的数量和位置、合适运输模式的选择、库存的安排、支持物流活动的技术投资等。物流战略的制定除了受到企业战略和经营单位战略目标的影响外，还受到营销、财务、生产、采购等职能方面战略决策的直接影响。产品可获性、期望的顾客服务水平、包装设计等方面的营销目标会直接影响相关物流决策的制定，这些物流决策必须支持营销目标的实现或为这些领域的战略制定提供信息。最低投资回报率可能会影响到是选择自己管理仓库还是使用第三方进行管理的决策。同样，制造部门实施准时生产系统的战略决策将会影响仓储、运输、库存管理方面的物流决策。在与采购战略的联系方面，由国内采购转向全球采购的决策当然会影响新运输模式的选择、使用和港口的选择等物流活动。

关于物流组织形式，鲍尔索克斯（Bowersox）和多尔蒂（Daugherty）教授识别出三种物流战略定位，这三种战略定位既可以单独使用，也可以组合使用。这三种物流战略定位包括：过程战略（物流活动的管理聚焦于成本）、市场战略（各经营单位物流活动的管理聚焦于降低顾客所面临的复杂性）、信息战略（物流活动的管理目标是实现各渠道间的协调与合作）。[12] 这些战略具有一定的时间稳定性，为实现企业目标奠定了基础。虽然大多数企业都有体现其战略重点的主导定位，但这些形式可能会相互影响、相互作用。

物流职能最终影响企业整体财务成功的能力往往取决于物流管理者能否开发并实施与企业战略相一致的物流战略。研究显示，职能战略与更高层次战略相一致对企业财务绩效有正面影响。[13] 确切地说，为了正面影响企业的财务结果，制定的物流战略必须最佳地支持企业和经营业务的要求。因此，对每位物流管理者来说，理解这种相互关联性和战略一致性的需要非常重要。

例如，全渠道商务是一个正影响着零售业所有层次战略的经营趋势。**全渠道战略**（omnichannel strategy）使零售顾客可以在任何地方、任何时间、在任意设备上订购商品，同时也允许顾客在任何他们希望的时间和地点接收货物。零售商追求这一战略的动机主要是他们希望增加销售额、扩大市场份额、提高顾客忠诚度。[14] 构建一个能够提供这种订货和交货柔性的、有益的全渠道商务系统的能力需要企业所有职能的支持，其中物流职能通过运输、仓储和订单履行决策为其提供支持。

3.2 基本财务术语

任何企业的物流管理者都应当利用财务信息帮助制定决策、配置资源和编制预算。了解基本的财务术语有助于物流管理者对其他职能提出一些针对性的问题，并可以使物流管理者更好地理解物流活动是如何有助于提高企业财务绩效的。另外，向更高层级的管理人员说明物流活动的财务影响是物流管理人员需要开发的一项重要技能。下面将介绍几个较为重要的财务术语。

3.2.1 利润表

利润表（income statement）反映一定时期的收入、支出和利润。表 3-1 是利润表的一个例子。利润表也称为损益表（P&L）。通常利润表衡量企业所提供产品和服务的可盈利性。它描述了一定时期内企业活动带来的收入与相应付出的费用以及这些活动所带来的结果（收益或损失）。**收入**（revenues），也称为销售额，反映一定时期内企业提供给顾客的所有产品和服务的货币价值。**支出**（expenses），也称为成本，反映一定时期内为产生收入而发生的费用金额。

表 3-1　利润表举例　　单位：美元

利润表（2016 年）		
销售额		200 000
已售商品成本		130 000
毛利		70 000
运输成本	6 000	
仓储成本	3 000	
库存持有成本	1 000	
其他运作成本	30 000	
总运作成本		40 000
息税前利润		30 000
利息		11 000
税		6 000
净收入		13 000

为了能够作出恰当的决策，物流管理者需要了解物流成本是如何影响企业损益的。虽然对于物流管理者来说，并不总能直接找出物流服务的改善与销售额增长之间的联系，但毋庸置疑的是，卓越的物流服务会对企业财务绩效产生积极的影响。

从利润表的支出中可以显而易见地了解物流决策与企业损益的关系。具体来说，已售商品成本可能直接受到采购决策和产品采购协议中确定的内向运输成本的影响。另外，一些与物流相关的运作成本具有极大的下降潜力。对一般企业来说，相当一部分成本都会受到物流决策的影响，因此许多企业会花费大量的时间来分析物流与财务绩效之间的联系。[15]

物流管理者在运输、仓储和库存方面的更为有效且高效的决策，可以降低成本并直接影响企业总体财务绩效。在表 3－1 中，运输、仓储和库存成本的减少（假定物流服务绩效没有改变）意味着总运作成本减少，息税前利润增加。另外，物流管理者在诸如库存、工厂、设备等领域提高效率的能力最终将影响利润表中的利息和税务支出。正如在表 3－1 中所看到的，减少这些成本的能力将直接影响企业账面利润（如更高的净收入）。

3.2.2　资产负债表

资产负债表（balance sheet）反映一定时期内的资产、负债和所有者权益状况。资产负债表中总资产应该等于负债与所有者权益之和。**资产**（assets）是指企业所拥有的资源。资产按周转时间的长短，可分为流动资产（易于转化为现金的资产，如股票）和长期资产（使用年限大于一年的资产，如企业所拥有的仓库）。**负债**（liabilities）是指企业欠另一方的财务债务。与资产类似，按偿还时间的长短，负债可分为两种：流动负债（需要在一年内偿还的债务）和长期债务（期限为一年以上或较长一段时间的债务）。**所有者权益**（owners' equity）是指在任何特定时点企业资产抵偿企业负债后的差额部分。

表 3－2 是一张简单的资产负债表。与利润表一样，物流可以通过不同的方式对资产负债表产生影响。订单周期时间、订单完成率、发货准确率都会影响顾客结账的速度，从而直接影响资产负债表中的现金和应收账款一栏。很明显，提高或降低库存水平的库存管理决策将影响库存一栏。扩建自有仓库并采购仓库中所使用的新设备将影响固定资产一栏。关于负债，采购批量将影响流动负债，有关库存、工厂和设备的融资选择会影响长期负债水平。[16]

表 3－2　资产负债表举例　　单位：美元

资产负债表（2016 年）	
资产	
现金	20 000
应收账款	35 000
库存	15 000
流动资产合计	70 000

固定资产净值	80 000
总资产	150 000
负债	
流动负债	60 000
长期负债	30 000
总负债	90 000
所有者权益	60 000
负债和所有者权益合计	150 000

3.2.3　现金流量表

现金流量表（statement of cash flows）是反映一个组织在一定时期现金流入和现金流出动态状况的报表。正现金流使企业能够继续日常运作，为企业发展进行投资，偿还财务负债，最终使企业能够继续经营。现金流量表中包括一些来自利润表和资产负债表的信息，但现金流量表在格式上更强调组织运作、投资和财务活动中现金的流入和流出。应付账款、应收账款、营收增长率、毛利、销售费用、一般管理费用、资本支出、库存等都会影响企业的现金流。因此，物流活动会对组织的现金管理有重要影响。根据现金流量表，物流活动和现金流的联系主要在运营和财务领域。

表 3－3 是一张简单的现金流量表。在运营部分可以看到，物流与现金流的联系涉及购买库存物资所支付的现金和为仓库人员支付的工资。仓库中的库存会占用资金，还会由于折旧和损耗而使现金流失。关于投资活动，物流相关资产和设备的现金收入和支出都会列出。投资于自有的运输车队、建造或购买新的仓库、购买新的软件以帮助管理物流活动等都是需要大量现金投资的决策。

表 3－3　现金流量表举例　　单位：美元

现金流量表（2016 年） 运营活动产生的现金流量	
净收益	13 000
现金流入	
折旧	1 000
应收账款减少	1 500
应付账款增加	1 500
应付税款增加	200
现金流出	
库存增加	－3 000
运营净现金流	14 200
投资活动产生现金流	

设备	−5 000
财务活动产生的现金流	
应付票款	1 000
总现金流	10 200

3.3 报告的要求

《萨班斯-奥克斯利法案》（Sarbanes-Oxley（SOX）Act）颁布于 2002 年 7 月 30 日，主要是为了应对 20 世纪 90 年代末 21 世纪初的一系列商业不正当行为。该法案致力于提高上市公司的财务报告透明度，重树投资者对资本市场的信心。SOX 法案对物流管理人员的影响主要体现在三个方面：内部控制、资产负债表表外责任、重大事件的及时披露。在内部控制方面，要求及时和精确的库存核算。关于资产负债表表外责任，遵从 SOX 法案可能涉及提供与供应商的外部关系透明度以管理库存和采购协议。最后，重大事件的及时披露则可能涉及需要及时提供供应商延迟交货或供应商没有能力提供可以为企业带来收益的产品或服务的信息。

3.4 战略利润模型[17]

有几种常用的反映企业财务结果的绩效衡量指标，物流管理者应了解这些绩效衡量指标。正如在利润表部分所讨论的，利润是反映收入与支出差异的最简单的财务衡量指标。虽然像利润这样的一手数据看上去好像已能充分反映财务结果，但这种缺乏相应背景信息的财务数据存在一定的问题。因此，许多财务衡量指标都表述为比率的形式，反映一个数据与另一个数据之间的关系。比率提供了一个比较点，相对于单独使用一手数据能够提供更多的信息。例如，**流动比率**（current ratio），也就是总流动资产与总流动负债的比率，衡量企业流动资产偿还其流动负债的能力。

盈利能力分析是评价物流活动和企业物流系统改进建议的一种重要方法。盈利能力分析不仅关注物流成本，还试图分析物流活动的收入效果。例如，通过增加安全库存来提高服务水平应当能够带来收入的增加，因为顾客对存货可获性的提高会有所反应。物流绩效分析时必须考虑这些收入效应。

常用的衡量企业财务成功的指标是投资回报率（ROI），也可以用净值报酬率（RONW）和资产回报率（ROA）来衡量。RONW 衡量的是投资业务的资金的盈利能力，往往是投资者最感兴趣的指标。ROA 是从企业运作的角度，分析管理者使用运作资产获取利润的能力。因此，ROA 成为物流盈利能力分析的关键管理工具。

资产回报率（return on assets，ROA）是衡量每单位投资创造多少净利润的指标。物流管理者通常比较关注库存、用于支持物流活动的设备等资产。虽然在资产负债表中会出现这些类型的资产，但 ROA 可使管理者了解企业有效利用资产获得利润的能力。ROA 的计算公式为：

ROA＝净利率×资产周转率

战略利润模型（strategic profit model，SPM）为执行 ROA 分析提供了分析框架，它同时将收入和支出纳入考虑之中从而得出净利率，另外还考虑资产以衡量资产周转率。**净利率**（net profit margin）衡量每单位销售收入获取利润的能力。**资产周转率**（asset turnover）用于衡量企业利用资产取得销售收入的效率。净利率和资产周转率是计算 ROA 的基础。图 3－1 为构建 SPM 以更好地理解物流管理者的决策是如何影响净利率、资产周转率并最终影响 ROA 的提供了一个基本的框架。例如，假定一名物流管理者能够减少一些不必要的库存，那么这将会减少流动资产价值及总资产价值。因此，销售收入除以资产总额所得的资产周转率将有所提高，企业的资产回报率也将提高。

SPM 可以帮助物流管理者评价现金流和资产使用决策，它为管理者提供了一种有效的方法，以分析物流系统改进建议对利润和 ROA 的影响。但是，SPM 没有考虑现金流的时间价值，容易导致企业行为短期化，并且忽视了那些用于特殊关系构建的资产。[18]

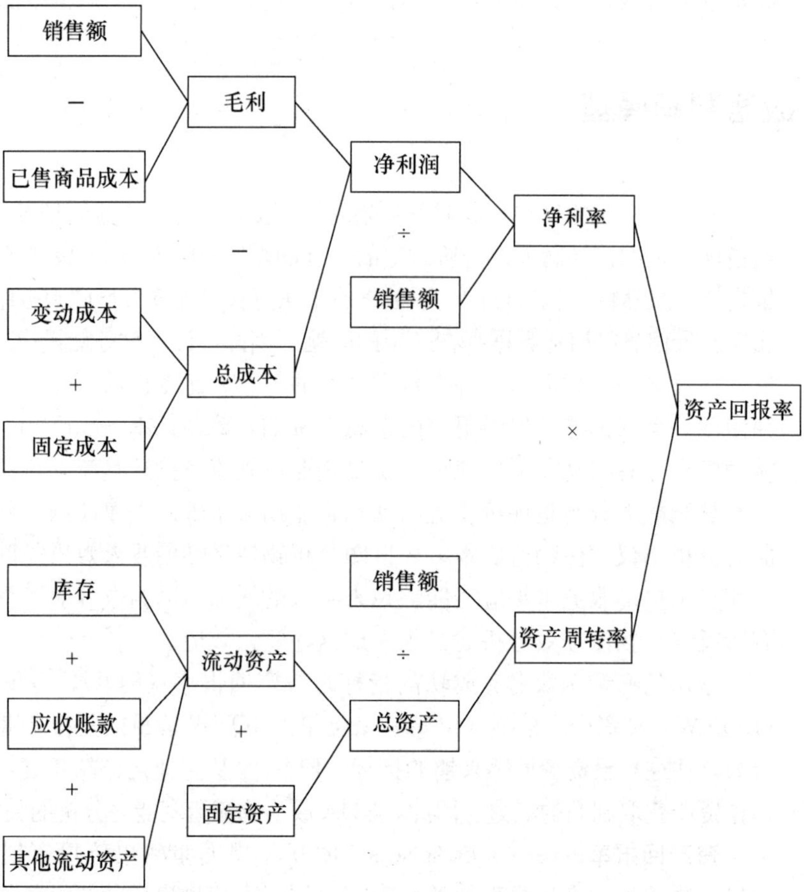

图 3－1　战略利润模型

3.4.1　物流与净利率的关系

从操作上来说，净利率等于净利润除以销售额。看看利润表中列出的净利润和销售额，它们暗示着有多种管理决策影响净利率的方法。与物流管理者最相关的是销售额、已售商品成本和总成本。

销售额是指一定时期内企业提供给顾客的所有产品或服务的资金价值。物流活动主要通过改善顾客服务影响销售额。例如，一家电子商务企业制定了一项物流决策，在不增加成本的情况下为顾客提供隔夜交货服务。虽然这种类型的决策需要考虑提供这种服务水平对成本的影响，但可以预计这一决策将会对保持顾客和销售额带来积极影响。

已售商品成本属于一种费用支出，包括与生产产品或交付服务直接相关的所有成本或物料和劳动。用于生产产品所需的物料的成本是已售商品成本的重要组成部分。同样，物流可以通过采购活动（例如，采购时利用数量折扣、逆向拍卖）或物流效率的改善使劳动更具生产力（例如，生产线上物料搬运过程的改善）来影响这些成本。

总成本由与制造产品或交付服务非直接相关的变动成本和固定成本组成。这一成本可能涉及运输、仓储、库存等方面的物流相关活动。例如，通过合并策略减少零担运输数量的决策将影响运输成本，运输成本属于变动成本。出售企业自有仓库这一决策会直接影响设施运行的固定成本。除了要理解物流成本减少的财务效果外，还应分析所有可能带来的成本的增加。例如，提高库存水平以响应市场需求的决策，将增加库存持有成本，库存持有成本属于变动成本。

3.4.2　物流与资产周转率的关系

资产周转率是销售额与总资产之比，是衡量资产利用效率的重要指标。一般来说，库存是最为相关的物流资产。另外，物流决策会影响账款支付速度，从而影响资产负债表中的应收账款一项。

库存是企业流动资产的重要组成部分。物流决策会影响从原材料、在制品到产成品的企业所有类型的库存。有关库存水平和存储位置的物流决策将直接影响资产负债表中的这类资产。例如，某零售商决定实施供应商管理库存系统，也就是供应商对产品具有拥有权和控制权，那么这一决策会使该零售商资产负债表中库存总额大大减少。同样，使用高成本的溢价运输能使企业缩短交货提前期，从而最终减少渠道中的库存，这也会反映到资产负债表中。

应收账款是指企业应向顾客收取的款项，是顾客承诺支付但企业还未收取的款项。物流决策可以通过准确地与顾客进行沟通和完成交易而影响应收账款这一项。例如，投资电子数据交换系统以提高发票单据的准确性的决策会使顾客付款更及时。若发票单据不正确，顾客往往会暂不付款直到问题解决。

3.5 平衡计分卡

平衡计分卡（balanced scorecard，BSC）是在企业、政府和非营利组织中广泛使用的一种战略性计划和绩效管理系统。它提出应从顾客、内部业务流程、学习和成长、财务结果这四个不同方面来对业务进行评价，并依此四个角度分别开发特殊的目标或能力。例如，在顾客方面，目标可能会是提供一致、及时的供应，使用订单满足率作为衡量指标。虽然并不存在一套企业拿来即用的标准衡量指标，但一套简明全面的指标将为企业提供一个有效的监控和管理工具。[19]

从物流的角度来看，平衡计分卡促使管理者在执行战略物流分析时不仅仅考虑传统的财务绩效指标。虽然财务指标仍被认为对评价物流战略是否正确实施和执行非常有效，但平衡计分卡倡导一种更为全面的方法，认为还应从其他三个方面审视企业绩效。为了设计有效的物流平衡计分卡，管理人员首先应当定义企业愿景和目标，然后设计物流战略以确保愿景和目标的实现，接着这些物流战略需要被转化为特定的、能够提高绩效的战术性活动，最后，为每项活动建立适当的绩效衡量指标。3.6 节将介绍一些常用的物流活动绩效衡量指标，这些指标可以单独使用或作为物流平衡计分卡的一部分。

3.6 物流活动绩效衡量指标

绩效衡量指标对于有效管理物流活动非常关键。设计和维持一套有效的绩效衡量指标以帮助制定决策和实现财务上的成功是物流管理者面临的持续挑战。正如在平衡计分卡一节中所描述的，应当同时使用财务和非财务的绩效衡量指标。另外，这些衡量指标可以是战略性、战术性或操作层次的指标。[20] 本节不可能介绍所有可能的物流活动绩效衡量指标，将重点介绍几个与关键物流管理领域密切相关的常用指标。本节最后将介绍企业该如何完美地设计和执行一套物流绩效衡量指标体系。

传统的物流绩效衡量系统通常包括以下五类绩效信息：（1）资产管理；（2）成本；（3）顾客服务；（4）生产率；（5）物流质量。[21] 要分别设计并实施以上五种类别的绩效衡量指标以管理运输、仓储、库存等物流活动。研究显示，行业领先企业都高度重视这五个方面的绩效衡量，并将此作为提高竞争力、价值增值能力和供应链集成的基础。[22]

3.6.1 运输绩效衡量指标

主要运输绩效衡量指标集中在劳动力、成本、设备、能源和运输时间等方面。

设备类型、大小及运送产品的多样性使得运输绩效衡量非常复杂。运输绩效衡量指标包括投资回报率（运输设备投资）、外向运输成本、运输劳动生产率、准时交货、运输破损率等。

许多企业开始使用计分卡来衡量和改善运输绩效。事实上，一项研究发现，大部分被调查企业每月检查一次生成的运输计分卡，一流企业每日生成运输计分卡的比例是其他企业的两倍。[23] 这些计分卡的使用，促使承运商不能仅满足于现状，要不断强化竞争从而节省运输成本。

3.6.2　仓储绩效衡量指标

仓储绩效衡量主要用于识别那些能够带来速度提高或成本缩减的设计或运作方案。[24] 主要的仓储绩效衡量指标聚焦于劳动力、成本、时间、利用率和管理。与运输的情况一样，仓库的类型、大小及所储存产品的多样性也使得仓储绩效衡量极具复杂性。一些常用的宏观层面的仓储衡量指标包括投资回报率（仓储设施或设备投资）、仓储订单处理成本、仓储劳动生产率。

仓库中常见的操作活动包括收货、储存、拣选和装运。可以用多种度量指标来分别衡量这些活动。对于收货活动，适合的衡量指标有每工时接收货物量、每天处理货箱数或收货码头利用率等。对于储存活动，衡量指标有已使用的位置和空间比例、失窃成本或单位物资储存成本等。每一个订单项的拣选成本、拣选准确率和每小时拣选的订单项数等是管理者可以选用的拣选活动衡量指标。最后，可使用装运码头利用率、每天装运货箱数、每个订单的装运成本等指标衡量装运活动。

3.6.3　库存绩效衡量指标

库存绩效衡量指标通常与提供给顾客的库存服务水平以及企业物流系统的库存投资控制相关。常用的库存绩效衡量指标包括废弃库存、库存持有成本、库存周转率和信息可获性等。

有两个公司层次的绩效衡量指标直接与库存相关：现金周转期和毛利回报率(GMROI)。现金周转期反映了企业现金被应收账款、应付账款、库存占用的时间长度。它等于应收款天数加上库存天数减去应付款天数。相比之下，零售商和分销商通常使用 GMROI 作为衡量指标，GMROI 利用利润率和库存周转率来评价库存绩效。GMROI 的计算公式为：

GMROI＝(毛利润/销售额)×(销售额/平均库存成本)

3.6.4　绩效衡量指标的设计和实施[25]

物流管理者可能会对所应选择的指标类型和数量感到困惑，学者们通过研究提出了一些指导性的建议。当运用绩效指标来衡量物流活动时，需要考虑的一些关键要素有：

1. 应根据企业的情况和决策的层次来确定主要衡量指标。

2. 数据收集和分析是物流绩效衡量系统的主要组成部分。在全球背景下，数据收集和分析的复杂性会增加。

3. 在建立和实施物流绩效衡量系统时，还应考虑行为问题。这需要高层管理者的积极支持。

4. 为了确保能够支持企业既定目标的实现，必须经常进行沟通并不断对指标进行更新。

小　结

本章主要聚焦于物流战略与企业财务绩效之间的联系。首先，我们讨论了企业战略与物流战略的关系，然后简单介绍了一些关键财务术语，这些概念有助于我们更好地理解物流活动是如何影响财务结果的。

本章还讨论了利润表、资产负债表、战略利润模型、平衡计分卡等关键财务分析工具。分析了物流决策与财务报告要求之间的联系。同时，还介绍了各种物流绩效衡量指标。最后指出了实施物流活动绩效衡量系统时需要考虑的一些关键因素。

关键术语

资产	支出（成本）	资产回报率（ROA）
资产周转率	聚焦战略	收入（销售额）
平衡计分卡	利润表	《萨班斯-奥克斯利法案》（SOX法案）
资产负债表	负债	现金流量表
成本领先战略	净利率	战略利润模型（SPM）
流动比率	全渠道战略	差异化战略
所有者权益		

讨论和复习题

3.1　讨论企业、经营单位、职能各层次战略的差别。

3.2　分别讨论成本领先战略、差异化战略、聚焦战略。

3.3　利润表包括哪两大主要组成部分？

3.4　资产负债表包括哪三大组成部分？

3.5　现金流量表包括哪三大组成部分？

3.6　战略利润模型的关键组成部分是什么？它是如何用于分析物流决策效果的？

3.7　讨论物流决策是如何影响企业净利率的。

3.8　讨论物流决策是如何影响企业资产周转率的。

3.9　讨论几种能够减少资产负债表上库

存资产的方法。

3.10　物流战略是如何影响企业战略的？二者之间是单向关系还是双向关系？

3.11　《萨班斯-奥克斯利法案》（SOX 法案）对物流管理人员的影响主要体现在哪三个方面？

3.12　多数管理者认为，物流决策会影响成本，但很难甚至根本不可能带来收入的提升。请举出一个物流促进销售的例子。

3.13　常用的运输、仓储和库存管理的物流绩效衡量指标都有哪些？

3.14　你认为企业文化与物流绩效衡量系统的设计有关吗？为什么？

3.15　如何衡量毛利回报率（GMROI）？

3.16　描述物流决策是如何影响企业已售商品成本的。

3.17　描述传统的物流绩效衡量系统中几种常见的信息类型。

3.18　平衡计分卡的主要组成部分有哪些？为什么需要这些组成部分？

3.19　开发有效物流计分卡的步骤是什么？

3.20　列举物流管理者在设计和实施其物流绩效衡量系统时应考虑的关键因素。

建议读物

Bhatnagar, Rohit and Chee-Chong Teo. "Role of Logistics in Enhancing Competitive Advantage: A Value Chain Framework for Global Supply Chains." *International Journal of Physical Distribution & Logistics Management* 39, no. 3 (2009): 202–226.

Berman, Karen and Joe Knight with John Case. *Financial Intelligence, Revised Edition: A Manager's Guide to Knowing What the Numbers Really Mean* (Boston: Harvard Business School Press, 2013).

Davis, Thomas S. and Robert A. Novack. "Why Metrics Matter." *Supply Chain Management Review* 16, no. 4 (2012): 10–17.

Fawcett, Amydee M., Yao Henry Jin, Christian Hofer, Matthew A. Waller, and Vitaly Brazhkin. "Sweating the Assets: Asset Leanness and Financial Performance in the Motor Carrier Industry." *Journal of Business Logistics* 37, no. 1 (2016): 43–58.

Fugate, Brian S., John T. Mentzer, and Theodore P. Stank. "Logistics Performance: Efficiency, Effectiveness, and Differentiation." *Journal of Business Logistics* 31, no. 1 (2010): 43–62.

Green Jr., Kenneth W., Dwayne Whitten, and R. Anthony Inman. "The Impact of Logistics Performance on Organizational Performance in a Supply Chain Context." *Supply Chain Management: An International Journal* 13, no. 4 (2008): 317–328.

Hult, Thomas M., David J. Ketchen Jr., Garry L. Adams, and Jeannette A. Mena. "Supply Chain Orientation and Balanced Scorecard Performance." *Journal of Managerial Issues* 20, no. 4 (2009): 526–544.

Kaplan, Robert S. and David P. Norton. *The Balanced Scorecard: Translating Strategy into Action* (Boston: Harvard Business School Press, 1996).

Lambert, Douglas M. and Renan Burduroglu. "Measuring and Selling the Value of Logistics." *International Journal of Logistics Management* 11, no. 1 (2000): 1–17.

Keebler, James S. and Richard E. Plank. "Logistics Performance Measurement in the Supply Chain: A Benchmark." *Benchmarking: An International Journal* 16, no. 6 (2009): 785–798.

Neely, Andy. *Business Performance Measurement: Unifying Theory and Integrating Practice*, 2nd ed. (Cambridge, UK: Cambridge University Press, 2007).

Slone, Reuben E., John T. Mentzer, and J. Paul Dittmann. "Are You the Weakest Link in Your Company's Supply Chain?" *Harvard Business Review* 85, no. 9 (2007): 116–127.

Srinivasan, Mahesh and Akhilesh Chandra. "Assessing the Impact of Sarbanes-Oxley Act on the Logistics Industry: An Exploratory Study." *Transportation Journal* 53, no. 1 (2014): 44–78.

Stapleton, Drew, Joe B. Hanna, Steve Yagla, Jay Johnson, and Dan Markussen. "Measuring Logistics Performance Using the Strategic Profit Model." *International Journal of Logistics Management* 13, no. 1 (2002): 89–107.

案　例

案例 3-1　布兰特冷柜公司

位于北达科他州法戈市的布兰特冷柜公司（Brant Freezer Company）生产工业冷柜。该公司所有冷柜规格相同，通过位于亚特兰大、波士顿、芝加哥、丹佛、洛杉矶、波特兰、圣路易斯的公共仓库进行配送。另外，该公司在法戈的仓库也会储存一些货物。杨·华金·布兰特（Young Joaquin（J. Q.）Brant）刚从南亚拉巴马大学（University of South Alabama）获得 MBA 学位回到家族企业，暑假期间他曾在这里工作。上班的第一天，华金遇到他的父亲时，他父亲抱怨他们被仓储成本“活活吃掉了”。公司财务主管每年都会编制预算，并记录下每个仓库每月的作业活动（发运台数）和成本。

表 3A 显示了所有仓库 2016 年的实际数据以及 2017 年前 5 个月的实际数据，另外，还包括 2017 年的 12 个月的预算和预计运输量。表 3B 是 2016 年的利润表。表 3C 是 2016 年的资产负债表。如果你比较熟悉 Excel 或其他电子制表软件，请利用这些软件回答以下问题。

表 3A 布兰特冷柜公司的仓储绩效

单位：台

	2016 年				2017 年			
	已发运台数		仓储成本		已发运台数		仓储成本	
					预计	实际	预计	实际
	12 个月（1—12 月）	5 个月（至 5 月 31 日）	12 个月（1—12 月）	5 个月（至 5 月 31 日）	12 个月（1—12 月）	5 个月（至 5 月 31 日）	12 个月（1—12 月）	5 个月（至 5 月 31 日）
亚特兰大	17 431	4 080	156 830	35 890	18 000	4 035	178 000	40 228
波士顿	6 920	3 061	63 417	27 915	7 200	3 119	73 000	29 416
芝加哥	28 104	14 621	246 315	131 618	30 000	15 230	285 000	141 222
丹佛	3 021	1 005[a]	28 019	8 600[a]	3 100	1 421	31 000	14 900
法戈	2 016	980	16 411	8 883	2 000	804	17 000	9 605
洛杉矶	16 491	11 431	151 975	109 690	17 000	9 444	176 000	93 280
波特兰	8 333	4 028	73 015	36 021	9 000	4 600	85 000	42 616
圣路易斯	5 921	2 331	51 819	23 232	8 000	2 116	56 000	19 191

a. 2016 年 3 月 4 日至 3 月 19 日丹佛仓库由于工人罢工而关闭。

表 3B 布兰特冷柜公司利润表

单位：美元

利润表（2016 年）		
销售额		4 003 450
已售商品成本		937 000
毛利		3 066 450
运输成本	657 322	
仓储成本	735 982	
库存持有成本	567 987	
其他运作成本	345 876	
总运作成本		2 307 167
息税前利润		759 283
利息		110 000
税		69 000
净收入		580 283

表 3C　布兰特冷柜公司资产负债表　　单位：美元

资产负债表（2016 年）	
资产	
现金	706 034
应收账款	355 450
库存	1 590 435
流动资产合计	2 651 919
固定资产净值	803 056
总资产	3 454 975
负债	
流动负债	1 678 589
长期负债	398 060
总负债	2 076 649
所有者权益	1 378 326
负债与所有者权益合计	3 454 975

［问题］

1. 将 2017 年前 5 个月的绩效与 2016 年的绩效进行比较，哪个仓库绩效提升最大？

2. 将 2017 年前 5 个月的绩效与 2016 年的绩效进行比较，哪个仓库绩效改进最差？

3. 比较这 8 个仓库，你认为对于布兰特冷柜公司来说哪个仓库做得最好？你用什么指标进行比较的？为什么？

4. 华金喜欢挑战，他建议父亲取消与其中某个仓库的合同，把这部分业务交给同一城市中更具竞争力的仓库来完成。华金认为，一旦这一消息传播开去，该公司所选用的其他仓库将会有所改进。那么华金应当建议取消与 7 个仓库中哪一家的合同？为什么？

5. 2017 年已过了一半。华金需要确定这半年来公司分别在这 8 个仓库的开支。请你帮华金完成这项工作。

6. 将表 3A 中 2017 年数据与 2016 年数据进行比较，发现 2017 年每个仓库的预算都大于 2016 年的实际成本。其中有多少是由于业务量增大（发运的台数）而导致？又有多少是由于通货膨胀的原因呢？

7. 利用 2016 年的利润表和资产负债表，为华金建立战略利润模型。

8. 若其他所有信息保持不变，仓储成本较 2016 年的水平下降 10%，对 ROA 会带来什么影响？

【注释】

［1］ Brian S. Fugate, John T. Mentzer, and Theodore P. Stank, "Logistics Performance: Efficiency, Effectiveness and Differentiation," Journal of Business Logistics 31, no. 1 (2010): 43-62.

［2］ Michael Tracey, "The Importance of Logistics Efficiency to Customer Service and Firm Performance," International Journal of Logistics Management 9, no. 2 (1998): 65-81.

［3］ "Williams-Sonoma Profits from Logistics Gains," Journal of Cornnmerce 11, no. 13 (2010): 6-7.

［4］ Sumantra Sengupta, "10 New Ideas for Generating Value," Supply Chain Management Review 13, no. 4

(2009): 20-25.

[5] Andrew O'Connell, "Improve Your Return on Returns," Harvard Business Review 85, no. 11 (2007): 30-34.

[6] Dawn Russel, John J. Coyle, Kusumal Ruamsook, and Evelyn A. Thomchick, "The Real Impact of High Transportation Costs," Supply Chain Quarterly 8, no. 1 (2014): 30-36.

[7] Jarrod Goentzel and James B. Rice, Jr., "Learning the language of Finance," Supply Chain Quarterly 9, no. 2 (2015): 30-33.

[8] See for example, Edward A. Morash, Cornelia L. M. Droge, and Shawnee K. Vickery, "Strategic Logistics Capabilities for Competitive Advantage and Firm Success," Journal of Business Logistics 17, no. 1 (1996): 1-22; Douglas M. Lambert and Renan Burduroglu, "Measuring and Selling the Value of Logistics," International Journal of Logistics Management 11, no. 1 (2000): 1-17; Edward A. Morash, "Supply Chain Strategies, Capabilities, and Performance," Transportation Journal 41, no. 3 (2001): 37-54; Jeff Hoi Yan Yeung, Willem Selen, Chee-Chuong Sum, and Baofeng Huo, "Linking Financial Performance to Strategic Orientation and Operational Priorities: An Empirical Study of Third-party Logistics Providers," International Journal of Physical Distribution and Logistics Management 36, no. 3 (2006): 210-230; and Kenneth W. Green Jr., Dwayne Whitten, and R. Anthony Inman, "The Impact of Logistics Performance on Organizational Performance in a Supply Chain Context," Supply Chain Management: An International Journal 13, no. 4 (2008): 317-327.

[9] A. Harrison and C. New, "The Role of Coherent Supply Chain Strategy and Performance Management in Achieving Competitive Advantage: An International Survey," Journal of Operational Research Society 53, no. 3 (2002): 263-271.

[10] Michael Porter, Competitive Strategy: Techniques for Analyzing Industries and Competitors (New York, The Free Press, 1980).

[11] John T. Mentzer and Lisa R. Williams, "The Role of Logistics Leverage in Marketing Strategy," Journal of Marketing Channels 8, no. 3-4 (2001): 29-47.

[12] Donald J. Bowersox and Patricia J. Daugherty, "Emerging Patterns of Logistical Organization," Journal of Business Logistics 8, no. 1 (1987): 46-60.

[13] See for example, M. P. Joshi, R. Kathuria, and S. J. Porth, "Alignment of Strategic Priorities and Performance: An Integration of Operations and Strategic Management Perspectives," Journal of Operations Management 21, no. 3 (2003): 353-369; P. D. Cousins, "The Alignment of Appropriate Firm and Supply Strategies for Competitive Advantage," International Journal of Operations and Production Management 25, no. 5 (2005): 403-428; and Cristian Baier, Evi Hartmann, and Roger Moser, "Strategic Alignment and Purchasing Efficacy: An Exploratory Analysis of Their Impact on Financial Performance," Journal of Supply Chain Management 44, no. 4 (2008): 36-52.

[14] Ben Ames, "Pursuing the Promise of Omnichannel Retailing," Supply Chain Quarterly 9, no. 4 (2015).

[15] Martin Christopher, Logistics and Supply Chain-Management, 5rd ed. (New York, NY: Pearson Education, 2016).

[16] Ibid.

[17] The material in this section is drawn from Drew Stapleton, Joe B. Hanna, Steve Yagla, Jay Johnson, and Dan Markussen, "Measuring Logistics Performance Using the Strategic Profit Model," International Journal of Logistics Management 13, no. 1 (2002): 89-107.

[18] Douglas M. Lambert and Renan Burduroglu, "Measuring and Selling the Value of Logistics," International Journal of Logistics Management 11, no. 1 (2000): 1-17.

[19] Matthew J. Liberatore and Tan Miller, "A Framework for Integrating Activity-Based Costing and the Balanced Scorecard into the Logistics Strategy Development and Monitoring Process," Journal of Business Logistics 19, no. 2 (1998): 131-154.

[20] A. Gunasekaran, C. Patel, and E. Tirtiroglu, "Performance Measures and Metrics in a Supply Chain Environment," International Journal of Operations & Production Management 21, no. 1-2 (2001): 71-87.

[21] Donald Bowersox and David Closs, Logistical Management, The Integrated Supply Chain Process (New York, McGraw-Hill, 1996) and Donald Bowersox, Patricia Daugherty, Cornelia Droge, Dale Rogers, and Daniel Wardlow, Leading Edge Logistics: Competitive Positioning for the 1990's (Oak Brook, IL: Council of Logistics Management, 1989).

[22] Stanley E. Fawcett and M. Bixby Cooper, "Logistics Performance Measurement and Customer Success," Industrial Marketing Management 27, no. 4 (1998): 341-357.

［23］ Aberdeen Group，The Transportation Management Benchmark Report（Boston，MA：Aberdeen Group Inc.，2006）.

［24］ Andrew Johnson and Leon McGinnis，“Performance Measurement in the Warehousing Industry，” IIE Transactions 43，no. 3 (2011)：220－230.

［25］ This section based on findings from Angappa Gunasekaran and Bulent Kobu，“Performance Measures and Metrics in Logistics and Supply Chain Management：A Review of Recent Literature（1995 － 2004）for Research and Applications，” International Journal of Production Research 45，no. 12 (2007)：2819－2840.

第4章 物流中的组织和管理问题

学习目标

- 解释物流组织结构
- 比较传统和现代的物流组织设计
- 识别物流中的生产率问题和改进方法
- 探讨物流中的质量问题
- 报告一些减少恐怖主义对物流系统影响的计划
- 了解管理内盗和偷窃的方法
- 介绍物流社会责任的概念
- 说明与复杂性相关的物流问题

本章重点讨论物流中的组织和管理问题。关于组织问题，物流活动的分散或统一程度对组织的物流效率和效果起着非常关键的作用。同样，成功地应对当今物流人员所面临的各种各样的管理问题可以提高物流的效率和效果。

本章首先将讨论组织内的物流组织问题，其中重点关注物流组织结构和物流组织设计。另外，还将讨论物流中的一些管理问题，其中特别强调生产率、质量、风险、可持续性和复杂性等问题。

4.1 公司内物流的组织

公司内物流活动的组织取决于许多因素，其中包括顾客的数量和地域分布、组织规模等。[1] 例如，顾客的数量和地域分布可能会影响企业是采取集权型还是分权型物流组织形式（在接下来的“物流组织结构”一节中将进行更详细的讨论）。企业规模可能会影响物流活动的组织，从某种意义上说，小企业里管理人才的专业水平会受到限制。在这种情况下，在组织物流活动时可能考虑让每一位管理人员均分工作量。因此，运输相关的活动由一位管理人员负责，另一位管理人员负责订货和库存管理，第三位管理人员则被安排负责仓储业务。

这里，我们不可能对所有与物流相关的组织课题进行全面的讨论，因此，将关注两个主要的组织课题，即物流组织结构和物流组织设计。

4.1.1　物流组织结构

组织结构关注如何分配工作角色和管理机制以对工作进行整合和控制。[2] 与物流相关的两种基本物流组织结构是分散的物流结构和统一的物流结构。在**分散的物流结构**（fragmented logistics structure）中，物流活动分散在组织内不同部门，由多个部门管理。例如，外向运输、需求预测、仓储管理和客户服务可能由市场部门负责，采购、内向运输、包装和原材料搬运则分配给制造部门，同时，在分散的物流结构中，还可能会发现订单管理由会计部门负责，库存管理由财务部门负责。

前面所给出的例子显示物流活动分散在四个不同的部门，分散的物流结构可以有不同的形式和规模。在分散的物流结构中，不同的物流活动可能由两个、三个、四个或更多部门来管理。虽然我们的示例将特定的物流活动分配给了某个部门，但是并没有一个现成的模板要求某个物流活动必须由哪个部门来管理。例如，一个组织可能将库存管理分成三类——原材料的库存管理、在制品的库存管理和成品的库存管理，其中，原材料和在制品的库存由制造部门管理，成品库存则在市场部门的管理范围内。

分散的物流结构存在的问题之一就是，由于物流活动分散于企业内，因此它们可能必须服从于所在部门（如营销、制造）的目标。另外，由于物流效果和效率取决于物流活动的协调程度，因此当物流活动分散于组织内时，这种协调会变得非常困难。

在**统一的物流结构**（unified logistics structure）中，多种物流活动被整合到一个部门，作为一个单独的部门进行管理。根据分派给该部门的物流活动的数量和类型，统一的物流结构还可以进一步细分。一个基本的统一的物流结构可能负责运输、库存和仓储管理，更进一步的统一的物流结构除了包括基本活动外，还包括一些附加物流活动，如订单管理和客户服务，高级的统一的物流结构则不但包含基本和附加活动，还包括另一些物流活动，如需求预测和采购。

不论所管理的物流活动的数量和类型如何，与分散的物流结构相比，统一的物流结构更有利于实现不同活动的协调。例如，当内向和外向运输、仓储、库存管理、采购等物流活动被整合到一个部门时，将促进各活动间有效和准确的沟通。实际上，一些领先的物流企业（具有明显出众物流能力的企业）与其他企业相比往往具有不同的物流组织结构。例如，相较于分散的物流结构，领先的物流企业更可能使用统一的物流结构。此外，与其他企业相比，领先企业倾向于管理更多类型的物流活动，包括一些非传统的物流活动，如需求预测和采购。[3]

物流组织结构中的一个重要问题是，物流部门应该分权还是集权。**集权式物流组织**（centralized logistics organization）意味着企业仅有唯一的物流部门，该部门在总公司管理整个企业的物流相关活动。相反，**分权式物流组织**（decentralized logistics organization）则意味着物流相关决策分散在部门或产品群层次，并且通常在不同的地理区域进行。

这两种方式各有优点，集权式物流组织的主要优点在于其相对的高效率，分权式物流组织的主要优点是其顾客响应性。集权式物流组织使组织能够利用规模经济降低成本。例如，假设一个企业拥有 5 个分销设施，每个分销设施每年可以运出货物 10 万磅，那么每年的总运出货物量为 50 万磅。与 10 万磅货运量的单个设施相比，集权式物流组织 50 万磅的总货运量应当能够获得更低的运输费率。

分权式物流组织的倡导者质疑集权式物流组织提供所需顾客响应水平的能力。事实上，现在的市场由各种各样异质的顾客所组成，集权式物流组织并不一定能很好地为这些顾客提供服务。例如，由于个人消费者和企业顾客对物流的需求不同，一个同时拥有消费品产品线和企业产品线的组织可能会从分权式物流组织中受益。由于与总部存在时间和空间上的距离，许多跨国公司需要分权运作。例如，如果采用集权式管理，中国和美国的时差（时差至少 12 个小时，取决于美国不同的地域）使企业很难及时解决问题。

物流组织结构的另外一个重要问题是高层物流人员的职衔或公司职位（如主管、主任、副总、总裁）。实际上，国际领先企业的特征之一就是其物流往往由高级别人员（副总、总裁）来领导。[4] 尽管近年来在许多组织中物流越来越重要，高层物流人员往往拥有副总头衔，但至今物流通常仍被排除在“C 级”职位之外。**“C 级”职位**（“C-level” position）是指企业高级职员，如首席执行官（CEO）、首席运营官（COO）或首席财务官（CFO）。换句话说，很少有企业是由一个拥有首席物流官（CLO）职位的人来领导其物流职能的。绿山咖啡（Green Mountain Coffee Roaster）是一个例外，该公司是美国精品咖啡的生产商。由于其多渠道业务的复杂性，该公司设立了首席物流官（CLO）职位。同样，作为供应链改革的一部分，零售企业塔吉特公司（Target Corporation）增设了一个执行副总裁职位，也就是首席供应链和物流执行官，来领导其计划、配送和运输活动。

4.1.2 物流组织设计[5]

组织设计比我们所熟悉的详细说明组织内汇报关系的系列线条和方框所涉及的内容要广得多。组织设计同样关注诸如由谁来做相关工作的决策以及员工与管理者间合理的沟通渠道等问题。一般来讲，常用的三种主要组织设计类型是：层级式（也称职能式）、矩阵式和网络型。

层级式（或职能式）组织设计在讲求命令和控制的军事组织中有应用基础，因为在军事组织中制定决策和沟通通常遵循一种自上而下的模式。层级式设计的优点之一就在于其在命令执行上的刚性。没有一个管理者所管理的员工人数会超过一个“限定”的数目（如 10 人、20 人、25 人），另外，每位员工仅向唯一的上级汇报工作。层级式设计的缺点在于：在指挥和控制的理念下，社会变革（如个性化和质疑权威等）不太容易被接纳。

在矩阵式设计中，一名员工可能具有跨职能的职责。例如，某企业的小家电品类经理可能需要向物流、营销和生产主管汇报工作，该经理将对小家电的生产、营销和物流负有责任。这种设计的优点之一是品类经理（如本例中的小家电品类经理）能够迅速响应顾客需求，缺点是矩阵式组织成本更高，因为与层级式组织相比，矩阵式组织需要更多的管理层职员。

层级式和矩阵式组织都比较适合信息成本高而沟通受限（互联网和大数据的可获性已使这些限制得以减少）的环境。另外，在决策选择较少且时间限制较少时，层级式和矩阵式组织运行良好。然而，在当前的经营环境下企业面临无数的选择并且需在短时间内作出决策，网络化的组织设计试图创造一种能够对当今经营环境作出及时反应的组织。

网络型组织设计的一个关键特征是从职能向流程的转变。在职能-层级式思想下，产品和流程被划分为易于完成的任务。相反，流程的思想则注重将任务组合为能够创造价值的产品和活动。例如，有效和高效的订单管理是一种旨在培养满意且忠诚顾客的流程。订单管理包括许多不同的任务，如订单接收、订单录入、信用审查、订单类选、订单拣选等。只有当上述任务协同运作时才能创造价值。

网络型组织强调流程和价值创造，这对于组织设计具有重要意义。因为流程和价值创造往往以顾客为中心，所以组织设计应该促进组织与其顾客间的互动。例如，一种促进与顾客交互的方法是将决策尽可能地移至行动的执行地，这就需要赋予更低层的员工和管理人员决策权。你应该认识到员工授权的概念与层级式组织设计的要求恰好是对立的。

此外，从物流的角度来看，网络型组织设计表现出关联性、响应性和柔性。关联性是指满足当前和未来的顾客需求。可以通过开发与关键客户的互利关系来促进关联性的实现。至少，这种关系应当有利于对顾客需求的理解。响应性反映了一个组织满足独特或意外顾客需求的能力。当适当的决策者获得了相关的信息并被赋予应对独特或意外顾客需求的权力后，组织就可以获得响应性。柔性是指组织应对意外运作环境的能力。要获得柔性，组织必须避免对不可逆的行动过程过早作出承诺。物流柔性的例子之一就是，将装配、贴标签等活动延迟到获得准确顾客需求后再进行。[6]

4.2 物流中的管理问题

如果仅仅负责物流系统的组织和运行，物流学科可能就相对比较容易了，但经营有方的企业认识到，不仅需要对物流系统进行组织，还必须对其进行管理。本书后面的章节将讨论与特定物流活动相关的管理问题（如采购管理问题、仓储管理问题等），本章余下的内容则将关注那些与非特定的某项具体物流活动相关的、影响物流管理者的重要管理问题。

4.2.1 生产率

生产率是一个重要的管理问题，它可以让我们了解企业资源的利用效率（或非效率）。在基本层面上，**生产率**（productivity）可被定义为产出与投入的比值。基于上述关系的理解，我们可以了解到有三种方式可以改善生产率：产出不变减少投入，投入不变增加产出，增加产出的同时减少投入或至少产出的增加率高于投入的增加率。

对于物流管理人员来说，理解这三种改善生产率的方式非常重要，因为一些物流活动，尤其是仓储和运输，非常依赖于人工劳动。对于生产率来说，人工劳动是投入（工人所获得的报酬或薪水），绝大多数人都会反对通过减少工人的报酬或薪水（投入）来改善生产率的建议。因此，在物流中改善生产率的努力往往通过在保持投入不变的情况下增加产出来实现。

在一些地区，物流操作人员（如仓储工人、卡车驾驶员）成立了工会，工会合同使得提高劳动生产率变得困难。这是因为工会工作规章中的工作描述非常清楚、具体地说明了每项工作的责任。因此，如果一名拣货员的叉车出了故障，拣货员可能被禁止自己处理这一问题，因为叉车维修是另外一组工人的责任。尽管详细的工作描述有助于创造额外的雇佣机会，但工人工作柔性的缺乏可能会降低生产率，因为投入增加（如增加工人使劳动成本也相应增加）但产出反而减少了。叉车出故障的拣货员不得不延迟订单的拣选，直到叉车修理好或另有一台叉车可以供其使用。

许多仓储设施都制定有明晰的工作规章，工作规章可用于多种目的，其中主要目的是为了防止员工（尤其是个别员工）的非生产性和潜在的破坏性行为。仅仅拥有一套明晰的工作规章是不够的，能够真正执行的工作规章才会使工作更有效。

物流管理人员需要面对的另一个挑战是，由于工资水平上升的压力越来越大，物流操作人员的劳动力成本也越来越高。可能由于联邦最低工资标准提高、难以吸引人才，或企业自己选择提高员工工资，企业正经历着工资水平上升的趋势。作为回应，物流管理人员通过创新不断寻找提高仓储生产率的途径。创新有很多形式，引入技术是一种常见的方法。例如，世界上最大的零售企业沃尔玛在其仓库中开始试用无人机，以此作为提高仓库生产率的一种潜在方法。沃尔玛现在仍依靠人工利用手提式设备来扫描托盘，在这种情况下无人机的使用被认为可以减少劳动力。无人机每秒最多可以拍摄 30 张图像以检查库存和标签，利用无人机技术一天完成的工作就相当于当前员工一个月完成的工作量。虽然这些无人机仍需要一名员工来操作，但仓库内总员工人数会减少。

在讨论物流劳动生产率管理时，有必要对仓储和卡车运输加以区别。在仓储方面，仓储主管可以直接出现在现场并对几乎所有情况都了如指掌，当某个仓储员工落后于进度计划时，可以相对迅速地注意到这一情况并及时采取纠正措施。

然而，卡车一旦上路，卡车驾驶员就脱离了直接监管，对他们的工作也越来越难以评估。有各种原因会导致卡车驾驶员落后于预定计划或被耽搁，如交通状况、装货平台装货延迟，或者可能在某卡车停靠点与其他驾驶员寒暄过多等。通常对于延误，管理人员除了接受驾驶员的解释外几乎别无选择。因此，针对这种情况，有必要建立一种控制机制，对遭遇了不可控延误（如交通状况）和可控延误（如与其他驾驶员的寒暄）的驾驶员进行区分。

和仓储管理的情况一样，在管理卡车驾驶员及其生产率时，技术因素发挥着越来越重要的作用。例如，一些企业对驾驶员在装货平台上货的过程进行拍照或录像。另外，可以用**速度记录仪**（tachograph）来记录卡车的活动。这种记录仪安装在卡车内，能够对卡车速度和发动机转速进行连续、实时的记录。基于记录仪输出图表提供的信息，可以分辨出卡车和驾驶员是否被有效利用。如果驾驶员按常规路线行驶，那么也许可以通过重新安排停靠点使其避开交通拥堵区域。另外，通过速度记录仪还可以发现驾驶员的不良驾驶习惯，如高速驾驶和过多的发动机怠速。如果遭遇车辆事故，那么记录仪输出的图表对于报告和解释事故发生前的情况极具价值。

与无线通信、全球定位系统（GPS）和图形信息系统（GIS）的连接，在技术上为改善驾驶员生产率提供了惊人的机会。利用卫星、全球定位系统使企业可以计算出车辆的方位、速度和时间。图形信息系统则允许企业生成可以挖掘出具体地点特性（如桥梁高度和顾客位置）的电子地图。全球定位系统和图形信息系统正在不断发展，现在已能够为图形信息系统数据库提供实时数据更新。图形信息系统数据库中的实时数据可用于实时路线规划，以指导驾驶员远离事故和其他交通瓶颈。

虽然技术的使用为生产率的提高提供了可能，但物流管理人员应当认识到基于技术的正式控制与企业绩效之间的复杂关系。例如，有研究显示，对卡车驾驶员的电子监控既可能带来正面的组织影响，也可能带来负面的影响。[7] 技术本身并不会驱动企业绩效，重要的是，应该如何利用技术来提高生产率。研究显示，改善绩效的最有效方法是将高水平的过程控制（例如，驾驶员自己报告他们的工作）与高水平的活动控制（例如，驾驶员工作的程序化安排）或高水平的技术控制（例如，驾驶员电子监控）相结合。因此，物流管理人员必须合理使用技术以实现特定环境下所期望的员工生产率提升。

到目前为止，本节讨论的都是员工生产率，资产生产率同样也是物流管理人员需要关注的重要问题。第一种备受关注的资产生产率是空间利用率或实际被使用空间占可用空间的百分比。**过剩能力**（excess capacity）或未使用的可用空间可能是非生产性的，这可能会导致购买额外的设备或设施，从而出现成本（投入）增加而产出并未增加的生产率降低的情况。

让我们来看一个企业的例子。这家企业修建了一个大约70 000平方英尺的仓库以取代原有较小的储存设施。新仓库启用一年后，调查显示仅55%的可用空间真正被利用。该公司无奈地得出结论，45 000平方英尺的设施可能就可以满足当前和未来的需求。与45 000平方英尺的设施相比，为修建这个70 000平方英尺设施需要购买更大面积的土地，从而导致更高的建设成本、物料搬运成本（更多的储存架和叉车）。从管理的角度来看，70 000平方英尺的设施与45 000平方英尺的设施管理着同样数量的产品（产出），但成本（投入）更高，因此导致生产率降低。

为了应对能力过剩的问题，一个新的趋势是**分享经济**（sharing economy），也就是企业将未使用的闲置资源（过剩的仓储空间、未使用的拖车）提供给其他企业分享使用。战略性分享可以使企业增加收入、提高资产利用率、减少资本投资。Cargomatic是一家基于互联网的企业，正在大力支持物流资产的共享。该公司成立的初衷是在一个巨大的市场中更有效地利用本地卡车货运能力。其网络系统和移动App可以使洛杉矶、纽约和旧金山市场中卡车司机和托运人更有效地利用能力并提高资产生产率。[8] Cargomatic致力于为货运司机和附近需要运输服务的个人或企业提供像Uber那样的解决方案。一般来说，Cargomatic的货运运费为一吨货物运输20英里大约145美元。Cargomatic通过收取20%的佣金赚钱。[9]

第二种备受关注的资产生产率聚焦于提高现有资产的产出。例如，由于相对于许多竞争对手，西南航空公司（Southwest Airlines）的飞机在机场登机口停留的时间更短，因此该公司每天可以飞行更多的架次。另外一种利用现有资产提高产出的方法是延长这些资产创造收益的时间期限。例如，本书的一位作者曾在一家卡车运输公司工作，这家运输公司会定期安排已使用25年的牵引车为顾客服务，也就是说一个已提足折旧的资产仍在创造收益。话虽如此，但已使用25年的牵引车缺乏某些新型号牵引车所具有的安全特性，而且可能导致更高的维护成本，燃油效率也比新型拖车要低。

4.2.2 质量

物流服务质量（logistics service quality）与企业无缺陷或无差错为内外部顾客交付产品、物料和服务的能力有关。[10] 但是，重要的是，在开始讨论物流服务质量前，我们必须使质量概念可操作化。美国质量管理学会（American Society of Quality）自诩为世界上最著名的专注于质量的会员组织。该学会注意到质量是一个主观的概念。[11] 每个人都有自己对于质量的定义。虽然存在对于质量较为严格的定义，如没有出现缺陷、瑕疵或差错的产品或服务，但我们采用更加灵活的方法，将质量定义为符合双方商定的要求。

物流中的质量问题通常表现为企业小心谨慎的平衡行为。也就是说，如果一个企业在交付其产品时提供劣质的物流服务，那么将会面临产品的顾客感知价值下降的风险。如果企业提供比其顾客要求的更高水平的物流服务，那么它可能会为一些不必要的事情付出代价。因为成本增加了但并没有带来顾客感知价值的提高，这将会影响企业产品的竞争力。简而言之，企业在设计物流服务时必须了解质量问题，并努力使所提供的物流服务质量水平与顾客期望及面临的竞争格局相匹配。

如今，卖方应该有质量保证计划。许多企业为赢得好的质量声誉而奋斗多年。卖方向买方证明自己的质量承诺的方法之一就是通过 ISO 9000 质量认证。**ISO 9000 质量管理体系标准**是一套用于质量管理和保证体系的记录、实施和证明的通用标准。这些标准既适用于制造业也适用于服务业，并用于帮助企业每个部门中的每个核心流程构建质量。通过培训、检查、持续改进证明其质量承诺的企业可以获得 ISO 9000 认证。获得 ISO 9000 认证后，企业每年都要被监督审核，每三年需要重新认证。大多数物流管理者认为，ISO 9000 认证有助于提高顾客服务、改善订单准确率、加强成本分析。[12]

另一个物流管理者需要了解的与质量相关的概念是**六西格玛**（six sigma）。六西格玛强调真正消除业务差错。回忆一下统计学课程中介绍过的正态分布曲线，就会知道西格玛与偏离均值的标准差有关。所包括的偏差值越大，正态曲线下覆盖的面积就越大。在六西格玛或 6 个标准差的情况下，正态曲线下覆盖面积达到 99.999 66%，只留下一个很小的面积 0.000 34%没有被覆盖。更确切地说，六西格玛方法要求每 100 万个机会中只出现 3.4 个瑕疵、缺陷或差错。显然这是一个非常高的标准。这些标准可应用于订单拣选等各种物流活动。

以一位北美学者的观点来看，六西格玛管理直到 20 世纪 90 年代中期才开始被广泛接受和采用。一项世界范围的六西格玛研究指出，只有大约 10%的被调查企业在 1995 年以前建立了系统的绩效改进计划。这项研究还发现，六西格玛带来的最大好处是降低成本、减少差错和浪费、缩短生产周期，主要的困难包括克服文化阻碍、所需的资源（人和资金）以及获得最高管理层的承诺。[13]

虽然传统上六西格玛与精细方法被视为非此即彼的选择，但如今六西格玛与精细方法的集成（**精细六西格玛**（lean six sigma））已是许多企业重点关注的新兴领域。为了追求质量，精细六西格玛将这两种方法的目标和方法结合在一起。与六西格玛和精细方法相比，精细六西格玛最大的区别在于其认识到企业不能只关注质量或速度，还需要将企业的重点放在与响应性相关的质量上。为了使供应商能够更好地满足公司不断增长的需求和供应预期，油田服务提供商哈里伯顿公司（Halliburton）不仅在公司内部实施精细六西格玛管理，还将此思想推广到其供应商处。[14] 第三方物流企业 LeanCor 和其客户应用精细六西格玛工具作为其努力发展持续改进文化的一部分。[15] LeanCor 不仅使用这些工具提高所提供的物流服务水平，而且为其客户的员工提供精细六西格玛工具的培训。

另一个与质量相关的计划是**马尔科姆·鲍德里奇国家质量奖**（Malcolm

Baldrige National Quality Award），该奖设立于 20 世纪 80 年代后期，用于表彰在质量和绩效方面取得成就的美国企业。起初只有制造企业、服务企业和小型工商企业有资格获奖，90 年代后期范围扩大到包括医疗保健和教育机构。研究显示，马尔科姆·鲍德里奇国家质量奖的评判标准中的一些要素对物流过程的改善非常重要。[16]

马尔科姆·鲍德里奇国家质量奖仅限于颁给总部设在美国的组织。对该奖感兴趣的组织要提交一份正式的申请，该申请将由一个委员会来评估，该委员会主要由私营部门的经营和质量专家组成。对申请的评价包括七个方面所取得的成就和改善：经营成果，对顾客和市场的重视，对人力资源的重视，领导力，测量、分析和知识管理，过程管理，战略规划。[17] 重要的是，那些未申请马尔科姆·鲍德里奇国家质量奖的组织可以用这七个类别作为评估当前和未来供应商质量的模板。

ISO 9000 和马尔科姆·鲍德里奇国家质量奖之间存在实质上的不同。ISO 9000 本质上允许组织确定其是否符合某特定的质量体系。相反，马尔科姆·鲍德里奇国家质量奖更关注一个质量体系的实际成效以及持续改进。[18] 另外，马尔科姆·鲍德里奇国家质量奖对外部的关注也更多，组织通常会与非本行业的标杆企业进行比较分析。

4.2.3　风险

物流系统是由企业与活动组成的复杂网络，它时时暴露在可能出现的、不可预测的中断之中。风险可被视为对可能导致企业损失的中断的敏感性。对于物流活动的管理，风险可能表现为多种不同的形式。经常会出现的风险如需求的波动或货物被损坏的潜在危险。地震、恐怖袭击等灾难性的风险也会完全出人意料地影响物流系统。[19] **物流不确定性金字塔模型**（logistics uncertainty pyramid model）被用来识别那些可能影响物流活动风险的不确定性来源。[20] 该模型识别出了几种类型的不确定性，包括托运人、顾客、承运人、控制系统和外部不确定性。该模型可以帮助物流管理者系统安排对可能影响其物流系统的风险进行仔细检查。篇幅限制使我们不能对这些不确定性带来的所有潜在风险进行讨论，我们将较详细地描述一种运作风险和一种灾难性的风险。本小节的余下篇幅将重点介绍两种可能影响企业物流系统的风险，即恐怖主义和内盗/盗窃。

恐怖主义可定义为，组织或个人基于某种政治或意识形态的目的对个人、企业或某人的财产实施武力或暴力的威胁或非法使用。[21] 尽管媒体通常从政治或意识形态的角度看待恐怖主义，但恐怖主义对贸易和物流系统的管理同样也有重要影响。

可以毫不夸张地说，2001 年 9 月 11 日在美国发生的恐怖袭击使物流管理开始认识到恐怖主义的问题。“9·11”恐怖袭击对世界各地的物流实践产生了深远影响。在“9·11”事件之前，可能被极少给予关注的过程、程序和活动，现在则要从一种完全不同的视角来审视。

在“9·11”事件之前，对于危险品的储存和运输主要从安全的角度进行管理。虽然安全依然是一个重要方面，但是在当今世界里，对危险品的储存和运输还应该从一种潜在的恐怖主义考虑的视角来管理。例如，基于对恐怖主义的考量，美国正持续努力重新规划危险品的铁路运输线路以远离美国主要人口中心区，因为远洋石油油罐车有被用作移动炸弹的可能性。

在美国，对“9·11”恐怖袭击的反应之一是成立了一个新的联邦机构——国土安全部（Department of Homeland Security，DHS），该机构的两个主要职责是阻止在美国发生恐怖袭击和降低美国遭受恐怖主义的脆弱性。一共有22个不同的美国政府机构被并入DHS。从物流的角度来看，美国交通安全管理局（Transportation Security Agency，TSA）和海关与边境保护局（Customs and Border Protection，CBP）是最重要的两个部门。

美国交通安全管理局负责美国交通运输系统的安全。你可能对它比较熟悉，因为它是负责在美国商用机场进行旅客筛查的部门。当然，美国交通安全管理局也负责航空货运安全，例如利用安检犬对航空货物进行筛查。另外，美国交通安全管理局还负责开发一种对所有交通运输员工进行身份识别的通用凭证：**交通从业人员员工身份识别卡**（transportation worker indentification credential，TWIC）。TWIC的一个关键特性是，相应的员工卡片上记录了员工的个人和生物遗传信息，利用生物遗传信息可以将某些员工限制在港口或航站楼的安全区域之外。2009年初TWIC计划全面投入运行。虽然TWIC计划的实施相对比较顺利，但仍暴露出一些问题，如身份识别卡审批时间过长。[22] 2014年，美国众议院通过了**《交通从业人员员工身份识别卡基本评估法案》**，要求TWIC对计划的运行情况进行独立评估，并确定潜在的替代技术。

美国海关与边境保护局（CBP）负责美国边境安全从而保护美国人民和美国经济。CBP的一个主要职能是对货物进行检查，许多CBP发起的备受关注的活动已经影响到物流系统的管理。《2002年贸易法案》（Trade Act of 2002）要求所有进出美国的货物需要预先提交电子数据，目的在于识别出可能威胁到美国安全的高风险货物。表4-1对航空、铁路、水路和卡车运输的进出境货物的舱单时限进行了简要概括。

表4-1　预先提交的电子舱单信息时间期限

入境美国	
模式	时间期限
航空和快递	到达美国前4小时或从附近的某个机场起飞时
铁路运输	到达美国入境港口前2小时
海洋运输	在国外港口装船前24小时
卡车运输	自由和安全贸易协定（FAST）：到达美国前30分钟；非FAST：到达美国前1小时

出境美国	
模式	时间期限
航空和快递	按预定时间离开美国前 2 小时
铁路运输	火车到达边境前 2 小时
海洋运输	在离开美国装货港前 24 小时
卡车运输	卡车到达边境前 1 小时

资料来源：Erlinda Byrd, "Rules for Improving Cargo Security," Customs and Border Protection Today, March 2004.

相较于"9·11"事件之前，现在入境美国的远洋集装箱需要接受更多的检查。在"9·11"恐怖袭击之后人们了解到，到达美国港口的集装箱只有很小一部分被扫描检查以了解其所装货物。这警醒了一些美国的立法者，于是，有一系列立法提案要求在 2012 年之前实现对美国入境集装箱进行全数扫描检查。

要求集装箱在非美国的港口装船前进行扫描检查可能会大大妨碍国际贸易，因为目前许多非美国港口不具备对集装箱进行电子检查的技术。这些港口不得不购买并应用相关扫描技术（这是非常昂贵的），或停止向美国发运集装箱，或将集装箱取道其他应用相关技术的非美国港口。在 2009 年初，美国国土安全部认为，2012 年的扫描检查期限将无法实现，部分原因是与所有运输集装箱货物至美国的非美国港口达成协议非常困难。[23] 这个预言变成了现实。截至 2016 年中期，对于美国国土安全部来说，实现 100%扫描的目标仍然可望而不可即。如何处理转运是一个大问题，在外国的发货港已扫描的集装箱在到达美国前中途在某一外国港口卸过货，那么可能导致集装箱内货物发生变化。美国国土安全部开始在其机构之外寻找这一昂贵和复杂问题（满足 100%检查的要求）的专门解决方案。

美国海关与边境保护局（CBP）重视集装箱运输的另一个例子是**集装箱安全倡议**（Container Security Initiative，CSI）。根据其中一项协定，世界各地的一些港口同意美国海关的代理机构对入境美国的高风险集装箱在装船之前进行识别和检查。大约 60%的国际港口，如新加坡、上海、鹿特丹等主要港口，目前都参加了 CSI。

自"9·11"事件以来，由美国海关与边境保护局（CBP）制定的一个广为人知的计划是《**海关贸易合作反恐条例**》（Customs Trade Partnership Against Terrorism，C-TPAT）。通过这个条例，公共组织（如美国海关与边境保护局）和私人组织（如零售商和制造商）联合起来防止恐怖主义通过进口和交通运输方式袭击美国。在私人组织向美国海关与边境保护局申请 C-TPAT 认证的过程中，需要证明组织对集装箱货物的实际安全和对集装箱装货人员进行跟踪的能力进行了改进。政府提供给 C-TPAT 认证的好处包括更少的安全检查，从而使入境集装箱可以更快地通关。此外，许多公司发现 C-TPAT 认证还可以减少货物被盗和丢失。[24]

虽然物流管理者已被 TWIC，CSI，C-TPAT 以及其他与恐怖主义相关的首字母缩略语搞得不知所措，但美国海关与边境保护局仍负责实施和执行了**进口商安全**

申报规则（importer security filing（ISF）rule），也称为“10＋2”规则。该规则于2009年初开始实施。“10＋2”指的是货物在非美国的港口装船前，进口商需要申报10种信息（如：原产国、生产商的名称和地址），承运人需要申报2种信息（如：船舶装载计划）。

关于“10＋2”规则的初始反馈信息表明，虽然错误的文件由30％降至5％以下，但一些进口商总需很费力地才能获取及时、准确和完整的10项所需信息。另外，进口商关心遵守“10＋2”规则所涉及的成本，这些成本包括更新信息系统的成本、提交10项信息的实际成本、由于错误信息或提交信息失败所面临的罚款。[25]

偷窃（theft）（偷盗（stealing））可被定义为：拿走和带走个人财物，试图剥夺合法所有者拥有它的权利。[26] 偷窃是许多管理者面临的另一种物流风险。遗憾的是，要准确量化偷窃造成的影响非常困难，部分原因在于一些企业对报告这方面的数据犹豫不决，因为上报失窃将直接证明企业物流系统存在缺陷。话虽如此，传闻有证据表明，由于2007年末美国经济环境开始恶化，货物偷窃现象不断增加。[27]

你可能会感到奇怪，为什么物流人员要关注偷窃？许多组织可以通过保险来弥补偷窃所带来的损失。虽然保险可以弥补被窃物品的市值，但是与偷窃相关的时间和成本（如文件编制）不可能由保险来补偿。偷窃使计划的货物流被打断并可能导致缺货，这是物流关注偷窃的第二个原因。

另外，偷窃可能成为设施选址决策的考虑因素之一。许多企业会避免将设施选址于犯罪率高的地区。[28] 被盗的产品可能重新出现在市场上，并以较低的价格与通过传统渠道流通到市场上的产品竞争。事实上，有人曾指出在互联网上拍卖的商品中大约有2％是被盗商品。[29]

施耐德公司（Schneider）是一家卡车运输企业，总部位于美国威斯康星州绿湾城。施耐德公司每年要运输300多车货物，该公司非常成功地降低了货物被偷窃的数量。施耐德公司组合使用不同手段（采用多种技术、规范工作程序、对驾驶员进行培训）取得了几乎完美的防盗记录。根据卡车运输业的研究，2015年卡车运输企业丢失了890车货物，每次事故的平均成本为185 297美元。施耐德公司防止此类事故的主要方法有：对新驾驶员进行入职培训、向驾驶员提供基于数据分析所获得的偷窃位置和类型信息、向驾驶员提供有关新型防盗技术的再培训。[30]

内盗（pilferage）是指员工偷窃，这种偷窃现象不可能消除，并且特别容易出现在仓储和运输环节。对于物流管理者而言，管理内盗是一项挑战，这方面的管理应该始于雇佣过程。事实上，管理内盗的最好方式是避免雇用有偷窃倾向的人，如有信用、酗酒或毒品问题的人。一些组织将心理测试作为雇佣程序的一部分以识别出有偷窃倾向的员工。

如果企业清晰地阐明并实施有关内盗的政策，那么企业就可以更好地控制内盗的发生。专家建议最好的控制内盗政策应该建立在零容忍的基础上。因为对于那些容忍“少量”内盗发生的企业来说，内盗将是不可避免的。例如，如果公司的控制内盗政策是非零容忍的，那么具体“数量”如何操作必然存在分歧——是关注被盗物品个数还是其现金价值？一旦这个问题被确定，接下来的问题就是“少量”究竟意味着什么。比方说，5 个或 75 美元可以定性为“少”吗？相比之下，零容忍政策非常简单，它意味着超过零个或零美元的内盗都是不可接受的。

保护货物免遭偷窃或内盗的最有效方法之一就是让货物在系统中保持移动。在仓库、港口或清关时等待的货物要比处于移动过程中的货物更容易被盗。不存在一份载有所有的保护货物方法的一览表，因为小偷可能会克服偷窃路上的任何防护措施。这里我们给出一些建议，主要是为了反映可采取措施的广泛性。

● 停在员工停车场的汽车需要贴上标签，非员工车辆被要求停在指定区城，并在企业前台登记。这一措施将使外部人员很难接近企业设施。

● 晚上，将仓库里的叉车锁起来，这样就很难获取高处物品或移动重物。

● 封条（细线状装置，一旦被关闭，只有破坏才可能将其打开）正在被越来越多地使用，调度员、驾驶员和收货人员均有责任记录封条号码并检查封条状况。图 4-1 显示的是用于集装箱门的封条。

图 4-1 带唯一编号的海关封条的运输集装箱锁紧手柄

资料来源：Philip Cridland/Alamy Stock Photo.

● 在制造过程中将电子标签或电子条嵌入产品中，它们能够触发仓库或零售店门上的警报装置。

● 企业应采取积极主动的方法应对偷窃。若坐视不理直至偷窃发展到不可接受的程度，那就意味着某种不正常行为已经被容许太长的时间以至于这种行为已被视为一贯如此且是可接受的。

● 专家建议企业应该帮助员工具备报告偷窃和其他异常行为的能力，比如通过匿名热线电话，并保护员工免遭报复和惩罚。

● 调整异常昂贵物品的拣选、包装和装运过程以减少内盗的可能性。比如一家企业要求多名仓库人员一起拣取顾客订购的豪华书写工具。

请注意，前面所给出建议中的大多数都属于常识（如贴标签、锁叉车）。实际上，这些常识往往被视为控制偷窃的重要基础。重要的是，针对系统安全的常识性方法通常是无须成本或低成本的。[31]

前面的讨论主要关注国内偷窃和内盗。当货物在国际贸易中移动，特别是利用轮船运输时，这些货物更容易成为盗窃的对象。在 21 世纪，海盗对船只的袭击是一个主要担心的问题。与电影和文学作品中戴着眼罩、佩着剑的具有某种传奇色彩的海盗不同，当代海盗使用的是快艇、智能手机、全球定位系统和自动化武器。近年来，大约 20%的海盗袭击事件涉及油轮。之所以油轮受袭事件备受关注是因为这类袭击事件可能对环境造成影响，而且油轮在恐怖袭击中可能被用作炸弹。

为了强调海盗袭击对于当今物流管理人员的严重性，国际商会的一个分支机构——国际海事局（International Maritime Bureau）报告，2009 年上半年全世界海盗袭击事件达 240 起，2008 年同时期为 114 起。[32] 2009 年海盗袭击数量增加，很大程度上是由于索马里海岸海盗袭击的激增。应对海盗袭击的方法有，躲开海盗、改变航线远离索马里、使用船只护卫服务、配备武装专业人员。应对海盗袭击的成本（仅索马里海盗袭击）估计大约为每年 5 亿美元。[33] 虽然受海盗袭击的数量在 2009 年达到高峰后慢慢有所减少，但海盗袭击仍是物流管理人员关心的问题。有鉴于此，国际商会提供广泛的服务帮助企业应对这一问题（如培训、提供海盗活动的在线地图）。[34]

4.2.4　可持续性

物流与可持续性有着内在的联系。对于可持续性的常见定义往往以 20 世纪 90 年代中期提出的“三重底线”思想为中心，即经济、社会、自然环境三方面的平衡统一。虽然迄今为止人们最注重的一直是环境维度的问题，但社会和经济维度也是应考虑的关键问题。[35] 因此，本节将讨论物流的社会责任，以及与逆向物流相关的环境问题。尽管这里我们没有特别剖析环境问题，但所有这些领域的管理决策都应建立在环境考量的基础之上。为了真正实现可持续发展，物流管理者必须考虑其可持续相关决策对企业盈亏带来的经济影响。

社会责任思想认为，企业的责任已不仅限于利润最大化等纯经济上的利益。虽然自 20 世纪 70 年代早期起企业社会责任思想就已存在，但物流社会责任的思想或与物流直接相关的企业社会责任问题[36] 直到 90 年代中期才出现。

物流社会责任可能涉及环境、伦理、多样性、安全、慈善、人权等。无数的活动或实践可用于对这些社会责任维度进行评价。例如，关于环境，企业可以关注产品的重新使用与回收处理、减少包装、提高能效以及减少各种污染。伦理问题包括不当的信息分享、贿赂和送礼。多样性可能评价采用少数族裔和女性开办的企业作为供应商的情况。安全相关的活动和实践包括产品（尤其是危险品）的安全移动和储存、车辆的预防性维护、适当的工作装备（如安全帽、护目镜等）。慈善物流活动可能包括将过多或过时的库存捐赠给慈善机构。血汗工厂则一直是备受关注的人权问题。

对许多企业来说，能源效率是突出的物流社会责任问题，下面我们将详细讨论能源效率问题。仓储和运输是两种能源成本最高、最应当实施节能措施的活动。例如，设计、照明和屋顶是仓储活动中三种可能的能源控制领域。从设计上考虑，应保证装卸货平台门不开在建筑物的北面（寒冷的风大多从北面吹来）；照明方面也提供了多种管理能源消耗的机会，如天窗、能够吸收太阳能的大窗、高效照明可以减少 20%～60%的耗电量，另外，高效照明通常在提供更好照明质量的同时，还可能提高工作场所的安全性（另一种物流社会责任问题）。

屋顶通常是仓储设施暴露在外的最大表面，也往往是容易被忽视的能源控制领域。例如，白色屋顶材料通常会反射太阳产生的热量，但黑色和灰色等深色屋顶会吸收太阳产生的热量从而导致仓库内空调制冷电力消耗增加。另外，一些仓储设施还设计为草坪屋顶，这样可以降低夏季能源消耗。

运输是第二类可以显著节能的物流活动，主要是因为运输是主要的能源消耗活动。事实上，在美国，运输差不多占了汽油消耗总量的 2/3。许多运输企业正积极想办法减少燃油消耗，降低燃油成本。始于 2004 年的美国环保署的 Smart Way 运输合作伙伴项目（Smart Way Transport Partnership）主要帮助企业解决燃油消耗等环境挑战。该项目确实收到了较好的效果。例如，自从加入合作伙伴项目，科尔士百货（Kohl's Department Stores）的卡车空载里程减少了大约 400 万英里。[37]

当了解到美国一年的**逆向物流**（reverse logistics）成本就超过 1 000 亿美元时，你可能会大吃一惊。逆向物流也就是指退货管理的过程。另外，逆向物流的成本可能是正向物流的 4 倍或 5 倍，逆向物流过程涉及的环节（如评价退回的产品和修理退回的产品）可能是正向物流过程的 12 倍。[38]

逆向物流过程关注如下三个关键问题：（1）为什么产品被退回？（2）如何优化逆向物流？（3）逆向物流应该由企业自己管理，还是外包给第三方？[39]关于第一个问题，货物被退回的原因有多种，如顾客下错订单或发货人订单履行错误。货物也可能因为产品召回而被退回，当发现了制造或加工的产品存在危险或缺陷时，产品召回就会启动，这是政府强制性的一种退回行为。

退货管理关注的第二个问题是优化逆向物流。这涉及一些战略和战术层面的考量。逆向物流系统的设计是其中一个基本决策，比方说退货操作是否应该纳入现有的仓储和生产设施中。如果纳入的话，如何将退回产品和其他产品分离开来，以减少退回产品丢失、避免混淆退回货物和非退回货物，同时还要防止将退回货物错误地从设施中运出。[40]

要优化逆向物流，必须仔细对货物进行清点并适当调整会计、库存等记录。在收到退回物品后，按下列问题对产品进行评价非常重要。

- 该产品是受损和滞销的吗？它可被翻新和可再销售吗？
- 该产品是由于与零售商的超储协议而被退回的吗？
- 该产品是被召回的产品吗？
- 该产品是处于未开封状态并可以进入库存马上重新销售吗？
- 该产品需要经过特别的测试吗？

- 该产品的价值为多少？
- 对于该产品，公司有关的退货政策如何？[41]

上述问题所涵盖的范围说明，退货不应该被当作一种事后想起的补救办法。这将直接引出管理逆向物流的第三个主要问题——退货应该由企业自己管理还是外包给第三方。如果企业决定自己管理退货，则必须认识到企业里将有一个或多个员工的主要工作职责是管理退货。由于逆向物流与正向物流大不相同，逆向物流的外包也越来越普及。[42]

4.2.5　复杂性

当今经营环境下各种关系和活动的动态性、全球化、多样性和高度不确定性，使得物流系统异常复杂。物流管理者面临着管理供应链中关系网络和企业内部的各种复杂性的挑战。越来越多的数据、决策的可变性、错综复杂的关系都给物流管理者造成了困难的局面。篇幅限制使我们不可能讨论物流系统中复杂性的所有不同表现形式，我们将介绍与物流决策最相关的一些复杂性类型。确切地说，我们将讨论网络复杂性、流程复杂性、范围复杂性对物流活动的影响。

网络复杂性是指物流系统中节点数量增加和相关环节的变化。例如，决定将制造活动外包到中国这样的国家将必然增加相关物流活动（管理来自该设施的物料和信息的流动与存储）的复杂性。新的运输模式、新承运人、关税问题、汇率问题只是这一变化影响物流活动的几个例子。另外，近十年外包越来越常见，从而导致网络复杂性激增。通常管理者过度看重劳动力成本的节约，却没有充分认识到这种更加分散的网络会导致物流成本大幅增加。随着人工费率增加，才开始认识到这一问题。

流程复杂性主要与毫无计划地流程开发、不断对流程进行增加和修改、改变流程要求有关。让我们来看看与仓库中的分拣和包装操作相关的物流流程的例子。由于仓库工人搬运要求的变化或步骤的变化引起分拣和包装所需时间增加，这种流程复杂性增加可能引发一些物流问题。这些搬运要求的变化或步骤的变化可能起因于安全、法规甚或基于顾客的考量。

范围复杂性主要与产品种类越来越多有关。为了实现差异化，多数企业需要面对产品种类不断增加的问题。这种存货单位（SKU）的增加通常会导致库存水平和仓储成本的增加。另外，在运输和采购中实现规模经济的能力也受到这种复杂性的影响。物流管理者不仅要减少所面临的复杂性，而且必须清晰揭示增加的复杂性所导致的企业成本。

小　结

各种组织和管理问题影响着当今的物流人员。本章首先探讨了企业内的物流组织问题，其中重点介绍了物流组织结构和物流组织设计。

本章最后介绍了物流管理者所面临的管理问题。这些问题包括生产率问题、质量管理、风险考量、可持续性问题和复杂性管理等。

关键术语

“C级”职位	ISO 9000	逆向物流
集权式物流组织	精细六西格玛	分享经济
集装箱安全倡议（CSI）	物流服务质量	六西格玛（6σ）
《海关贸易合作反恐条例》（C-TPAT）	物流社会责任	速度记录仪
分权式物流组织	物流不确定性金字塔模型	偷窃（偷盗）
过剩能力	马尔科姆·鲍德里奇国家质量奖	内盗
交通从业人员员工身份识别卡（TWIC）	分散的物流结构	生产率
统一的物流结构	进口商安全申报规则	

讨论和复习题

4.1 讨论企业内部影响物流活动的组织的一些问题。

4.2 比较分散的物流结构与统一的物流结构。

4.3 集权式和分权式物流组织的区别是什么？

4.4 描述层级式和矩阵式的组织设计。

4.5 从物流视角来看，网络型组织设计如何体现关联性、响应性和柔性？

4.6 生产率的定义是什么？讨论提高生产率的方法。

4.7 为什么工会会成为提高工人生产率的障碍因素？

4.8 讨论技术因素如何有助于管理卡车驾驶员及其生产率。

4.9 利用现有资产获得更多产出这种方式提高生产率会面临什么样的潜在挑战？

4.10 讨论物流人员关注偷窃的可能原因。

4.11 物流管理人员可以怎样控制内盗？

4.12 解释为什么海盗对船只的袭击是当今物流管理人员面临的严重问题。

4.13 在清点和记录退回的物品后，应当问哪些问题？

4.14 美国交通安全管理局提高美国运输系统安全性的方法有哪些？

4.15 要求100%对进出美国的集装箱进行扫描检查的法规为什么可能会对国际贸易产生影响？

4.16 讨论《海关贸易合作反恐条例》（C-TPAT）。

4.17 描述一些可能的物流社会责任维度。

4.18 仓库如何通过设施设计、照明和屋顶铺设来控制能源使用？

4.19 讨论产品退回的原因。

4.20 举例说明复杂性增加是如何影响企业物流活动的。

建议读物

Ashenbaum, Bryan, Peter A. Salzarulo, and W. Rocky Newman, "Organizational Structure, Entrepreneurial Orientation and Trait Preference in Transportation Brokerage Firms." *Journal of Supply Chain Management* 48, no. 1 (2012): 3–23.

Cantor, David E. "Workplace Safety in the Supply Chain: A Review of the Literature and Call for Research." *International Journal of Logistics Management* 19, no. 1 (2008): 65–83.

Daugherty, Patricia J., Haozhe Chen, and Bruce G. Ferrin, "Organizational Structure and Logistics Service Innovation." *International Journal of Logistics Management* 22, no. 1 (2011): 26–51.

Ekwell, Daniel. "The Displacement Effect in Cargo Theft." *International Journal of Physical Distribution & Logistics Management* 39, no. 1 (2009): 47–62.

Goldsby, Thomas J. and Robert O. Matichenko. *Lean Six Sigma Logistics: Strategic Development to Operational Success* (Boca Raton, FL: J. Ross Publishing, 2005).

Kraska, James and Brian Wilson. "Maritime Piracy in East Africa." *Journal of International Affairs* 62, no. 2 (2009): 55–68.

Kumar, Sameer and Janis Verruso. "Risk Assessment for the Security of Inbound Containers at U.S. Ports: A Failure, Mode, Effects, and Criticality Analysis Approach." *Transportation Journal* 47, no. 4 (2008): 26–41.

Maloni, Michael J. and Michael E. Brown. "Corporate Social Responsibility in the Supply Chain: An Application in the Food Industry." *Journal of Business Ethics* 68, no. 1 (2006): 35–52.

McKinnon, Alan, Sharon Cullinane, Michael Browne, and Anthony Whiteing. *Green Logistics: Improving the Environmental Sustainability of Logistics* (London: Kogan Page, 2010).

Miller, Jason W., John P. Saldanha, C. Shane Hunt, and John E. Mello. "Combining Formal Controls to Improve Firm Performance." *Journal of Business Logistics* 34, no. 4 (2013): 301–318.

Morgan, Tyler R., Robert G. Richey, Jr., and Chad Autry. "Developing a Reverse Logistics Competency." *International Journal of Physical Distribution & Logistics Management* 46, no. 3 (2016): 293–315.

Pettit, Timothy J., Joseph Fiksel, and Keely L. Croxton. "Ensuring Supply Chain Resilience: Development of a Conceptual Framework." *Journal of Business Logistics* 31, no. 1 (2010): 1–21.

Sanchez-Rodrigues, Vasco, Andrew Potter, and Mohamed M. Naim. "Evaluating the Causes of Uncertainty in Logistics Operations." *International Journal of Logistics Management* 21, no. 1 (2010): 45–64.

Schneider, Lena, Carl Marcus Wallenburg, and Sebastian Fabel. "Implementing Sustainability on a Corporate and a Functional Level." *International Journal of Physical Distribution & Logistics Management* 44, no. 6 (2014): 464–493.

Whitfield, Gwendolyn and Robert Landeros. "Supplier Diversity Effectiveness: Does Organizational Culture Really Matter?" *Journal of Supply Chain Management* 42, no. 4 (2006): 17–29.

案 例

案例 4-1 红点销售公司

红点销售公司（Red Spot Markets Company）在新英格兰经营杂货连锁店。它在罗得岛的普罗维登斯有个杂货配送中心，货物从这个配送中心向北最远递送到马萨诸塞州的洛厄尔，向西最远递送到康涅狄格州的沃特伯里，向西北最远递送到马萨诸塞州的春田市。没有店铺位于马萨诸塞州这两个最北的点以外。向西的店铺由位于纽约州纽堡的杂货仓库供应。普罗维登斯杂货配送中心为 42 个红点零售店提供货物配送。

红点的配送经理罗伯特·伊斯特（Robert Easter）负责纽堡和普罗维登斯配送中心的运作。根据行业标准，两个配送中心都相当高效。但是，普罗维登斯配送中心在员工生产率和损耗这两个重要的控制领域稍稍落后。纽堡和普罗维登斯两个配送中心的设备和工作规范都是一样的，然而纽堡配送中心的单位工时产出要高出 4%。损耗用每年搬运的货物批发价值的百分数来表示，纽堡配送中心和普罗维登斯配送中心的损耗分别是 3.6%和 5.9%。贾维斯·贾森（Jarvis Jason）过去三年一直是普罗维登斯配送中心的经理，他非常努力地设法缩小这两个红点设施的绩效等级差异。上周他要求立即调动工作，伊斯特安排他担任波士顿地区的营销经理，监督 11 个红点市场的运作。这次调职没有增加薪水。

伊斯特需要为普罗维登斯配送中心找一位新经理，他挑选了弗雷德·福斯迪克（Fred Fosdick）来接手这一工作。福斯迪克毕业于常春藤大学，专业是工商管理，主攻物流。他已在红点工作了两年，他曾重新安排整个送货路线，使所需卡车数减少了两辆。作为此任务的一部分，他也将整个系统转化为单元货载系统，即从红点货车装卸的每件货物都放在托盘上。福斯迪克对纽堡和普罗维登斯两个配送中心的业务都非常熟悉，每个设施他都去过至少50次，而且在普罗维登斯的装货平台重新设计以便适应托盘装卸要求时，他还在那里待了两个星期。福斯迪克为贾森要求去一个没有升职的职位工作感到吃惊。这是当伊斯特问他是否对普罗维登斯的职位感兴趣时他问的第一个问题。

"我很难过你首先问这个问题，"伊斯特对福斯迪克说，"现在我们不得不先讨论调动的不好方面，而不是积极方面。福斯迪克，那儿的一名工会员工为贾森制造了许多麻烦，贾森无法忍受。"

"谁是闹事者？"福斯迪克问。

"汤姆·比格洛（Tom Bigelow）。"伊斯特回答。

福斯迪克从去普罗维登斯配送中心时就记得比格洛。因为汤姆·比格洛曾经是当地普罗维登斯高中的橄榄球明星，他的绰号是T. D.。福斯迪克回忆起那时在货物装卸平台的工间休息时，比格洛和其他一些工人会像投橄榄球一样投掷柠檬，只有一次他们掉下了一只柠檬。福斯迪克回忆，他曾听人说，比格洛高中毕业时获得过好几个提供体育奖学金的入学录取通知，其中最好的是南方的一所大学，他也接受了。尽管该大学为每个班级提供一名特别辅导员，但比格洛在第一学期末就退学返回了普罗维登斯，并在红点仓库找了一份工作。

在仓库里，比格洛是天生的领导者。如果不是因为他不会清点和周一早上的糟糕出勤记录，他应该已成为一名主管。周一是仓库最繁忙的一天，因为必须为店铺周末的销售进行补货。可比格洛通常是踉踉跄跄、疲倦且易怒。在周一，他有时会在叉车上装上三个托盘，然后倒回某个空位中再将托盘降到一个可以挡住叉车的位置，这样他就可以躲着睡觉了。在其他工作日，比格洛是高兴的、热情的和努力工作的。事实上，是他决定了仓库中的工作节奏。当他觉得舒服时，事情也进展顺利。当他觉得不舒服或缺勤时，工作就进展缓慢。

"比格洛对贾森做了什么？"福斯迪克问伊斯特。

"嗯，如我知道的，"伊斯特回答，"大约两周前贾森认为他受不了比格洛，因此当宿醉的比格洛在周一上午又迟到时，贾森勒令其停职。当时已经接近中午，他告诉比格洛不要进入工作场所，并向工会代表提出申诉。他还告诉比格洛他一直记录着过去六个月比格洛周一的业绩或劣绩，红点如果想开除他，也有足够的依据。他让比格洛回家清醒一下，周二回来讨论他的停职时间。比格洛在回去的路上经过了配送中心，我想贾森以为他已经控制了这件事情。"

"但是，"伊斯特继续道，"大约1点钟，贾森意识到他负责的工作放慢了。托盘上的瓶装货物摔了，两辆叉车撞了，还有一辆装卸车停在管状钢架旁。在下午4：00的下班时间，还有三辆货车需要装载，通常它们应该在3：30前离开。为了不支付加班费，贾森让员工回家，他和主管装载了最后三辆货车。

"在星期二，比格洛没有出现，工作放缓更严重了。零售店打电话抱怨它们的订单出现错误。更糟糕的是，在罗克斯伯里商店，当拖车门打开时，拖车里除了空托盘什么也没有。周二晚上有人关掉了所有叉车上电源充电器的开关，因此，周三一早叉车电池电量已近耗尽。由于店铺的抱怨，我也不得不参与处理此事。在周三，贾森得到我的允许支付加班费，最后一辆货车直到晚上7：00才离开。我们还不得不为一些零售店支付加班费，因为那里的工人要等货车到达。我那天下午与贾森谈话时，他说他已经开除了比格洛。”

伊斯特点燃了雪茄，继续说，“周三我决定亲自去普罗维登斯，主要是想与贾森谈谈，决定我们是否应该关闭普罗维登斯配送中心并让纽堡配送中心尽量服务所有店铺。这样可能成本会非常高，但普罗维登斯已变得太不可靠，而且马上要到大周末了。当我到达普罗维登斯后，周四上午我和贾森一起在我的旅馆房间吃了早餐，他向我介绍了事情的原委（也就是我刚才告诉你的）。他说他知道比格洛是所有破坏的幕后主使，今天——周四是关键的一天。我从未看到过贾森如此焦虑。后来我们开车去配送中心，即使在远处，我也感到工作进展缓慢。本应已上路的第一批货车还在那里，还有20辆货车等待装货。在建筑物的另一端，你可以看到一长队等待卸货的货车，通常那里没有等待的货车。我知道我们的供应商会开始抱怨，因为我们已经安排了计划卸货时间。但是，我没有问贾森他是否已接到来自供应商的电话。”

“在配送中心里，怠工情绪仍在蔓延。通常擦肩而过的叉车司机现在会停下来、关掉引擎、跳下车并仔细地绕着彼此的叉车走一圈以确保有合适的间隙。满意后，他们才跳上车、发动引擎，然后花费很长的时间示意彼此通过。这只是一个例子。当我们到达贾森的办公室，他收到一条留言，艾德·迈耶斯（Ed Meyers）要他回电话。艾德·迈耶斯是我们在普罗维登斯负责劳动关系的当地律师。贾森给迈耶斯打了电话，并对讨论的内容非常气愤。挂上电话后，他告诉我迈耶斯收到工会律师的文件，控告周三对比格洛的开除是不公平的，因为没有证据表明比格洛是工作放缓的幕后主使。迈耶斯很生气，因为贾森除了在周三开除比格洛，还在周一让比格洛停工了。我和贾森开始谈话并争论起来。我说得太多以至于我的雪茄都熄了，”伊斯特说，“所以我让坐在办公桌后面的贾森找根火柴。他没有带火柴，就在他桌子中间的抽屉里找火柴。他喘了口气，我不知道发生什么了。他站起来，看上去有点恶心，离开了他的桌子。他说他的桌子抽屉里有只死老鼠。他想调动一下工作。他的状态不佳，配送中心的状态也不佳，因此我让他补了波士顿地区的空缺职位。事实上，现在他和他的家人正在加拿大东部的某个地方休假。他需要休息。”

福斯迪克了解到所有细节后，觉得很难过，但他还是坚持问，“那后来呢？”

“嗯。我接手了配送中心的运作。我又给迈耶斯打电话，然后我们一起吃了午饭。迈耶斯认为贾森处理的方式不当，我们应该把比格洛弄回来。因此，在周五，迈耶斯、比格洛、工会律师、工会代表、比格洛的主管和我碰面了。贾森当然没在那里。会议进展顺利。所有的事情都归责于可怜的贾森。我特地告诉比格洛我们将重新记录他的绩效，并让他知道贾森的接替者，也就是你，将在我的指示下绝不允许这一派胡言 。比格洛那天是如此高兴，以致你不会相信他是捣乱者。令人惊讶的是当他去配送中心重新开始工作时，员工们发出欢呼声，所有叉车司机开始鸣喇叭。当时，我还担心所有电池又会没电了，但是我错了。他们只是看到比格洛回来而高兴。你知道，当比格洛走向车间时，实际上工作仍是缓慢进行着。我想那时是上午10：00，他们落后了一个小时。嗯，让我告诉你发生了什么，他们开始工作了！到中午，我们赶上了计划，在换班时我们提前了半个小时。事实上，最后半小时是用来整理在怠工期间故意乱放的许多箱柜。我告诉你，汤姆·比格洛确实在那个仓库中决定工作进度！”

“那你建议我在配送中心应怎么做?”福斯迪克问道。

“嗯，关键是与比格洛处理好关系。与迈耶斯谈谈你应该保留的记录以备你决定对付比格洛时使用。在你做任何不可挽回的事情之前，一定要与迈耶斯商量。坦率地讲，我不知道比格洛是否仍将是个问题。我知道在贾森去那儿之前我们从未与比格洛有过麻烦。根据比格洛和工会律师所说，贾森伺机报复比格洛。如果我是你，我不会为比格洛和其他劳工问题担心。看看你能为库存损耗做点什么。”

在下一个周一上午，福斯迪克出现在普罗维登斯配送中心。在小心谨慎地检查了所有的抽屉后，他与主管们开了一个简短的会议，然后走出去以一对一的方式与所有员工见面。因为福斯迪克以前来过这里，所以许多员工记得他。因为那是周一上午，所以他没有期望会碰到比格洛，可他在那里，目光锐利、机灵、热情。比格洛很高兴见到福斯迪克，热情地与他握手。然后比格洛请求原谅，因为他必须返回去工作。货车调度员说工作又提前完成了：现在是上午11：00，他们提前了15分钟。福斯迪克返回办公室，有个来自艾德·迈耶斯的电话留言。迈耶斯让他们将那天的午宴推迟到周二的中午。后来，罗伯特·伊斯特打电话问福斯迪克第一天上班事情进展如何。伊斯特很高兴事情进展顺利。

到了午餐时间。福斯迪克决定走到他以前去过的一家小餐馆吃饭。那家餐馆离配送中心有两个街区，在远离办公室的一侧。他穿过配送中心，由于午餐时间停工，配送中心内非常安静。当福斯迪克经过员工餐厅，听到了50名员工吃饭和谈话的声音。餐厅外面有一辆装卸车，上面有一个空的木头托盘。当福斯迪克停下查看时，一位存货管理员走出餐厅，拿着一箱打开的泡菜，其中有三罐已经拿走了。然后又来了一位存货管理员，拿着一箱打开的芥末，其中有两瓶已被拿走了。其中一位管理员突然看到福斯迪克，小声地说，“我们将这些打开的箱子拿到受损商品室。”福斯迪克走进餐厅，那里的中央桌子上放着冻肉、奶酪、软饮料、蛋黄酱和面包。所有包装已经打开，并且作为工作午餐已经部分吃完了。

福斯迪克进来时，比格洛正在做一个大三明治。“别紧张，”他对福斯迪克说。“你刚看到的只是在红点普罗维登斯配送中心工作的非合同附加福利之一。我为你做个三明治如何?”

［问题］

1. 福斯迪克该如何应对眼前的情形?

2. 红点销售公司可以使用本章讨论的什么控制方法来减少或消除本案例中讨论的问题?

3. 福斯迪克应该采用什么样的长期步骤来控制普罗维登斯配送中心的运作?

4. 福斯迪克应该采用什么样的长期步骤来提高普罗维登斯配送中心的生产率?

5. 福斯迪克应该采用什么样的长期步骤来减少普罗维登斯配送中心的高损耗率?

6. 假设福斯迪克决定制止这种打开商品包装取出商品作为免费午餐的行为，阐明并提出他在与工会工厂代表开会时应提交的论据。

7. （这是问题6的继续）假设你是工会工厂代表，起草你的论据以支持论点：免费午餐代表了配送中心员工享受的长期员工福利，管理层企图阻止是违反未成文的合同，因此应该抵制。

8. 案例中描述的大部分情况似乎都是围绕比格洛而出现的。那么应该如何处理比格洛?为什么?

【注释】

[1] David J. Bloomberg, Stephan LeMay, and Joe B. Hanna, Logistics (Upper Saddle River, NJ: Prentice Hall, 2002).

[2] J. Child, "Organizational Structure, Environment and Performance: The Role of Strategic Choice," Sociology 6, no. 1 (1972): 1-22.

[3] Donald J. Bowersox, Patricia J. Daugherty, Cornelia Dröge, Dale B. Rogers, and Daniel Wardlow, Leading Edge Logistics: Competitive Positioning for the 1990s (Oak Brook, IL: Council of Logistics Management, 1989).

[4] Ibid.

[5] Much of the material in this section is drawn from G. Bruce Friesen, "Organization Design for the 21st Century," Consulting to Management 14, no. 3 (2005): 32-51.

[6] Donald J. Bowersox, David J. Closs, and Theodore P. Stank, 21st Century Logistics: Making Supply Chain Integration a Reality (Oak Brook, IL: Council of Logistics Management, 1999), Chapter 3.

[7] Jason W. MIller, John P. Saldanha, C. Shane Hunt, and John E. Mello, "Combining Formal Controls to Improve Firm Performance," Journal of Business Logistics 34, no. 4 (2013): 301-318.

[8] www.cargomatic.com

[9] www.latimes.com/business/la-fi-cargomatics-20140927-story.html

[10] E. A. Morash, C. Droge, and S. Vickery, "Strategic Logistics Capabilities for Competitive Advantage and Firm Success," Journal of Business Logistics 17, no. 1 (1996): 1-22.

[11] www.asq.org.

[12] Paul D. Larson and Stephen G. Kerr, "ISO and ABC: Complements or Competitors?" International Journal of Logistics Management 13, no. 2 (2002): 91-100.

[13] "Exclusive Worldwide Six Sigma Survey Reveals…" Business Credit, October 2005, 48-51.

[14] William Atkinson, "Halliburton Pushes Lean Six Sigma to Its Supply Base," Purchasing 138, no. 3 (2009): 18-20.

[15] www.leancor.com.

[16] Ronald D. Anderson, Roger E. Jerman, and Michael C. Crum, "Quality Management Influences on Logistics Performance," Transportation Research—Part E 34, no. 2 (1998): 137-148.

[17] www.quality.NIST.gov.

[18] Ibid.

[19] A. Michael Knemeyer, Walter Zinn, and Cuneyt Eroglu, "Proactive Planning for Catastrophic Events in Supply Chains," Journal of Operations Management 27, no. 2 (2009): 141-153.

[20] V. Sanchez-Rodrigues, D. Stantchev, A. Potter, M. M. Naim, and A. Whiteing, "Establishing a Transport Operation Focused Uncertainty Model for the Supply Chain," International Journal of Physical Distribution & Logistics Management 38, no. 5 (2008): 388-411.

[21] Terrorism. The American Heritage © Dictionary of the English Language, 4th ed. (n. d.). Retrieved from Dictionary.com website: http://dictionary, reference.com/browse/terrorism.

[22] R. G. Edmonson, "TWIC's Forgotten Few," Journal of Commerce, April 20, 2009, 20.

[23] R. G. Edmonson, "DHS's New Boss," The Journal of Commerce, March 9, 2009, 16.

[24] Christine Blank, "Cruise through Customs," Multichannel Merchant, August 2006, 46-47.

[25] R. G. Edmonson, "10+2=Now," The Journal of Commerce, June 1, 2009, 10-13.

[26] www.m-w.com/dictionary.

[27] Barry Tarnef, "Into Thin Air," World Trade, September 2008, 50-52.

[28] Perry A. Trunick, "To Catch a Thief," Logistics Today, July 2005, 35-40.

[29] Julia Kuzeljevich, "The Seven Deadly Sins in Warehouse Security," Canadian Transportation & Logistics, April 2006, 44.

[30] www.trucknews.com/security/schneider-says-near-zero-cargo-theft-incidents-2015/1003072884.

[31] Michael Imlay, "Off-Highway Robbery" Off-Road Business, November 2005, 55-57.

[32] www.ics-ccs.org.

[33] Robert R. Frump, "Danger at Sea," The Journal of Commerce, February 16, 2009, 20-24.

[34] www.icc-ccs.org.

[35] Marc Winter and A. Michael Knemeyer, "Exploring the Integration of Sustainability and Supply Chain Management—Current State and Opportunities for Future Inquiry," International Journal of Physical Distribution & Logistics Management 43, no. 1 (2013).

[36] Craig R. Carter and Marianne M. Jennings, "Lo-

gistics Social Responsibility: An Integrative Framework," Journal of Business Logistics 23, no. 2 (2002): 145-180.

[37] Marianne Wilson, "Green Transport," Chain Store Age, January 2009, 55.

[38] David Blanchard, "Moving Ahead by Mastering the Reverse Supply Chain," Industry Week, June 2009, 58-59.

[39] John Paul Quinn, "Are There Ever Any Happy Returns?" Logistics Management, June 2005, 63-66.

[40] Ibid.

[41] Ibid.

[42] Bob Trebilcock, "Outsourcing Reverse Logistics," Modern Materials Handling, June 2008, 18-20.

第 2 篇
供应链管理

Supply Chain Management

供应链管理、采购管理与物流管理有着千丝万缕的联系，本书第2篇将详细介绍这两方面的内容。第5章主要讨论供应链管理。与物流管理不同，供应链管理强调业务流程集成，业务流程集成需要物流和其他职能领域的共同努力。供应链管理为形成供应链的组织间关系网络提供了框架。第5章还将介绍影响供应链关系网络整合能力的一些使能因素和障碍因素。

第6章讨论采购管理，企业的采购职能负责确保有效且高效的物料供应以支持制造和营销战略。第6章将探讨买方和供应商之间的基本联系的几个关键方面，以及触发物料在物流系统中移动的机制。另外，还将详细介绍可能影响采购决策的物流因素。

第5章 供应链管理的概念

学习目标

- 了解供应链的概念和企业间关系网络的管理
- 总结供应链流程框架
- 认识实施供应链管理的潜在使能因素
- 认识实施供应链管理的潜在障碍因素
- 比较可供选择的供应链整合方法

正如第1章所指出的，当代思想将物流看做**供应链管理**（supply chain management，SCM）的关键组成部分，很多实例都证明了物流对供应链管理的重要性。对那些表现出劣质服务、非生产性资产或高可变运作成本的、运作不佳的供应链进行研究后表明，物流因素是获得期望供应链绩效水平的关键。例如，野蛮的物料搬运造成的货物损坏可能导致劣质服务；低存货周转率（非生产性资产使用的标志，会对企业绩效产生负面影响）可以通过合并存货点和消除滞销品来解决。最后，企业可以通过重新审视运输模式、承运人选择政策及运输路线决策来解决高运输成本（高运作成本的一个例子）的问题。[1]

本章将概述供应链管理的概念。首先，描述供应链管理的发展历程并给出供应链管理的定义。接着，介绍两种广受关注的供应链流程框架。然后，讨论一些会对企业实施供应链管理的能力产生影响的关键使能因素（如提高可视性和沟通的技术的利用）和主要障碍因素。最后，介绍一些供应链整合的方法。

5.1 供应链管理的发展

供应链管理是一个相对较新的概念，1990 年以前，这一概念在学术界或实业界都很少被提及。蒙泽（Mentzer）教授及其同事的研究表明，“供应链概念最早出现在物流文献中，且物流仍然对 SCM 概念有着显著影响”。[2] 更具体地说，从 20 世纪 80 年代到 90 年代初期，将物流与企业中其他职能进行整合以取得企业的全面成功是主导的物流理念之一。[3] 20 世纪 90 年代初期到中期，人们逐渐认识到不仅企业内不同职能间的协调可以创造价值，而且企业间的协调也可以创造价值，这可被认为是一种供应链管理的理念。

从 20 世纪 90 年代初期到中期，学术界、实业界和一些行业组织都曾对供应链和供应链管理下过定义。正如定义物流时的情形一样，为了支持该领域的管理活动，对供应链和供应链管理的含义取得共识至关重要。

广义地说，**供应链**（supply chain）可被认为是流程、职能、活动、关系以及产品、服务、信息、资金从原材料生产者开始直到最终消费者为止在企业内和企业间移动路径的组合。[4] 图 5－1 介绍了几种常见的供应链类型。重要的是，我们需要注意其中的一些关键问题。首先，供应链不是一个新概念，因为从传统上讲大多数企业的运作都离不开供应商，企业也一直服务于顾客。例如，生产日用消费品的著名跨国公司宝洁在 1837 年成立时就需要原材料来生产肥皂，也需要顾客来消费肥皂。今天，宝洁仍需要原材料来生产肥皂，需要顾客来消费肥皂。

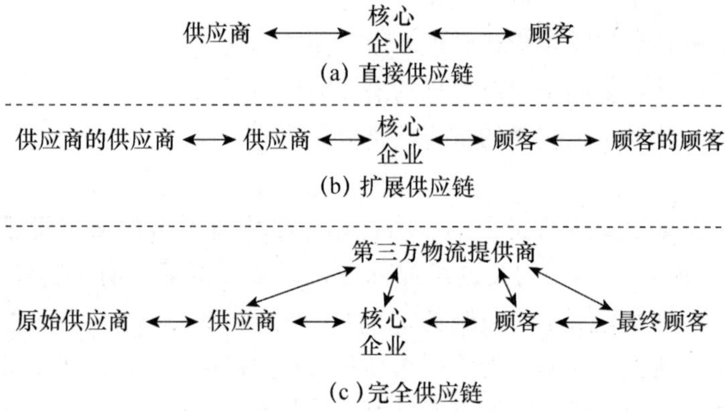

图 5－1　不同的供应链结构

图 5－1 还指出，一些供应链可能比另外一些供应链更加复杂（根据参与方的数量），协调复杂的供应链可能比协调不太复杂的供应链更加困难。复杂供应链中可能包括一些专业性企业，如第三方物流提供商，以促进供应链中不同环节间的协调。还需要注意的是，不管供应链如何复杂，顾客都是供应链的重要组成部分。当代思想还扩展了消费者在供应链中的角色。消费者已不仅仅被视为供应链活动的接受者，还是潜在的价值共创者。辉瑞公司（Pfizer）是美国一家跨国制药公司，该

公司请消费者提供在其购物期间产品推销和可获性的情况。生产吸尘器的胡佛公司（Hoover）允许其顾客自己 3D 打印吸尘器配件。[5]

关于物流与供应链管理的关系，供应链管理专业协会（Council of Supply Chain Management Professionals，CSCMP）认为物流活动属于供应链管理的一部分。另外，采购、购买、生产活动也是供应链管理涉及的内容。与图 5-1 所示相符，CSCMP 也坚持认为，企业在内部或与供应链中其他企业一起整合供应和需求管理时，需要与包括供应商、第三方服务提供商、最终消费者在内的各方进行合作。

CSCMP 还认为，供应链管理对组织内和组织间的业务职能和业务流程的连接发挥着主导作用，以确保供应链的协调和绩效。[6] 因此，供应链管理包含物流管理活动，物流管理者将有助于供应链的成功，并受益于参与供应链管理。[7] 此外，虽然几乎任一组织都可以成为供应链的一部分，但供应链管理必须由供应链中实际参与的企业来完成。[8]

成功的供应链管理要求每个企业树立企业协作的观念，这样企业才会接受和采纳那些有别于传统买卖双方互动的实践和行为（正如本章后面将介绍的）。另外，成功的供应链管理要求供应链中所有组织均运用系统方法（在第 1 章曾提及）。在供应链中采用系统方法，要求企业必须意识到企业内和企业间的主要职能领域和业务流程决策的相互依赖性。相应地，某供应链成员的目标应与供应链中其他成员的目标相一致。例如，一家致力于高顾客服务水平的企业可能不适合加入到一个以成本控制为主要目标的企业组成的供应链中。

5.2 供应链管理流程框架

美国运作管理协会（APICS）的供应链理事会和供应链管理协会分别建立了供应链运作参考模型（Supply Chain Operations Reference（SCOR）Model——www.supply-chain.org）和全球供应链论坛模型（Global Supply Chain Forum（GSCF）model——www.scm-institute.org），它们是两种著名的供应链管理流程框架。这两种模型的突出之处在于其识别业务流程的方式使得流程可以真正被企业实施并评估。这两个模型也得到了一些重要企业的支持。[9] 这两种模型的主要差异在于所规定的跨职能的参与程度不同。GSCF 模型涉及所有业务职能，SCOR 模型重点关注物流、运作和采购职能。接下来，我们将简要描述这两种模型。

SCOR 模型（SCOR model）识别出与供应链管理相关的六种流程——计划、采购、制造、交货、退货和使能流程（见表 5-1）。对这六种主要流程的进一步分析及其定义均表明物流在供应链管理中的重要作用。可以说，物流在一定程度上参与到了采购和制造流程中。例如，关于制造，请回忆一下第 1 章中关于延迟概念的讨论，延迟使得一些增值活动在仓储设施中完成。另外，物流同样可以参与交货和退货流程。交货流程的定义中明确提到了订单管理、运输管理和配送管理这些物流活动。在 SCOR 的计划和使能流程中，物流同样也是关键的考虑因素。就计划而言，物流是理解能力约束的主要因素，能力约束将限制企业满足交货需求的能力。关于使能流程，为了实现最终的交货流程，需要对卡车、仓库等物流资产进行计划和维护。

表 5-1　APICS 的供应链运作参考（SCOR）模型的六大流程

SCOR 流程	定义
计划	平衡总需求和供应以开发最能满足采购、生产和交货需求的一连串活动的流程。
采购	获取物品和服务以满足计划需求或实际需求的流程。
制造	将产品转化为成品状态以满足计划需求或实际需求的流程。
交货	提供成品和服务以满足计划需求或实际需求的流程，通常包括订单管理、运输管理和配送管理。
退货	与任何原因的退货或接收退货相关的流程。这些过程可扩展到交付后的顾客支持。
使能	为供应链管理关系、绩效和信息的流程。这些流程与供应链相关的所有内、外部流程相互作用、相互影响。

资料来源：APICS SCOR Model，Chicago，IL：APICS（www. apics. org）.

GSCF 模型（GSCF model）中包括八种流程（见表 5-2）：顾客关系管理、供应商关系管理、顾客服务管理、需求管理、订单履行、制造流程管理、产品开发和商业化以及退货管理。与 SCOR 模型不同的是，GSCF 模型包括所有业务职能的参与。但是，与 SCOR 模型中的情况一样，物流在 GSCF 模型的相关流程中也发挥着重要作用。[10] 例如，准时取货和交货等物流考虑因素可能会出现在订单履行流程中，并通过顾客服务管理流程进行监控。物流职能有助于顾客关系管理或供应商关系管理流程，因为内向或外向物流是与关键顾客或供应商的产品和服务协议的一部分。支持新产品的物流决策可能出现在制造流程管理（新原材料的内向物流）、需求管理（推出产品时预测运输需求）或产品开发和商业化（包装因素）流程。另外，逆向物流是退货管理流程的关键考虑因素。[11]

表 5-2　全球供应链论坛（GSCF）模型的八大流程

GSCF 流程	定义
顾客关系管理	提供如何发展和保持顾客关系的框架。
供应商关系管理	提供如何发展和维持供应商关系的框架。
顾客服务管理	作为顾客关系管理流程的一部分，对客户团队确定的产品和服务协议（PSA）提供日常行政管理。
需求管理	平衡顾客需求与供应链能力，包括预测、供应与需求同步化、减少变异和提高柔性的流程。
订单履行	涉及交付订货，进行网络设计并使企业满足顾客需求同时最大化盈利所必需的所有活动。
制造流程管理	涉及获取、实施和管理生产柔性以及产品在工厂内外移动所必需的所有活动。

续表

GSCF 流程	定义
产品开发和商业化	提供与顾客、供应商合作开发产品并推向市场的框架。
退货管理	涉及退货、逆向物流、退货检查与筛选、避免退货相关的活动。

资料来源：Douglas M. Lambert，Editor，Supply Chain Management：Processes，Partnerships，Performance，4th ed.（Ponte Vedra Beach，FL：Supply Chain Management Institute，2014），pp. 10－13（www.scm-institute.org）.

5.3 实施供应链管理的使能因素

有多种使能因素会影响企业实施供应链管理的能力，其中包括理解顾客权力增加的影响、建立适当的关系结构、借助技术提高可视性和沟通、供应链服务提供商的使用等。下面我们将分别对以上各种使能因素进行讨论，它们之间存在相互依赖、相互关联。例如，技术的进步可以促进企业间的协调沟通，以支持企业与第三方物流提供商之间的合作行动。

5.3.1 理解顾客权力增加的影响

你可能对"信息就是力量"这句老话非常熟悉。近年来，顾客拥有了极大的购买决策控制权，其主要原因就在于当今顾客有机会获得更多的信息。[12] 这又主要受益于互联网的发展。信息获取机会的增加，使消费者能够拥有对某企业及其产品的丰富知识，还可清楚了解该企业的竞争企业及其产品的信息。

顾客权力增加对供应链的设计和管理有着重要影响。例如，由于顾客需求和期望相对变化较快，要求供应链也越来越快速和敏捷而不是迟钝和僵化。**快速供应链**（fast supply chain）强调速度和时间要素，**敏捷供应链**（agile supply chain）强调企业在产量和品种变化方面响应需求的能力。[13] 无法做到快速和敏捷会导致供应链成员的市场份额下降、利润减少、股票价格下降及顾客不满。向快速、敏捷供应链发展甚至使亚马逊等一些电子商务企业开始有选择地在某些市场上提供当天交付服务。[14] 事实上，亚马逊已在一些市场上开展 Prime Now 会员服务，这种会员服务承诺 18 000 种商品在 1 小时内送达。[15]

另外，顾客权力的概念暗示传统工厂驱动的推动式供应链应被以顾客为中心的拉动式供应链取代。传统供应链关注人工成本、运费成本等内部成本绩效指标，以顾客为中心的供应链则日益关注一些更具全局视角的指标，例如，**完美订单**（perfect order）指标（准时交货、零损坏、正确的订单数量等相关顾客指标的同时满足度），通过乘法效应利用完美订单这一个指标就可衡量错误订单的总体影响。通过从顾客角度来审视订单完成情况，这种指标已被证明有助于判断供应链中存在的问题并提高顾客满意度。[16]

企业必须集中精力，根据市场需要/市场特性有效并高效地设计其供应链。在需求不稳定且高度多样化的市场环境下，建立敏捷供应链最为合适。[17] 在顾客需求相对稳定且需求的多样化程度较低时，建立**精细供应链**（lean supply chain）可能更为合适。精细供应链聚焦于消除所有的浪费（包括时间）和保证均衡生产。在实践中，企业通常采用一种混合方法，有时被称为**精细敏捷**（leagility），精细敏捷供应链兼具精细和敏捷的特性，即供应链的一部分环节聚焦于对波动的顾客订单和产品多样性的及时响应，另一部分关注的是平衡计划需求以均衡产出。[18]

运输模式选择、仓库设计、设施选址及库存水平等物流决策会直接影响每种供应链方法达成目标的能力。例如，试图通过更好地控制库存流，同时在这个过程中不断降低成本高昂的“块状”库存水平来使供应链更精细可能是一项非常艰巨的任务。在这种情况下，管理的重点在于减少**牛鞭效应**（bullwhip effect），也就是需求订单沿供应链逐级放大的现象。牛鞭效应的最终后果就是出现块状库存。[19] 简而言之，精细方法对库存控制的影响之一在于由间断式的库存控制模式转变为通过连续流动来控制库存。

精细方法的另一个目标着重于减少供应链中的库存量。可以通过多种方式来减少库存，比方说，频繁小批量订货、使用高运价的运输方式、需求拉动补货（而不是供应推动）、消除或合并滞销品库存等。但是，21 世纪早期著名的供应链中断事件——恐怖袭击（例如 2001 年 9 月 11 日发生的恐怖袭击）、自然灾害（例如海地地震、袭击新奥尔良和美国东北部的飓风）、流行病（例如严重急性呼吸综合征（SARS）和猪流感（H1N1）），促使一些供应链重新评价这种供应链方法可能存在的风险。

5.3.2　建立适当的关系结构

运行良好的供应链可以提高单个企业和整个供应链的长期绩效。这种观点认为，企业与其供应链关键成员（供应商、顾客、中介机构、服务提供商）的关系应是长期导向而不是短期导向的。重要的是，长期导向往往基于**关系型交换**（relational exchange），短期导向倾向于**交易型交换**（transactional exchange）。为了使关系型交换更有效，“我能从中得到什么”的交易型理念应被“我们能从中得到什么”的关系型理念取代。关系型交换的特征与交易型交换大不相同，包括信任、承诺、依赖、共同投资和利益共享等。[20]

至少，关系型交换会促使每个供应链参加者不得不重新思考（并改进）与其他供应链成员的关系。例如，承诺要求供应链参加者意识到维持已经建立的关系的重要性，而不是频繁地改变供应源以获取短期的利益。没有关键成员间的信息共享，关系型交换（乃至供应链管理）不可能成功。说起来容易做起来难，部分原因在于前面提到的商业俗语“信息就是力量”，使得供应各方对分享信息持犹豫态度，唯恐失去竞争优势或暴露组织缺点。

由于供应链管理的主要目标是供应链整体的绩效优化而不是单个企业的绩效优化，因此不管是关系型交换还是交易型交换，供应链成员间的合作必不可少。虽然企业内各职能间合作（内部合作）的好处有时还有待证实，但企业与供应链其他成员的成功合作（外部合作）会直接影响其利润，并提升供应链的竞争力。[21]

近年来出现了大量关于供应链合作的文献，回顾这些文献可能会让读者感到疑惑，因为一些文献指出供应链合作目前仍是一种不切实际的想法，并非切实存在的现实。很少有企业参与合作，参与合作的企业在绩效上也没有得到太大的改进。然而，另外一些文献指出供应链合作已得到广泛应用，参与的企业在绩效上得到了极大提高。之所以会出现这些关于供应链合作的大相径庭的观点，原因之一是缺乏对供应链合作的统一定义。在我们看来，**供应链合作**（supply chain collaboration）应定义为"供应链成员之间、企业与其供应商或顾客之间建立的正式或非正式的合作关系，以提高各方的整体业务绩效"。[22]

还有一些作者认为供应链合作本质上是战略性的（狭义的观点），其他一些作者认为合作可以是交易性行为也可以是到战略性行为（广义的观点）。我们将采用广义的观点，认为供应链合作实际上可分为交易性合作、战术性信息共享合作、战略性合作（如表 5－3 归纳所示）。根据此分类，交易性合作和战术性信息共享合作是目前最普遍的合作类型，战略性合作也日益增多并为提高供应链绩效提供了最佳机会。[23]

表 5－3　供应链合作水平

关系类型	定义	数据交换的例子
交易性合作	集成信息流并使信息流自动与产品流相一致	采购订单、发货单
战术性信息共享合作	采购前后分享信息	订单状态、产品价格
战略性合作	连接买/卖双方的流程、共同制定决策和衡量绩效（通常是专有的）	预测、履行订单流程

资料来源：John Matchette and Andy Seikel，"How to Win Friends and Influence Supply Chain Partners，" Logistics Today，December 2004，41.

形成正式的**供应链合作伙伴关系**（supply chain partnership）是战略性合作的一个例子。供应链合作伙伴关系可定义为两个供应链成员间特有的业务关系。供应链伙伴关系的主要特征包括伙伴间的高度依赖性、共享信息的意愿提高、一致的目标、相互信任、基于价值而不是成本或价格的购买决策等。最近的实证研究表明供应链合作伙伴关系与成本降低、利润增加和收入增长等绩效结果正相关。[24] 企业应当建立起识别、开发、实施和持续改善其供应链中关键关系的系统流程。[25]

5.3.3　借助技术提高可视性和沟通

可以说，技术的变化对供应链有着极大的影响。运算能力和互联网是触发技术变化的主要因素。[26] 关于计算能力，供应链是由多个组织、流程和需求组成的复杂实体。因此，在计算机出现前，试图将数学模型应用于供应链以使股东财富最大化或成本最小化是不太现实的，即使利用计算机也需耗费大量时间。但是，计算机的运用及其运算能力的不断提高使得迅速、低成本地求解复杂供应链问题成为可能。

商业未来学家约瑟夫·派恩和詹姆斯·吉尔摩（Joseph Pine and James Gilmore）认为互联网是“人们所熟知的、产品和服务商品化的最强推动力量”。[27] 对于供应链，互联网为供应链提供了同时改进顾客服务和降低物流成本的机会，从而增进了供应链的效率和效果。[28]

重要的是，我们必须认识到互联网对于供应链中企业与消费者间及企业与企业间的联系都有着重要影响（我们曾在第 2 章详细讨论这些影响）。在当今的经营环境下，互联网使供应链中的某一环节可以与其他环节几乎即时看到同一数据。这种即时的可视性为供应链提供了机会，使供应链变得更积极主动而非被动反应，从而使整个供应链库存更低、利润更高。[29]

由于供应链运作要依靠大量的实时信息，因此信息在组织间的无缝传递至关重要。例如，零售点信息可以直接传递给供应商并转变为产品的补货订单。或者，卖方允许顾客查询其库存记录以确定什么产品有存货且这些存货储存在哪里。跨组织的紧密沟通取决于技术能力和共享信息的意愿（属于长期导向）。图 5-2 中展示的是用于显示货车及其装载货物的实时库存信息的带有射频识别连接的手持计算机。顾客可以使用这些信息追踪其订单的预期交货情况，供应商可以使用相同的信息来触发补货。为了获得关于供应链运行情况的“唯一版本真实数据”，一些企业正更加积极地进行技术投资以实现供应链的可视性。[30]

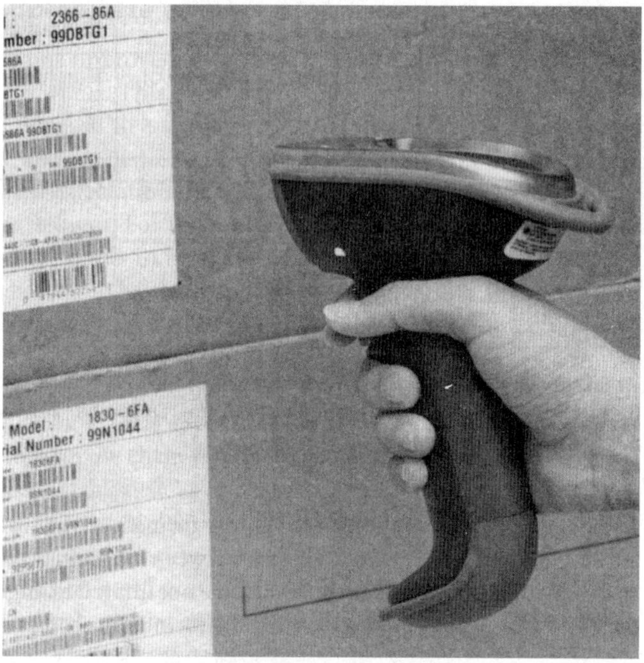

图 5-2　利用小型计算机记录并传递货车司机提供的信息

资料来源：Fotolia.

5.3.4　供应链服务提供商的使用

在图5-1中，我们看到完全供应链中包括几种类型的企业（如第三方物流提供商），它们的存在促进了供应链不同成员间的协调。由于本书是一本物流教材，与物流最为相关的服务性企业是第三方物流提供商，因此下面我们将讨论第三方物流对物流和供应链的影响。

第三方物流（third-party logistics，3PL），也称作**物流外包**（logistics outsourcing）或**合同物流**（contract logistics），一直是物流和供应链管理中最容易被误解的术语之一。与我们看到的其他供应链概念（如合作、供应链管理）一样，第三方物流也没有一个普遍接受的定义。例如，一些定义从广义角度认为未在企业内部完成的任何物流活动都代表第三方物流。相反，另外一些定义强调3PL协议是买卖双方之间的长期约定，双方持有关系性的观点而非交易性观点。

不论从广义还是狭义的角度，第三方物流所包含的一般观点是，一家企业（如制造商）允许一家专业性企业为其提供一种或多种物流职能（如仓储、外向运输）。著名的3PL提供商有DHL供应链（DHL Supply Chain）、德讯（Kuehne and Nagle）、全球货运有限公司（DB Schenker）和联合包裹供应链解决方案（UPS Supply Chain Solutions）。近年来，3PL提供商之间出现了大量合并，例如，德国邮政（Deutsche Post）收购了英运物流（Exel），联合包裹供应链解决方案收购了门洛物流（Menlo Logistics）等，而且这种合并还将继续。虽然这些合并为顾客提供了更全面的供应链服务，但也导致更少的竞争选择。[31]

3PL的顾客可以要求许多不同的活动，最常见的包括内向和外向运输、承运人谈判和合同签订、货物集运。[32] 一些3PL提供商已经开始提供附加服务，例如最终产品组装、产品安装和产品修理等，这些已经超出了它们的传统服务范畴。正如第1章提到的，这些3PL的附加服务会使传统供应链成员之间的区别变得模糊（例如，产品组装通常由制造商完成）。重要的是，这种区别的模糊可能实际上有助于供应链整合，因为此时更多强调的是跨职能的流程而非某具体职能。[33]

使用3PL服务的决策可以基于战略性的考量，比如企业认为它的供应链的某个或某些方面需要转变。使用3PL服务的决策也可以是战术性的，企业可能拥有一个低效率的配送网络、无法控制内部成本、昂贵的或僵化的劳动力、过时的仓储设施或过时的信息系统。无论是战略性的还是战术性的，3PL服务的使用都是因为企业认识到它已没有足够的内部能力来解决某个或某些问题。[34]

虽然物流外包有可能同时提高供应链的效果和效率，但是3PL方案很容易失败（例如，一方不能满足另一方的期望）。3PL失败的一个常见原因是顾客的不合理和不现实的期望。例如，顾客期望3PL提供商将年运输成本降低50%可能是不现实（和不合理）的。3PL方案失败的另一个原因是缺乏柔性。无论提供商和顾客为 3PL 方案做了多么充分的准备，总会发生意想不到的事情和挑战。那么是否已经合理安排 3PL 方案，从而能够及时并令人满意地处理各种意外呢？[35]

从**第四方物流**（fourth-party logistics，4PL）或**领先物流提供商**（lead logistics provider，LLP）概念的发展，我们可以看到供应链管理中外包的普遍性。4PL/LLP 的概念产生于 20 世纪 90 年代中期。由于 4PL/LLP 仍是相对较新的概念，因此应该如何称呼和定义仍存在分歧。相较于 4PL，领先物流提供商似乎更像一个特别的昵称。一些提供商，如联合包裹供应链解决方案，没有使用这些术语来描述它们的服务。虽然难以给出一个精确的定义，但我们认为 4PL/LLP 是指其主要目的是确保不同的 3PL 企业为共同的供应链目标而努力的企业。为了成功管理其他 3PL 企业，4PL/LLP 需要有专家负责考虑供应链解决方案并作出权衡，为广泛的增值活动作出始终客观的决策，并应始终保持中立态度。[36] 不管大家如何称呼它，有人估计，4PL/LLP 目前约占总物流外包支出的 20%，而且其收入将持续增长。[37]

5.4 实施供应链管理的阻碍因素

虽然供应链管理的概念听起来非常吸引人，但是一些因素会阻碍它的有效实施。下面我们将具体进行讨论。

5.4.1 规制和政治因素

几十年前，当今应用的许多供应链安排在一些管制条例下是违法的。例如，在美国，企业间协调在 1984 年《国家合作研究和开发法案》（National Cooperative Research and Development Act）通过后才被鼓励。长期承诺是供应链管理的根本原则之一，它可能会抵制竞争，因为它令其他企业很难进入特定市场。虽然全球商业总体环境要求企业间有更多的合作，但在开始讨论未来供应链安排前寻求可靠的法律建议仍是明智之举。

战争和政府稳定性等政治因素也是供应链管理的障碍因素。关于战争，21 世纪初期见证了中东局势的持续紧张、巴基斯坦和印度的关系日益恶化（两者都有核武器能力）、委内瑞拉政府的工业国有化、伊拉克和阿富汗战争，以及非洲各地的民间和政治动乱。这些政治不确定性会导致一些企业回避参加或开发依托位于这些地区的企业的供应链。政府稳定性也是一个重要考虑因素，因为供应链管理非常依赖企业间的协调。不鼓励此类协作或不鼓励与某些国家做生意的政府政策对供应链效率有明显的负面影响。发达国家同样会受到政治不确定性的挑战。例如，2016 年英国的脱欧决定将大大影响欧洲的供应链。欧洲企业需要重新构建其分销渠道以应对在此地区管理物流的新的复杂性。

5.4.2　缺乏高层管理的承诺

当某个企业试图发起和实施新项目、新程序和新产品时，高层管理的承诺通常被认为是一个非常重要的因素。因为供应链管理强调企业间的协作，所以供应链活动想要成功，管理高层的承诺必不可少。管理高层有能力为供应链活动配置必要的资源，并且有权力构筑或重构企业激励政策以使企业关注组织和跨组织（而非职能的）目标的实现。

遗憾的是，关于企业管理高层对供应链管理的承诺，最近的研究结果显示实际情况参差不齐。更确切地讲，虽然管理高层已意识到供应链管理的重要性，但实际上只有 1/3 企业的管理高层会对 SCM 作出承诺。[38] 由于对供应链管理的某个或某些基本思想不适应（或不理解），管理高层可能对为供应链管理作出全面承诺持犹豫态度。例如，一些企业可能对供应链中的顾客权力的概念不适应；或者，有些企业可能对建立长期关系犹豫不决，因为它们可能会认为这些关系会限制其运作柔性或可能导致成本增加。

5.4.3　不愿分享或使用相关信息

供应链管理的一个原则就是，运行良好的供应链是以成员之间的信息共享为特征的。然而，一些企业不愿意分享信息，尤其那些被认为是专有的信息。不愿分享信息会导致一些供应链问题，因为供应链成员可能不得不基于错误的数据或假设来进行决策。例如，牛鞭效应的原因之一就是供应链成员间的信息不对称。

如今计算机硬件和软件发展使更快速地处理和分析大量信息成为可能。为此，即使涉及大量的数据，**供应链分析**（supply chain analytics）也可通过整合技术和员工的努力来识别趋势，进行比较，突出供应链流程中的机会。在技术的支持下，供应链分析有助于决策者进行采购、库存管理、制造、质量、销售和物流等方面的决策。供应链分析利用企业应用程序、互联网、数据仓库和获取的外部信息来确定数据模式。例如，杂货连锁店提供的常客购物卡为获取顾客的详细资料提供了机会。但是，一些企业对充分使用这些数据持犹豫态度，它们认为购物卡提供的高度详细的数据，如购买了什么、何时购买、何地购买、如何购买的信息，可能侵犯了顾客的隐私权。最近埃森哲咨询公司（Accenture）面向 1 000 名高级管理人员进行了一项调查，调查结果显示 97%的高级管理人员都了解大数据分析能够为其供应链带来好处，但只有 17%的人表示他们对供应链活动进行过分析。[39]

5.4.4　不兼容的信息系统

20 年前，跨组织协作的主要障碍是计算机硬件的不兼容，如今，软件的兼容性可能是更紧迫的问题。主要的软件问题涉及在单一集成商法和单项优势法之间作出决策。采用单一集成商法的企业依靠单一供应商提供所有相关应用软件（如库存管理、运输管理、仓库管理软件）。单一集成商法的优势在于不同应用软件之间应是相互协调的。[40]

单项优势法则会选择特定职能领域的最佳软件，企业可能从一家公司购买运输管理软件，从另一公司购买仓库管理软件。[41] 单项优势法通常需要附加的软件包来协调这些不同的应用软件，这种整合通常不会很顺利。其中一个有名的例子是好时食品公司（Hershey Food）对不同专业性供应链软件包的整合。该公司软件整合出现问题，导致未履行的万圣节和圣诞节的糖果订单增加、交货期延长、库存水平增加和顾客的失望。[42]

5.4.5 不相容的企业文化

供应链管理强调供应链不同成员间的长期导向和合作伙伴关系，因此参与各方与其合作企业愉快相处非常重要。广义地说，企业文化是指“我们在这里如何做事”，反映了一个组织的愿景、价值观和战略规划。我们必须认识到，相容的企业文化并不是要求所有组织都具有相同的文化，而是组织应当识别可能负面影响供应链效率和效果的企业文化的潜在差异。例如，信奉参与式管理的组织可能无法与独裁式管理风格的组织和谐相处。[43]

企业文化的所有表现都可以提供与该企业一起工作的可能性的重要线索。例如，在过去几年，一个较有名的供应链失败的例子是Office Max公司和瑞德整合物流公司（Ryder Integrated Logistics）的商业关系的解体。两家企业的合作关系未能成功维持的原因有很多，其中之一是两家企业的着装规定大不相同。实际上，瑞德公司的经理告诉本书一位作者，从第一次面对面的会谈中就可清楚地看到两家公司在一起工作将会困难重重，这在很大程度上是因为他们的着装规定存在巨大差异！

5.4.6 全球化挑战

虽然到目前为止的大部分讨论聚焦于国内供应链，但我们应该意识到供应链正变得越来越全球化。供应链不断全球化的原因包括更低价的原材料和劳动力、供应链中企业的全球化视野及全球竞争的发展等。[44] 在国内范围对供应链进行整合就已极具挑战性，文化、经济、技术、政治、地理和物流差异使得供应链的全球整合更具挑战性。

全球供应链会使订货提前期（从订单下达至货物接收之间的时间间隔）更长且更难预测，这增加了缺货导致顾客需求无法满足的可能性。最近的研究显示，在全球供应链中失误频频，主要原因有单证错误、包装错误、运输路线错误、不完全装运或没有遵守订货指南等。这些及其他全球供应链失误增加了供应链成本并可能损害顾客满意度。[45]

5.5　供应链整合

单个企业可能同时参与到多条供应链之中，重要的是必须认识到各条供应链的期望和所需的知识各不相同。例如，食品制造商可以将产品销售给杂货连锁店、机构买家、特产公司（specialty firms，该企业可以将食品包装为礼品）和工业用户（以食品制造商的产品为原料生产自己的产品）。我们可以合理地假设，对于包装的要求，特产公司比工业用户的要求要高得多。

通过不同各方的参与并执行长期互惠协议使供应链实现了整合。这些协议的常用称呼包括伙伴关系、战略联盟、第三方协议和合同物流。不管这些协议被如何称呼，这些协议的设计应能确保在协作成功时所有参加者都可得到回报，并应为所有各方提供激励以确保成功，当供应链协作没有预期那么成功时，参与者应相应地共同承担后果。

当一个企业与某供应商或顾客建立长期协议时，他必须牢记此协议会对供应链的其他环节产生怎样的影响。在理想的情况下，供应链中所有参加者应共同建立协议以确保整个供应链以最佳方式运作。

为了整合供应链，不同的企业必须意识到当前系统的缺点并审视当前存在或可能存在的渠道安排。所有这些都必须在企业总体战略的框架下进行，同时物流战略必须支持企业高层的管理目标。

一般来讲，当企业试图整合其供应链时，可以使用三种主要方法。一种方法是垂直整合，此时一个企业参与到供应链中的多个环节。20 世纪 20 年代的福特汽车公司（Ford Motor Company）拥有森林和钢厂，并且牢牢控制着经销商。现在最常见的垂直整合的例子多见于油漆和汽车轮胎行业。重要的是，我们必须认识到规制（通常以州法律的形式）可能限制某些行业垂直整合的程度。

整合供应链的第二种方法是在不同参与者之间使用正式契约。较流行的一种契约是特许经营，这种方法试图将某些职能高度整合的好处与灵活执行其他职能的能力结合起来。从供应链的角度来看，特许人可能对加盟商所购买的产品、这些产品的合格供应商以及产品向加盟商的配送等方面施加契约影响。例如，在美国，马丁-伯劳尔公司（Martin-Brower Company）负责向一些麦当劳特许加盟商提供配送服务（如食物、饮料和商店用品）。

整合供应链的第三种方法是不同组织间建立非正式契约以追求共同目的和目标，并由供应链中最大的组织来进行控制。虽然此方法使供应链参与者拥有了一定的灵活性，使企业可以快速并相对容易地中止无益的安排，但组织还应认识到这种方法的可能缺点。例如，施加控制的企业可能在供应链中非常强大，以致供应链关系变得更像独裁关系而非伙伴关系。另外，允许中止无益安排的灵活性也使供应链各方在出现更好的交易时可能转换供应链。

小 结

本章主要讨论供应链的概念。首先对供应链和供应链管理进行了定义，供应链由包括最终消费者在内的一些不同环节组成，供应链管理要求企业树立企业对企业的观点。

本章还讨论了两种著名的供应链管理流程框架，识别并描述了供应链管理的一些使能因素，如理解顾客权力增加的影响、利用技术提高可视性和沟通等。本章还介绍了各种供应链障碍因素，如缺乏高层管理者的承诺和不愿意分享或使用相关数据。最后本章讨论了供应链整合存在的问题和方法。

关键术语

敏捷供应链	精细敏捷	供应链合作
牛鞭效应	精细供应链	供应链管理
合同物流	完美订单	供应链合作伙伴关系
快速供应链	关系型交换	第三方物流（物流外包）
第四方物流	SCOR 模型	交易型交换
GSCF 模型	供应链	领先物流提供商
供应链分析		

讨论和复习题

5.1 讨论供应链和供应链管理的区别。

5.2 讨论供应链管理的 SCOR 模型和 GSCF 模型。

5.3 讨论物流管理职能如何在 SCOR 模型和 GSCF 模型建立的供应链管理流程中发挥作用。

5.4 实施供应链管理的四大使能因素是什么？

5.5 精细供应链与敏捷供应链的主要区别是什么？这两种供应链各适合在什么情况下采用？

5.6 讨论几种减少供应链库存的方法。

5.7 关系型交换和交易型交换的区别是什么？其中哪种与供应链管理更相关？为什么？

5.8 供应链合作可分为交易性合作、战术性信息共享合作和战略性合作吗？为什么？

5.9 本章认为技术是影响供应链的主要变化因素。你是否同意？为什么？

5.10 讨论互联网对供应链管理的影响。

5.11 规制和政治因素如何成为供应链管理的障碍？

5.12 为什么成功的供应链管理需要高层管理者的承诺？

5.13 一些企业对于使用常客购物卡很犹豫，因为卡片提供的信息可能侵犯了顾客的隐私权。你同意这一观点吗？为什么？

5.14 讨论单项优势法和单一集成商法。

5.15 你认为企业文化与供应链管理有关吗？为什么？

5.16 为什么全球供应链整合如此困难？

5.17 讨论可能促使企业使用 3PL 服务的一些战略和战术考量。

5.18 第三方物流方案不成功的原因可能有哪些？

5.19　3PL 和 4PL/LLP 的不同是什么？

5.20　讨论企业供应链整合的三种方法。

建议读物

Adams, Frank G., Robert Glenn Richey Jr., Chad W. Autry, Tyler R. Morgan, and Colin B. Gabler. "Supply Chain Collaboration, Integration, and Relational Technology: How Complex Operant Resources Increase Performance Outcomes." *Journal of Business Logistics* 35, no. 4 (2014): 299–317.

Autry, Chad W., Thomas J. Goldsby, and John E. Bell. *Global Macrotrends and Their Impact on Supply Chain Management: Strategies for Gaining Competitive Advantage* (Upper Saddle River, NJ: FT Press, 2013).

Fawcett, Stanley E., Lisa M. Ellram, and Jeffrey A. Ogden. *Supply Chain Management: From Vision to Implementation* (Upper Saddle River, NJ: Prentice Hall, 2007).

Fawcett, Stanley E., Amydee M. Fawcett, Bradlee J. Watson, and Gregory M. Magnan. "Peeking Inside the Black Box: Toward an Understanding of Supply Chain Collaboration Dynamics." *Journal of Supply Chain Management* 48, no. 1 (2012): 44–72.

Gibson, Brian J., John T. Mentzer, and Robert L. Cook. "Supply Chain Management: The Pursuit of a Consensus Definition." *Journal of Business Logistics* 26, no. 2 (2005): 17–25.

Giguere, Mike and Brad Householder. "Supply Chain Visibility: More Trust than Technology." *Supply Chain Management Review* 16, no. 6 (2012): 20–25.

Lambert, Douglas M., Editor, *Supply Chain Management: Processes, Partnerships, Performance*, 4th ed. (Ponte Vedra Beach, FL: Supply Chain Management Institute, 2014). (www.scm-institute.org)

Lambert, Douglas M., Sebastian J. Garcia-Dastugue, and Keely L. Croxton. "An Evaluation of Process-Oriented Supply Chain Management Frameworks." *Journal of Business Logistics* 26, no. 1 (2005): 25–51.

Lambert, Douglas M., Sebastian J. Garcia-Dastugue, and Keely L. Croxton. "The Role of Logistics Managers in the Cross-Functional Implementation of Supply Chain Management." *Journal of Business Logistics* 29, no. 1 (2008): 113–132.

Lambert, Douglas M., A. Michael Knemeyer, and John T. Gardner. *Building High Performance Business Relationships* (Sarasota, FL: Supply Chain Management Institute, 2009).

Lee, Hau. "Don't Tweak Your Supply Chain—Rethink It End to End." *Harvard Business Review* 88, no. 10 (2010): 62–69.

Lieb, Robert C. "The North American Third-Party Logistics Industry in 2011. The Provider CEO Perspective." *Transportation Journal* 51, no. 3 (2012): 353–367.

Reeve, James M. and Mandyam M. Srinivasan. "Which Supply Chain Design Is Right for YOU?" *Supply Chain Management Review* 9, no. 4 (2005): 50–57.

Slone, Reuben E., J. Paul Dittmann, and John T. Mentzer. *New Supply Chain Agenda: The 5 Steps That Drive Real Value* (Boston: Harvard Business Review Press, 2010).

Ta, Ha, Terry Esper, and Adriana Rossiter Hofer. "Business-to-Consumer (B2C) Collaboration: Rethinking the Role of Consumers in Supply Chain Management" *Journal of Business Logistics* 36, no. 1 (2015): 133–134.

Wisner, Joel D., Keah-Choon Tan, and G. Keong Leong, *Principles of Supply Chain Management: A Balanced Approach*, 4th ed. (Boston, MA: Cengage Learning, 2016).

案　例

案例 5-1　约翰逊玩具公司

坐落于密西西比州比洛克西市的约翰逊玩具公司（Johnson Toy Company）正在庆祝成立 75 周年。公司总裁埃米·约翰逊（Amy Johnson）和副总裁洛丽·约翰逊（Lori Johnson）是姐妹，这已是该家族第三代接手玩具业务了。该公司生产玩具并在全美销售。玩具业务的季节性非常强，主要的销售出现在圣诞节前。在春末夏初销售会有个小高峰，此时室外玩具的销售会很不错。

该公司有几种基本款玩具，这些玩具利润较低但销售稳定。该公司还销售一些非传统的新款玩具，推出新款玩具通常会面临风险，但一旦流行则利润非常高。该公司经常在星期六上午的儿童电视节目中做广告。

去年年末，就在圣诞节前，约翰逊玩具公司推出了一款 Jungle Jim the Jogger 娃娃（以下简称"Jungle Jim 娃娃"），该玩具是以一部受欢迎的电视节目为原型设计的。随着销售量激增，每个零售商处的 Jungle Jim 娃娃在 12 月中旬就没货了，如果在圣诞节前能及时补货，约翰逊公司应该还可以多卖出几百万件。基于此玩具的成功销售业绩，埃米和洛丽承诺今年将生产 1 000 万件，并推出一系列娃娃配饰，她们认为拥有这种玩具的孩子也会希望拥有这些配饰。生产很顺利，许多零售商非常高兴地在 1 月份和 2 月份收到此款娃娃，因为它们仍是畅销产品，尽管这两个月是玩具销售的淡季。

不幸的是，在好莱坞的情人节晚会后，饰演 Jungle Jim the Jogger 的电视演员陷入一场众所周知的性丑闻，丑闻的细节让许多读者和电视观众震惊和厌恶，我们也不好意思描述它。电视节目的评级大幅下降，一个月内就停止播出了。3 月 1 日，约翰逊公司中止了 Jungle Jim 娃娃的生产，即使它不得不由于取消订货而向其供应商支付罚金。公司别无选择，因为很明显该玩具已没有市场。

4 月 1 日，一群人沮丧地聚集在约翰逊玩具公司会议室。除了埃米和洛丽，还有公司的销售经理卡罗琳·科金斯（Ca-rolyn Coggins）、物流经理谢丽尔·古里迪（Cheryl Guridi）、总监格雷格·沙莉文（Greg Sullivan）和工厂工程师凯文·维达尔（Kevin Vidal）。科金斯刚汇报了她认为在零售店大约还有 150 万～200 万件 Jungle Jim 娃娃未售出。沙莉文指出在比洛克西的各个公共仓库中还有 2 567 112 件成品。维达尔说他在努力清点还未组装的零部件的数量，并指出现在面临的问题是，尽管已经取消订货但仍有零部件从供应商那里运过来。

埃米说："让我们等几个星期再精确计算所有成品玩具和所有未组装的零部件的数量。洛丽，我派你与科金斯、维达尔共同拿出一个能够回收利用 Jungle Jim 娃娃的物料并将其利用到其他可售出玩具的方案。基于所涉及的巨大数量，我愿意制造出某种无害的玩具，以仅高于回收成本的价格销售，因为我们不能完全损失掉所有这些该死的 Jungle Jim 娃娃。沙莉文说我们有近 260 万件娃娃要处理，所以必须想个办法。"

"你的 260 万件的数字可能低了，"科金斯说，"不要忘了经销商还有 200 万件，它们会退货的。"

"退货？"埃米问道。"这些娃娃又不是缺陷品。缺陷是我们接受退货的唯一理由。是零售商自己作出了错误的选择。就像它们订购了雪橇，可是那年冬天没有下雪一样。我们跟它们一样不能对饰演 Jungle Jim the Jogger 的演员的性丑闻负责。"

谢丽尔·古里迪说道："你可能低估了问题，埃米。我们的一项政策是接收零售商认为有缺陷的玩具，现在很多零售商声称 Jungle Jim 娃娃有缺陷。维达尔不能精确统计的原因之一就是退回的玩具正出现在我们的收货平台上，并与我们的库存混在一起。"

"怎么能让这样的事情发生？"埃米生气地问道，"我们不用付运费，对吧？"

"到目前为止，不用，"古里迪回答道，"零售商支付了运费，它们只想扔掉这些玩具。"

"我们已经收到一些账单，账单里这个零售商已经将 Jungle Jim 娃娃的成本和退回的运费从欠我们的款项中扣除了，"沙莉文说，"这正是我想在一起开会时汇报的一件事情。"

"我们不允许那样！"埃米大叫。

"不要这么确定。"沙莉文回答，"我们正在讨论的这个客户 40 年来都能按时支付欠我们的账单。难道你要我告诉他我们不补偿玩具的成本和运费吗？"

"这比我想象的要糟糕。"埃米说，"我们的退货政策到底是怎样的，洛丽？"

"嗯，到目前为止，我想我们有两个政策。"洛丽说，"一个是针对我们的小客户，当我们的销售人员拜访客户时，会检查商品并将有缺陷的商品取走，并同意零售商从下一批货中销账。"

“有时销售人员不仅取走有缺陷的商品，”科金斯补充道，“通常他们还将从零售商手上取走滞销品。我们不得不将这作为一种销售手段。”

“这不太正确。”维达尔插话，“有时，这些退货仅是由于一些正常的陈旧——划损、凹痕和损坏。这让我们非常为难，因为我们不得不检查每一件商品以确定它是否应该重新放回库存中。当我们认为某个销售人员接受了太多的陈旧商品时，我们会告诉科金斯，虽然我不清楚此信息是否会传达到现场的销售人员那里。”

“我想我有个简单的解决方法。”科金斯说，“我们过去常常让我们的销售人员为缺陷商品销账，然后在现场外其他地方将缺陷品销毁。不幸的是，一些人滥用此体系，将玩具重新销售给折扣店。至少现在我们可以看到我们购回的所有商品。我同意陈旧商品确实令我们困扰，但是我们的销售人员在外销售，让他们为一件一件退回的商品是否陈旧这件事与零售商争论，会让我们很快失去大订单。”

“销售人员被允许接收的零售商退货量没有一个限制吗?”埃米问道。

“嗯，到现在为止没有。”科金斯回答，“但是，对于 Jungle Jim 娃娃所带来的混乱，我们预计这个问题会发生。事实上，我已经在办公室接到了几个关于这方面的询问电话。我想在这个会议结束后再回复他们。”

“嗯，我认为我们最好设定上限——立刻就定。”埃米说。

“但请注意，”洛丽说，“在我去年出去与销售人员一起工作时，我有这么一个印象：如果暗示我们可以在必要时将未售完的商品收回，一些零售商会下更大的订单。如果我们承担此风险，零售商愿意购买更多我们的商品。”

“对于此政策没有限制吗?”埃米问道。

“有非正式的限制。”科金斯回答，“取决于销售人员和客户。我不认为有太多的滥用，即使存在一些。”

“在这种情况下，这些商品是如何返回到我们这里的呢?”埃米问道。

“销售人员要么保留并将它们送到其他顾客处，或者——如果实在不行——他们问我们怎么办。”科金斯回答。

“沙莉文，”埃米说，“我们的记录反映了这些退货和转移吗?”

“噢，不错。”沙莉文回答，“我们没有跟踪单个货品和数量，但是如果销售人员是诚实的，我认为我们的销售人员是，我们可以跟踪退回到销售人员库存的金额、转移到另一个零售商或退回到我们这里的资金额。我们没有很好地对已允许退回的实际货物进行控制。维达尔和我很难清点那些退回到我们这儿的货品的价值。科金斯的记录说它们可以重新销售，维达尔说它们损坏太严重了。”

“我坚持在我们允许货物返回工作库存之前进行清点，”古里迪说，“这样我才知道我这里到底有多少可以发出的货物。”

“你知道，我正发现超出我想象的、更多的库存和退货相关信息。”埃米说。

“最亲爱的，离题太多次了吧。”洛丽说，其他人都强压笑容。

埃米决定不理会洛丽的评论，她盯着古里迪并问道：“你对库存的控制满意吗，古里迪?”

“我对比洛克西市的库存有把握，”古里迪回答，“但是我实在不清楚销售人员持有的等着被卖给另一个零售商的退货库存。我并不认为销售人员这么做会为我们带来可观收益，且每个销售人员只知道其负责区域的情况。当我和科金斯努力控制新产品的销售时，我们从不知道它是否在哪个区域销售失败了并装在销售人员的汽车里等待重新销售。”

“你们现在已经讲完我们的退货政策了吗？就这些吗？”埃米问道，她看着房间里的每个人。

“没有。”大家低声嘀咕。沙莉文说：“对于大客户，我们从批发价中直接扣除2%来对付缺陷商品，因此我们根本不希望听到这些客户的缺陷品退货问题。”

“这听起来是个更好的政策，”埃米说，“它进展得如何？”

“在Jungle Jim娃娃事件前，这个政策一直效果不错。现在一些大客户借口‘特殊情况’，或者如果我们不收回玩具，它们威胁要上诉。”沙莉文说。

“它们没有理由上诉。”埃米郑重地说。

“你是对的，”科金斯说，“但是一些买家在这件事解决之前拒绝见我们的销售人员。我昨天刚听到这件事，准备在今天的会上提出来。我认为这件事非常严重。”

“该死！”埃米叫道，她用拳头敲打着桌子。“我真希望那个该死的演员得皮肤病而死！我们今年将面临亏损，现在你们告诉我这个退货政策如何有用或没用。为什么我们不能有个政策让所有的销售都是最终销售，并告诉零售商如果商品真有缺陷它们应该将商品用完好的原包装退回到这里？”

“大部分小客户完全不了解发货。”维达尔回答。“它们不懂如何包装，不懂如何填写装运单据，也不会选择正确的承运人。你应该看到我们从它们那里收到的五花八门的货物。很多情况下，它们支付的运费比产品价值还高。我宁愿看到货物在现场销毁。”

沙莉文说道：“我反对。我们需要很好地控制以确保产品实际上销毁了。如果它们真的有缺陷，但未被正确销毁却落到孩子手中，孩子在玩这些玩具时，导致伤害事故怎么办？我们的商标还在产品上，孩子的父母毫无疑问会声称此玩具是从我们的某个零售商处购得的，我们应该负责吗？我们为什么不能将所有缺陷品运回这里？我们有足够数量的退货，因此我们能想出重新利用零部件的方法。”

维达尔回答：“回收利用是这一问题的理论解决方法，但是通常在少数情况下它才有用。在大部分情况下，数量太少了，将玩具拆解的成本往往非常高。但是，Jungle Jim娃娃涉及如此大的数量，因此找到另一种可以使用其零部件的产品是非常明智和合理的，甚至改造一些机器来拆解Jungle Jim娃娃也是值得的。”

“听了这些讨论，”洛丽说，“有个事实已非常明显：我们将不可能明确了解退货的数量或形式，当知道时则为时已晚。这就是问题的本质。”

古里迪问道：“我们可以派专职负责处理此问题的现场代表吗？告诉零售商保留这些缺陷商品直到我们的索赔代表到达。”

科金斯回答：“那将非常昂贵，因为大部分零售商的储存空间都非常有限，它们都希望我们的索赔代表立即到达那里，而且在签订新订单时，如果零售商无法获得退货方面的优惠条款，可能会减少订货。”

“情况可能确实是这样，”埃米插话，“但是我们不能继续让每个销售人员为每家零售商制定一个退货政策。这就是我们为什么陷入Jungle Jim娃娃混乱的原因。我们必须建立自己的退货政策，更加统一并更具强制性。我们今后不能再经历一个像Jungle Jim娃娃这样的惨败。今年我们将亏损，不管怎样，我已经告诉维达尔事实上我们已没有资金为下一年的新产品生产更换设备了。”

［问题］

1. 从会计控制角度讨论并评估约翰逊玩具公司目前处理退货的政策。

2. 从营销的角度回答问题1。

3. 提出一个约翰逊玩具公司应该接受的处理退货的政策。必须列出允许的例外情况。你提出的政策适用于Jungle Jim娃娃吗？

4. 如果这个政策被采用，它应该被打印并分发给所有销售约翰逊玩具公司产品的零售商吗？为什么？如果不应该分发给所有的零售商，那么哪些零售商应该收到此政策声明？

5. 假设决定准备一份送给所有零售商关于退货的声明，声明长度应少于一页两倍行距的信纸。请起草这份声明。

6. 基于你对问题3的回答，为约翰逊玩具公司配送和会计部门制定一份行为指南，说明它们在处理退货时的角色和程序。

7. 假设你是公司的物流经理谢丽尔·古里迪。你认为物流经理喜欢的退货政策会与公司的最佳退货政策不同吗？为什么？

8. 在问题3中你推荐的政策实施前，你会如何处理零售商要求退回未售出的Jungle Jim娃娃的紧急问题？

【注释】

[1] Foster Pinley and Chap Kistler, “Fixing an Underperforming Supply Chain,” Supply Chain Management Review 9, no. 8 (2005): 46-52.

[2] John T. Mentzer et al., “Defining Supply Chain Management,” Journal of Business Logistics 22, no. 2 (2001): 1-25.

[3] Richard E Poist, “Evolution of Conceptual Approaches to Designing Business Logistics Systems,” Transportation Journal 25, no. 1 (1986): 55-64.

[4] John Gattorna, “Supply Chains Are the Business,” Supply Chain Management Review 10, no. 6 (2006): 42-49.

[5] Ha Ta, Terry Esper and Adriana Rossiter Hofer, “Business-to-Consumer (B2C) Collaboration: Rethinking the Role of Consumers in Supply Chain Managment,” Journal of Business Logistics 36, no. 1 (2015): 133-134.

[6] Ibid.

[7] Douglas M. Lambert, Sebastian J. Garcia-Dastugue, and Keely L. Croxton, “The Role of Logistics Managers in the Cross-Functional Implementation of Supply Chain Management,” Journal of Business Logistics 29, no. 1 (2008): 113-132.

[8] Mentzer et al., “Defining Supply Chain Management.”

[9] Douglas M. Lambert, Sebastian J. Garcia-Dastugue, and Keely L. Croxton, “An Evaluation of Process-Oriented Supply Chain Management Frameworks,” Journal of Business Logistics 26, no. 1 (2005): 25-51 and Christopher R. Moberg, Kate Vitasek, Theodore P. Stank, and Abre Pienaar, “Time to Remodel,” Supply Chain Quarterly 2, no. 3 (2008): 32-44.

[10] Douglas M. Lambert, Garcia-Dastuge, Sebastian J. and Croxton, Keely L., “The Role of Logistics Managers in the Cross-Functional Implementation of Supply Chain Management.”

[11] Douglas M. Lambert, Editor, Supply Chain Management: Processes, Partnerships, Performance, 4th ed., Ponte Vedra Beach, FL: Supply Chain Management Institute, 2014. (www. scm-institute. org)

[12] Glen. L. Urban, “Customer Advocacy: A New Era in Marketing,” Journal of Public Policy and Marketing 24, no. 1 (2005): 155-159.

[13] Martin Christopher, "The Agile Supply Chain," Industrial Marketing Management 29, no. 1 (2000): 37-44.

[14] David Biederman, "Overnight Sensation," The Journal of Commerce 13, no. 32 (September, 17, 2012): 4A-10A.

[15] www. amazon. com.

[16] Joseph Tiliman and Kate Vitasek, "The Perfect Order Christmas Story," Material Handling & Logistics 66, no. 11 (2011): 38-40.

[17] Denis Towill and Martin Christopher, "The Supply Chain Strategy Conundrum: To be Lean Or Agile or To be Lean And Agile," International Journal of Logistics: Research and Applications 5, no. 3 (2002): 299-309.

[18] J. Ben Naylor, Mohamed M. Naim, and Danny Berry, "Leagility: Integrating the Lean and Agile Manufacturing Paradigm in the Total Supply Chain," International Journal of Production Economics 62 (1999): 107-118.

[19] Hau L. Lee, V. Padmanabhan, and Seungin Whang, "The Bullwhip Effect in Supply Chains," Sloan Management Review 38, no. 3 (1997): 93-102.

[20] Robert M. Morgan and Shelby D. Hunt, "The Commitment-Trust Theory of Organizational Commitment," Journal of Marketing 58, no. 3 (1994): 20-38.

[21] Mary Shacklett, "Collaboration-It's Now Closer Than Ever," World Trade 25, no. 11 (2012): 24-28.

[22] John Matchette and Andy Seikel, "How to Win Friends and Influence Supply Chain Partners," Logistics Today, December 2004, 40-42.

[23] Ibid.

[24] Rachel Duffy and Andrew Fearne, "The Impact of Supply Chain Partnerships on Supplier Performance," International Journal of Logistics Management 15, no. 1 (2004): 57-71.

[25] Douglas M. Lambert and A. Michael Knemeyer, Building High Performance Business Relationships (Sarasota, FL: Supply Chain Management Institute, 2009).

[26] Barbara Rosenbaum, "The Technology-Enabled Supply Chain Network," Industrial Management 43, no. 6 (2001): 6-10.

[27] B. Joseph Pine and James H. Gilmore, The Experience Economy (Boston: Harvard Business School Press, 1999).

[28] George Gecowets and Michael J. Bauer, "The Effect of the Internet on Supply Chain & Logistics," World Trade 13, no. 9 (2000): 71-80.

[29] Rosenbaum, "The Technology-Enabled Supply Chain Network."

[30] Mary Shacklett, "Supply Chain Visibility: Eliminating the Invisible," World Trade 23, no. 11 (2010): 24-27.

[31] Jeff Berman, "Recent Deals Drive Logistics Industry Consolidation" Logistics Management, January 2006, 14-16.

[32] A. Michael Knemeyer, Thomas M. Corsi, and Paul R. Murphy, "Logistics Outsourcing Relationships: Customer Perspectives," Journal of Business Logistics 24, no. 1 (2003): 77-109.

[33] Remko I. van Hoek, "The Contribution of Performance Measurement to the Expansion of Third-Party Logistics Alliances in the Supply Chain," International Journal of Operations & Production Management 21, no. 1/2 (2001): 15-29.

[34] Brooks Bentz, "So You Think You Want to Outsource?" Logistics Today, May 2006, 24-27.

[35] James A. Tompkins, "The Business Imperative of Outsourcing," Industrial Management, January/February 2006, 8-12.

[36] Ben Hill, "Appeal of 4PL: Proliferation and Differentiation as a 5PL," Logistics & Transport Focus 13, no. 8 (2011): 42-45.

[37] David Biederman, "Inside the Supply Chain: Fourth-Party Logistics," The Journal of Commerce, June 6, 2005, 28-31.

[38] Stanley E. Fawcett, Jeffrey A. Ogden, Gregory M. Magnan, and M. Bixby Cooper, "Organizational Commitment and Governance for Supply Chain Success," International Journal of Physical Distribution & Logistics Management 36, no. 1 (2006): 22-35.

[39] www. accenture. com/insight-global-magatrends-big-data-analytics.

[40] Joel D. Wisner, G. Keong Leong, and Keah-Choon Tan, Principles of Supply Chain Management: A Balanced Approach (Mason, OH: South-Western Publishing, 2005), Chapter 7.

[41] Ibid.

[42] Craig Stedman, "Failed ERP Gamble Haunts Hershey," Computerworld, November 1, 1999, 1-2.

[43] Douglas M. Lambert and A. Michael Knemeyer, "We're in This Together," Harvard Business Review 82, no. 12 (2004) 114-122.

[44] Pedro Reyes, Mahesh S. Raisinghani, and Manoj Singh, "Global Supply Chain Management in the Telecommunications Industry: The Role of Information Technology in Integration of Supply Chain Entities," Journal of Global Information Technology Management 5, no. 2 (2002): 48-67.

[45] Beth Enslow, "Best Practices in Global Trade Management Stress Speed and Flexibility," World Trade, January 2006, 36-40.

第6章 采 购

学习目标

- 理解采购、购买和供应管理之间的区别
- 审视采购目标
- 了解供应商的选择和评估
- 理解卡拉杰克组合矩阵
- 了解与全球采购相关的问题
- 确定可持续采购的社会和环境责任
- 描述供应链金融的概念以及在采购关系中如何利用供应链金融

采购（procurement）指的是从外部组织购买原材料、零部件和补给品以支持企业的运作。它是一项重要的活动且与物流密切相关，因为所购得的物资和服务必须按正确的数量、恰好在需要的时间进入供应链。传统上采购往往被视为交易，然而最近的研究表明，由于现今的供应链全球性和复杂性增加，采购的职能属性正在增加。[1] 采购之所以重要还因为采购成本通常占到企业收入的60%～80%。

以往，巨大的采购费用使得在很多组织中采购职能关注的焦点是寻求从潜在的供应商那里获得尽可能低的成本，这种做法时常使这些供应商之间面临残酷竞争。最终价格最低的竞标者得到的往往是3～6个月的合同，一旦完成这个最低竞标者的合同，新一轮的投标几乎立刻重新开始，下一个最低的竞标者又会得到下几个月的合同。现在在很多的组织中，采购更多是战略导向的，一个当代的采购管理者可能要承担缩短生产周期的责任，在产品开发中也要发挥应有的作用，或者与市场部门合作获取额外的收入。[2]

长期以来，采购、**购买**（purchasing）和**供应管理**（supply management）是几乎可以等同的词汇，但现在不再是这样了。虽然现在“采购”和“购买”有时仍被看成是同义词，但供应管理则被看成是涉及少数供应商的一种关系型交换方法。大家可能会回想起第5章所述的关系型交换采取的是一种长期导向，信任、承诺、依赖和利益共享是其典型特征。另外，有的企业用供应链的视角来看待购买，此时购买又称为**战略性采购**（strategic sourcing）。这种方法更加注重企业内部以及供应链中数据的识别和使用，企业可以加强购买力以提升价值。例如，某公司每年都要从位于5个不同地点的5家公司购买瓦楞纸箱，每年的总采购金额超过500万美元。该公司利用战略性采购方法收集数据，比较该行业瓦楞纸箱的标准价格，并且利用外部数据找到愿意以此价格水平为该公司提供瓦楞纸箱的合格的、可供选择的潜在供应商。另一个数据影响采购的例子来自马士基公司（Maersk），这是一家世界性的航运公司。利用一种被其称为“Moneyball采购”的方法，马士基公司能够对拍卖活动的数据进行分析从而影响其采购战略。在对8 000多次网上拍卖进行分析后该公司发现，每次它在拍卖中多增加一个供应商，能节省1%的费用，而且这种关系适用于多达8家供应商。[3]

电子商务给采购学科带来了变化，例如在第2章中讨论过的电子采购和逆向拍卖。此外，**采购卡**（procurement card）（也称作**P-卡**（P-card））的使用也随着电子采购的发展而显著增加。P-卡类似于Visa卡和万事达卡（MasterCard）这样的信用卡，但Visa卡和万事达卡通常是个人使用，P-卡则主要用于组织的购买需求。企业一般会限制授权使用采购卡的雇员数目，而且每个月企业都会收到一个列出雇员及其采购明细以及采购价格的详细结算表。另外，P-卡可能还需要有控制流程以评估其使用情况和识别采购的趋向，限制特定采购周期内的开支，以及阻止未被授权的、在赌博等娱乐场所或按摩院的花费。[4] 欺诈发生率很低，这主要是由于发卡机构为发现和消除欺诈而在程序上进行了大量投入。[5]

P-卡能够给企业带来几方面的好处，其中之一是减少发票的数量。不同于个人信用卡，对于P-卡，企业将对一个月内总的采购数量做一次支付，而不是为每个P-卡持有人作单独支付。另外，这些卡可以使员工能够在几分钟内就完成采购而不是几天。P-卡一般可以让供应商得到一种更及时的支付。

当一个组织内有更多的人使用P-卡时，使用它们的好处会呈指数倍增。但超越国内市场的更广泛使用可能是一个挑战。P-卡运用到海外涉及的相关问题包括货币差异、技术的可获得性、对卡接受度的差异以及相关的文化问题。例如，在一些亚洲市场，员工离职率非常高，以至于卡的安全性是一个主要关注的问题。[6]

因为专门讲采购就需要一整本教材，所以对我们来说在一章中讲清这个主题的所有方面是不可能的。这里我们将首先简单分析采购目标，接着介绍供应商的选择和评估。我们还将介绍全球采购、可持续采购、供应链金融。

6.1 采购目标[7]

事实上，采购变得越来越具战略性，采购的目标已不再是获得尽可能低的供应成本。潜在的采购目标包括（但不限于）：（1）支持组织的目的和目标；（2）有效和高效地管理采购过程；（3）管理供应商；（4）发展与其他职能部门的紧密关系；（5）支持运作需求。下面我们将对每种目标分别做简要描述。

首先，采购的目标必须支持组织的目的和目标。例如，如果库存最小化是组织的目标，那么采购或许不应试图将总采购降至最低。关于有效和高效地管理采购过程，其中有效关注的是采购如何履行其诺言，高效则是指采购履行其诺言过程中如何利用企业资源。第三个采购目标是管理供应商，指的是供应源的选择、开发和维护。

发展与其他职能部门的紧密关系，就是认识到采购决策会对其他职能造成影响，因此相较于过去，要求采购与物流、制造和营销等职能领域有更多的合作和协调。采购与其他职能之间缺乏合作和协调会导致供应短缺、过量库存、频繁的资产减值以及提前期延长。[8] 支持运作需求是指采购关注的是满足内部的顾客。可以概括为：从正确的来源、按正确的规格和数量、以正确的价格购买正确的产品，并在正确的时间交付给正确的内部顾客。

6.2 供应商的选择和评估

采购最重要的职责之一是供应商（卖方）的选择和评估。供应商的选择和评估过程涉及陈述企业的需求、确定能够满足这些需求的各家潜在供应商（见图 6-1）。该过程的第一步是识别供应的需求，它可以由很多因素引起，例如现有的一个供应协议结束，或开发了一种新产品。第二步是现状分析，即分析制定供应决策的内外部环境。内部因素包括识别相关的利益相关者、哪里需要供应、适当的供应数量和质量以及适宜的供应政策（例如，使用少数供应商）。外部因素包括经济因素、限制采购的相关法律和法规制度以及潜在供应商的市场。

第三步是识别和评估潜在的供应商。识别潜在供应商的来源有很多，例如销售人员、贸易展览、行业出版物以及互联网等。认识和理解每种来源的优点和缺点非常重要。例如，尽管通过贸易展览可以一次了解到多个不同的供应货源（这有利于供应商之间的比较），但近些年参加展览或在展览会上展示产品的成本飞涨；另外，展览会通常一年只举办一次。

如果一个企业能够做到以下两点对于评估供应商是非常有帮助的：（1）详细界定相关的选择标准；（2）给这些标准赋予权重。关于赋予的权重，如果一个企业采

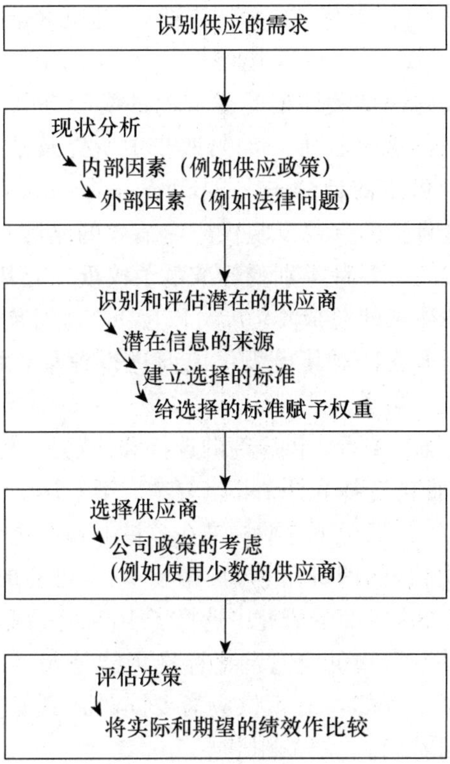

图6-1 选择供应商的框架

用了四个相关的选择标准，那么这四个标准是应该都赋予相等的权重（每个标准25%），还是某些标准的权重应该大于其他标准（例如，两个标准的权重各为30%，另外两个各为20%）？每个潜在的供应商评分就是各个选择标准的加权得分和。供应商选择过程的第四步是利用计算出来的供应商评分选择供应商。选择供应商是指一个组织选择一个或多个企业来为其供应相关的产品。

企业应该选择的最适当的供应商数量一直是一个争论的主题。在第二步中提到的那些内部因素会影响是使用单一供应源还是多供应源的决策。虽然这两种采购方式的目标都是为买方组织提供所供零件的最佳价值，但两种方式各有优点。**多供应源**（multiple sourcing）的支持者认为使用多家供应商可以促进竞争、减少供应风险、更好地获取市场信息。**单一供应源**（single sourcing）能够合并所有采购量并交给一家供应商完成，从而可以获得更低单位成本，增强与供应商的合作和沟通。这些潜在节约与买方在市场中的相对规模有关。对于一些较小的买方，单一供应源实际上可能会减少其选择的余地，并最终抬高他们需支付的价格。[9]

供应商选择过程的最后一步是评估决策，涉及将预期的供应商结果与实际的供应商结果进行比较。评估供应商有两种主要的方法：基于流程的评估和基于绩效的评估。基于流程的评估是对供应商的服务或生产的流程进行评定（通常会涉及**供应商审计**（supplier audit））。供应商审计通常会涉及对供应商设施的现场参观，参观的目的是获得对供应商更深的认知。供应商审计会涉及对供应商结构（管理、人员、质量、创新)、资源（技术、流程）、健康（金融、风险）以及责任（社会的、环境的）进行评定。[10]

基于绩效的评估关注的是供应商的实际绩效，如成本和质量。如果一个组织有明确定义的选择标准（如第四步中所提及的），那么这种评估会变得容易。很多企业采用**供应商计分卡**（supplier scorecards）来报告其供应商的绩效信息。计分卡可以是直接的（仅反映供应商绩效的结账项目）、加权的（给具有明确定义的绩效量表的、多种类别的标准赋予权重）或基于成本的（试图量化与一个供应商长期业务往来的总成本）。[11] PolyOne 公司是一家胶乳、化合物和塑料生产商，利用计分卡项目对其顶级供应商进行评估，以提高订单准时交付率、增加销量。[12]

从前面的描述来看，供应商的选择和评估似乎是一个简单且易于遵循的过程，但实际上供应商的选择和评估相当复杂。第一，供应商的选择和评估一般会涉及多个标准，而且不同情况下这些标准在数量上和重要性上都会有所不同。例如，一项涉及电子零部件采购的研究[13] 考虑了 10 个可能的选择标准，在一项关于加拿大服装企业的海外供应商的研究中选择了 16 项评价标准。[14]

第二，因为一些供应商选择标准可能是相互矛盾的，所以懂得它们之间的权衡非常重要。例如，一个供应商要同时达到有竞争力的价格和高质量的供应往往是非常困难的。

第三，随着经营实践和理念的发展，例如准时生产、绿色采购和供应链管理，可能要求有新的选择标准或对现有的标准重新进行重要优先级排序。例如，尽管 EDI 能力在 20 世纪 90 年代初是一个重要的供应商选择标准，但如今互联网相关的能力（例如物流跟踪、定价）则越来越重要。[15]

6.2.1 采购组合方法

作为前面提到的现状分析的一部分，采购经理必须不断地了解他们采购的原材料、零部件和补给品的供应和需求特性。**卡拉杰克组合矩阵**（Kraljic's Portfolio Matrix）（见图 6-2）被很多采购经理用来对企业的采购物资进行分类，目的是减少供应的脆弱性和充分利用企业的购买力。[16] 该矩阵基于物资的重要性和供应复杂性两个维度将采购物资分为四类：一般物资（重要性低、复杂性低）、杠杆物资（重要性高、复杂性低）、战略物资（重要性高、复杂性高）以及瓶颈物资（重要性低、复杂性高）。不同类别物资要求采用不同的采购策略。例如，P-卡可以用于一般物资，杠杆物资可以通过反向拍卖获得，对战略物资倾向于与关键供应商签订长期的、基于成本的合同，企业可以借助于采购联盟来应对瓶颈物资的复杂性。很多学者和企业在卡拉杰克方法的基础上提出了新的组合维度来对物料及供应商进行分类。[17] 其关键在于采购应与其他职能部门合作以识别最适合本企业的划分维度。这种划分也应定期审查和更新。

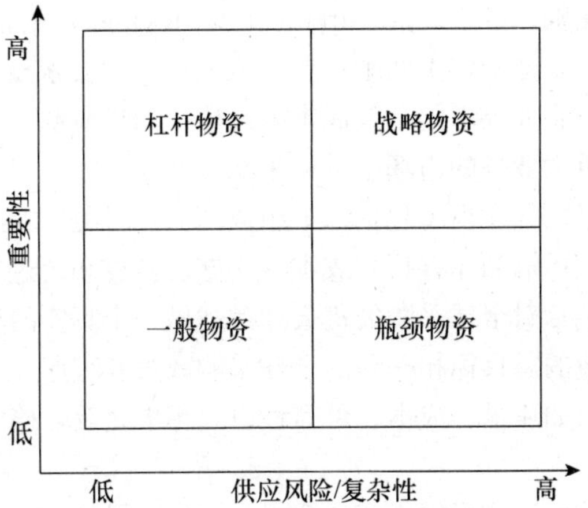

图 6-2 卡拉杰克组合矩阵

资料来源：Peter Kraljic，"Purchasing Must Become Supply Management." Harvard Business Review 61，no. 5 (1983)：109-117.

6.2.2 供应商开发（逆向营销）

我们描述供应商的选择和评估时采取了一种"传统"的方法，其中有两个假设：(1) 供应商向采购方发起营销努力；(2) 潜在供应商是可获得且愿意为有意向的购买方服务。然而，由于潜在供应商不可获得且不愿意为有意向的购买方服务的情形变得越来越普遍，一些购买方在采购的过程中正变得越来越积极主动。由此，**供应商开发** (supplier development)，即**逆向营销** (reverse marketing)，指的是积极的采购参与，一般不属于供应商进行的活动，而是采购方发起与供应商的接触，或采购方制定价格、合同条款和条件等行为。

有几个关键原因可以解释为什么购买方在采购过程中正充当着一种更积极主动、进攻性的角色。第一个原因是，由供应商向购买方发起营销努力会存在很多的低效行为，例如供应商掌握着不适当、不充分或不及时的信息。第二个原因是购买方了解其中的重要利益，例如库存降低以及预测准确性提高，而供应商并不了解。还有一个原因是采购方采取一种更加积极主动的方式可以在供应链中取得竞争优势，这样将迫使供应商满足一些必要的要求。[18]

6.3 全球采购[19]

尽管世界贸易持续增长，但这种增长的步伐自 2008—2009 年的世界经济衰退以来已明显放缓。全球化的持续增长意味着很多组织将不再依赖于本地和国内的供应商，而将持续撒出更大的网以寻找供应源。确实，最近的一项采购研究也指出，将近一半的企业全球采购的支出将超过 40%。[20]

全球采购（global procurement（sourcing））是指从世界的任何地方购买零部件和输入。全球采购由两个主要动机驱动，即要素输入战略和市场进入战略。要素输入战略，企业寻求的是低成本或高质量的供应源，而市场进入战略则是指企业在计划展开重大业务的市场中进行采购。

全球采购开发模型包括以下组成部分：计划、提出符合要求的供应商、评估、关系管理、运输和库存持有成本、实施、监控和改进等。其中，计划是全球采购的第一步，包括对全球采购的机会和挑战做一个真实的评估。这一阶段的成果应该是一套与企业的总目标相一致的全球采购政策和程序。提出符合要求的供应商涉及从多种维度，如质量、成本、可靠性以及标准化等，确定当前供应源数量和合格的供应源。

本章前面讨论了供应商的选择和评估，尽管全球采购的评估过程与其具有相似性，但也存在潜在不同。例如，企业是否应该采用与评估国内供应源一样的标准来评估国际供应源？在前面的章节中，我们已讨论全球采购开发模型中的另一个组成部分——关系管理。由于跨文化沟通中可能存在的困难，如语言和时间因素等，也使得全球采购中的关系管理变得更加困难。

因为全球采购增加了零部件和投入物资移动的距离，所以管理者必须进行运输和库存持有成本之间的权衡。选择一种较快的运输方式（例如航空运输）很可能会造成运输成本较高而库存持有成本较低；而如果选择一种较慢的运输方式（例如水运）则会导致运输成本较低而库存持有成本较高。许多全球采购计划的一个最大问题通常在于实施或执行。事实上，一些企业并没有制定详细的实施计划。另外，全球采购中更大的不确定性意味着实施计划必须要有柔性，并且当面临未预料到的情况时能够为决策制定提供指导。

作为最后的环节，监控和改进意味着必须对全球采购系统建立绩效衡量标准，而且应该定期对这些衡量标准进行审核。将实际绩效和期望绩效进行比较，比较的结果可以用来改进全球采购流程。通常使用的、监控全球采购系统的绩效衡量指标包括货物提早或推迟到达的百分比、订单的完整性，货物送达时订单接受或拒收的百分率。

建立一个成功的全球采购战略对于采购职能来说可能是最困难的任务之一。随着企业供应基础的不断扩大，许多企业都意识到隐性成本因素会影响通过全球采购所预期实现的效益水平。这样的一些隐性成本包括：与国外供应商交易所增加的成本、供应协议有效期内所发生的关税和税率变化、全球供应链中库存相关的成本增加，以及可能意外发生的物流成本波动增大（例如海运运费率）。[21] 所以，当评估全球采购的成本时，审视这一战略的所有成本影响非常重要。由于需要全面评估全球采购的影响，当从国外采购物料时越来越多的企业会考虑**总拥有成本**（total cost of ownership，TCO）。当采取总拥有成本方法时，企业会考虑所采购物料的获取、使用直至维护的所有成本。[22] 虽然这些额外成本可以呈现多种形式，但与全球货运的更长交货提前期相关的物流成本是一个需要重点考虑的因素。理想的情况下，企业应该建立自己的总拥有成本模型从而对全球采购成本有一个更实际的掌握。[23]

飞利浦（Phillips）是荷兰一家跨国公司，该公司最近对其全球采购流程进行了改革。该公司实施了一个新产品设计流程，需要采购方法也相应做出改变。由于需要与供应商建立更紧密的关系，飞利浦重新设计了采购方式，使其从传统的主要通过谈判获得更优惠的供应商定价来降低成本的方法中走出来。现在飞利浦的采购部门在早期就参与到产品设计流程中，与供应商密切配合，致力于为顾客创造价值。这一改革的关键在于确保其采购专业人员对决策有更加全方位的思考。[24]

最近，交通运输和能源成本的上升、对迅速适应变化的市场趋势的渴望、风险以及对可持续发展的关注使得很多企业开始考虑**邻近采购**（near-sourcing），从更靠近自己设施的供应商处采购产品。[25] 由于采购策略和物流策略是相互影响的，所以管理人员在考虑什么时候应全球采购、什么时候应在靠近其国内市场的地方采购时必须仔细考虑这些决策对内向和外向物流的影响。几年前能节约劳动力成本的决策在当今环境下可能就不一定有效了。

6.4 可持续采购

如在第4章中所提到的，可持续的观念要求一个企业的责任应超越经济上的考量，如使股东财富最大化，应该包括社会和环境的目标和价值。除了在公司层面上有可持续性的问题（例如，一个对社会和环境负责任的企业的行为是什么?），企业的各项职能，例如采购职能，也存在可持续性的问题。就本讨论而言，**可持续采购**（sustainable procurement）指的是将社会和环境的考量纳入采购过程的所有阶段，目的是使采购活动对人类健康和环境的影响最小。

6.4.1 社会责任

研究显示，社会责任采购包括五个维度，即多样性、环境、人权、慈善和安全。多样性关注的是与少数族裔或女性所拥有的企业相关的采购活动；环境问题包括像减少废弃物、可重新使用或可循环利用的产品设计；人权问题包括童工法以及血汗工厂；慈善关注的是员工志愿者工作和慈善捐助；安全问题关心的是所采购产品的安全运输以及相关设施的安全操作。[26]

很多人认为伦理因素（也就是操行准则和道德原则）也是社会责任采购的一部分。事实上，有关采购道德规范的研究可以回溯至20世纪60年代中期，当代经营环境的竞争性使一些企业形成了“不惜一切代价取胜”的思想，这种思想会加剧不道德的行为。在采购中关注的伦理问题包括：送礼和收礼；**贿赂**（bribes，交易达成前给对方金钱）和**回扣**（kickbacks，交易达成后返还金钱）；滥用信息；不适当的知识获取方式；说谎或不如实叙述事实；产品质量问题；滥用公司资产，包括滥用报销单；利益冲突，或可能造成个人利益和雇主利益冲突的行为。

社会责任采购这个话题比本章中提及的要广得多。另外，很重要的一点是要认识到社会责任采购的相关性、重要性和挑战性在今后会越来越大。例如，宝马公司现在会要求潜在的供应商回答 29 个有关社会和环境标准的问题，其回答结果是宝马公司供应商选择流程的一个组成部分。[27]

6.4.2 投资回收[28]

投资回收（investment recovery），即从废料、过剩物料、呆滞物料以及废弃物料中识别重新获得收入或减少成本的机会，这通常是采购管理者的职责。投资回收可以给企业提供既能赚钱又能行善的机会，即增加卖方的收入（减少卖方的成本），以及应对特定的环境问题。例如，铝的回收利用能够给企业带来收入，如节约原材料，减少能源使用，减少各种类型的污染。图 6－3 所示的是铝罐被回收利用的例子。

图 6－3　铝罐的回收利用

资料来源：VanderWolf Images/Fotolia.

即使是管理最出色的企业也会产生过剩物料、呆滞物料、废料以及废弃物，区分这些不同种类的物料非常重要。**多余的（过剩的）物料**（excess (surplus) materials）指的是超出企业合理需求的存货，这也许是因为过度乐观的需求预测所导致。如果一个企业有多个生产设施，那么多余的物料也许可以调转到其他的设施。与多余的物料不同，**呆滞物料**（obsolete materials）则不太可能再被采购它的企业使用。尽管如此，对某个企业来说已过时的物料对其他的使用者来说可能并不过时；如是这样的话，则或许有可能将呆滞物料卖给其他的企业。

废料（scrap materials）指的是不能再使用的、已被丢弃的，或生产过程的某种副产品（例如，生产小汽车或清洗设备时所产生的废钢）。某些废料，例如铜和镍，会存在一些经济价值，因此采购合同中有时会包括一个供应商回购这些废料的价格。**废弃物**（waste materials）是指那些已经损坏、破碎，或已不适合进一步使用或再生的物料。和废料不一样，废弃物已没有经济价值。

企业管理过剩物料、呆滞物料、废料以及废弃物的投资回收的方式应当受到物料分类的影响。废弃物投资回收的选择余地有限，因为它们不适合进一步使用且没有经济价值。因此，在企业外部寻找再使用这些废弃物的方法或寻找这些废弃产品的未来买家是不现实的。对于过剩物料则存在更为广泛的投资回收选择，包括在企业内的其他地方使用，卖给另外一个企业，退给供应商，以及通过出售剩余物品的经销商来销售等。

6.5 供应链金融

供应链金融是供应链中的一个新兴关注热点，供应链金融正直接影响着供应链中的采购关系。**供应链金融**（supply chain finance）是一套基于技术和财务的流程，力图通过允许企业延长对供应商的付款期限并同时让供应商能够得到提前付款来优化现金流。正如我们在第 3 章所描述的，现金流是运行和维持一个成功企业的关键因素。为了支持供应链金融的实施，金融科技企业的介入促进了买卖双方的交易。这些被称为**金融科技**（FinTech）的企业基于云的软件来优化采购和应付账款之间的关联。采购部门将通过使用技术与供应商协商延期付款条款，使供应商能够选择是否提前获得资金（减去获得这种便利的服务费）。对于卖方来说，好处是能够确定什么时候收到付款，买方则可以获得延长付款期限的好处。像宝洁这样的企业正利用这种方法提高运营资本，为企业发展提供资金。[29] 尽管供应链金融是一种新方法，采购职能应该认识到使用这些流程对供应商关系的潜在影响。

小 结

由于几乎所有采购的物资都必须按正确的数量和准确的时间送到需要它的地方，因此采购与物流关系密切。物流服务也可能是组织内采购活动的重要关注点。采购是一项非常重要的活动，因为采购活动所涉及的成本通常占到一个企业收入的 60%～80%。在当代很多企业中采购已被赋予了极大的战略导向。

本章首先讨论了采购的目标以及这些目标与企业目标相一致并支持企业目标实现的重要性。采购最重要的职责之一是供应商的选择和评估，这相当具有挑战性，其部分原因在于供应商的选择和评估涉及多个且通常相互冲突的选择和评估标准。卡拉杰克组合矩阵是一种对所需采购物资进行分类以便更有效调整采购策略的方法。供应商开发（逆向营销）在采购过程中也非常重要，本章对其进行了介绍。

全球采购是指从世界各地购买零部件和投入。全球采购的范围在持续不断扩大。由于全球采购涉及远距离运输，所以管理者必须懂得运输成本和库存持有成本之间的权衡。对总拥有成本进行评估非常关键。

本章还介绍了可持续采购，重点强调了采购的社会责任。我们了解到许多伦理问题与采购相关。另外，还详细介绍了投资回收（过剩物料、呆滞物料、废料以及废弃物的管理）对环境的影响。

本章最后介绍了采购关系中供应链金融的运用，并解释了金融科技企业是如何改变支付条款管理方式的。

关键术语

贿赂	邻近采购	可持续采购
多余的（过剩的）物料	呆滞物料	供应商审计
金融科技	采购	供应商开发（逆向营销）
全球采购	采购卡（P－卡）	供应商计分卡
投资回收	购买	供应链金融
回扣	废料	供应管理
卡拉杰克组合矩阵	单一供应源	总拥有成本（TCO）
多供应源	战略性采购	废弃物

讨论和复习题

6.1　什么是采购？讨论它与物流的相关性。

6.2　将传统采购的关注焦点与当今更具战略导向的采购进行比较。

6.3　讨论使用电子采购卡的好处和潜在的挑战。

6.4　讨论三种可能的采购目标。

6.5　说出并描述供应商的选择和评估过程的步骤。

6.6　辨别单一供应源采购与多供应源采购。

6.7　评估供应商的两种主要方法是什么？它们有何区别？

6.8　讨论使供应商的选择和评估变得困难的因素。

6.9　辨别供应商审计和供应商计分卡。何时应该选择使用哪种方式？

6.10　描述卡拉杰克组合矩阵。该分类方法的四个类别分别是什么？

6.11　定义供应商开发，并解释为什么在一些组织中它正变得越来越重要。

6.12　本章介绍的全球采购开发模型的组成部分包括什么？

6.13　实施全球采购战略面临的挑战是什么？

6.14　从本章提出的全球采购开发模型中挑出两个组成部分并进行讨论。

6.15　什么是总拥有成本？为什么考虑总拥有成本非常重要？

6.16　为什么一些企业考虑邻近采购？

6.17　说出社会责任采购的五个维度，并各给出一个例子。

6.18　讨论与采购有关的一些伦理问题。

6.19　区分过剩物料、呆滞物料、废料、废弃物。

6.20　供应链采购是如何有助于采购驱动企业价值的？

建议读物

Choi, Thomas and Tom Linton. "Don't Let Your Supply Chain Control Your Business." *Harvard Business Review* 89, no. 12 (2011): 112–117.

Christensen, John, Christopher Park, Earl Sun, Max Gorainick, and Jayanth Iyengar. "A Practical Guide to Green Sourcing." *Supply Chain Management Review* 12, no. 8 (2008): 14–21.

Gelsomino, Luca Mattia, Riccardo Mangiaracina, Alessandro Perego, and Angela Tumino. "Supply Chain Finance: A Literature Review." *International Journal of Physical Distribution & Logistics Management* 46, no. 4 (2016): 348–366.

Handfield, Robert B. and David L. Baumer. "Managing Conflict of Interest Issues in Purchasing," *Journal of Supply Chain Management* 42, no. 3 (2006): 41–50.

Ho, William, Xiaowei Xu, and Prasanta K. Dey, "Multi-criteria Decision Making Approaches for Supplier Evaluation and Selection: A Literature Review." *European Journal of Operational Research* 202, no. 1 (2010): 16–24.

Johnson, P. Frazier, Michiel R. Leenders, and Harold E. Fearon. "Supply's Growing Status and Influence: A Sixteen-Year Perspective." *Journal of Supply Chain Management* 42, no. 2 (2006): 33–43.

Ketchen, David J., T. Russell Crook, and Christopher W. Craighead. "From Supply Chains to Supply Ecosystems: Implications for Strategic Sourcing Research and Practice." *Journal of Business Logistics* 35, no. 3 (2014): 165–171.

Martinson, Bob. "The Power of the P-Card." *Strategic Finance* 83, no. 8 (2002): 30–36.

Minahan, Tim A. "Strategies for High-Performance Procurement." *Supply Chain Management Review* 9, no. 6 (2005): 46–54.

Monczka, Robert M. and Kenneth J. Petersen. "The Competitive Potential of Supply Management." *Supply Chain Management Review* 16, no. 3 (2012): 10–18.

Sanchez-Rodriguez, Christobal and Angel R. Martinez-Lorente. "Quality Management Practices in the Purchasing Function: An Empirical Study." *International Journal of Operations & Production Management* 24, no. 7 (2004): 666–687.

Schneider, Lena and Carl Marcus Wallenburg. "Implementing Sustainable Sourcing—Does Purchasing Need to Change?" *Journal of Purchasing & Supply Management* 18, no. 4 (2012): 243–257.

Spray, Gregory. "The Art of Procurement Mastery." *Supply Chain Management Review* 13, no. 1 (2009): 36–43.

Teo, Thompson S.H. and Kee-hung Lai. "Usage and Performance Impact of Electronic Procurement." *Journal of Business Logistics* 20, no. 2 (2009): 125–139.

Turner, Martha and Pat Houston. "Going Green? Start with Sourcing." *Supply Chain Management Review* 13, no. 2 (2009): 14–21.

Wagner, Stephan M. and Daniel R. Krause. "Supplier Development: Communication Approaches, Activities and Goals." *International Journal of Production Research* 47, no. 12 (2009): 3161–3177.

案 例

案例 6-1 Tempo 有限公司

法蒂赫·特里姆（Fatih Terim）在其位于土耳其西南部地中海港口城市安塔利亚的小办公室里。他看了看墙上的钟，意识到他已经花了整整一个下午思考一件事情而且仅仅是一件事情，那就是与他在罗马尼亚的业务"关系户"最近的一次会议。特里姆刚刚完成了一趟巴尔干半岛各国之旅，最近他一直在办公室里评估其公司在这个区域的发展。这是非常必要的，因为他正在考虑去叙利亚，原因和他去巴尔干半岛各国的原因一样：找到价格便宜的货物，然后以高价在土耳其或其他邻近的国家出售。

特里姆于 1989 年在安塔利亚创建了 Tempo 有限公司。那时特里姆刚从阿克登尼基大学（Akdeniz University）毕业，毕业后很快成为一个创业者。他的主要业务是，从邻近的国家购买货物，然后在土耳其国内寻找买家。头几年对于特里姆来说非常容易，因为他工作非常勤奋加之土耳其的经济高涨。随着业务的发展，特里姆看到了更多的机会，他开始将土耳其制造的商品推销到土耳其周边和中亚国家。

然而，土耳其的经济在 1994 年 4 月遭受了沉重的打击。该国总统的突然离世增加了国家政治的不稳定性。土耳其里拉对美元的价值骤然暴跌。在接下来的几年，土耳其经济又遭受了更多的打击，包括亚洲金融危机，俄罗斯市场的崩溃，以及最近的阿根廷危机。1999 年，土耳其西北地区发生了两次非常强烈的地震，土耳其全国 6 700 万人口中有 1/3 居住在那里，那里是土耳其的工业中心。尽管土耳其很快从地震中恢复过来，但政治的不稳定状况仍持续并拖累整个经济减速。1993 年，1 美元能够兑换 7 000 土耳其里拉。到 2003 年，1 美元可以兑换1 567 000土耳其里拉。尽管有这些令人气馁的事件，但土耳其经济仍然存在发展的机会，原因之一是基于一个简单的事实，即像法蒂赫·特里姆这样工作勤奋、精明的商人从未停止不动，而是继续尽其所能地促成最好的交易。

现今特里姆的公司在几乎每个欧洲国家都有一些关系，而且非常努力地通过创造稳定的交易来维持这些关系。特里姆最近的一次差旅是去巴尔干半岛的国家保加利亚、罗马尼亚和希腊。特里姆与这三个国家的一些重要企业家都进行了会谈。在保加利亚以及希腊，特里姆都缔结了金额不大但可延续到下一年年中的销售协议。

在罗马尼亚，事情进展得不太顺利。特里姆在罗马尼亚的关系户乔治·哈吉（George Hagi）对特里姆所建议的小交易都不感兴趣。哈吉以一种近乎神秘的方式告诉特里姆，他正在寻找一个愿意参与大宗但不一定合法的交易的土耳其合作伙伴。首先，顾客想买土耳其的化学制品用于农业的化肥原料。然而，潜在顾客提出的支付条款是采用一种易货的方式而不是现金，与化学制品做物物交换的将会是木材。尽管易货贸易是特里姆也非常熟悉的一种条款和实务，但他不知道该怎么处理木材。这么多年来，Tempo有限公司的业务主要集中在小商品上。然而，他是不会让这样的细节妨碍新市场的。他知道他能够在土耳其找到木材的市场，因为土耳其国内很少生产木材，而且新的建筑和地震后的重建都在进行之中。

让特里姆忧虑的是他的新顾客。他从哈吉那里了解到这些新顾客可能是朝鲜的大型国有企业或者就是朝鲜政府，这就是特里姆花了整整一个下午只思考一件事的原因。他一直在设法向自己证明他可能要做的决定是正确的。

特里姆拿出的辩解理由是，如果他不卖给朝鲜，其他人也会卖，为什么他应该放弃这个赚钱的机会呢？然而，解决方案不是那样容易。哈吉在电子邮件中告诉特里姆，如果谈判进展顺利，一个朝鲜团体将以“考察”的目的访问安塔利亚，特里姆必须负担娱乐和接待费用。这些接待费用将包括从高级酒店房间到商务晚宴、欢迎会中年轻漂亮的男性和女性服务人员。特里姆完全知道这些考察的目的是什么，它们是为了满足朝鲜某些官员的游览目的。这么多年来，他已经学会了做生意的窍门，而且他非常清楚的一件事就是如果没有贿赂（腐败金，特别是为一次性交易支付的大笔报酬），如此冒风险的情况将会以“交易失败”而收场。他不知道是否应要求土耳其农业化学制品制造商帮助支付娱乐费用。至于贿赂，特里姆的态度不是很清楚。事实上，由于促进了化学制品的销售，化学制品制造商应该给他或哈吉回扣。

“谈谈核心能力吧。”特里姆自言自语。为了让思绪从这些棘手的问题中摆脱出来，他开始研究从朝鲜搬运易货贸易得来的木材的物流成本。在行动之前他需要知道这些成本。他有几种选择方案。

第一个方案是通过海运来运送木材，从朝鲜的元山，经过日本海，穿过印度洋，再经过苏伊士运河，然后进入土耳其安塔利亚的港口。这将是完美的解决方案。但是，他突然意识到，他是不能将木材合法地带进土耳其的，因为存在对朝鲜的贸易制裁。因此，这个选择不可行。

第二个方案是将这些木材送到一个能够合法运入的国家。这些木材能够合法运进去的国家不是别国正是罗马尼亚——土耳其在黑海上的邻国之一。木材可以先装到一条船上，然后通过达达尼尔海峡和博斯普鲁斯海峡（这两条海峡构成了到黑海的通道）运到罗马尼亚，最后到达黑海中的罗马尼亚康斯坦察港口。一旦到达那里，这些木材就能够换新的文件证明，最终货物的产地会填写成“罗马尼亚”而不是“朝鲜”。接着这些木材就可以通过卡车运到土耳其。这听起来像是一个可行的方案，但这样做的运作成本将会是多少？特里姆回想起哈吉曾说像这样的情形重新做一份文件证明大约要花160亿里拉，其中包括贿赂费用。

特里姆的思绪接着转到了第三种方案。这些木材可以从元山运到叙利亚的一个港口，对本案例来说是拉塔基亚。从那里，可以用卡车将这些木材拖运到土耳其东南边界上的伊斯肯德仑。因为伊斯肯德仑的边界是土耳其管制最松的边界，只要给海关的低级军官一些小贿赂就可以使木材毫无问题地进入土耳其。所需的贿赂金额大约是木材装运价值的10%。

当然，在土耳其安塔利亚港口也可以这么做，然而，被抓住的概率要高很多。假如Tempo有限公司被当场抓住，那么将会受到所进货物总价值双倍的罚款。因此，这是第四种但被放弃了的选择。

只有两种选择方案是可行的，每一种都会伴随一些风险。一种是将木材运到罗马尼亚，获得新的文件证明，伪造货物的产地，然后用卡车运到土耳其。另一种是用船将木材运到叙利亚，然后用卡车运到土耳其，并在土耳其的边境向海关检查员行贿。特里姆最初关心的是将木材运进土耳其边界的物流成本。这些木材有各种各样的尺寸，通过铁箍绑在一起形成1米×1米×5米的捆扎，然后朝鲜人将这些木材运送并装载到朝鲜一个港口的一条散装货船上。

如果特里姆能够在土耳其境内得到这些木材，将卖到7 835亿里拉。那些土耳其的化学制品制造商期望在化学制品离开土耳其港口之后的60天内能得到支付，这与木材离开朝鲜的日期相同。

特里姆凝视着他的笔记，上面写满了数字和货币汇率。

按船计的海洋运输成本（航运公司要求按美元支付）：

元山到康斯坦察	42 000美元
元山到拉塔基亚	33 000美元
苏伊士运河收费	3 100美元
卡车运输：	
康斯坦察进到土耳其	15 000美元
拉塔基亚进到土耳其	12 000美元
在港口（叙利亚或罗马尼亚）的装卸费用	货物总价值的1.25%
生成假的罗马尼亚产地的文件证明	160亿里拉
在叙利亚与土耳其边境预计的贿赂金额	运货价值的10%
货币汇率	1美元=1 567 000里拉
选择1：元山/康斯坦察/土耳其，需花43天	
选择2：元山/拉塔基亚/土耳其，需花22天	

［问题］

1. 因为特里姆知道如果他不卖给朝鲜，别人也会卖，那么他应该让其他的人来完成这个交易吗？

2. 本案例中，如果选择通过罗马尼亚来运输的话，总成本是多少？

3. 本案例中，如果选择通过叙利亚来运输的话，总成本是多少？

4. 特里姆应该推荐哪一个方案？为什么？

5. 在这些被提议的交易中还涉及哪些其他的成本和风险，包括在案例中没有提到的？

6. 就供应链而论，如果存在贿赂问题的话，那么应该如何看待贿赂？贿赂起什么作用？

7. 如果特里姆促成这个交易，那么他的行为合乎伦理吗？请进行讨论。

8. 考虑到道德观念，你建议应该如何做才能使发展中国家在某种程度上与西方的标准一致？请记住在这样的环境中所涉及的风险比在西方的市场中经营业务的风险要高得多。同时也应注意到，一些文化中把行贿（受贿）看成是其公民之间更好地分配财富的一种途径。

【注释】

[1] John Hyatt, "The Rise and Rise of Procurement," CFO 28, no. 4 (2012): 57-59.

[2] Carlos Niezen and Wulf Weller, "Procurement as Strategy," Harvard Business Review 84, no. 9 (2006): 22-24.

[3] Susan Lacefield, "When 'Moneyball' meets Procurement," Supply Chain Quarterly 10, no. 2 (2016): 4.

[4] Bob Martinson, "The Power of the P-Card," Strategic Finance, February 2002, 30-35.

[5] Pam Miller, "Busting the P-Card Myth," Managing Accounts Payable 12, no. 3 (2012): 1-11.

[6] David Hannon, "P-card Program Expansion Is a Global Challenge," Purchasing 138, no. 12 (2009): 53-55.

[7] The material in this section is drawn from Robert Monczka, Robert Trent, and Robert Handfield, Purchasing and Supply Chain Management, 3rd ed. (Mason, OH: Thomson/south-Western, 2005) and Robert Monczka, Robert Handfield, Larry C. Giunipero, and James L. Patterson, Purchasing and Supply Chain Management, 5th ed. (Mason, OH: South-Western, 2011).

[8] Ashutosh Dekhne, Xin Huang, and Apratim Sarkar, "Bridging the Procurement-Supply Chain Divide," Supply Chain Management Review 16, no. 5 (2012): 36-42.

[9] Roman Inderst, "Single Sourcing versus Multiple Sourcing," RAND Journal of Economics 39, no. 1 (2008): 199-213.

[10] Mike Hales and Raj Arumugam, "The Case for Supplier Development," Supply Chain Management Review 16, no. 2 (2012): 60-61.

[11] Robert J. Trent, "Creating the Ideal Supplier Scorecard," Supply Chain Management Review 14, no. 2 (2010): 24-29.

[12] Frank Esposito, "PolyOne Reports Progress on Supplier Scorecards," Rubber & Plastic News 41, no. 5 (2011): 14.

[13] Neeraj Bharadway, "Investigating the Decision Criteria Used in Electronic Components Procurement," Industrial Marketing Management 33, no. 4 (2004): 317-323.

[14] Ismat Thaver and Anne Wilcock, "Identification of Overseas Vendor Selection Criteria Used by Canadian Apparel Buyers," Journal of Fashion Marketing and Management 10, no. 1 (2006): 56-70.

[15] Birsen Karpak, Rammohan R. Kasuganti, and Erdooan Kumcu, "Are You Using Costly Outmoded Techniques to Purchase Materials?" Business Forum 27, no. 1 (2005): 14-19.

[16] Peter Kraljic, "Purchasing Must Become Supply Management," Harvard Business Review 61, no. 5 (1983): 109-117.

[17] Sidhartha S. Padhi, Stephan M. Wagner, and Vijay Aggarwal, "Positioning of Commodities Using the Kraljic Portfolio Matrix," Journal of Purchasing & Supply Management 18, no. 1 (2012): 1-8.

[18] Michiel Leenders, P. Fraser Johnson, Anna Flynn, and Harold E. Fearon, Purchasing & Supply Management, 13th ed. (Boston: McGraw-Hill/Irwin, 2006), Chapter 11.

[19] This material in this section is drawn from Donald F. Wood, Anthony Barone, Paul R. Murphy, and Daniel L. Wardlow, International Logistics, 2nd ed. (New York: Amacom, 2002), Chapter 14.

[20] William Atkinson, "The Big Trends in Sourcing

and Procurement," Supply Chain Management Review, May/June 2008, S48-S50.

[21] David Hannon, "The 9 Hidden Costs of Global Sourcing," Purchasing, March 12, 2009, 38-41.

[22] Lisa M. Ellram and Sue Perrott Siferd, "Purchasing: The Cornerstone of the Total Cost of Ownership Concept," Journal of Business Logistics 14, no. 1 (1993): 163-184.

[23] Yash Sutarlya, "TCO: From Buzzword to Reality," SMT Magazine 27, no. 8 (2012): 66-75.

[24] Pieter Ligthart, "Procurement at Phillips: Total Transformation on a Global Scale ?" Supply Chain Quarterly 10, no. 1 (2016): 22-27.

[25] Brad Mitchell, "The Sourcing Dilemma: Should You Go Near or Far?" World Trade 22, no. 4 (2009): 19.

[26] Ibid.

[27] "BMW Broadens Its Supply Standards." Supply Management 14, no 21 (2009): 11.

[28] Much of the material in this section is drawn from Leenders et al. , Purchasing & Supply Management.

[29] Dale Rogers, Rudolf Leuschner, and Thomas Y. Choi, "The Rise of FinTe ch Supply Chains," Harvard Business Review Onlines, June 22, 2016. (Http: // hbr.org/2016/06/the-rise-of-fintech-in-supply-chains)

第3篇

物流系统的要素

Elements of Logistics Systems

第 3 篇将详细说明物流系统的几个突出要素。其中第 7 章介绍需求管理、订单管理以及顾客服务。需求管理涉及供应链上的顾客需求的管理，订单管理涉及处理收到的订单，顾客服务涉及如何让现有顾客满意。第 8 章将讨论库存管理，你将了解到库存的不同类型和库存相关成本。这一章还将探讨库存应何时订货、订购多少的问题。第 8 章最后还将介绍库存管理中应特别注意的一些问题。

第 9 章的主题是设施选址。在许多企业，设施选址已从一种战术决策转变为战略决策。在这一章你将了解影响设施选址的一般因素和特殊因素。第 10 章将介绍仓储管理，这一章将为你介绍不同的仓库类型、仓库在物流系统中的作用、仓库设计应考虑的一些因素。仓库运作的效果和效率深受包装和物料搬运的影响。第 11 章将介绍包装和物料搬运这两个主题。

本书有两章专门讨论运输问题，因为运输通常是企业中成本最高的一项物流活动。第 12 章“运输”将讨论五种运输模式、多式联运以及专业运输组织的选择。第 13 章“运输管理”将重点讨论运输管理者的一些主要责任，包括费率因素、运输模式和承运人选择、国内运输单证等。第 14 章是本篇最后一章，将讨论国际物流。与国内物流相比，国际物流更具挑战性、费用更高。这一章将介绍宏观环境对国际物流的影响、国际单证、销售条款、国际贸易专业组织等。

第 7 章 需求管理、订单管理和顾客服务

学习目标

- 解释需求管理和需求预测模型
- 探讨订单周期及其四个组成阶段
- 理解物流顾客服务的四个维度
- 熟悉顾客服务相关的一些管理问题

本章将讨论两个主要问题：(1) 企业如何确定顾客需求；(2) 企业如何帮助顾客获得所需。我们将通过需求管理（企业如何确定顾客需求）、订单管理和顾客服务（企业如何帮助顾客获得所需）来分析这两个问题。需求管理非常重要，因为有效且高效的供应链需要使供应和需求相匹配。如果没有做到这一点，就会出现产品供过于求或供不应求的情况。供过于求可能意味着高于预期的库存成本，供不应求则会导致顾客不满意甚至失去顾客。

需求管理完成之时，订单管理和顾客服务就可以开始了。具备确定顾客需求（比如一把黑色铁铲）的能力非常好，但顾客能否将需求转达给企业呢？一旦顾客对于黑色铁铲的需求传达给了企业，企业能够满足该需求吗？尽管这些都是看似基本的、常识性的问题，但现实可能完全不同。事实上，在线零售早期的经验教训告诉我们，许多企业非常擅长理解和刺激顾客需求也能获得顾客的订单，但遗憾的是，有些企业却不擅长处理这些订单。许多订货延迟送达（如果所有订货都能够送到的话），或顾客收到的订货不完整，或顾客收到了错误的产品。毫无疑问，这些

订单履行过程中的问题会引起顾客的强烈不满。这也解释了一些早期的在线零售商（如 etoy. com）不复存在的原因。

7.1 需求管理

需求管理（demand management）可以定义为“在供应链及其市场上创造协调的需求流”。[1] 需求管理的一个关键内容是需求（销售）预测，也就是推断未来需求的活动。毫无疑问，在**备货型生产**（make-to-stock）（产品在顾客订单到达之前已生产）中，需求预测十分有用。不过，在**订货型生产**（make-to-order）（产品在顾客订单到达之后才开始生产）的情况下，需求预测仍然非常有用。订货型生产通常涉及标准件和定制件的组合，预测对于估计标准件的需求仍然十分有用。例如，尽管一家计算机制造商无法确切预测收到的每一个订单所要求的具体配置，但它仍能预测手提电脑和台式电脑（也就是说标准件）订单的大致比例。

有专门介绍需求预测的书籍，由于篇幅限制，本书对这一内容不展开说明，仅对需求预测做一个简单概述，这样读者可以理解预测在确定顾客需求中的作用。

7.1.1 需求预测模型[2]

有三种基本的预测模型，即：（1）主观判断预测；（2）时间序列预测；（3）因果预测。**主观判断预测**（judgment forecasting）就是利用主观判断和直觉进行预测，适用于数据有限或无历史数据的情况，如新产品引入市场时的需求预测。主观判断预测技术包括调研和类比技术等。在调研中，问卷（调查）被用来了解顾客偏好和意愿。对问卷设计和人口样本筛选方法的深入理解是问卷调查预测的必要条件，你应该意识到顾客意愿并不总是会转化为实际的行为。类比预测涉及确定预测物品的类比物（相似的物品）并利用类比物的历史需求数据作为相关预测的基础。主要挑战是选择合适的类比物品。

时间序列预测（time series forecasting）的基本假设是，未来需求仅由过去需求决定。例如，如果今年的销售量高出去年 7%，那么时间序列预测明年的销售量为今年销售量加上 7%的增值。时间序列预测技术包括简单移动平均和加权移动平均等。简单移动平均值就是对不同时期的需求求和后除以时期数而得。由于每一时期被赋予的权重相同，简单移动平均不足以反映近期需求的上升或下降趋势。为了弥补这一不足，加权移动平均技术对更近期的数据分配更高的权重。表 7－1 中的例子说明了简单移动平均和加权移动平均预测值的差别。

表 7-1　利用简单和加权移动平均法进行预测的例子

时期 (1)	需求 (2)	简单移动平均加权因子 (3)	预计需求 (4)=(2)×(3)	加权移动平均加权因子 (5)	预计需求 (6)=(2)×(5)
上个月	250	0.25	62.5	0.40	100
两个月前	230	0.25	57.5	0.30	69
三个月前	200	0.25	50	0.20	40
四个月前	180	0.25	45	0.10	18
预测			215		227

因果预测（cause-and-effect forecasting），也称为**相关预测**（associative forcasting），假设有一个或多个因素与需求相关，因果关系可用来估计未来的需求。例如，在许多西方国家，利率水平可能会与顾客购房能力成反比（比如，利率上升，房屋销售量往往会下降）。因果预测包括一元回归和多元回归。在一元回归中，需求仅由一个变量决定。在多元回归中，需求由两个或多个变量决定。

7.1.2　需求预测问题

认识到预测技术的选择取决于多种因素非常重要。例如，当前状况、预测的时间和资金成本、不同预测技术的预测精度等。对于当前的状况，正如上文所述，主观判断预测适用于历史数据较少或无历史数据的情况。管理人员同样应该了解与特定预测技术相关的时间和资金成本。例如，根据用来收集和分析数据的媒介（比如邮件、电话、电子媒介、现场调查）的不同，调查预测的时间和资金的投入也会有很大的不同。例如，完成个人调查可能需要很长时间，并且费用会相当高（比如现场调查中调查人员的酬劳成本）。

预测精度指的是需求的真实值与预测值的接近程度，预测精度会受到许多因素的影响。利用类比技术的一个挑战在于选择合适的类比项，因为如果选择不合适将会导致预测精度的降低。例如，某电影制造商发行一部以前成功的电影的续集，那么预测类比项是选择原来成功的那部电影的收入情况还是其他电影的续集的收入情况，可能会得到完全不同的收入预测。也就是说，利用其中某个类比项进行预测可能预测结果会更精确。

预测精度也会对物流产生重要的影响，正如 Lighthouse 食品公司所说明的，提高预测精度会大幅减少产成品的库存成本。更确切地说，由于需求预测不准确，按一定的最小存货单位（SKU）计，Lighthouse 持有的库存量往往接近实际需要量的两倍。[3]

至此，我们一直把需求预测看做离散的实体行为，即每个供应链成员仅对自己的需求进行预测。回顾第 1 章提及的**协同计划、预测和补货**（collaborative planning，forecasting，and replenishment，CPFR）概念，即供应链合作伙伴间共享计划和预测数据以实现供应和需求更好的匹配。在概念上，CPFR 建议供应链合作伙伴基于一个集体认同的需求预测值进行工作而不是每一成员自行预测。CPFR 还建议供应链合作伙伴基于一个共同的、考虑了需求预测和当前库存水平的订单预测进行工作。[4]

目前，大量的需求预测涉及计算机软件包的使用。尽管这些软件可以快速提供详细的数据，但不应将软件包视为预测的灵丹妙药。例如，从概念上讲，企业资源计划（ERP）应当可以大大降低预测误差，但是美国食品杂货制造协会发现，基于 ERP 系统进行预测的企业，其预测误差的平均水平大于 20%。[5] 在这里，重要的是牢记，没有任何软件包（不论多么复杂和多高成本）能够完全消除预测误差。

7.2 订单管理

订单管理（order management）是指对与订单周期相关的各项活动进行管理。**订单周期**（order cycle）（也称为补货周期或提前期）指的是从顾客下达订单到收到订货之间的时间间隔。近年来，一些企业将订单管理的概念扩展到包括接收订单付款这一段时间，或称为**接单收款周期**（order to cash cycle）。

在详细讨论订单周期前，有几个问题应当说明一下。首先，不仅应从整个周期时间的角度来分析订单周期，而且应分析周期时间的变动性（可靠性）。正如较长的订单周期必然引起更高的库存水平，订单周期时间的变动性加大也需要增加额外的库存以应对这种不确定性（不论周期时间长短如何）。以美国铁路运输为例，通过分析相距 400 英里的某起点到某终点的运输时间，结果发现平均通过时间是 8 天，最短时间和最长时间分别是 3 天和 28 天，为了应对如此不稳定的运输时间，铁路运输的顾客为了避免缺货必须持有大量额外的库存。[6]

其次，信息系统的发展也对订单管理产生了深远的影响。例如，本书的一位作者在 20 世纪 80 年代曾在美国的货车运输公司工作，当时如果顾客打电话来想了解货物的状态，企业就会以一种手工方式追踪运输过程（遗憾的是，这一过程不仅耗时（至少顾客不得不等待电话回复）而且无法保证成功）。如今，顾客甚至无须拨电话，只需使用其智能手机上的货物跟踪应用软件（App）就可以了解货物的状态。

我们将订单周期分为四个部分（或阶段）：订单传递、订单处理、订单拣选与组配、订单交付。下面将分别讨论订单周期的这四个阶段。

7.2.1 订单传递

订单传递（order transmittal）阶段是指从顾客下达订单到卖方收到订单的这段时间。通常有五种订单传递方式：人员直接传递、邮寄、电话传递、传真或电子传输。每种订单传递方式都有利弊，每种方式的订货成本、订货时间、出现错误的可能性和订货的方便程度都有所不同。例如，人员直接传递订单大大减少了出现订货错误的可能性，至少人员可以在订单被接收前对订单进行实际检查。但是，当与供应商在地理位置上相隔较远时，人员直接传递订单通常很不方便（也不现实）。

尽管邮寄订单比起人员直接传递订单更为方便，可是邮寄相对较慢，同时有可能出现订单未送达预定目的地的情况（邮件丢失）。通过电话传递订单快速而且便捷，但是有可能直到订货交付时才发现订单错误。你可能打电话订购了一个大的腊肠比萨，收到的却是小的蘑菇比萨。

传真和电子订货是最近 30 年发展起来的技术，两者对订单传递过程均产生了巨大的影响。传真不仅快速便捷而且可以获得电话无法提供的订单复印件。然而，卖方的传真机可能被垃圾（无用的）传真塞满，而且传真的传输质量有可能导致订单无法识别（这也增加了订单中产品和数量错误的可能）。电子订货，包括利用 EDI、互联网和移动技术进行订货，快速、便捷而且准确，特别是那些可使用扫描仪和条形码的订单。对于互联网和移动技术订货的主要担忧在于传递信息的安全性（尤其涉及支付信息时）和丧失隐私的可能性（由于 cookies 和跟踪软件）。

7.2.2　订单处理

订单处理（order processing）阶段是指从卖方收到订单直至授权合适的地方（例如仓库）来履行订单的这段时间。技术的发展使许多企业可以将订单处理系统的许多方面计算机化。例如，无论是打印的还是计算机格式的订货单，都被设计以便于顾客与卖方使用计算机。同样，通过计算机和电子网络来开具顾客账单也越来越普遍。

图 7－1 是一张订单处理流程图，这张流程图说明存在许多不同的订单处理活动。典型的订单处理活动包括：检查订单完整性和准确性，核实买方的购买能力，将订单输入系统，销售人员确认，记录交易，确定库存位置以及安排外向运输。尽管一些活动必须按一定顺序执行（例如，只有知道订单履行的地点后才可以进行运输），但也有一些活动可以同时进行（例如，销售人员确认和交易记录可以同时进行）。注意，识别并同时执行（而不是顺序执行）能够同时进行的活动，是缩短订单周期的一种途径。

理解不同的订单处理活动仅仅是第一步，企业在管理订单处理和相关活动的方式上会有所不同，这对订单周期的效果和效率以及顾客满意度有很大的影响。下面我们将通过对订单接收、订单类选和履行订单的地点这三种订单处理活动的讨论来说明不同的管理方式。

关于订单接收，图 7－1 表明收到的订单可分为两类：一类是 EDI 订单，此类订单可以不用进行订单完整性和准确性检查，其他所有订单属于另一类。可能这里有人会认为所有的订单，不论采取什么传递方式，都应该进行订单完整性和准确性检查，因为不完整和不准确的订单会降低顾客的满意度，而且由于要处理出现异常情况的订单，成本会相应增加。然而，检查所有订单的完整性和准确性会增加成本和订单周期时间。另外，企业可建立订单接收函数以反映订单完整性和准确性的历史趋势，这样，一贯表现出较好的完整性和准确性的订单传递方法可以免除订单检查活动。

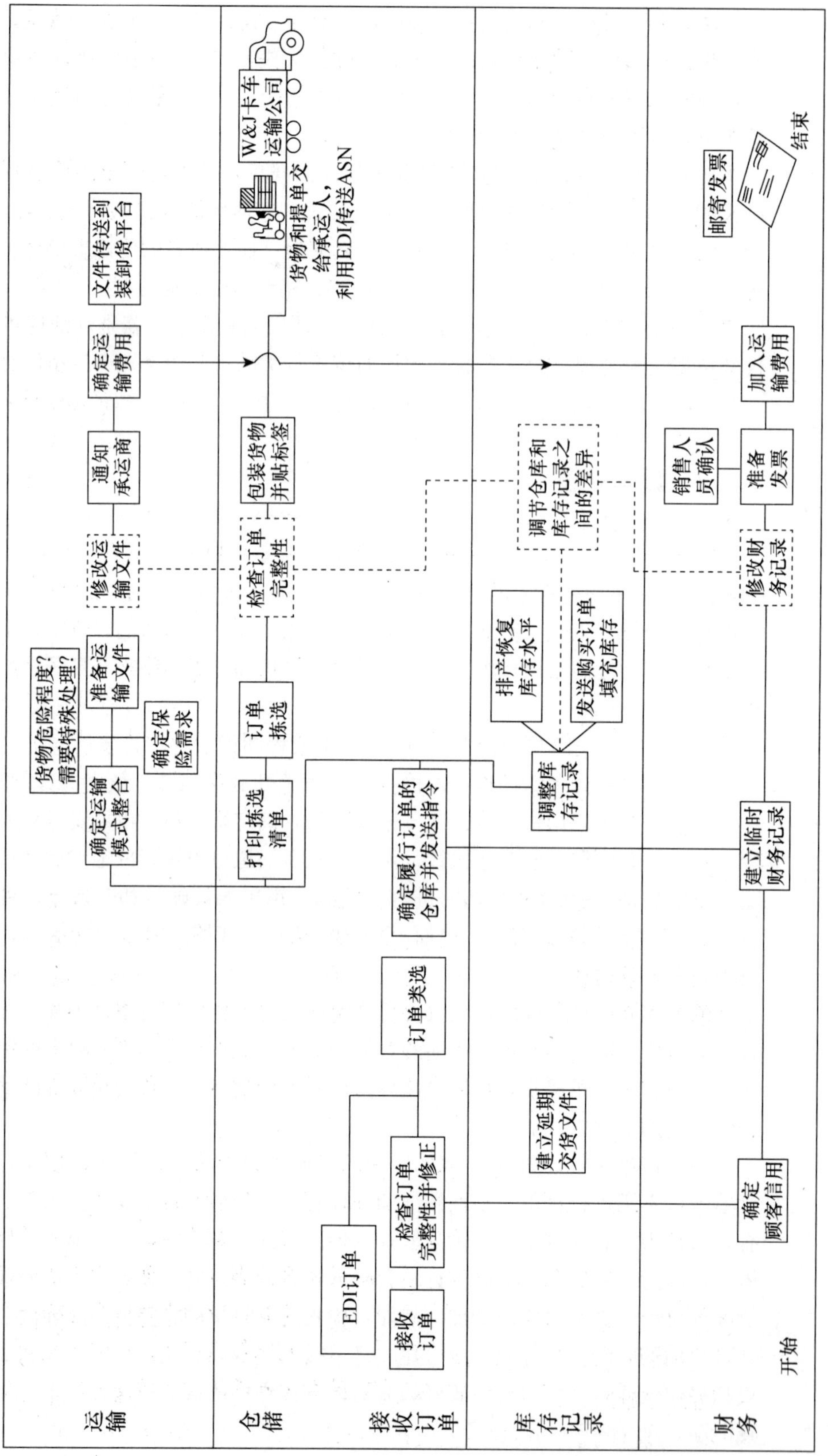

图 7-1　订单处理系统流程图

图7-1中同样包括订单类选活动。类选的概念通常和医疗领域联系在一起，是指根据病情的严重程度对病人进行划分，这种划分有助于医生判定哪些病人应先于其他病人优先得到诊治。同样，**订单类选**（order triage）是指根据预定的规则对订单进行分类以使企业可以决定订单优先级。然而，不是所有的企业都会对订单确定优先级。对于进行订单类选的企业，必须确定用于优先级分类的属性（例如，先到先服务、与顾客持续交易的时间长短、顾客销售额）。虽然不存在一种最合适的用于确定订单优先级的属性，但我们应当认识到，所选择的属性有可能会令一些顾客（表现出所选属性的顾客）高兴，但也会令另一些顾客失望。

另一个关键的订单处理决策（见图7-1）涉及确定订单履行的地点。与订单类选一样，企业应该具有明确、一致的应用规则来帮助决策。有些企业是逐个订单逐个订单地来确定订单履行的设施，这可能导致不一致的订单周期和成本。常识性的方法是利用距离顾客最近的设施来履行订货，因为这样能保证在较小运输成本的同时有较短的订单周期。另外，可以选择目前拥有所需产品的库存量最大的设施来满足订货，这可能会增加运输成本和订单周期，但有助于卖方减少特定地点的过量库存。

7.2.3　订单拣选与组配

订单拣选与组配（order picking and assembly）阶段是订货管理流程的下一阶段，包括从授权合适的地点（如仓库）履行订单到承运人完成货物装载为止。尽管由于订单拣选与组配活动并不是什么抓人眼球的活动而往往被忽视，但这两项活动是提升订单周期的效果和效率的绝佳机会。订单拣选与组配可占到设施运作成本和时间的2/3。

重要的是，提升订单拣选与组配的效果和效率并不需太大的开销。分析订单拣选人员的移动时间是一种能够提高效果和效率的低成本方法，其中部分原因在于移动时间占到总拣选时间的50%以上。一种减少拣选人员移动时间的方法是将多个小订单合并成一个大订单让拣选人员一次性拣选。相较于每个订单逐一拣选，合并多个订单一起进行拣选缩短了拣选人员的移动距离。[7] 另外一个改善拣选过程效果和效率的低成本建议是将拣选人员与需拣选的订单相匹配。例如，可以将一个包括易碎品的订单分派给拣选损坏率较低的拣选人员。[8]

手持扫描仪、射频识别（RFID）、语音识别拣货等技术进步极大地影响了订单拣选与组配。**语音识别拣货**（voice-based order picking）是指利用语音来引导订单拣选活动。最初的语音识别拣货系统成本高、音质差、系统易被其他噪声干扰。如今的语音识别系统成本更低、功能更强大、语音质量更高、更易于工人使用。使用语音识别拣货系统可以提高生产率和拣选精度，而且工人学习使用该技术所需的培训时间很短。[9]

近年来越来越广泛使用的另一种拣货技术是**按灯拣货技术**（pick-to-light technology），这种方式可以通过安装在货架上的灯光来识别需被拣选的订货。按灯拣货简化了拣选过程，因为工人仅需按灯光进行拣选即可，不再需要判断最优的拣选线路。按灯拣货和语音识别拣货的结合使用会带来运作绩效的大幅提高。例如，一家同时使用这两种技术的化妆品公司报告，工人每小时拣选的订单数是技术采用前拣选订单数的7倍，而且订单准确率提高了50%。[10]

7.2.4　订单交付

订单交付（order delivery）阶段是订单周期的最后一个阶段，是指从承运人提取货物到顾客收到货物的这段时间。在第12章和第13章，你将会学到更多有关运输的知识，这里我们仅讨论几个会对订单交付的效果和效率带来影响的关键问题。

在20世纪70年代本书第1版出版时，运输承运人在运输时间上仅提供了有限的选择，因此托运人在计算订单周期时间时不得不将相当死板的运输时间纳入订单周期的计算之中。例如，在20世纪70年代末期，“次日交货”意味着货物将在下一个营业日的某个时间到达，顾客不能要求具体的交货时间。如今，顾客有多个“次日交货”的选择，例如中午12点前交货和下午4点30分前交货。

与订单交付相关的另一个重要问题是，许多托运人既强调运输时间，又强调运输时间的可靠性（变化性）。这非常重要，因为订单周期的波动增加将导致库存水平的提高。为此，越来越多的买家使用包含交付窗口或订单必须到达的时间范围的交付协议来限定交付的时间范围。虽然一些交付窗口有1个小时，但也有的时间范围可能窄到只有15分钟。因此，如果承运人约定交付时间是上午9点且时间范围为15分钟，那么交付时间就不能超过上午9点15分。通常，如果没有满足相应的交付窗口，就意味着承运人必须等待下一个开放的交付时间（可能一直要等到这一天的结束）。

还有一个重要的订单交付问题是，运输承运人改进了其运作方式以提供更快捷的运输服务。例如，传统上卡车运输业隔夜服务的最大运输距离为500英里，但近年，卡车运输的隔夜服务的最大运输距离扩展到600～700英里。运输覆盖范围的扩大使得顾客选择从航空运输转为卡车运输，因为卡车运输比航空运输便宜。

7.3　顾客服务

顾客对于企业来说非常重要。在当今激烈的商业竞争环境下，将顾客视为“麻烦”的企业难以维持长久。让我们来看看几个与不满意顾客相关的经典语句。被频繁引用的语句有：开发新顾客的成本是留住老顾客成本的5倍；95%的不满顾客不会向企业表达他们的不满，但他们会停止购买该企业的产品，平均会向9个人叙述不愉快的购物经历。[11] 很简单，留住老顾客比开发新顾客容易得多。因此，顾客服务应努力让顾客满意并在顾客的脑海中形成与该企业做生意很容易的印象。

顾客服务能成为非常好的竞争武器，而且比起价格、促销等其他营销组合手段，顾客服务更难以被竞争对手效仿。诺德斯特龙（Nordstrom's，一家高端零售商）在顾客服务方面具有持久声誉，这种对顾客的关注使诺德斯特龙的竞争对手难以匹敌。例如，本书的一位作者曾在诺德斯特龙购物，发现了一款中意的皮带，可是店内库存中没有合适尺寸的该款皮带，几天后，这位作者接到诺德斯特龙销售员的电话，告知本地店铺内已有尺寸合适的皮带。销售员确定诺德斯特龙的另一家店铺有合适尺寸的皮带，并通过空运紧急调货到本地商店。皮带的零售价大约45美元，很可能诺德斯特龙在这次交易中亏了钱，但可以做出合理的假设，很少有其他零售商会模仿诺德斯特龙的顾客服务行为。

全球化和技术进步等宏观环境的变化使企业和个人对顾客服务都提出了更高的要求。正如在第1章所提到的，顾客的期望随着时间不断提高。如果相关的性能（服务）水平无法跟上，顾客就可能不满意。另外，本章也强调过可靠的服务可以使企业仅保持较低水平的库存，尤其是安全库存，因此库存持有成本也更低。此外，在当今越来越自动化和计算机化的世界，顾客和卖家之间的关系会变得机械化。从顾客的视角来看，这种情况让人沮丧也很低效。能提供高服务水平的企业，尤其是提供高水平个人服务的企业，将会发现它在市场上具有强大的销售优势。

此外，卖方质量控制计划的普遍实施使更高水平的服务成为必然。近年来，许多企业，尤其是零售商和批发商，变得更加关注库存。对库存的重视，导致出现了计算机辅助分析以识别那些能够持续提供良好或糟糕服务水平的卖家。过去，由于利用手工系统，在卖方采取纠正措施前，严重的顾客服务问题往往已不断重复发生。如今，这些因素都被自动编程写入电脑，企业可以密切监控每个卖方的服务质量。

我们已经花了一定篇幅讨论顾客服务，但尚未对它给出正式的定义。请记住，有无数种关于顾客服务的定义。对我们来说，**顾客服务**（customer service）将被定义为“在时间、可靠性、沟通和便利性等方面满足用户需要的物流管理能力”。[12] 下面让我们进一步讨论顾客服务的这四个维度。

7.3.1　时间

时间是指连续发生的事件之间的时间间隔，订单周期就是顾客服务时间维度的一个很好例子。现在许多企业都在寻找缩短订单周期的方法，因为较长的订单周期会导致更高的库存需求。现在一些顾客希望需求能够得到即时满足，这也解释了为什么亚马逊不断增加在线订单一小时交付服务的区域数量。

7.3.2　可靠性

可靠性是指服务接触的可靠性，它包括三个方面的内容，即一致的订单周期、安全交付和完整交付。[13] 前面我们讨论订单周期时强调过一致性（可靠性/可信性）的重要性，因为不一致的订单周期导致更高的库存需求。订单周期非常重要，现在越来越多的企业在订单周期长短与订单周期一致性之间进行权衡。更具体地说，只要能保证高水平的一致性，这些企业愿意接受较长的订单周期。

安全交付考虑交付中的丢失和损坏情况。产品丢失或损坏可能有许多原因，但是顾客对这些原因并不关心（产品丢失或损坏都会对顾客产生负面影响，如缺货）。**订单履行率**（order fill rate）是指用现有库存可以完全且及时满足的订单的比例，是衡量交付完整性的一种方式。与丢失和损坏的情况一样，不完整交付会对顾客产生负面影响，如缺货等。

产品丢失和损坏的情况可能难以完全消除，因为订单需要拣选、组配、搬运，每次搬运都有可能会造成产品的丢失和损坏。但是，卖方可以通过重新设计拣货流程使订单搬运次数最少。同时，即使企业的需求预测能够达到很高的精度，订单履行率也不可能达到100%（所有收到的订单都被完全满足）。设想两个人走进麦当劳餐厅提出以外卖方式订购142个鸡蛋松饼的情况！尽管麦当劳餐厅能成功履行这份订单（但必须在确保两位顾客能够付款之后），但通过库存来履行这份订单将造成许多别的鸡蛋松饼订单无法履行，这一情况至少要延续到下一批食料按计划补货为止。

7.3.3 沟通

有效的沟通应当是卖方和顾客之间的双向交流，目的是使双方相互了解，而且有效的沟通要求正确的当事人参与这一过程。如果顾客想了解与物流相关的问题，那就应该和物流人员进行沟通。如果参与各方能够完全地交换信息，那么顾客服务可以得到提升。一个交付地址可能已经够用，但提供交付地址的具体特征可能更有帮助。正如下面这家负责运输价值75万美元的电脑支架的运输公司的例子，运输公司一直没有发现（直到交付时才发现）顾客位于一座大城市中心商务区一幢办公大楼的17层，由于运输公司和办公大楼都没有合适的设备来搬运这批订货，直到找到合适的设备并送到该大楼后才完成交货。[14]

卖方和顾客之间的双向沟通得益于技术的进步，诸如手机、智能手机和互联网等。这些技术进步使双方低成本、高频度地接触成为可能。但是，文本信息和互联网等技术使沟通过程失去个性，这就是为什么建议卖方和顾客之间定期进行电话接触甚至是面对面接触的原因。[15] 你们应该认识到，一些文化背景下面对面的人际沟通是企业经营活动的重要组成部分。

7.3.4 便利性

顾客服务的便利性着重强调与卖方进行业务活动的容易程度。当然，不同的顾客对“进行业务活动的容易程度”有不同的看法。例如，对于大学生来说，与银行进行业务活动的容易程度意味着自动取款机的可获性。对于小企业主来说，这可能意味着专门负责商业存取款的银行出纳员的可获性。因此，卖方应理解顾客群体的细分以及每个顾客群体是如何理解“进行业务活动的容易程度”的。

另外，从卖方的角度来看，提供便利会带来一定的成本。例如，送货上门的比萨饼可能需要另外收取送货费（免费送货上门可能只覆盖很小的区域）。因此，卖方必须评价顾客在多大程度上愿意对便利性付费。例如，对航空公司来说，允许顾客自己通过计算机、平板电脑、智能手机来安排旅程是具有成本效益的方法，因为处理一张电子机票的成本要远低于通过航空销售代理售票的成本。因此，给航空公司的客服代理打电话安排旅程可能会收取一定费用（这一服务在过去许多年都是免费的）。

便利性在消费者购买决策中起着非常重要的作用。如今的消费者希望有多种购买选择，企业因此开发出了**多渠道营销系统**（multichannel marketing systems），也就是开发分开的营销渠道来服务顾客。例如，一个零售商可以通过实体店（一种渠道）和网站（另一种渠道）来促进顾客购买。顾客可以网上下单而在实体店取货的全渠道营销，就是多渠道营销系统的便利性的体现。

7.4　管理顾客服务

除了理解什么是顾客服务外，物流人员还需面对多种有关顾客服务的管理问题。本章余下部分将讨论四个与顾客服务有关的特殊问题：建立顾客服务目标、衡量顾客服务、顾客盈利性分析、服务失误和补救。

7.4.1　建立顾客服务目标

因为顾客服务标准会极大影响企业的整体销售业绩，所以建立顾客服务的目的和目标是一项重要管理决策。目的是对企业试图实现的总体结果的广泛、一般性的表述。遗憾的是，一些企业的顾客服务目的陈述完全是陈词滥调，缺乏具体的目标说明目的该如何实现。这是一个非常严重的问题，因为如果顾客服务目标或标准没有具体的说明，它们将被忽视或者过于模糊而无法对运作人员提供真正的指导。

目标，即目的实现的手段，说明某些最低要求，比起目的更加具体。目标应该具有“SMART”的特点，即具体、可度量、可实现、现实的和有时效的。例如，目标是将订单拣选出错率在12个月内从5%降至2%。这个目标是具体的，因为它清楚说明了提高的程度（从5%降至2%）。这个目标也是可度量的，因为它通过比较不同时间的订单拣选错误来度量。但是，该目标是否可实现、现实和有时效，却不是很清楚。例如，如何减少订单拣选错误呢？该公司要被迫雇用额外人员来检查拣选完的订单吗？当前的拣选流程需要重构或者导入新的技术吗？可以雇用、培训新的人员并在12个月内采购、安装并投入使用新的技术吗？为实现这一顾客服务水平的提升（也就是订单拣选错误从 5%减少为 2%）值得另外增加成本吗？

建立顾客服务目的和目标的核心是确定顾客的观点和看法，这意味着询问顾客关于顾客服务的认识。例如，什么样的服务是顾客想要得到而当前卖方还没有提供的？什么样的服务是顾客认为最重要的？卖方当前提供的顾客所需的服务做得如何？能在哪些方面加以改进？

因为顾客服务是一种竞争手段，那么了解顾客如何评价卖方的竞争对手的服务水平也非常重要。许多企业通过**标杆管理**（benchmarking）来评价自己的服务绩效。标杆管理是指持续识别、理解和适应企业内外杰出流程的过程。一个运作良好的企业应该不仅针对竞争对手而且要针对一流的企业进行标杆管理。

为获得最大效果，企业应当进行绩效标杆管理和过程标杆管理。绩效标杆管理主要是比较一些定量的绩效指标（如订单履行率）。过程标杆管理是定性的比较，是对特定的流程进行比较（如企业是如何实现其订单履行率的）。从管理的角度来看，绩效标杆管理识别出与希望达到结果的差距，通过过程标杆管理则可发现存在差距的原因。

产品的特性同样会影响应当提供的顾客服务水平。可替代性是一个方面，它是指企业的顾客能够选择的满足其需求的产品数目。如果一个企业对某种重要产品具有垄断地位（几乎没有替代品），由于顾客在任何合理的顾客服务水平范围下都会选择购买该商品，因此，不需要高的顾客服务水平。但是，如果许多产品都能完成同一功能，那么从竞争性营销的观点来看，顾客服务标准就变得非常重要。

在建立顾客服务目的和目标时，另一个与产品相关的考虑因素是产品处于生命周期的哪一阶段。刚上市的产品与成熟产品或即将退出市场的产品要求不同的服务支持。引入新产品时，企业希望确保充足的供给以满足潜在的顾客需求，因此，企业可以采用加急运输避免缺货，但是对于处于衰退期的产品，同一企业不会利用加急运输来防止缺货。

确定可接受的最小订货批量是始终存在的顾客服务问题，许多顾客希望更频繁、更小批量的订货。订货批量降低会使企业利润减少（并最终导致负利润）。因此，在任何营销情况下，企业都需要详细地分析：顾客为什么小批量订货？对于要么提高最小订货批量，要么对小批量订货收取额外费用以弥补损失的政策，现有顾客将有何反应？在线零售商和邮购商通常需要设定最低消费额（例如，75 美元），购买金额超过这个最低消费金额的订单才能免费送货。

7.4.2 衡量顾客服务

如果支持顾客服务水平的标准没有切实地执行，那么企业关于顾客服务水平的宏伟声明只不过是浮夸之词。要实现这一点，系统的衡量和控制计划必不可少，因为你不可能管理你无法衡量的事情。控制是在衡量结果指出顾客服务的目的和目标未能达到时采取的纠正过程。如果没有基于反馈的行动，衡量本身也只是浪费时间和精力。在确定不足后采取行动，可以使顾客服务计划更为有效和高效。

有几个关键问题与衡量顾客服务有关，其中之一是确定使用的数据源。在理想情况下，企业希望能从公司内外收集衡量数据。对于内部数据源，企业可以检查贷项凭证。贷项凭证是指为纠正装运和账单中的错误而必须签发的单据。将它们与无差错活动的数量进行比较，就可以衡量出活动执行的相对准确性。外部度量数据可以从顾客处收集，其中涉及的一个重要管理问题就是通过顾客调查所收集数据的数量。顾客更倾向于对较简短的调查作出回应，但很明显较短的调查问卷提供的可用数据也较少。

与衡量顾客服务相关的第二个关键问题是确定需要度量的因素。一些企业选择最容易衡量的顾客服务要素，但这并不一定是好主意，因为一些难以衡量的要素更能使我们洞察顾客的好恶。另外一些企业会选择一些它们认为重要的要素，这也不一定是个好主意，因为从顾客的角度来看，这些要素可能相对并不那么重要。

由于存在很多潜在的顾客服务衡量指标，因此要提供可以广泛适用的衡量指标的简单列表是不可能的。至少，所选择的衡量指标应与本章前面讨论的顾客服务的四个维度（时间、可靠性、沟通和便利性）保持一致。表 7－2 提供了这四个维度上具有代表性的顾客服务衡量指标。

表 7－2　选择顾客服务衡量指标

顾客服务维度	指标
时间	订单周期 问询的响应时间
可靠性	完美订单 准时交货
沟通	顾客抱怨 订单状态信息
便利性	退货过程 紧急情况的响应

另外，所选择的指标应是顾客认为相关和重要的指标，这看起来好像是毋庸置疑、理所当然的事情，但让我们来看一个使用接听顾客电话的时间长短作为衡量指标的呼叫中心的例子。该呼叫中心认为电话时长越短越好，因此，该呼叫中心特地选出一名员工要求其改善工作绩效，因为这名员工的电话时长比其他员工长得多。但另外的研究显示，如果用每天解决顾客问题的数量这一指标来衡量的话，这名“落后员工”实际上是最有效的员工。简而言之，这个呼叫中心的主要顾客服务衡量指标（接听顾客电话的时间长短）不同于顾客所看重的顾客服务指标（解决手头的问题）。[16]

尽管要管理顾客服务就必须对顾客服务进行衡量，但企业也应当避免“对任何行动都进行衡量”的倾向。过度的衡量会使企业承受极大的压力，因为它需要收集大量数据并进行分析。这会导致“分析麻痹”，即需要太多的时间进行分析而没有多少时间（如果还有的话）基于数据进行决策。更确切地说，企业应当使用数量有限的、有意义且相关的衡量指标，甚至有可能仅使用一个顾客服务衡量指标，如前面呼叫中心的例子。

7.4.3 顾客盈利性分析

顾客盈利性分析（customer profitability analysis，CPA）是指向顾客群体或单个顾客分配收益和成本以计算顾客群体或单个顾客的盈利性。顾客盈利性分析表明，不同的顾客（群体）会耗用不同数量、不同类型的资源。例如，一些顾客可能要求与企业进行电话联系，另外一些顾客能够通过电子方式与企业进行沟通。

顾客盈利性分析明确地认识到，顾客并不都是一样的，其中有的顾客可能对企业更有价值。顾客盈利性分析可用于从盈利性的角度识别出不同的顾客群体。这一分类可以更好地帮助分配企业资源。例如，一种建议的分类是将顾客分为四类（高收益/高成本、高收益/低成本、低收益/高成本、低收益/低成本）。“高收益/低成本”是最具吸引力的一类顾客，“低收益/高成本”是一群最不受欢迎的顾客。[17] 从资源配置的角度来看，对不同的顾客群体，企业应实行不一样的物流方法。关于产品选择，企业可以为“高收益/高成本”的顾客（有时也称为苛刻的顾客[18]）提供足够数量的产品，对于“低收益/低成本”的顾客仅提供有限的产品。

作业成本法（activity-based costing，ABC）认为不同产品耗用资源的数量和类型也会有所不同。从这种意义上说，只有基于作业成本法，全面的顾客盈利分析才起作用。（在本书附录B将更详细地介绍作业成本法。）让我们来看一个液态产品专业分销商的例子。该分销商确立作业成本法为其顾客盈利性分析计划的基础。在发起顾客盈利性分析前，该分销商大约为2 000个顾客提供服务。该分销商了解到，其中150个顾客为其带来90%的利润。另外，通过顾客盈利性分析还识别出了1 000多个无利可图的顾客，该分销商不再与这些无利可图的顾客进行交易。[19]

7.4.4 服务失误和补救

不管企业运作好坏，都会发生一些情况，导致实际绩效无法满足顾客期望的绩效（服务失误）。近年来服务失误成为一个重要的管理问题，部分原因在于企业认识到顾客很容易产生不满情绪。例如，据估计，糟糕的客户体验每年使美国企业损失超过400亿美元。[20] 从物流的角度来看，服务失误尤其与订单周期相关。与订单相关的服务失误包括货物遗失、交货延迟、提早交货、货物损坏、货物数量不正确等。

既然服务失误是不可避免的，那么企业将面临服务补救决策。对我们来说，**服务补救**（service recovery）是指在服务或产品没能满足顾客期望之后让顾客恢复到满意状态的过程。对服务失败的出色响应有时会导致**服务补救悖论**（service recovery paradox），即相较于第一次就把事情做好，一位开始就不满意的顾客在经历了优质的服务补救之后可能更加满意。另外，服务补救还将促使企业更好地运作，因为企业可以从失误中吸取教训，然后实行相关流程和政策以减少未来服务失误的发生。[21]

服务补救没有固定的公式，因为每一次服务失误对特定顾客的影响都会完全不一样。但是有通用的指导原则来处理服务补救，这些原则不仅可以平息顾客的不满情绪，而且会带来企业运作的改善，认识到这一点非常重要。[22] 例如，服务补救的一项指导原则是公平对待顾客。在物流领域，运输公司的服务保证是公平对待的一个实例，如果某次装运在多个交付指标上未达到要求（如按时、无损等），那么顾客可以获得全部退款（或不对货运付费）。除了降低顾客风险外，许多实行服务保证的运输企业的相关绩效（诸如按时交付）都得到了改善，这意味着处理服务失误的费用支出减少。

小　结

需求管理涉及确定顾客需求，需求预测是需求管理的一项主要内容。本章讨论了基本的需求预测模型以及成本、精度等预测相关问题。

本章还介绍了订单管理和订单周期。订单周期是指从下达订单到收到订货的时间间隔。本章还分别对订单周期的四个不同阶段（订单传递、订单处理、订单拣选与组配、订单交付）进行了详细讨论。

顾客服务是本章涉及的第三个主题。本章讨论了顾客服务的四个维度（时间、可靠性、沟通、便利性）。还介绍了如何管理顾客服务，并着重介绍了建立顾客服务目标、衡量顾客服务、顾客盈利性分析、服务失误和补救这四个方面的内容。

关键术语

作业成本法（ABC）	订货型生产	接单收款周期
标杆管理	备货型生产	订单传递
因果预测	多渠道营销系统	订单类选
协同计划、预测和补货（CPFR）	订单周期	按灯拣货技术
顾客盈利性分析（CPA）	订单交付	服务补救
顾客服务	订单履行率	服务补救悖论
需求管理	订单管理	时间序列预测
主观判断预测	订单拣选与组配	语音识别拣货
订单处理		

讨论和复习题

7.1　需求管理、订单管理和顾客服务的关系是什么？

7.2　讨论三种基本需求预测模型。

7.3　讨论一些需求预测问题。

7.4 定义和描述订单周期，为什么它被认为是顾客服务的一个重要方面？

7.5 订单周期变动的原因有哪些？订单周期变动会带来哪些后果？

7.6 列举订单传递的方法，讨论每种方法的特点。

7.7 检查所有订单的完整性和准确性有哪些优缺点。

7.8 定义订单类选并解释它是如何影响订单处理的。

7.9 讨论无须大笔支出如何提高订单处理的效果和效率。

7.10 讨论什么是按灯拣选技术，它如何促进拣选活动。

7.11 讨论订单周期的订单交付阶段。

7.12 顾客服务如何成为企业的竞争武器？

7.13 宏观环境因素是如何导致企业和个人对服务水平的更高要求的？

7.14 列举并讨论顾客服务可靠性的三个要素。

7.15 促进买方和卖方之间沟通的技术发展有哪些优缺点？

7.16 什么是顾客盈利性分析？它可以如何应用于物流领域？

7.17 定义标杆管理并解释企业可以如何进行标杆管理。

7.18 可替代性和产品生命周期阶段等特性是如何影响顾客服务目的和目标发展的？

7.19 描述与衡量顾客服务相关的一些关键问题。

7.20 服务补救指的是什么？它与物流有何关系？

建议读物

Diaz, Angel, Bjorn Claes, and Luis Solis. "Benchmarking Logistics and Supply Chain Practices in Spain." *Supply Chain Forum: An International Journal* 12, no. 2 (2011): 82–90.

Eroglu, Cuneyt and A. Michael Knemeyer. "Exploring the Potential Effects of Forecaster Motivational Orientation and Gender on Judgmental Adjustments of Statistical Forecasts." *Journal of Business Logistics* 31, no. 1 (2010): 179–195.

Forslund, Helena. "The Size of a Logistics Performance Measurement System." *Facilities* 29, nos. 3 and 4 (2011): 133–148.

Jain, Chaman L. and Mark Covas. "Six Rules for Effective Demand Planning in a Volatile Economy." *Journal of Business Forecasting* 29, no. 2 (2010): 4–13.

Kavanaugh, Shayne and Darrell Williams. "Making the Best Use of Judgmental Forecasting." *Government Finance Review* December (2014): 8–16.

Marchet, Gino, Marco Melacini, and Sara Perotti. "Investigating Order Picking Adoption: A Case-Study-Based Approach." *International Journal of Logistics: Research & Applications* 18, no. 1 (2015): 82–98.

Ramanathan, Usha, Angappa Gunasekaran, and Nachiappan Subramanian. "Supply Chain Collaboration Performance Metrics: A Conceptual Framework." *Benchmarking: An International Journal* 18, no. 6 (2011): 856–872.

Schulze, Manuel, Stefan Seuring, and Christian Ewering. "Applying Activity-Based Costing in a Supply Chain Environment." *International Journal of Production Economics* 135, no. 2 (2012): 716–725.

Sewell, Graham, James R. Barker, and Daniel Nyberg. "Working under Intensive Surveillance: When Does 'Measuring Everything That Moves' Become Intolerable?" *Human Relations* 65, no. 2 (2012): 189–215.

Thomas, Rodney W., Terry L. Esper, and Theodore P. Stank. "Coping with Time Pressure in Interfirm Supply Chain Relationships." *Industrial Marketing Management* 40, no. 3 (2011): 414–423.

Vandeusen, Jeff and John Mello. "A Roadmap to Implementing CPFR." *Foresight: The International Journal of Applied Forecasting* June (2014): 8–12.

Wu, Wann-Yih, Ya-Chung Hou, Chen-Su Fu, and Chi-Ya Chang. "Identifying Failure Recovery Strategies for Paper Industrial Suppliers." *Industrial Marketing Management* 42, no. 8 (2013): 1233–1244.

案 例

案例7-1　汉迪安迪公司

汉迪安迪公司（Handy Andy）在位于密苏里州圣路易斯市的一家工厂生产生活垃圾捣

碎机，并在全美销售。汉迪安迪公司 90%的产品都销售到了大城市，因为那里垃圾收集成本很高。

标准型号的捣碎机大约 3 英尺高，2 英尺长，1.3 英尺宽。豪华型产品的尺寸相同，但性能更好，如容量更大、功率更强。由于大部分顾客把捣碎机放在厨房里，因此产品有多种颜色和装饰选择以提供与厨房布置相称的外观。标准型产品有 5 种颜色和 3 种装饰共计 15 种选择。豪华型产品有 8 种颜色和 4 种装饰共计 32 种选择。零售价由经销商决定，标准型产品价格在 600～725 美元之间，豪华型产品价格在 950～1 100 美元之间。在某个区域的销售通常开始时很缓慢，直到垃圾埋填成本增加，垃圾收集者提高了每桶垃圾的费率后，销售状况才会有所改观。

在每个大城市都有一家汉迪安迪工厂的分销商。分销商负责履行汉迪安迪许可零售商的订单。工厂分销商也可以直接向最终消费者销售垃圾捣碎机。每个分销商都储存有所有样式和装饰的产品。汉迪安迪公司要求分销商每种产品至少储存 5 件（共 47 种不同类型产品）。

由于零星销售的方式和大量颜色/装饰选择，许可的零售商通常只储存一两件展示产品。每个零售商都有“设计你理想中的捣碎机”这种软件包，允许潜在顾客设计其所需的型号、颜色和装饰。零售商完成销售后，订单就会传送给最近的汉迪安迪分销商。

汉迪安迪公司与其工厂分销商之间的一般协议是，工厂分销商在收到来自零售商的订单后 5 天之内要完成产品交付和安装。因为交付和安装，工厂分销商将获得产品批发价 9%的回报，其中一半由零售商支付，一半由汉迪安迪公司支付。

乔斯·欧特佳（Jose Ortega）是汉迪安迪公司在圣路易斯总部的分销部门的员工。他当前正从事一个项目以确定垃圾捣碎机保修期是否应该从一年延长至两年。汉迪安迪公司的产品质量良好，每种型号在使用的第一年几乎都没有维修的问题。因为汉迪安迪公司没有产品一年保修期到期后的维修情况记录，所以欧特佳随机电话联系了一些顾客以了解顾客迄今为止的产品使用体验。当顾客在线激活产品保修期时汉迪安迪公司就已获取了姓名、电话号码等顾客信息（如图 7A 所示）。

买方详细信息

- 名* ______
- 姓* ______
- 电子邮件* ______
- 手机* ______
- 通讯地址 ______
- 市 ______
- 州 ______
- 邮政编码 ______

产品详细信息

- 产品名* ______
- 产品编号* ______
- 交易号* ______

附加详细信息

- 零售商名* ______
- 购买日期* ______
- 安装日期* ______

☐ 我希望获得有关汉迪安迪新产品的信息

*必填项目　　发送

图 7A　保修期激活表

乔斯·欧特佳正在联系500位拥有公司产品一年以上四年以下的顾客，以确定顾客使用的垃圾捣碎机是否维修过。如果维修过，维修程度和成本如何。与这些顾客交谈时，顾客很少抱怨公司产品的耐用性，这一点给欧特佳留下很深印象。

但是，有一方面顾客抱怨很多，这一点令乔斯·欧特佳很疑惑，直到许多顾客都对他讲述相同的情况时，而且这些顾客都来自少数的几个城市，他才发现这的确是个问题。在这几个城市，工厂分销商会联系从许可零售商处购买标准型号捣碎机的顾客，告诉他们原先要求的产品型号缺货而只需加100美元就可以买到豪华型的产品。工厂分销商还告诉顾客，购买豪华型产品可以获得更好的售后服务，因为如果产品出现故障，高价产品相对于低价产品具有优先权。另外，这几个城市的工厂分销商对顾客表明，是它们而非汉迪安迪公司保证提供一年保修。

欧特佳认识到，他发现了自己责任之外的一个更大、更严重的问题。他和上司谢乐尔·布赫（Sheryl Booher）简单交流了一下，布赫吩咐他修改访谈的内容格式，增加一些关于产品安装的问题。布赫还要欧特佳对购买产品少于一年的顾客也进行电话调查。调查后欧特佳发现，从工厂分销商处购买的顾客，与从许可零售商处购买的顾客，所接受的安装服务过程有明显差别。

一般说来，从工厂分销商处购买的捣碎机可以更快速地交付。重要的是，超过90%的送货可以在承诺的2小时交付窗口内完成，而且安装人员会仔细解释产品如何使用，3天和10天后会打电话给顾客确定是否对产品使用还存在问题。

相反，欧特佳了解到，从零售商处购买的产品的交付时间却非常不一致。更确切地说，只有不到20%的送货可以在承诺的2小时交付窗口内完成。更让人头疼的是，有时候产品就直接放在顾客的厨房中央，甚至连货运包装都未拆，也就是说，根本就没有安装。零售商的顾客还指出，安装人员不会解释产品如何使用，有些安装人员态度粗鲁无礼。例如，作为对顾客提问的回应，一位安装人员竟然说："如果你识字的话，可以在说明书中找到答案。"

欧特佳又和上司安排了一次会面。当欧特佳进入布赫的办公室时，他惊奇地发现汉迪安迪公司负责营销的副总裁鲍勃·比克斯比（Bob Bixby）也坐在那里。布赫让欧特佳将访谈的结果汇报给副总裁比克斯比。

在听完欧特佳的汇报后，比克斯比问欧特佳："你是否认为所有市场都存在这种情况？"

"不，"欧特佳回答，"我认为杰克逊维尔、巴尔的摩、克利夫兰、路易斯维尔、丹佛、圣迭戈存在这一情况。达拉斯和新奥尔良也可能存在这一问题。对于大城市，我的样本结构并不十分合理，你知道，这个全国范围内的样本起初主要是为了调查维修工作的。"

[问题]

1. 这是一个顾客服务问题吗？为什么？

2. 似乎工厂分销商在剥削许可零售商，但圣路易斯的汉迪安迪公司总部从未听到来自零售商的抱怨，为什么他们不抱怨呢？

3. 汉迪安迪公司负责营销的副总裁该如何做？为什么？

4. 在案例中提及这些城市的工厂分销商对顾客表明是它们而非汉迪安迪公司保证提供一年保修。对汉迪安迪公司来说，这是否存在问题？为什么？

5. 比克斯比、布赫和欧特佳认识到，汉迪安迪需要一个更好的方法来了解顾客的安装体验。其中一种方法是，在保修期激活表中增加一个有关安装体验的开放式问题。另一种方法是，在收到保修期激活表后3～5天内通过电子邮件给顾客发送一份关于安装体验的调查表。汉迪安迪公司应选择哪种方法？为什么？

6. 如果汉迪安迪仅允许获得许可的零售商销售产品（也就是说，工厂分销商不再能够向消费者销售产品），请讨论其优缺点。

7. 对报告了不满意安装体验的顾客进行服务补救是不是太迟了？为什么？

【注释】

[1] John T. Mentzer, "A Telling Fortune," Industrial Engineer, April 2006, 42-47.

[2] The discussion of demand forecasting models is drawn from Chaman L. Jain, "Benchmarking Forecasting Models," Journal of Business Forecasting 24, no. 4 (2005/2006): 9-10, 12 as well as Joel D. Wisner, G. Keong Leong, and Keah-Choon Tan, Principles of Supply Chain Management: A Balanced Approach, 4th ed. (Boston: Cengage Learning, 2016), Chapter 5.

[3] Carol Casper, "Demand Planning Comes of Age," Food Logistics, January/February 2008, 19-24.

[4] Jerry Andrews, "CPFR: Considering the Options, Advantages, and Pitfalls," Supply and Demand Chain Executive, April/May 2008, 8-12.

[5] Kevin T. Higgins, "Forecasting to Believing," Food Engineering, October 2009, 57-64.

[6] Judy A. Perry, "Who's Watching the Numbers That Count?" Railway Age, May 2005, 10.

[7] http://www.supplychain247.com/article/5_way_to_improve_order_picking_productivity/MWPVL_International.

[8] Andre Siepenkort, Matthew Stinson, and Stefan Gerlach, "Match Order to Picker for Better Efficiency," Material Handling and Logistics, May 2012, 30-32.

[9] Bridget McCrea, "State of Voice: Voice Hits Its Stride," Logistics Management, July 2015, 52-57.

[10] Josh Bond, "Light-Directed Activities: Order Fulfillment at the speed You Need," Modern Materials Handling, May 2013, 32-39.

[11] Jessica Tremayne, "The Science of Service," Smart Business Cleveland, March 2009, 61-66.

[12] Roger A. Kerin, Steven W. Hartley, and William Rudelius, Marketing, 10th ed. (Boston: McGraw-Hill/Irwin, 2011), Chapter 16.

[13] Ibid.

[14] John Paul Quinn, "How to Avoid Communication Breakdowns," Logistics Management, April 2006, 37-41.

[15] Ibid.

[16] No author, "Mistaken Metrics," T & D, February 2009, 88.

[17] Lynette Ryals, "Managing Customers Profitably," Credit Control 32, no. 3&4 (2011): 37-42.

[18] Ibid.

[19] Victoria F. Kickham, "Staying Focused on Hose," Industrial Distribution, October 2008, 22-25.

[20] Http://www.newvoicemedia.com./blog/the-multibillion-dollar-cost-of-poor-customer-service-infographic/.

[21] Robert Johnston and Stefan Michel, "Three Outcomes of Service Recovery," International Journal of Production and Operations Management 28, no. 1 (2008): 79-99.

[22] Gail Scott, "Service Recovery," Healthcare Executive, January/February 2009, 44-47.

第8章 库存管理

学习目标

- 了解库存的分类
- 讨论库存成本及其权衡
- 确定何时订货和订货量，重点了解经济订货批量的确定
- 区别不同库存流模式
- 讨论库存管理中需要特别关注的问题
- 了解一些现代库存管理方法

库存（inventory）是指为达到多种目的而维持的物品和物料的存货，它主要用于满足正常的需求。在生产和销售过程中，库存作为一种缓冲而使供需平衡。例如，如果你每天吃 1 枚鸡蛋、每次买 12 枚，那么每隔 12 天你就要买一次鸡蛋，在这 12 天中，你冰箱中的鸡蛋库存将以每天 1 枚的速率减少。

库存管理是物流和供应链管理的关键组成部分，其中部分原因在于库存决策是仓储、运输和物料搬运等企业活动的起点或者驱动源。另外，不同职能部门可能有不同的库存管理目标。例如，市场营销部门希望确保有充足的库存来满足顾客需求以避免缺货，即要求较高的库存水平。财务部门则强调库存持有成本最小化，即要求较低的库存水平。在一个企业内部管理这些看似矛盾的目标好像难度并不大，但供应链是由多个企业构成，其中每个企业都有自己不同的库存管理理念。事实上，供应链中的每个环节都更希望其他环节持有库存。

企业力图实现库存的适当平衡（也就是维持适量的库存），但要实现库存的适当平衡相当困难，因为这涉及库存持有成本和缺货成本之间的权衡。在本章后面，

我们将详细讨论库存持有成本和缺货成本。更具体地说，一方面，高库存水平（超储）会导致高库存持有成本和低（或零）缺货成本；另一方面，低库存水平将导致低库存持有成本和高缺货成本。

这里，重要的是，要注意到，通过制造和加工后产品不断增值，单位产品的库存持有成本也不断增加。因此，相对于原材料和在制品库存，持有产成品库存的成本要高得多。库存持有成本可能非常高，企业库存占用资金的投资回报应高于这些资金用于其他具有同样风险的活动所带来的回报。

本章将首先介绍库存的不同类型以及各种库存相关成本。随后将探讨何时订货及订多少的问题。接着将介绍库存流动及库存中一些需要特别关注的问题。最后将讨论几种现代库存管理的方法。

8.1 库存的分类

理解库存的不同类型非常重要，因为库存的分类会影响库存管理的方式。持有库存主要是为了满足需求，库存可分为周转（基本）库存、安全（缓冲）库存、渠道（在途）库存、投机库存。下面将分别对各类库存进行解释。

周转库存（cycle stock）或**基本库存**（base stock）是指在一个订货周期中满足正常需求所需的库存。回到本章开篇鸡蛋的例子，一打（12 枚）鸡蛋代表周转库存：我们每天食用 1 枚鸡蛋，每 12 天购买一次鸡蛋。让我们回忆一下第 7 章内容，订单周期时间不断缩短，意味着相关的周转库存水平也不断降低。

安全库存（safety stock）或**缓冲库存**（buffer stock）是指除周转库存外，为应对需求或提前期的不确定性而持有的库存。例如，你偶尔决定用 3 枚鸡蛋做一次煎蛋卷，而不是每天吃 1 枚鸡蛋，此时就产生了需求的不确定性。有时，你可能 14 天才买一次鸡蛋而不是 12 天买一次，这是提前期不确定性的例子。在这两种情况下，你需要额外的一些鸡蛋以确保鸡蛋不会断档。正如在第 7 章所指出的，不确定性增加会导致更高水平的安全库存。

渠道库存（pipeline stock）或**在途库存**（in-transit stock）是指处于物流系统中不同固定设施（如工厂、仓库或商店）之间的运输途中的库存。在鸡蛋的例子中，指在养鸡场与食品批发商的配送中心之间，或零售店与你的厨房之间运输中的鸡蛋。

投机库存（speculative stock）是指为诸如季节性需求、预计价格上涨和潜在产品短缺等原因而持有的库存。举例来说，在复活节有吃炸蛋卷和彩蛋的习俗，因此在复活节假期之前对鸡蛋的需求会大幅增加。

尽管持有库存通常是为了满足需求，但在某些情况下持有库存是为了刺激需求，也称为**精神库存**（psychic stock）。这种类型的库存与零售店有关，其基本思想是客户看到库存会刺激其购买。[1] 这个观点部分解释了一些零售商大量储存某些商品的原因。

8.2 库存相关成本

你可能还记得基本会计公式：资产＝负债＋所有者权益。这个会计公式的管理意义在于资产必须以某种方式偿还。简单地说，资产是有成本的。这也就意味着库存是有成本的。在企业资产负债表中库存不仅被视为企业的资产，而且往往是资产负债表中最大的资产之一（以货币价值来表示）。因此，对于物流人员来说，理解库存成本非常重要。

表 8－1 中列出了 2010—2014 年美国库存成本的一些绝对和相对数据。从绝对数据来看，表 8－1 表明在 2010—2014 年企业库存价值在 2.1 万亿～2.5 万亿美元之间。从相对数据来看，2010—2014 年库存成本大约占总物流成本的 1/3。

表 8－1　库存成本的重要性

年份	企业库存价值（10 亿美元）	库存持有成本百分比（%）	库存持有成本（10 亿美元）	总物流成本（10 亿美元）	库存占总物流成本的百分比（%）
2010	2 064	19.2	396	1 211	32.7
2011	2 184	19.1	418	1 282	32.6
2012	2 269	20.1	457	1 354	33.8
2013	2 459	19.1	469	1 410	33.3
2014	2 495	19.1	476	1 450	32.8

资料来源：Annual State of Logistics Report，various years，prepared by Rosalyn Wilson for the Council of Supply Chain Management Professionals（www. cscmp. org）.

下面详细介绍三种库存成本——库存持有成本、订货成本、缺货成本，这些都是企业在制定库存管理政策时应当考虑的成本。物流管理人员必须理解每种库存成本的性质及这些成本之间的权衡。

8.2.1 库存持有成本

持有库存相关的成本，称为**库存持有成本**（inventory carrying（holding）costs）。库存持有成本是最受关注的库存相关成本。一般情况下，库存持有成本常用百分比表示，用这个百分比乘以库存的价值，就可得出持有库存的成本（用货币价值表示）。例如，在表 8－1 中，2010 年企业库存价值为 2.064 万亿美元，乘以 2010 年的库存持有成本百分比 19.2%，就得到相关库存持有成本为 3 960 亿美元。

毫无疑问，库存持有成本百分比的增加或减少将会影响相关的库存持有成本。一般来说，当库存持有成本百分比增加时，企业希望持有较低水平的库存，其部分原因在于持有库存会带来更大的风险（如陈旧）。因此，确定库存持有成本百分比对企业来说应该非常重要。然而，现实情况是，许多企业并不知道它们实际的库存持有成本。更确切地说，许多企业只是简单地将库存持有成本百分比指定为库存价值的25%，并且自20世纪50年代中期以来就一直使用25%这个数值。[2] 表8-1显示，自2010年以来美国库存持有成本百分比取值一直在19%～20%之间。

库存持有成本由许多不同的部分组成（见表8-2），这些组成要素的重要性随产品不同而不同。例如，易腐品（如奶制品、肉类和家禽），在出售时要标明保质期，如果超过了这一特定日期，这些产品将只有很少价值或毫无价值。相比之下，一盒铅笔的价值仅随时间非常缓慢地下降。这两个例子说明的都是库存持有成本中的陈旧成本，并指出产品的价值会随着时间逐渐下降。值得注意的是，有些产品（如易腐品）相对于其他产品（如铅笔）价值下降要快得多。

表8-2　库存持有成本的构成

陈旧成本
库存缩水
储存成本
搬运成本
保险成本
税金
利息

库存缩水（inventory shrinkage）也是库存持有成本的一个组成部分，指记录进入仓储或零售设施的物品比出库的多。员工和顾客的盗窃是库存缩水的主要原因。另外，尽管技术飞速发展，但收货时库存计数不准确等的管理错误造成的库存缩水大约占到10%左右。[3]

储存成本是库存持有成本的又一组成部分，指占用工厂、库房或仓储设施的空间所发生的成本。一些产品有非常专业化的储存要求。例如，冰淇淋必须在低于零下30摄氏度的环境下储存。你应当认识到，冷藏等专业化储存要求会导致更高的储存成本。搬运成本是另一种库存持有成本，包括雇用员工收货、储存、取货和搬运库存的成本。请注意，专业化的储存要求还可能增加搬运成本，如冷藏仓库要求工人戴着手套、帽子，穿着大衣以防寒。

保险成本是另外一种库存持有成本，是指为防止火灾、水灾、盗窃及其他风险而对库存进行的投保。不同产品的保险费用是不同的，如钻石的保险费用要远远高于洗发水。税金也是库存持有成本的一个组成部分，它是以某一特定日期所持有的存货为基础计算的。因此，企业都会尽最大努力使那一天的库存水平尽可能低。最后，利息是指维持库存投资所需的资金成本。在美国，基本利率为预计维持库存的利息提供了方便的起点。

一些库存物资因其特殊性质，还有其他类型的持有成本。例如，宠物和牲畜必须喂水和食物，热带鱼必须喂食并向水中加氧。另一种成本是机会成本，即投资于错误物料所发生的成本。但是机会成本通常不包括在库存持有成本中。这是从事投机性库存的企业面临的一个问题。当企业为满足消费者需求而持有过多库存时，也会产生机会成本。

8.2.2 订货成本

订货成本（ordering costs）是指与订购库存货物相关的成本，如订货费用和调整准备费用。订货费用包括接受订单的各种费用（如通过电话进行订货的人员的工资）、信用调查、检查库存可获性、将订单输入系统、准备发票、接收货款等费用。请注意，许多订货成本涉及订单周期中的订单传递和订单处理费用。调整准备费用是指为满足特定订单而生产产品之前需要改变生产过程而发生的准备费用。

8.2.3 库存持有成本与订货成本之间的权衡

因为订货次数或订货量对库存持有成本和订货成本的影响正好相反，因此需要在库存持有成本和订货成本之间进行权衡。也就是说，订货次数增加会导致订货成本增加、库存持有成本减少。我们将用一个具体的算例来说明库存持有成本和订货成本之间的权衡。在此之前，我们必须了解如何计算订货成本和库存持有成本。

订货成本可由年订货次数乘以每次订货的订货成本计算而得。由于我们假设货物是匀速流出的，因此平均库存量就等于订货批量的一半。库存持有成本就等于平均库存与库存持有成本百分比（表示为货币价值的百分比）的乘积。

假定每周需求为100件，每次订货的订货成本为80美元。每件产品的价值为50美元。库存持有成本百分比为20%，也就是产品价值的20%。如果我们每年订购该产品一次：

订货成本＝每年订货次数×每次订货的订货成本
　　　　＝1×80＝80(美元)
库存持有成本＝平均库存×单位库存持有成本
　　　　　　＝[(100×52)÷2]×[产品价值(50美元)
　　　　　　　×库存持有成本百分比(0.20)]
　　　　　　＝2 600×10＝26 000(美元)

如果每周订一次货，我们来看看，订货成本和库存持有成本将有何变化：

订货成本＝52×80＝4 160(美元)
库存持有成本＝平均库存(50)×10＝500(美元)

8.2.4 缺货成本

如果与库存相关的问题仅仅是避免供应过剩，那么解决办法相对简单：减少产品的储存量。然而，产品缺货与产品过剩可能同样糟糕甚或更糟糕。当消费者的需求不能立即满足时，缺货成本便产生了。

缺货成本的计算比较困难并且不是非常精确，但估计缺货成本对企业非常重要，因为在确定库存持有水平时需要权衡库存持有成本与缺货成本。**缺货成本**（stockout costs），或估计发生缺货的成本或惩罚，涉及理解欲购买某个物品的顾客对企业缺货的反应。

让我们看看在缺货情况下顾客的可能反应。我们又该如何对这些顾客对缺货的反应进行评价呢？

1. 顾客说："我会回来"，也确实回来了。
2. 顾客说："到货时，请给我打电话。"
3. 顾客购买了替代产品，且替代产品对卖方来说利润更高。
4. 顾客购买了替代产品，但替代产品对卖方来说利润较低。
5. 顾客仍预订了这种缺货产品（**延迟交货订单**），并要求到货时交货。
6. 顾客此次选择从竞争对手处购买。
7. 顾客本次采购和将来所有的采购都选择在竞争对手处购买。

显然，缺货时顾客的反应不同，企业遭受的成本损失也不一样。例如，上述第一种情况的损失微不足道，因为只是销售稍稍延迟。第二种情况则难以捉摸，因为企业并不知道顾客是否会真的返回。第七种情况显然是最具破坏性的，因为已经永远地失去了该顾客，而且有必要了解开发一个新顾客以替代失去的顾客的成本。正如我们在第 7 章所指出的，获取一个新客户的成本是维持一个现有顾客成本的 5 倍。

计算缺货成本，为简便起见，我们假设客户的反应可以分为三类：延迟出售（品牌忠诚）、失去本次销售（本次转购其他产品，但下次仍会回来）、失去顾客。进一步假设，一段时间中经历缺货的 300 名顾客中，10％等待延迟出售，25％本次转购其他产品但下次仍回来，其余 65％的顾客将永远失去（见表 8－3）。

表 8－3　平均缺货成本的确定

	损失（美元）	发生概率	平均成本（美元）
1. 品牌忠诚顾客	00.00	0.10	00.00
2. 本次转购其他产品但下次仍回来	37.00	0.25	9.25
3. 失去顾客	1 200.00	0.65	780.00
平均缺货成本		1.00	789.25

说明：这些仅是为了说明问题而假设的数据。

可利用每个事件发生的概率来确定平均缺货成本。更具体地说，如表 8－3 所示，各个事件发生的概率乘以相应的损失就等于各个事件的平均成本，然后将这些平均成本求和就得到平均缺货成本。延迟出售不存在成本，因为顾客对品牌是忠诚的，并愿意等到有货时再购买。失去销售则意味着失去顾客购买所带来的利润。在失去顾客的情况下，顾客购买竞争对手的产品，并决定未来都从竞争对手处购买，则涉及开发新客户的成本。

了解缺货成本是如何计算的将有助于我们理解一些关键管理问题。一般说来，平均缺货成本越高，企业就越应该持有一定数量的库存（安全库存）以防止缺货。另外，延迟出售的概率越大，平均缺货成本越低，那么企业需要持有的库存也就更少。例如，如果我们将表 8－3 中品牌忠诚顾客和失去顾客两种情况下的发生概率交换（也就是，品牌忠诚顾客的概率为 0.65，失去顾客的概率为 0.10），那么平均缺货成本就变为 129.25 美元（而不是表中的 789.25 美元了）。

8.2.5 库存持有成本与缺货成本之间的权衡

因为库存的增加或减少对库存持有成本和缺货成本的影响正好相反，所以需要在库存持有成本和缺货成本之间进行权衡。也就是说，高库存水平将导致更高的库存持有成本，但同时也使缺货的可能性减少，从而降低了缺货成本。我们将用表 8－4 中具体的例子来说明安全库存水平与避免的缺货次数之间的权衡。在这个例子中，我们假设库存只能以 10 的倍数订购，每单位存货价值 480 美元，库存持有成本百分比为 25％。因此，安全库存从 0 单位增加到 10 单位，增加的库存持有成本为（10×480 美元）×0.25，也就是 1 200 美元。同样，安全库存从 10 单位增加到 20 单位所增加的库存持有成本也是 1 200 美元。

这个例子还假设不同的安全库存水平可以在一定程度上防止缺货。例如，一年持有 10 单位的安全库存，企业可以防止 20 次缺货；如果安全库存从 10 单位增加到 20 单位，则可以额外又满足 16 个订单。若平均缺货成本为 400 美元，那么 10 单位的安全库存可以使企业避免 20 次缺货，也就为企业节省了 8 000 美元（400 美元×20）。节省的 8 000 美元远远大于增加的库存持有成本 1 200 美元，因此该企业应该至少持有 10 单位的安全库存。持有 20 单位安全库存增加的库存持有成本为 1 200 美元，但可以避免 6 400 美元（16×400 美元）的缺货成本。根据表 8－4 中的数据，最佳安全库存量是 70 单位。在这一点上，增加 10 单位库存的库存持有成本为 1 200 美元，节约的缺货成本也为 1 200 美元。

表 8－4 安全库存水平的确定

安全库存数量	额外的安全库存（每单位 480 美元）	25％的年持有成本（美元）	增加的安全库存的总价值（美元）	满足的额外订货	避免的缺货成本（美元）
10	4 800	1 200	1 200	20	8 000
20	9 600	2 400	1 200	16	6 400
30	14 400	3 600	1 200	12	4 800
40	19 200	4 800	1 200	8	3 200
50	24 000	6 000	1 200	6	2 400
60	28 800	7 200	1 200	4	1 600
70	33 600	8 400	1 200	3	1 200

8.3　何时订货和一次订多少

何时订货是库存管理中的一个关键问题。企业可以每次按固定订货量进行订货（**定量订货系统**（fixed order quantity system）），或每隔一段固定的时间间隔进行订货（**定期订货系统**（fixed order interval system））。在定量订货系统中，订货量保持不变，但订货的时间间隔会发生变化。例如，一个商店可能总是订 200 箱软饮料。第一次订货发生在 1 月 3 日，第二次订货在 1 月 6 日（间隔 3 天），在 1 月 11 日才进行第三次订货（间隔 5 天）。相反，定期订货系统中，订货的时间间隔是固定的，订货量可能会发生波动。例如，一对夫妻每周日都到杂货店购物，虽然购物的时间间隔不变为七天，但购物清单（库存需求）每周都不一样。

在一个有效的定量订货系统中，需要确定一个**订货点**（reorder point）（库存水平下降到该点时就下达补货订单）。订货点（*ROP*）比较容易计算，尤其在确定的环境下。订货点等于平均日需求量（*DD*）乘以补货周期（*RC*）：

$$ROP = DD \times RC$$

例如，假定平均每天的需求量为 40 单位，补货周期为 4 天，则订货点为 40×4，也就是 160 单位。换句话说，当库存水平下降到 160 单位时需要再订货。

在不确定环境下，订货点也可用类似方法进行计算，但此时需要考虑安全库存因素（*SS*）：

$$ROP = (DD \times RC) + SS$$

继续前面的例子，假设该公司决定持有 40 单位的安全库存，则订货点变为 (40×4)+40，也就是 200 单位。

当有预先确定的订货点时，定量订货系统最为合适。这表明该系统需要持续或相对频繁地对库存水平进行监控。在定量订货系统中，如果销售增加，则库存将更快下降到订货点，并自动下达新订单。相反，在多数定期订货系统中，监控库存的频率要小得多，通常只是在计划订货时间之前才会检查库存。由于每隔一段时间才会检查一次库存，因此定期订货系统更容易发生库存短缺的情况，所以在定期订货系统中往往持有更高水平的安全库存。企业完全可以对不同的库存物资采用不一样的订货系统，一些物资采用定量订货系统，另一些物资采用定期订货系统。

8.3.1　经济订货批量

某特定时间内的订货量一直是库存管理关注的一个问题。典型的库存订货批量问题被称为**经济订货批量**（economic order quantity，EOQ），就是按照库存持有成本和订货成本这两项成本计算合理的订货批量。经济订货批量就是能够使库存持有成本与订货成本之和最小的订货量，即使库存持有成本与订货成本相等的那个订货量。更具体地说，经济订货批量就是使库存总成本最小的订货批量。[4] 图 8－1 显示了库存持有成本和订货成本的特性。

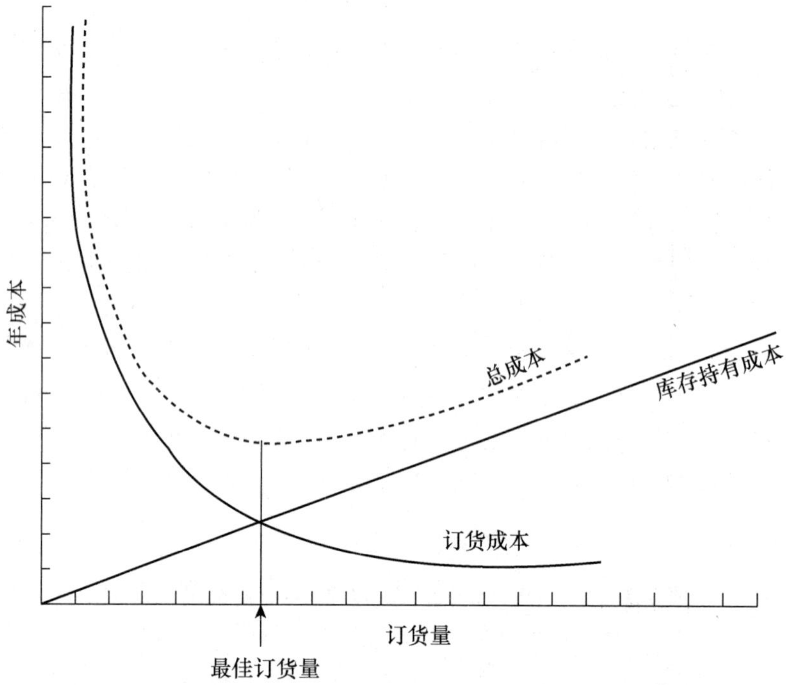

图 8－1　用图形确定 EOQ

基本 EOQ 模型基于以下假设条件：

1. 需求率已知、均匀且为常量。
2. 订货提前期已知，且为常量。
3. 购买价格为常量，与订货批量大小无关。
4. 所有需求均可满足（不允许缺货）。
5. 无在途库存。
6. 库存中只有一种物资，或库存物资间没有相互作用。
7. 无限的计划期。
8. 无限的可用资本。

计算 *EOQ* 的方式有两种：一种以美元计，另一种以库存单位计。如果以美元计，假设每年使用 1 000 美元的某物资，每次订货成本为 25 美元，年库存持有成本百分比为 20%。那么利用以下公式就可以计算出 *EOQ*：

$$EOQ=\sqrt{2AB/C}$$

式中：*EOQ*——经济订货批量（以美元表示）；

A——年使用量（用美元表示）；

B——每次订货的管理成本；

C——库存持有成本百分比（表示为年库存美元价值的百分比）。

因此，得

$$EOQ=\sqrt{2\times 1\,000\times 25/0.20}=\sqrt{250\,000}=500(\text{美元})$$

另外，*EOQ* 也可以通过订货单位数来计算。如前例，假设该库存物资的单位成本为 5 美元，则计算公式为：

$$EOQ=\sqrt{2DB/(IC)}$$

式中：*EOQ*——经济订货批量（以单位表示）；

D——年需求量（以单位表示，即 200 单位，或库存物资价值 1 000 美元/库存物资单位成本 5 美元）；

B——每次订货的管理成本；

C——库存持有成本百分比（表示为年库存美元价值的百分比）；

I——库存物资的单价。

因此，得

$$EOQ=\sqrt{2\times 200\times 25/(5\times 0.20)}=\sqrt{10\,000/1}=100(\text{单位})$$

虽然已经计算出经济订货批量，但答案是不是正确呢？因为 *EOQ* 是库存持有成本等于订货成本时对应的订货量，我们需要计算出这两项成本（见表 8－5）。我们刚刚计算出 *EOQ* 为 500 美元（100 单位）。如表 8－5 所示，计算出的 *EOQ* 为 500 美元，意味着每年要订货两次，相应的订货成本为 50 美元。订货量为 500 美元时平均库存量为 250 美元，则意味着库存持有成本为 50 美元。因此，当订货量为 500 美元时，订货成本和库存持有成本相等。表 8－5 还显示了以其他一些订货批量进行订货时的总成本计算。请注意，以 *EOQ* 订货时，库存持有成本与订货成本相等，且此时库存持有成本和订货成本之和也最小。

表 8－5　经济订货批量下的成本计算

每年订货次数	订货量（单位）	订货成本（美元）	库存持有成本（美元）	总成本（美元，订货成本与库存持有成本之和）
1	1 000	25	100	125
2	500	50	50	100
3	333	75	33	108
4	250	100	25	125
5	200	125	20	145

8.3.2　存在不确定性情况下

你们应当认识到，极少有企业有幸能够在满足前面所述 EOQ 模型的所有八项假设的确定环境下管理库存。例如，一个突发事件可能会影响需求率已知、均匀且为常量这一假设。一个极好的例子是，2016 年创作歌手大卫·鲍威（David Bowie）和王子（Prince）去世后的那几周，他们的专辑销量飙升。

由于当代经营环境具有极大的不确定性，因此可以对基本的 EOQ 模型进行修正以考虑存在一种或多种不确定性的情况。例如，可以计算需求不确定、订货提前期不确定或同时存在需求和提前期不确定情况下的经济订货批量。这些修正增加了经济订货批量的数学计算的复杂性，本书不介绍这些修正的经济订货批量模型。[5]

8.4 库存流

利用计算出的固定订货量（如 EOQ）和安全库存量可建立库存流图，也就是用图形描绘出库存需求及补充。图 8-2 基于以下假设显示了库存流的变化：经济订货批量为 120 单位，安全库存为 60 单位，日平均需求为 30 单位，补货或订单周期为 2 天。此外，初始库存等于安全库存与 EOQ 的和（60＋120＝180）。回忆一下本章前面介绍过的计算订货点的方法，订货点等于日需求量×补货周期＋安全库存，即 30×2＋60＝120 单位。

如图 8-2 所示，第 1 天开始时可供销售的库存量为 180 单位（A 点），日需求量为 30 单位，意味着第 2 天开始时可供销售的库存量为 150 单位，第 3 天开始时可供销售的库存量为 120 单位。由于订货点为 120 单位（B 点），那么在第 3 天开始时应发出订单。因为在正常情况下不会消耗安全库存，那么在库存下降到 120 单位时发出订货意味着 2 天后 EOQ 到达时，还剩下 60 单位库存（安全库存）。在 C 点，订购的 120 单位货物到达。然后总库存增加至 180 单位，即 D 点。

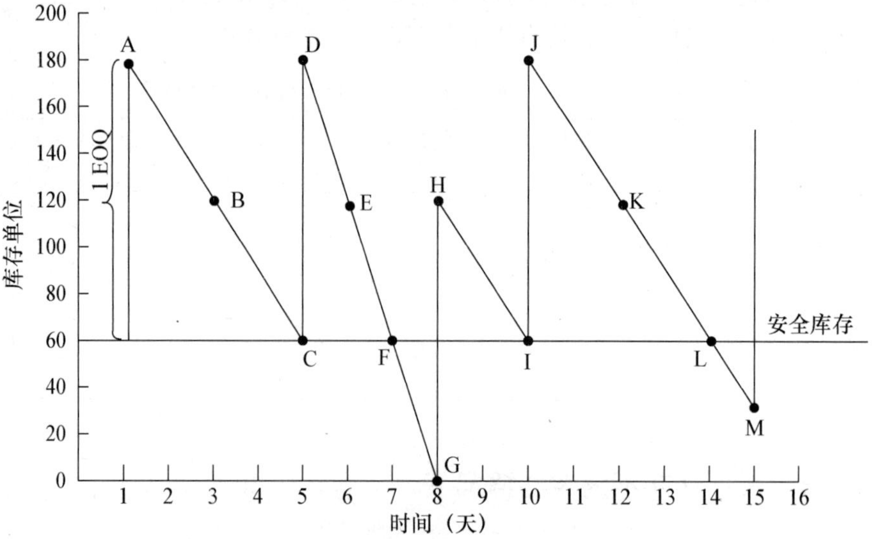

图 8-2　库存流图

销售量在第5天开始时增加1倍至60单位，在第6天开始时下降到订货点120单位（E点），再次进行订货。第6天的需求量仍为60单位，意味着正常库存耗尽，并在F点开始使用安全库存。第7天需求仍是60单位，第7天末库存完全耗尽（G点）。EOQ在第8天开始前抵达，库存增加至120单位（H点），这也是订货点。从第8天开始，需求恢复到每天30单位。

继续分析图8-2，H点以后，第8天库存消耗30单位，并于第9天又消耗30单位，剩下60单位库存（I点）。第8天订购的库存在第10天开始时到达，意味着在第10天开始时又有了180单位的库存（J点）。第10天和第11天的需求量均为30单位，因此库存量降到120单位（K点），并于第12天开始时再次订货。第12天和第13天的需求仍为30单位，库存下降到60单位（L点）。但是，由于运输延误，补货周期变为3天而不是2天，货物在第15天开始时运抵，因此，第15天的需求将由安全库存来满足（M点），随后不久EOQ抵达。

图8-2中库存变动的例子表明安全库存可以预防需求的上升和补货周期的延长。这个例子还说明，在定量订货系统如EOQ中，相邻两次订货之间的时间间隔可能会有所不同。只要需求为正常的30单位、补货周期为2天，则相邻两次订货之间的时间间隔为4天。但是，当销售量增加一倍至每天60单位时，订货之间的时间间隔将降至2天。

正如本章前文所述，利用定量订货系统要满足一个条件，即必须不断监控库存水平。当库存下降至订货点时，以固定数量发出订货。随着技术的不断发展，许多企业已有能力持续对库存进行监控，因此可以选择使用如EOQ等定量订货系统。可以通过电子手段确定每种物资的订货点，当库存下降到订货点时，发出新订单。目前，越来越多的订单已经可以通过电子方式传递。

8.5 库存管理中应特别关注的问题

本章前面的讨论都说明，通常很难笼统地谈论库存管理。例如，对企业来说，使缺货的可能性降到最低似乎是个好主意，但是要实现这一目标，实际上需要持有大量的安全库存。此外，由于管理简单（如每隔7天订一次货），定期订货系统可能更具吸引力。但是，在定期订货系统中，不规则的需求模式会导致缺货或超储。由于很难笼统地谈论库存管理，下面我们将讨论企业在管理库存时可能面临的一些代表性问题。

8.5.1 库存ABC分析

库存ABC分析（ABC analysis of inventory）有多种不同的应用方式，该方法认为由于不同库存对企业的价值不一样，所以不能用同一种方式管理企业所有库存。一个企业可能储存数百种或数千种物资，确定每种物资的相对重要性对企业来说确实极具挑战。一个常用的经验法则，即80/20法则，指出企业80%的销售额来自20%的产品（反过来说，20%的销售额来自80%的产品）。从管理的角度来看，这表明企业应该重点关注能够产生80%销售额的那20%的产品。例如，在所有的仓储设施中储存滞销产品，对企业来说或许并非最有利，因为这样做会增加库存持有成本。

用于确定库存物资ABC分类的指标包括销售金额（美元）、销售量（单位）、销售速度、物资盈利性或物资的重要性。以物资的重要性为例，一家向医院供应药物的企业可能需要储存某些药物，因为这些药物极为重要。根据物资的重要性进行ABC分类时，可如下操作：A类物资可能是那些最重要、最紧急的物资；B类物资是那些中等紧急的物资；C类物资是最不紧急的物资。基于销售额和物资盈利性等其他ABC分类指标，也可类似地对物资进行分类。

ABC分析面临的一个问题是，如何确定A，B，C类物资分别在库存总体中所占的百分比。虽然对于这个问题没有正确或错误的答案，但重要的是要认识到，A类物资所占百分比太高或太低都可能降低利用该分类法所获得的效率。

ABC分析存在的第二个问题是，管理者该如何应用ABC分析。ABC分析可用于确定仓储设施中的储存模式。例如，某企业通过将所有安全库存集中储存在一个仓储设施中，节省了物流网络中25%的储物空间。[6] 此外，ABC分析还可用来确定库存监控的频率。A类物资可以每天（甚至每小时）检查一次，B类物资每周检查一次，C类物资则每月检查一次。

8.5.2 呆滞库存

一些企业在ABC分析中增加了一个第4类，也就是D类物资。D类物资代表“瘦狗产品”，或者代表**呆滞库存**（dead inventory，dead stock），也就是在12个月中没有销售额的库存。企业有时会采取一些看似铤而走险的办法来管理呆滞库存。让我们来看看一个在河边建有仓储设施的企业，这条河流会季节性地河水泛滥。在一个降雨特别多的年份，该企业将其所有呆滞库存都放置在一个与其仓储设施相连的甲板上。结果有一天，这些呆滞库存被上涨的河水冲走了。[7] 有些企业还可能会丢弃呆滞库存，仅仅是为了腾出仓储设施中的空间。一个众所周知的例子是，1983年视频游戏制造商雅达利（Atari）将10～20拖车的视频游戏倾倒入新墨西哥的一个垃圾填埋场。但是，不到万不得已时不应采取这种行为，因为这么做实际上就是在扔钱。

呆滞库存增加了库存持有成本，占用了仓储设施的空间，需要采取结构化的过程来管理它。例如，呆滞库存通常是由于没有需求的产品的过量生产所导致的，因此一个建议是按订单生产而不是备货生产。但是，最近几年越来越多的呆滞库存源于顾客不再需要或不想要的、特殊的、高度定制化的订单。有人建议企业采取由顾客部分（或全部）预付且不退款的方式来应对这种情况。[8]

企业也可以采取更积极的方式销售呆滞库存，如大幅降价或将其与更具吸引力的商品捆绑销售。企业还可以尝试将呆滞库存卖给专门销售此类物资的企业，也有一些专门廉价出售呆滞库存的网站（如 deadstockbroker. com）。还可以将一些呆滞库存捐献给慈善事业，例如，临近有效期还未售出的食品杂货有时会捐赠给当地的救济食品发放中心。

在某些国家，如美国，将呆滞库存捐给慈善机构可享受联邦所得税扣除。捐出呆滞库存的其他好处还有，企业可以更专注于畅销产品、释放库存空间、避免管理问题产品的挑战。[9]

8.5.3 库存周转率

库存周转率（inventory turnover）是指一年内库存可被销售的次数，可由已销售货物的成本除以平均库存求得。其中，平均库存等于期初库存与期末库存之和再除以 2。例如，假定已销售货物的成本为 675 000 美元，期初库存为 200 000 美元，期末库存为 250 000 美元。那么

$$
\begin{aligned}
\text{库存周转率} &= \text{已销售货物的成本} \div \text{平均库存} \\
&= 675\,000 \div [(200\,000 + 250\,000) \div 2] \\
&= 675\,000 \div 225\,000 \\
&= 3
\end{aligned}
$$

虽然不存在最优的库存周转率，但库存周转率的高低可以使人们对企业竞争力和效率有更深入的了解。企业可以将自己的库存周转率与直接竞争对手或其他拥有“出色”库存周转率的企业相比较。从效率上讲，低库存周转率说明企业需要更长时间来销售库存，原因可能是产品过时或定价问题等。[10]

相反，高库存周转率可以说明企业库存水平较低，产品缺货的可能性会增加。尽管如此，当今大多数企业仍努力提高其库存周转率，提高库存周转率的一种方法就是降低平均库存。虽然降低平均库存说起来容易做起来难，但应当认识到，理解本节前面所讨论的 ABC 分析和呆滞库存这两个概念将有助于降低平均库存。例如，消除部分或全部呆滞库存自然会降低期初和期末库存，从而也就降低了平均库存。

库存周转率的概念为财务、物流、营销等组织职能之间的权衡提供了一个很好的例子。让我们来看一家二手车经销商的例子，该经销商必须对价格（营销）、利润（财务）和库存周转率（物流）进行平衡。这个追求每辆车平均利润最大化的二手车经销商很可能对每辆车开出更高的价格，更高的价格可能导致更长的销售时间，从而导致更低的库存周转率。[11]

8.5.4 互补产品和替代产品

本书采用相对狭义的**互补产品**（complementary products）的概念，将其定义为可以在一起使用或配送的库存，如刀片和剃须刀。这些产品可能会增加零售商或

批发商库存管理的压力。例如，让我们看看以下的难题："烹饪的肉类和鱼类的互补产品太多，以至于不能将它们展示在商店的同一区域。"肉类和鱼类的互补产品可能包括奶酪、调料、烤肉叉、煎锅以及葡萄酒等。[12]

与互补品相关的另一个问题是应该持有多少库存。例如，一位购买了一台吸尘器的顾客，以后就需要定期购买吸尘器的替换收集袋。收集袋本身可能并不好卖，因此有人认为，收集袋应被流动性更强的产品替代。然而也有人指出，为了支持吸尘器的销售，展示并销售这些袋子是非常必要的。

替代产品（substitute products）是指能够与另一种产品满足顾客同样需求的产品。替代性可存在于特定产品之间（如某一品牌的可乐可视为另一品牌可乐的替代品），也可存在于不同产品类别之间（如土豆可视为大米的替代品）。正如本章前面所指出的，替代性的知识对计算缺货成本和应维持的安全库存数量有重要影响。因此，如果消费者对选择替代品几乎没有什么犹豫，那么此时缺货惩罚似乎较小。但也可能会出现这样一种情况，顾客对不得不选择替代品变得非常恼火，决定到别处购买。由于存在许多替代的可能性，许多杂货连锁店的目标是每个店面的有效库存率达到 95%。这样有足够多的替代产品供顾客选择购买，顾客也就不会去竞争对手的店里购物了。

另外，一些替代产品的决策更具挑战性。例如，让我们来看看医院面对的一些替代产品的问题。

- 替代产品会给病人和医务人员带来什么安全风险？
- 替代产品与现有设备兼容吗？
- 如何将替代产品的信息传达给医务人员？
- 病人的保险规定如何影响其使用替代产品的能力？[13]

对企业来说，全面了解产品替代的模式也非常重要。例如，在许多情况下，替代是双向的。也就是说，如果品牌 A 可以替代品牌 B，那么品牌 B 也可以替代品牌 A。但在某些情况下，仅存在单向的替代关系。一个直径 7/16 英寸的螺栓可代替直径为 1/2 英寸的螺栓，但反过来用直径 1/2 英寸的螺栓替代直径 7/16 英寸的螺栓则不行。

8.6 现代库存管理的方法

至此，我们大多讨论的是传统的库存管理思想。虽然传统的库存管理思想仍发挥着重要作用，但本章最后我们将介绍三种现代库存管理的重要方法——精细制造、服务配件物流和供应商管理库存。

8.6.1 精细制造

广义地说，**精细制造**（lean manufacturing）聚焦于消除浪费以及速度和流动性的提高。精细制造方法识别出了七种主要浪费，库存就是其中之一。准时生产（JIT）是最为人熟知的精细库存管理方法之一，下面我们将详细介绍 JIT。

从库存的角度来看，**JIT 生产方式**（JIT approach）旨在通过减少（如果不是消除）安全库存来使库存最小化，同时要求所需数量的物料在所需的准确时点送达生产地点。准时生产的重点是最大限度地减少库存，因此与库存管理密切相关，但其结果将远远超出库存管理的范围。JIT 生产方式对物流效率有重要暗示，其中之一就是，供应商必须为生产线提供高质量的物料。JIT 强调降低（或消除）安全库存，有缺陷的物料会导致生产线停工。在生产过程中，将供应商视作合作伙伴而不是敌人，有利于提高供应商产品质量。

JIT 强调最大限度减少库存，因此顾客往往小批量、多频次订货。供应商的订单管理系统必须能够无差错地处理大量的订单。另外，由于运输时间的可靠性随着运输距离的增加而下降，因此供应商需要选址于相对靠近顾客的地方。

小批量、高频次运输及供应商邻近选址都意味着在 JIT 生产方式中卡车运输是一种重要的运输方式。因此，生产和配送设施的设计要支持卡车装运，也就是说，为方便货物装卸应建有卡车装卸平台。虽然这好像是“傻瓜都知道的事”，但美国的一个制造商设计了一个针对铁路运输的最先进的配送设施，当这种新设施转向实施 JIT 时，一文不值。事实上，一些实施 JIT 的企业都对其生产设施进行了设计，以便卡车驶入，从而可以将产品送至最接近的实际生产地点。图 8－3 显示的是实行 JIT 库存管理，为快速卸货而从侧面打开的一辆货车拖车。

图 8－3　一辆侧面打开的拖车，以便快速卸下零部件

资料来源：Photo courtesy of Max Blain/Fotolia.

精细库存的另一些例子包括，应用于食品和饮料行业的有效顾客响应（ECR）和应用于服装业的快速反应（QR）。JIT往往涉及原料和零部件从供应商到生产者的移动，ECR和QR往往关注产品从制造商到零售商的移动。

虽然精细是当代物流的一个重要概念，但很多事件表明，企业在采纳精细思想前，应仔细考虑一些潜在的问题。更具体地说，精细思想形成于一个特殊的环境——本地或区域采购、较少的人为或自然灾害（仅举两个例子），这与当今企业经营环境已大不相同。例如，当今强调全球采购，全球采购意味着运输时间更长、更不稳定，其部分原因在于全球采购主要通过水运来运输货物（水运是一种速度较慢的运输方式）。更长、更不稳定的运输时间与精细思想所强调的在需要的时候货物准时送达不太符合。此外，关于人为的灾害，2015年8月中国天津港的爆炸导致严重的供应链中断——库存损毁、装运延误、货物改道等，这些都与精细思想背道而驰。

8.6.2 服务配件物流

服务配件物流（service parts logistics）涉及服务配件储存设施网络的设计、库存订货政策的确定、所需配件的储存、将配件从储存设施运至顾客等活动。[14]

尽管服务配件物流以前长期被认为是一种事后补救的活动甚至是一种麻烦事，但近年来受到了更多关注和赞赏。其中一个原因是，与服务配件物流相关的顾客期望不断增加，尤其是在汽车行业。在汽车行业，顾客修理汽车和更换零部件的最长等待时间为1天。[15] 服务配件物流越来越受到重视的另一个原因是，世界范围的经济放缓使得许多企业更多选择修理而不是更换老化或有缺陷的设备。

服务配件物流给物流人员提出了各种挑战。其中一个挑战是，预测所需配件的需求会极其困难。例如，即使企业对例行或预防性的产品维护所需配件有一定了解，但无法预测产品何时发生故障。预测需求的难题给企业带来了极大的挑战，应持有何种配件、持有配件的适当库存水平、更高的库存水平等。[16]

另一个挑战涉及储存维修配件所需仓储设施的数量。一种可能的方法是将配件分散储存到多个仓储设施中，这使得维修配件可以更接近潜在顾客。在紧急情况下，时间是最重要的因素，分散仓储对于顾客满意至关重要。相反，也可以将配件集中储存于一个中心设施。虽然对于一些货物可能需要采用溢价的运输方式，但运输成本的增加可以被集中仓储所带来的库存成本的节约抵消。

这些以及其他一些挑战会促使企业将其服务配件物流外包给这一领域的专业企业。例如，UPS被公认为专业的包裹递送企业。该公司擅长服务配件物流，为潜在顾客提供四种不同服务——重要配件特快运输，逆向物流，网络规划和配件规划，测试、维修和翻新。[17]

服务配件物流的讨论为我们提供了一个指出在管理库存和制定物流相关决策时非正式因素重要性的机会。几年前，一家汽车配件分销商的所有者开始关注其公司持有库存的数量。在查看过其储存设施后，他发现存放的某一制造商的机油滤清器实际严重超储。这一品牌的机油滤清器大约占设施总库存的 20%，远大于其实际需求。

乍一看，解决方案似乎非常明确，减少该机油滤清器的库存水平，使其与需求相一致。但是，该机油滤清器的高库存的原因在于：机油滤清器制造商发起了一个年度竞赛，只要在特定时间内购买的机油滤清器达到一定数量，就会奖励到夏威夷等热门度假胜地的双人免费旅行。由于该分销商的妻子非常喜欢这种年度旅行，所以该分销商每年都会大量购买该品牌的机油滤清器，即使实际上并不需要那么多。由于分销商想要取悦其妻子，因此这种显而易见的解决办法（减少机油滤清器库存）不可行。在这种情况下，个人因素比专业考量更重要。你应当认识到，在家族企业制定决策时个人因素通常扮演着非常重要的角色。

8.6.3　供应商管理库存

在传统的库存管理中，补充订货的数量和时间是由分销商或零售商等库存使用者决定的。相反，在**供应商管理库存**（vendor-managed inventory，VMI）模式下，补充订货的数量和时间是由制造商确定的。在操作上，VMI 使得制造商有机会通过电子数据交换（EDI）系统或互联网获取分销商或零售商的销售和库存数据。虽然 VMI 通常用于消费品，但也应用于飞机、建筑设备、紧固件（如螺栓、螺丝钉）以及加热和冷却系统等工业产品。

VMI 是企业经营理念的一个巨大转变，因为企业允许另一方来控制其库存。这种情况需要分销商和零售商的极大信任，因为某些不道德的制造商可能滥用该系统而将不需要的库存推向下游企业。

实施 VMI 的一个潜在好处是更好的库存管理，因为供应商在管理库存方面可能比其客户更熟练。实施 VMI 可以减少库存短缺的发生。VMI 可以使供应商更好地为其客户提供服务，因为 VMI 使供应商能够更好地控制何时以及如何向客户发运库存。[18] 相应地，VMI 的一个缺点是各相关方不充分的数据分享，部分原因在于信任和控制的考量。VMI 的另一个缺点是，一些员工可能会抵制转换到这种不同的新系统。另外，采用 VMI 的企业必须认识到，采用 VMI 不会立刻带来好处，反而短期可能会出现一些偏差。[19]

小　结

库存是物流的关键组成部分，库存决策通常是业务活动的起点。本章首先介绍不同库存类型和库存成本。在确定库存水平时，企业总是试图使因库存过多或过少所造成的库存成本最小。库存过多将导致高库存持有成本；库存过少将导致缺货及相关缺货成本。缺货最严重的后果是不仅失去一次销售，而且失去该顾客未来的全部业务。

本章还探讨了库存何时订货、订购多少的问题。我们了解到，订货点表示应该发出新订货时的库存水平。按经济订货批量（EOQ）进行订货可以使订货成本和库存持有成本之和最小。

本章还探讨了库存管理中应特别关注的一些问题，如 ABC 分析、库存周转率。我们了解到，ABC 分析有助于企业提高库存周转率。最后本章还讨论了几种现代库存管理的方法。

关键术语

库存 ABC 分析	库存	精细库存
延迟交货订单	库存持有成本	订货点
互补产品	库存缩水	安全（缓冲）库存
周转（基本）库存	库存周转率	服务配件物流
呆滞库存	JIT 生产方式	投机库存
经济订货批量（EOQ）	精细制造	缺货成本
定期订货系统	订货成本	替代产品
定量订货系统	渠道（在途）库存	供应商管理库存（VMI）

讨论和复习题

8.1　不同组织职能有何不同的库存管理目标？

8.2　为什么管理者很难实现库存的适当平衡？

8.3　区别周转库存、安全库存、渠道库存和投机库存。

8.4　什么是库存持有成本？库存持有成本主要包括哪些内容？

8.5　什么是订货成本？什么是库存持有成本与订货成本之间的权衡？

8.6　讨论缺货成本的概念。如何计算缺货成本？

8.7　区别定量订货系统和定期订货系统。哪一种库存控制系统通常需要更多的安全库存？为什么？

8.8　解释 EOQ 模型的逻辑。

8.9　EOQ 模型的相关假设有哪些？

8.10　库存流图对库存管理人员来说有何作用？

8.11　讨论什么是库存 ABC 分析法。有哪些指标可用于对物资进行 ABC 分类？

8.12　什么是呆滞库存？有哪些方法可用于管理呆滞库存？

8.13　为什么库存周转率是了解企业竞争力和效率的重要视角？

8.14　讨论互补产品提出的管理挑战。

8.15　什么是替代产品？替代产品将如何影响安全库存政策？

8.16　医院关于替代产品的决策与超市有关替代产品的决策有何不同？

8.17　为什么 JIT 的影响不仅仅局限于库存管理？

8.18　为什么在采纳精细思想前，企业应当仔细考虑可能存在的权衡？

8.19　讨论服务配件物流给物流管理者提出的挑战。

8.20　供应商管理库存与传统库存管理有何不同？

建议读物

Ettouzani, Youmas, Nicola Yates, and Carlos Mena. "Examining Retail On Shelf Availability: Promotional Impact and Call for Research." *International Journal of Physical Distribution & Logistics Management* 42, no. 3 (2012): 213–243.

Farooquia, Parveen and M. Nasir Khan. "Returning to Roots for Reducing Inventory Costs in SMEs: A Case of Indian Lock Industry." *Journal of Enterprising Culture* 18, no. 3 (2010): 315–330.

Gebauer, Heiko, Gunther Kuzca, and Chenzi Wang. "Spare Parts Logistics for the Chinese Market." *Benchmarking: An International Journal* 18, no. 6 (2011): 748–768.

Gupta, Sandeep and Charanyan Iyengar. "The Tip of the (Inventory) Iceberg." *Supply Chain Management Review* 18, no. 2 (2014): 28–35.

Leeuw, Sander de, Matthias Holweg, and Geoff Williams. "The Impact of Decentralized Control on Firm-level Inventory: Evidence from the Automobile Industry." *International Journal of Physical Distribution & Logistics Management* 41, no. 5 (2011): 435–456.

Schulz, John R. "Embracing the Capriciousness of Variability." *Performance Improvement* 54, no. 9 (2015): 6–10.

Stanger, Sebastian H.W., Richard Wilding, Nicky Yates, and Sue Cotton. "What Drives Perishable Inventory Management Performance? Lessons Learnt from the UK Blood Supply Chain." *Supply Chain Management: An International Journal* 17, no. 2 (2012): 107–123.

Williams, Sean P. "Demystifying Inventory Optimization." *Supply Chain Management Review* 19, no. 2 (2015): 24–30.

Yu-Lee, Reginald T. "Proper Lean Accounting: Eliminating Waste Isn't Enough; You Have to Reduce Inputs to Save Money." *Industrial Engineer* 43, no. 10 (2011): 39–43.

Zvirgzdina, Rosita, Iveta Linina, and Velga Vevere. "Efficient Consumer Response (ECR) Principles and Their Application in Retail Trade Enterprises in Latvia." *European Integration Studies* 9 (2015): 257–264.

案　例

案例 8 - 1　洛的钉子公司

在对赛马场作出几次明智的短期投资之后，克里斯·洛（Chris Low）赚了一些钱可用于其他商业投资。在当时投资前景较好的是建筑用品，洛买下了一家专门销售某种型号钉子的企业。钉子的年销售量为 2 000 桶，零售顾客的需求比较稳定。最初，他只关心两项成本。一项是订单处理成本，每次订货均为 60 美元，与订货批量大小无关。另一项是仓储成本，即每年每桶 1 美元。这意味着洛一整年都必须租借固定面积的仓储空间，并且这个仓储空间要足够大，能够容纳一次订货的全部产品。洛并不担心安全库存，这主要是因为顾客对于钉子的需求非常稳定。洛以包含交货费用在内的条件购买钉子。

［问题］

1. 使用本章介绍的经济订货批量模型，分析洛一次应订购多少桶钉子。

2. 假设除了洛的供应商现在承诺负责全部或部分订单处理成本，即为洛提供数量折扣外，问题 1 中其他所有条件都不变。对于大于或等于 750 桶钉子的订单，供应商将负责所有订单处理成本；对于在 249～749 桶之间的订单，供应商将负责一半的订单处理成本。此时，洛的新经济订货批量应为多少？（在本题及以后各题中，用表格的形式列出所有成本会非常有用。）

3. 暂时不考虑第二个问题。假设洛租用的仓库是基于其储存的平均桶数而不是最大桶数来确定租金的，且每桶的储存费用不变。此时，问题 1 的答案是否有变化？如果是，新的订货批量应为多少？

4. 考虑问题 1 的答案、问题 2 中的供应商新政策以及问题 3 中的仓储新政策，然后确定洛的新经济订货批量。

5. 暂时不考虑问题 2、问题 3 和问题 4。洛已没有了在赛马场上的好运，现在他必须借钱来为钉子的储存提供资金。还是回到问题1，假设每桶钉子的批发价为40美元，而且洛必须对未售出的存货支付利息，利率为每月1.5%。他的新经济订货批量应为多少？

6. 考虑问题1，2，3和5中所有的因素，计算洛的经济订货批量。

【注释】

[1] Paul D. Larson and Robert A. DeMaris, "Psychic Stock: An Independent Variable Category of Inventory," International Journal of Physical Distribution & Logistics Management 20, no. 7 (1990): 27-37.

[2] See L. P. Alford and John R. Bangs (eds.), Production Handbook (New York: Ronald, 1955).

[3] David Bennett, "Managing Loss Prevention," Convenience Store Decision, August 2014: 56, 58.

[4] Jon Schreibfeder, "Inventory Management 101," Electrical Wholesaling 90, no. 5 (2009): 52-53, 56.

[5] A number of supply chain management texbooks contain detailed examples of the EOQ modified for various conditions of uncertainty.

[6] Mary Aichlmayr, "The Quick, the Dead, and the Slow Movers," Transportation & Distribution, February 2002, 38-42.

[7] Jason Bader, "Distributor Power Tools: The Inventory Obituary," Doors and Hardware, March 2007, n. p.

[8] Scott Stratman, "Special Orders," Electrical Wholesaling, May 2006, 52-53.

[9] Emily Collins, "Turn Dead Inventory into Dollars," Material Handling Management, December 2008, 75-76.

[10] "'Turns' for the Better-Inventory Turns Impact Profits and Stock Prices," Dow Theory Forecasts 58, no. 4 (2002): 1, 4.

[11] David Ruggles, "Turn, Baby, Turn," Ward's Dealer Business, November 1, 2011, 23-24.

[12] James Mellgren, "Category Complements: Increasing Specialty Food Sales," Gourmet Retailer, June 2006, 38-44.

[13] Colleen Cusick, "Successful Substitutions Are a Product of Good Communication," Material Management in Health Care, March 2008, 28-31.

[14] Mehmet Ferhat Candas and Erhat Kutanoglu, "Benefits of Considering Inventory in Service Parts Logistics Network Design Problems with Time-Based Service Constraints," IIE Transactions 39, no. 2 (2007): 159-176.

[15] Anthony Coia, "The Replacement Fillers," Automotive Logistics, September-October 2008, 28-32.

[16] Lisa Harrington, "Getting Service Parts Logistics Up to Speed," Inbound Logistics, November 2006, 72-79.

[17] www. ups-scs. com/logistics/postsales. html.

[18] Http://ramproducts. com/advantages-disadvantages-vendor-managed-inventory/.

[19] Paul Evanko, "Vendor-Managed Inventory," HVACR Distribution Business, December 2010, 32, 34-35.

第9章 设施选址

学习目标

- 探讨设施选址的战略重要性
- 解释确定最优设施数量的一般步骤
- 描述影响设施选址的主要因素
- 探讨某一地点的特殊位置特征
- 利用简单网格系统解释选址决策
- 了解设施搬迁和设施关闭

设施选址是一种物流/供应链活动。在许多企业中，它已从一种战术决策发展到一种极具重要战略意义的决策。本章专门讨论**设施选址**（facility location），即选择配送中心、仓库和生产设施的地点以增进物流的效果和效率。为了达到这个目标，本章首先扼要介绍选址的过程，讨论设施选址的战略重要性。接着，讨论如何确定最优的设施数量，以及影响设施选址的一般因素和特殊因素。然后，介绍几种选址的基本方法。最后，讨论设施的搬迁与关闭。

选址决策过程需要经历几轮筛选。每经过一轮筛选，需要分析的区域或地点就越少，分析也越详细。最初要确定一个区域，这个区域根据企业业务是国际的还是国内的而有所不同。如果是一个跨国公司，那么将首先选择一个世界性的区域，如西欧、环太平洋地区或北美；如果是一个主要在国内运作的企业，则是确定一个州（省/地区）或几个州（省/地区）。

第二轮筛选更加精确，涉及设施具体所在区域的选择。一旦区域被选定，则将适时展开关于该区域各个待选地点的详细调查。这种详细调查包括实地探查以及相关区划、法规的详尽分析。未做相关调查，可能会导致严重的失误。一家大型连锁超市的惨痛教训说明了这一点。

这家连锁超市选择了一个新店址，在获得施工许可后建好了店面、雇用了相关人员，并在店内储存了商品，但在店铺盛大开业前几天，母公司收到了仅一街之隔的对手超市的诉讼，诉讼涉及相关区划法规（该公司在建设前未做调查），法规规定，在已有店铺 1 英里半径范围内禁止开设任何新的店铺。结果，这家连锁超市不得不关闭这家新店，将商品转移到别的店铺，并解雇那些刚雇用的员工。[1]

9.1 设施选址的战略重要性[2]

物流管理者面对的是一个动态的、不断变化的市场。动态性和变化性是选址从战术决策上升为战略决策的两个主要原因。制造工厂、仓库等固定设施是生产、加工、组装或储存产品的地方。由于租借或建设这些设施可能会耗费大量的资金，因此企业通常不敢贸然关闭这些设施。但是，不良的设施选址会负面影响物流的效果（如交货时间更长或不可靠）和效率（如运输成本增加）。本节将讨论影响设施选址决策的几个重要因素。

9.1.1 成本

对物流管理者来说，考虑成本并不是什么新鲜事。让我们回忆一下第 1 章介绍的物流系统方法，它就是着眼于各种物流活动的总成本。由于 2007—2009 年经济衰退的影响仍然存在，许多消费者购物时对价格越来越敏感，因此如今成本成为企业设施选址的重要考虑因素。企业的一些做法也使消费者习惯于在产品大幅打折时才会购买。正如以下引文所示："降价就像管理海洛因。他们上瘾了。顾客渴望获得大的折扣、厌恶全价。"[3] 如果零售商始终提供低价格，那么为了盈利，它们就必须始终保持低成本。

多年来，这种低价/低成本的架构导致许多企业选择在拥有大量廉价劳动力的国家进行生产。但是，近年一些企业尤其是那些销售额超过 10 亿美元的企业正在重新审视这种低成本劳动力范式。比如说，劳动力成本比较低的国家通常远离消费市场，那么产品的运输时间会比较长，这也就意味着更长的订单周期。另外，一些劳动力成本比较低的国家都经历过火灾、建筑倒塌等工作场所灾难，导致很多工人死亡和受伤。再者，像中国这样的一些传统以来被认为拥有大量廉价劳动力的国家，现在不再被认为是低成本劳动力的来源。

因此，一些企业开始重新进行网络设计，中国劳动力成本的上升使一些企业将生产转移到成本更低的越南、老挝等亚太国家。[4] 另外，一些企业开始**就近采购**（nearsourcing），通过重构物流网络将一些生产设施选址于邻近主要消费市场的地方。例如，墨西哥是北美企业就近采购最受欢迎的地方。[5]

9.1.2　顾客服务期望

本书反复强调当今顾客服务期望持续不断提高。例如，我们知道，如今的消费者希望订单周期更短、更可靠。但是，从设施选址的角度来看，如何才能使订单周期更短、更可靠呢？企业应当仅依靠一两个设施服务所有的顾客，还是依靠多个设施为顾客提供服务呢？前一种方案所需设施数量更少，库存成本更低，但运输成本较高。后一种方案需要更多的设施，库存成本更高，但运输成本较低。20 世纪 90 年代中期，在线零售商亚马逊开始经营时就是仅从位于美国的一个设施服务所有订单。如今，亚马逊在美国、欧洲和亚洲拥有 120 多个订单履行中心。

9.1.3　顾客或供应市场的位置

运输和技术的发展使消费者相对容易地从一个地区或国家迁移到另一个地区或国家。表 9－1 中的数据就充分说明了这一点。表 9－1 中分别列出了 1970 年、1990 年、2014 年美国人口最多的五个州。请注意，在 1970 年，五个人口最多的州中有三个位于东北部和中西部，因此在地理位置上相对比较接近。2014 年，人口最多的州分别位于西部、西南部、东北部和中西部，相较于 1970 年地理位置更加分散。人口分布的变化使得企业生产和配送设施选址必然不同于 20 世纪 70 年代。如今，亚特兰大、达拉斯、里诺（内华达州）等城市成为美国重要的货物集散中心。

表 9－1　1970 年、1990 年和 2014 年美国人口最多的五个州

排名	1970 年	1990 年	2014 年
1	加利福尼亚州	加利福尼亚州	加利福尼亚州
2	纽约州	纽约州	得克萨斯州
3	宾夕法尼亚州	得克萨斯州	佛罗里达州
4	伊利诺伊州	宾夕法尼亚州	纽约州
5	得克萨斯州	伊利诺伊州	伊利诺伊州

资料来源：Derived from data at www. demographia. com and www. infoplease. com.

经济增长是影响顾客市场位置的另一变量，企业有时会扩张其地理范围以服务新的顾客。完全从人口的角度来看，中国和印度可能是最吸引人的市场，因为这两个国家的人口大约占了世界人口的 1/3。中产阶层家庭（通常喜欢西方名牌产品和服务的家庭）数目的巨大增长使得这两个国家更具吸引力。

例如，至 2016 年初星巴克已在中国开设了约 2 000 家星巴克咖啡店，并计划到 2020 年每年在中国新开 500 家门店。[6] 除了要选择新店址外，还需要为新门店供应咖啡和食品，因此需要在中国建立新的配送设施。星巴克在中国的快速扩张还会带来供应布局的问题，比如星巴克应为新店选择新的供货商还是仍选择现有供应商供货？选用现有供应商，双方更熟悉，但供应商能够满足增大的供应需求吗？相反，新供应商也许能够满足星巴克的供应需求，但星巴克需要学习如何与新供应商进行合作。

可持续性概念是另一个可能影响供应市场布局的战略考虑因素。在第 1 章我们曾提到，可持续产品是指既满足当代人的需求，又不损害后代人满足其需要的能力的产品。一个关键的可持续性问题涉及产品的采购。如今，越来越多的企业采纳**土食战略**（locavore strategy，也就是采购本地种植或生产的食物）。从可持续性的角度来看，土食战略更具吸引力，因为它减少了产品的运输（从而减少了空气污染），还可以支持地方经济。当地供应商往往还会在其生产食品时限制使用有害化学品。[7]

9.2 确定设施数量

几乎没有哪个企业第一天开始经营，第二天便需要大规模的生产和配送。企业的生产和配送设施都是随时间在需要时慢慢增加（或减少）的。当企业的服务绩效因现有设施所限而低于可接受水平时，就需要增加生产和配送设施了。例如，对于一个零售商来说，如果现有设施无法在两天内为数家店面持续地供应货物，则可能需要增加一个配送中心。另外，扩张进入新的市场可能也需要另外增加配送或生产设施。

由于涉及大量的排列组合，且配送网络中现有设施间存在互补关系，因此确定设施数量的分析程序大都利用计算机进行处理。例如，分析一个拥有 250 个店面和 5 个配送中心的企业是否应当增加或者取消一个配送中心，是一个极具挑战性的问题。由于每一个配送中心都被设计来为一定数量的零售店面提供服务，并为其他一个或多个配送中心提供后援支持，因而决策变得更加复杂。此外，通过对不同服务水平的敏感性分析可知，所期望的顾客服务水平不同也可能会产生完全不同的理想设施选址结果。

幸运的是，一些软件包可以帮助企业确定其物流网络中设施的数量和选址。例如，芝加哥咨询公司（Chicago Consulting）每年都会评选出美国的“十佳仓储网络”，为准备在美国开展业务并拟设立 1～10 个配送中心的企业提供仓储设施选址建议。芝加哥咨询公司针对中国推出了“中国十佳仓储网络”（见表 9－2）。尽管这一网络仅考虑了选址的其中一个因素（从一个城市或城市群到国内大部分人口的时间长短），这个网络建议的价值在于强调了设施数量和运输时间的权衡。以表 9－2 为例，在中国将仓库由 2 个增加到 5 个，企业可以缩短近一天的转运时间，相比之下，仓库由 5 个增加到 10 个，才能节省出不到半天的转运时间。[8]

表 9-2　芝加哥咨询公司的“中国十佳仓储网络”

10 个最佳的中国仓储网络
具有最短国内运输时间的仓储网络

仓库数	到中国居民的平均距离（英里）	到中国居民的平均转运时间（天）	最佳仓库选址		
1	504	3.38	信阳		
2	377	2.55	涟源	肥城	
3	309	2.15	萍乡	济南	资阳
4	265	1.87	萍乡 长春	济宁	资阳
5	228	1.65	韶关 长春	邯郸 南京	资阳
6	207	1.53	韶关 长春	邯郸 南京	内江 乌鲁木齐
7	184	1.42	广州 长春 洪湖	邯郸 靖江	内江 乌鲁木齐
8	168	1.31	广州 长春 洪湖	聊城 宜兴 宝鸡	宜宾 乌鲁木齐
9	154	1.24	北流 长春 岳阳	聊城 溧阳 宝鸡	宜宾 乌鲁木齐 漳州
10	141	1.20	北流 长春 岳阳 天津	开封 宜兴 宝鸡	宜宾 乌鲁木齐 漳州

“中国十佳仓储网络”是按照到“顾客”（用“中国居民”表示）最短可能转运时间来确定的。例如，仅设一个仓库的话，选址信阳的转运时间最少。选址于其他任何地点都会增加转运时间。同样，如果选择任意三个地点（不是萍乡、济南和资阳）建立仓库，都会使转运时间超过 2.15 天。

8 South Michigan Avenue，Chicago. IL 60603
(312) 346-5080，www.chicago-consulting.com
芝加哥咨询公司

资料来源：Courtesy of Terry Harris，Managing Partner of Chicago Consulting.

9.3　影响设施选址的一般因素

有形产品的生产都需要原材料、零部件和劳动力的投入，这些投入随产品的不同而不同。另外，这些产品还要在不同的市场进行销售。因此，原材料、零部件、劳动力和市场都影响着制造设施、加工设施和装配设施的选址。仓储、配送中心和越库设施的存在是为促进产品的配送，同时它们的选址受到工厂设施的位置、服务的市场的影响。

下面我们将讨论供应链中的制造、加工、装配和配送设施的选址。以下每一种因素的相对重要性随设施类型、所要处理的产品、产量以及所考虑的地理位置的不同而不同。以下大部分讨论的都是单一设施的选址，但是决策的过程通常涉及设施的组合，因此在这种情况下还必须考虑不同设施间的相互关系。

9.3.1 自然资源

生产产品的物料直接（如采矿业或渔业）或间接（如农产品）取自土地或海洋。在许多情况下，这些资源都可能远离物料或所生产的产品将被消费的地方。那些在加工过程中不失去重量的物料称为**纯物料**（pure materials）。对于这类物料，加工点可选择在靠近原材料产地或邻近市场的任何地方。

然而，如果物料必须在产地和市场之间的某个位置被加工，那么它们是具有失重还是增重的特性，对于设施选址尤为重要。如果物料在加工过程中，会失去相当大一部分重量就是**失重产品**（weight-losing products），这类产品的加工地点应选择在靠近开采或收获的地方，从而避免不必要的运输费用。如果原材料在加工过程中不断增加重量就是**增重产品**（weight-gaining products），这类产品的加工地点应靠近市场。从甜菜中提取的糖就是一种失重产品（大概 6 磅甜菜才能提取 1 磅糖），瓶装软饮料则是增重产品的例子。

除了装瓶的功用外，各种各样的水资源也是设施选址需要考虑的因素。在工业生产中，水被用于冷却。在炎热的季节里，在某些气候条件下，自然流动的水可用于空调设备。在某些加工过程中，水既可用于清洗，又可作为清除废物的媒介。同时，水对于防火也是必不可少的，某类水源的供应情况也决定着火灾保险费的高低。

土地需求是设施选址时需要考虑的另一种自然资源。配送和生产设施可能要求更大块的土地以确保有效和高效的运作。例如，2014 年美国的家具和装饰用品零售商 Rooms To Go 公司购买了 100 英亩土地建设一个面积 110 万平方英尺的配送中心。[9] 一般来说，越是偏远的地方，土地资源越丰富，价格越便宜，但是这些地方往往交通不便，缺乏合适的劳动力。

关于自然资源与设施选址的关系，过去人们往往关注的是自然资源应怎样被整合到产品中从而为消费者提供便利。然而在最近的 25 年，关于自然资源与设施选址的讨论越来越关注环境和可持续性。一方面会考虑各种各样的污染，如空气污染、噪声污染和水污染；另一方面会考虑自然资源的保护。

9.3.2 人口特征——商品市场

人口既是商品的市场，也是潜在的劳动力来源。顾客因素对消费品企业的配送设施选址至关重要，尤其当这些顾客因素可能影响到顾客服务时更是如此。事实上，大众媒体经常会报道，在某一地区新建了一个配送设施，企业可以更好地为当前和潜在顾客提供服务。

消费品的设计者非常重视当前和潜在顾客的各种特征。设计者不仅要关注人口数量的变化，还要关注人口特征的变化——尤其是那些影响消费习惯的特征。提到人口特征，人类寿命的延长会增加对与健康有关的产品（如处方药物）的需求。

为了更多地了解人口数量和人口特征，许多国家都进行了详细的研究或调查，通常每十年一次。虽然所采用的调查方式和收集到的信息种类因国家而不同，但是调查结果会为配送设施规划者提供有价值的信息，如哪里的人口在增长，以什么样的速率在增长等。例如，2014 年尼日利亚居民人口达到 1.59 亿，是世界第七大人口国。预计到 2030 年尼日利亚人口将达到 2.6 亿，意味着 20 年来其人口增长超过 60%。[10]

9.3.3 人口特征——劳动力

劳动力是制造、加工、装配、配送设施选址的首要考虑因素。企业可能会关注若干劳动力相关的特征，如可用的劳动力数量、失业率、劳动力的年龄结构、技能和教育水平、现行工资率以及加入或可能加入工会的规模等。这些劳动力特征以及其他一些劳动力特征应被视为相互关联而非独立存在。例如，劳动力年龄与现行工资率可能正相关（较高工资率可能与劳动力年龄较高有关），相反，失业率与工资可能负相关（失业率越高，相对工资水平越低）。

由于供应链越来越全球化，劳动工资率也成为选址的重要决定因素。例如，2012 年，制造企业小时薪酬数据（包括福利）显示：挪威平均为 63.36 美元，德国平均为 45.79 美元，美国平均为 35.67 美元，相比之下，墨西哥平均为 6.36 美元，菲律宾平均为 2.10 美元。[11]

因此，相对而言，一家企业雇用 6 个墨西哥工人和雇用 1 个美国工人的薪水支出几乎一样。这种工资差别至少部分说明了**保税加工工厂**（maquiladora plants）为何仅在美墨边境南部如此盛行。这类工厂出现于 20 世纪 60 年代中期，为墨西哥工人提供了充足的就业机会，只要所有产品经加工后又从墨西哥出口，就可以实现低成本、免税生产。由于近年来中国和墨西哥的工资差距不断缩小，保税加工如今仍继续流行。另外，在墨西哥保税加工的订单可以 1 周内就交付给美国的顾客，但如果货物在中国制造的话订单交付时间可能长达 4 周以上。[12]

那些有兴趣在劳动力成本低的国家建厂的企业，应该认识到从其他国家向这些国家调派的管理人员数量有时可能会有限制。同时，东道国政府也坚持认为它的国民应受到培训并承担更多管理岗位的工作。此外，在劳动力成本低的国家，可能存在许多**血汗工厂**（sweatshops），这类工厂可视为剥削工人的组织，对雇员既不履行财务义务，也不履行法律义务。虽然血汗工厂通常出现在玩具、纺织和服装行业，但在 21 世纪电子行业也是出现血汗工厂最多的行业。电子行业的主要问题是，违反工作时间和休息日规定、违反工资和福利协议、性别和年龄歧视。[13]

对于一些企业来说，工会的地位也是选址的决定性因素之一。从管理的角度来看，工会会导致劳动力成本上升，因为工资提高。另外工作分配的灵活性降低迫使企业招收更多的员工。因此，一些企业往往更喜欢工会力量不是太强大的地区。例如在美国，有的州实行**劳动权法**（right-to-work laws），也就是不得强迫个人加入工会来作为受雇的条件。事实上，在 2012 年，总部位于欧洲的商用飞机制造商空中客车公司就将其在美国的第一家组装厂选址于实行劳动权法的亚拉巴马州。

种族、民族、文化因素也是设施选址时需考虑的重要人口特征。企业有时不愿在种族、民族、文化单一的地区建立设施，因为很难吸引工人调到这些地方。不足为奇，企业通常会提供非常慷慨的激励方案，以吸引工人调到问题较多的地方。

另外，**外派员工**（expatriate workers，也就是长时间派往其他国家的员工）的管理也是一个新的问题。外派成本非常高，每次外派成本可高达 100 万美元，离职率目前为 20%～40%。外派的现状为何与我们目前讨论的话题相关呢？这是因为离职率往往是由社会问题引起的而并非技术问题（如员工的知识和技能）。事实上，外派员工离职的主要原因是其家庭成员的健康问题，这些健康问题在外派国家无法解决。[14]

9.3.4　税收和激励

尽管劳动力因素对于选址非常重要，但税收也是不可小视的问题，尤其是涉及仓储设施选址时。企业仓储设施及其内部储存的库存是相关税务机构税收的主要来源。从社区角度来讲，仓储设施极具吸引力，因为它们可以增加税收，但只需较少的市政服务。没有完整的税收项目清单，但部分税收项目包括：销售税、房地产税、企业所得税、企业特许经营税、燃油税、失业补助税、社会保障税和开采税（对自然资源的采掘征税）。

物流人员和供应链管理者对**库存税**（inventory tax）尤其感兴趣。库存税类似于个人缴纳的个人财产税。一般来说，库存税是基于评估日的库存价值来征收的。毫无疑问，物流管理者致力于使其评估日那一天的库存尽可能少。企业可以在评估日之前进行降价促销以减少库存。

美国目前征收库存税的州不到 15 个。之所以库存税与我们现在讨论的话题相关，是因为库存税会抑制州内设施投资、阻碍设施扩建。库存税征收也非常不统一，因为使用的方法不同（例如，是基于先进先出估值还是基于后进先出估值），对库存的估值会不一样。另外，对库存征税的免税情况也可能因州而异。例如，有些州对存放在公共仓库的货物免税，另一些州则对过境货物提单上的跨州运送的货物免税。

营业税似乎并不难理解，但这只是一个方面，另一个方面是要了解用税款所换取的服务的价值。一般经验法则是，所换取的服务仅等值于所缴纳税款的 50%，这种不平衡导致企业需要投入更多的钱以获得所需服务水平。例如，不佳的警务服务可能导致仓储设施需雇用自己的安保人员。

让问题变得更加复杂的是，政府可能会提供一系列激励政策吸引企业在特定地区投资。例如，2016 年初马萨诸塞州政府为通用电气提供了约 1.45 亿美元的激励作为通用电气将公司总部从外州搬迁至波士顿的回报。这 1.45 美元的激励包括财产税减免、为铺设新道路和修建停车场提供资金。[15]

9.3.5 运输因素

运输可获性和运输成本等运输因素是设施选址决策的重要考虑因素。这是因为运输成本是总物流成本的重要组成部分。事实上，公路运输的可达性通常被认为是设施选址最重要的标准之一。由于越来越多的企业都力图缩短产品交货时间，公路运输的可达性也越来越重要。[16]

运输可获性是指能够为该设施提供服务的运输模式的数量（**模式间竞争**（intermodal competition））以及每种运输模式的承运人数量（**模式内竞争**（intramodal competition））。运输可获性的评价可能取决于所考虑的设施类型。例如，一家制造工厂可能同时需要铁路运输（运入原料）和卡车运输（运出产成品），配送中心可能仅需要卡车服务。

一般情况下，无论是模式间竞争、模式内竞争还是两者兼有，竞争都会为潜在用户带来成本效益和服务效益。有限的竞争往往会导致更高的运输成本，意味着用户只能被动地接受服务。因此，糟糕的选址会大大增加运输成本，负面影响顾客服务。

设施选址于地理中心，通常是综合考虑运输成本和服务的结果。关于运输成本，中心设施往往可以使总运输距离最短，从而使运输成本最小。中心设施还可以最大化设施的服务范围。图 9－1 所示的是从内布拉斯加州出发的卡车的走行距离。请注意：以内布拉斯加州为中心 1 000 英里范围内（通常被认为是卡车两天的服务行驶距离）有多少个州。

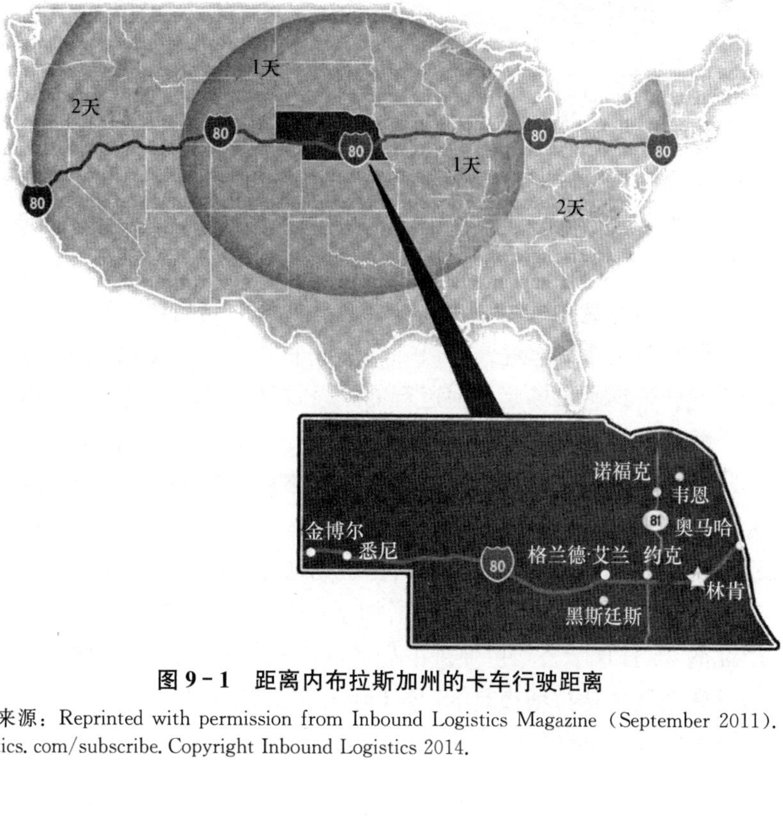

图 9－1　距离内布拉斯加州的卡车行驶距离

资料来源：Reprinted with permission from Inbound Logistics Magazine (September 2011). www.inboundlogistics.com/subscribe. Copyright Inbound Logistics 2014.

9.3.6 临近产业集群

在考虑设施选址的因素时，早期的企业物流教材讨论过**集聚**（agglomeration）的概念，也就是不同企业选址于同一个地方能够带来的网络优势。[17] 集聚仍是设施选址的一个关键因素，如今被称为**产业集群**（industry cluster）。产业集群的规模和形式多种多样。毫无疑问，每一特定行业的产业集群类型也会不一样。如加州旧金山南部的硅谷，聚集了大量高科技企业，是有名的基于某一特定行业的集群。

另一种集群类型是企业临近其主要供应商。临近主要供应商是**供应商园**（supplier parks）发展的催化剂。供应商园这一概念是围绕欧洲的汽车制造商及其供应商提出的，并迅速传播到包括北美在内的各大洲。主要供应商选址于或临近汽车装配厂所在的地方，有利于降低运输成本和库存持有成本。

产业集群可以在设施和运输方面为参与者带来好处。在设施方面，在园区内制造商相对临近，可以实现共用能力，也就是拥有过剩能力的制造商可以为订单过多的制造商生产产品。从运输的角度来看，产业集群可以实现更快速、更一致的交货，尤其是在供应商临近顾客的供应商园中。在产业集群中，内向和外向运输成本也会更低。内向运输成本更低是因为输入货物的批量采购，外向运输成本更低则源自产成品的批量运输。[18]

9.3.7 贸易格局

正如本章前面所指出的，生产消费品的企业通常根据人口的变化来更好地调整配送系统，同样，工业品的市场也会存在一些变化。如同对人口数据的研究一样，可以对商品流动的一般数据来源进行研究。通过研究，可以判断原料和半成品在流动过程中所发生的变化。这类数据的可获性和质量因国而异，而且由于收集数据的方法不同，可能很难对不同国家的数据进行比较。

关于商品流动，物流人员尤其对以下两个问题感兴趣：(1) 正在生产的量是多少？(2) 正往哪儿运送？如果一个企业非常关心其工业产品的配送系统，那么这个信息就会告诉它市场是如何运行的，以及如何识别制造商及其主要客户。就此，研究人员将了解现有的情况，并试图找到一个更低成本的生产-配送安排。

多国贸易协定的发展和实施对贸易格局产生了深远的影响。比如，美国、加拿大、墨西哥隶属于北美自由贸易区（NAFTA）。尽管长期以来加拿大一直是美国最大的贸易伙伴，但是自北美自由贸易协定生效后，墨西哥成为美国的第三大贸易伙伴。从物流的角度来看，这增加了产品的南-北移动，在墨西哥-加拿大间贯穿南北的 35 号州际公路也促进了配送活动的发展。俄克拉何马州的俄克拉何马市和得克萨斯州的达拉斯市是 35 号州际公路沿线的两个城市，近几年，这两个城市配送设施的建设激增。

同时，贸易格局也受到欧盟组织成员国的影响。在欧盟仅包括15个国家时，“比荷卢三国”（比利时、荷兰、卢森堡）的中心位置及其强大的运输基础设施，使其成为服务于欧盟国家的配送设施的最佳选址。许多国家仅设置一个配送中心为欧盟顾客服务。中欧和东欧的国家加入欧盟以后，欧盟的地理面积大幅扩大，为了服务整个欧盟的顾客，许多企业除设置一个主要的配送设施外还会设置几个地区配送设施。另外，随着欧盟向东部扩张，波兰和捷克由于其相对中心的地理位置，成为首选的配送设施选址地点。[19]

9.3.8 生活质量因素

生活质量因素（quality-of-life considerations）正成为选址越来越重要的影响因素，也就是将一些非商业因素纳入工厂或配送设施选址决策之中。确实，一位品牌专家指出，在21世纪生活质量是企业为何选址于某一特定区域的主要原因。[20] 生活质量因素包括生活成本、受教育机会、犯罪率、雇佣机会、气候、文化设施等。

将生活质量因素作为设施选址的考虑因素主要有以下几个原因。首先，员工生活舒适，自然会更快乐、更忠诚。快乐、忠诚的员工离职的可能性更小，触怒顾客的可能性更小。其次，如今很多企业在国内外都进行人才的争夺，不理想的地理位置会阻碍它们的招聘进程。简单地说，一个地区的生活质量（是否适合生活）将影响企业保持员工和吸引新员工的能力。[21]

9.3.9 在国外选址

当一个企业打算在国外选址时，我们前面讨论的一些选址的一般因素（如人口、运输、生活质量等）同样适用。你们应当认识到，一家企业如果打算在国外建立工厂、办公室或配送中心，还应考虑许多其他因素。这些因素大部分与政府相关，涉及相关的法律体系、政局稳定性、官僚作风、腐败、保护主义、民族主义、私有化、征用（没收充公）以及条约和贸易协定等。

例如，近年来中东政治局势一直动荡不安，受政治动乱影响的中东国家有埃及、利比亚、叙利亚、也门。政治不稳定带来的挑战之一就是另一种治理体系已慢慢出现，这种不确定性会导致许多企业延迟甚至放弃向这一地区扩张。另外一个例子是，印度尼西亚已将官僚作风认定为该国港口效率极低的一个主要原因，这一低效做法导致很多业务被转移到其他官僚作风较低的亚洲港口。[22]

9.4 选址的特殊因素

上一节我们主要探讨了制造、配送、装配设施选址的一些一般的、普遍的考虑因素。这一部分我们将重点讨论选址决策时需要考虑的一些更特殊的或特定的因素。其中大部分因素都是一些无形的界限，在选址决策中有着十分重要的意义。

土地可能被分区，也就意味着土地的使用会受到限制。例如，只允许在划为批发或是其他特殊商业用途的区域修建仓库。对于制造场所的限制更加严格，尤其是工厂运作可能产生燃料废物、噪声、粉尘、烟雾等污染或者造成交通拥堵而被视为不受欢迎的邻居时更是如此。相较于制造设施，配送设施通常被认为更受欢迎，因为这类设施往往只会因卡车运输造成交通拥堵问题。如果一个社区试图鼓励或阻止经营活动，那么该区的区划分类可能会被修改，虽然这可能是一个长时间的过程。

地方工会有自己的管辖范围，公司的劳资关系经理可能更愿意与某些地方的工会打交道，那么对这些地方也会有明显的偏爱。尽管个别工会认可国家劳动协议，但地方的补充协议通常反映了某个特定地区的独有特色。不同的补充协议为企业提供了不同的管理柔性。

在确定了设施具体地点后，在开始建设或运行前还应处理一些其他问题。比如，首先应进行产权调查，确保该土地可以出售，不存在留置权。工程师应调查场地，确保该地点有适当的排水系统，同时确定土壤的承载能力。

第二个特殊因素是环境因素的尽职调查。例如，在一些经济发达国家，环境问题还涉及**棕地**（brownfields）（含有化学物质或其他类型工业废料的地点）的使用。设施选址时需要考虑的环境因素包括空气污染、水污染、生物多样性保护、能源消耗、废弃物等。[23]

另一个特殊因素是气候，选址决策会受到龙卷风、洪水、飓风等气候因素的影响。可怕的极端天气是 21 世纪的一大特点，几乎没有迹象表明这些极端天气会随着时间的推移而减少。例如，2010 年加州的干旱是 500 年来最严重的干旱，2015 年北半球发生了创纪录的飓风（台风和气旋）。[24] 应对这些极端天气的一点建议是，雇用专家评估特定地点的气候风险和相关减排成本。[25]

自由贸易区

自由贸易区（free trade zone）是一个非常特别的地区，自由贸易区又称为对外贸易区、出口加工区或经济特区。在自由贸易区，外国商品可以被储存、展示、加工或用于制造过程，直至货物或它们的产品进入区内国家的关税区，才开始征收关税和实施配额。近几年自由贸易区非常流行。比如，印度目前运行中的经济特区大约有 200 个，2000 年时仅不到 10 个。[26] 虽然自由贸易区也可以位于或邻近机场，但它们通常位于或邻近港口。

自由贸易分区（free trade subzones）是指现存自由贸易区内的特殊场所，比如说某个企业，在这个企业内货物可被免税储存、展示、加工或生产。在美国，有 600 多个这样的自由贸易分区，这种分区在汽车制造业尤为盛行。比如，在密歇根州的底特律，16 个分区中有 11 个涉及汽车制造厂。[27]

9.5　用网格系统寻找最低成本选址

许多产品是多种原料和劳动力相结合的产物。利用传统的选址理论可说明，选址于某个或某几个位置可以使运输成本最小化。图 9－2 显示的是一个用于寻找运输成本最低的选址的实验室类装置，要选择一个地点建一个工厂来装配某产品，该产品的原料输入源自两个地方，市场位于第三个地方。

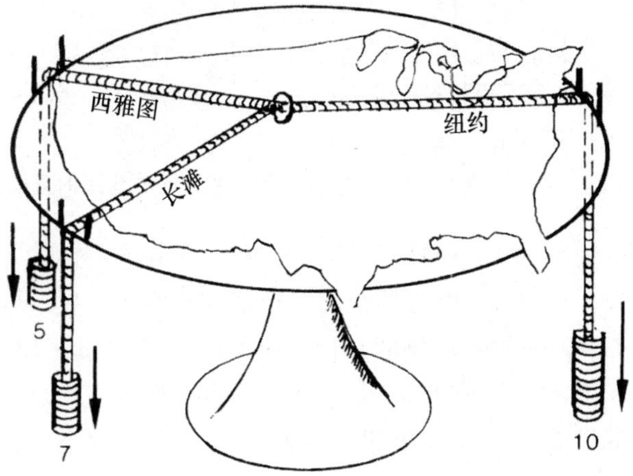

图 9－2　运输力决定工厂选址的例子

资料来源：Adapted from Alfred Weber, Theory of the Location of Industries, translated by Carl J. Friedrich (Chicago: University of Chicago Press, 1929).

尽管目前大多采用计算机分析来求解选址问题，但如果相关的参数不是太复杂，可以利用网格系统为增加一个设施确定最佳选址。

网格系统

网格系统对于选址分析很重要，它使我们可以利用相对简单的数学工具来分析空间关系。**网格系统**（grid systems）是放置在地图上的一种棋盘状图案，如图 9－3 所示，网格在水平方向和垂直方向上均被编号。根据勾股定理，在直角三角形中，两条直角边的平方和等于斜边的平方。放置网格系统，使其与地图南北线和东西线相一致（由于地图上东西线是平行的，但南北线是汇于两极的，因此会略有误差）。

重心法（center-of-gravity approach）可以用于单一设施的选址，以使新建设施到现有设施的距离最短。图 9－3 显示的是置于标有五个现有零售店的地图上的一个网格系统。问题是，一个为这 5 个店铺提供服务的仓库应建在哪里？假设每一个店铺接收的货物量相等，并且使用直线距离，那么仓库的最佳选址（成本最低）应是 5 个店铺的南北坐标的平均值和东西坐标的平均值所对应的那一点。

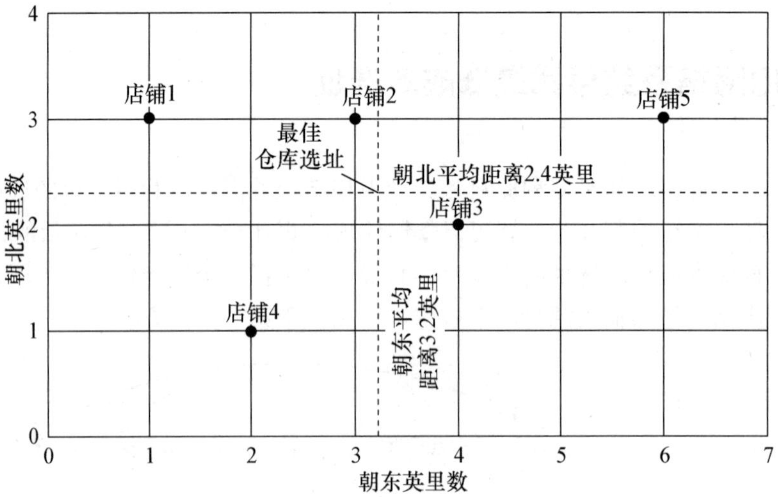

图 9－3　一个服务于 5 家店铺的仓库的重心法选址

在图 9－3 中，将网格系统左下角（西南角）标为零点（0，0）。纵轴（南北向）显示（0，0）点以北的距离。横轴（东西向）显示（0，0）点以东的距离。在这个例子中，朝北的距离的总值为 3＋1＋3＋2＋3＝12 英里。这个数除以店铺数 5，得出仓库位置应朝北 12/5 或 2.4 英里；朝东距离总值为 1＋2＋3＋4＋6＝16 英里，16 除以 5 等于 3.2 英里。因此，最佳选址的坐标为，距零点以北 2.4 英里，以东 3.2 英里处。

由于每一个店铺所需的商品量不可能相同，因此可以很容易地对重心法进行修正以将每个店铺的需求量考虑进来，这就是加权重心法。加权重心法的思想是，未来的仓储设施将靠近目前需求量最大的地方。

为了说明加权重心法，让我们来看看前面 5 个店铺的例子，不过需要改变每个店铺所接收货物量相同的假设。现假设，店铺 1 每月接收 3 吨货物，店铺 2 接收 5 吨，店铺 3 接收 4 吨，店铺 4 接收 2 吨，店铺 5 接收 6 吨。只要将每个店铺的朝北坐标乘以相应的需求量，并将它们求和，再将得出的总数除以 5 个店铺的每月需求总量，就可以计算出加权重心位置的纵坐标（朝北距离）。同理可以计算出加权重心位置的横坐标（朝东距离）。

新数据（见表 9－3）显示，5 个店铺的每月需求总量为 20 吨（3＋5＋4＋2＋6），仓库加权重心位置为朝北 2.6 英里，朝东 3.7 英里。因此，根据加权重心法计算出的仓库位置比利用基本重心法确定的位置（朝北 2.4 英里，朝东 3.2 英里）更往北、往东一些。

表 9－3　加权重心法举例

店铺	朝北距离（英里）	朝东距离（英里）	月需求量（吨）	朝北距离×需求量（吨英里）	朝东距离×需求量（吨英里）
1	3	1	3	3×3＝9	1×3＝ 3
2	3	3	5	3×5＝15	3×5＝ 15

续表

店铺	朝北距离（英里）	朝东距离（英里）	月需求量（吨）	朝北距离×需求量（吨英里）	朝东距离×需求量（吨英里）
3	2	4	4	2×4=8	4×4=16
4	1	2	2	1×2=2	2×2=4
5	3	6	6	3×6=18	6×6=36
合计			20	52	74
加权平均				2.6	3.7

刚刚介绍的两种方法相对简单易懂。至少可以从运输的角度，较快地计算出中央设施的大致位置。无论是重心法还是加权重心法都不太复杂。在现实生活中，可能还需要考虑更多的因素，如税收、工资率、数量折扣、运输服务的成本和质量、运输费率随运输距离的增加而减少等。这些因素增加了计算的复杂性及时间，这也部分说明了为什么一些企业会求助于专门的软件包来进行设施选址决策。

9.6　设施搬迁和设施关闭

本章最后讨论两种特殊情况下的设施选址，一种是设施搬迁（与业务增长有关），另一种是设施关闭（与业务萎缩有关）。更确切地说，当一家企业判断在现有设施内无法继续经营，必须将这些经营业务转移到另一设施以便更好地为供应商或顾客服务时，就会进行**设施搬迁**（facility relocation）。相反，当一个企业决定停止现有地点的经营业务，因为这些经营业务不再需要或者可以被其他设施兼并时，就会出现**设施关闭**（facility closing）的情况。

引起设施搬迁的一种常见原因是，企业业务大幅增加，在现有地点缺乏发展空间。在美国，设施搬迁一般体现为，工厂和仓储设施由拥挤的中心城区搬迁至更有吸引力的郊外。中心城区昂贵的土地成本和交通拥堵使企业难以（或不可能）扩张。运输企业通常青睐城郊，因为城郊交通不会那么拥挤而造成集货和交付中断。

理论上，搬迁决策涉及新老地点的优缺点比较。定量比较不可避免，除此之外，企业还应当考虑到，搬迁对人力资源所造成的潜在影响，这一影响往往难以量化。至少，雇主应当让现有员工了解搬迁计划以及搬迁可能会对他们产生的影响。如果员工是通过其他渠道得知这一消息的，会引起员工混乱、气愤、士气涣散并且直接影响现有设施的生产力，此时雇用替代人员可能非常困难。

企业还应认识到，无论事先计划得多么完善，从一个设施搬迁到另一个设施都会很麻烦。至少，搬迁过程中的小差错会增加物流成本，影响顾客服务。例如，从老设施向新设施搬迁设备、家具、物料，可能需要花费比预期更长的时间。此外，新建厂房、仓库的缺点或缺陷通常只有在使用之后才会显露出来。

有各种原因可能导致设施关闭，如并购中减少冗余能力、提高供应链效率、计划不周、业务量不足等。无论是什么原因，企业必须明确工厂为何关闭。例如，雀巢宣布关闭位于伦敦郊区海耶斯的咖啡工厂，将生产转移到英国其他地方进行。雀巢列举了设施关闭的几个原因，如在现有地址重建工厂比较困难等。[28]

同时，雇主还应了解联邦政府和州政府的相关立法。比如，美国联邦立法中，《员工调整和再培训通知法案》（WARN）规定：如果设施关闭或大量裁员，雇主应提前 60 天通知。有些州针对大规模裁员还有另外一些规定。

设施关闭对人员的影响应是最优先考虑的问题。员工不仅失去了工作和工资收入，而且一些人可能会丧失自尊。虽然会令人不愉快，但雇主仍应在整个关闭过程中随时让员工了解情况。设施关闭处理不当，会对一个企业造成相当不利的公众影响，使本来就不愉快的情况恶化。例如，2015 年宾夕法尼亚州卡夫-海因茨（Kraft Heinz）一家生产工厂的一些员工是从媒体而非工厂管理部门获悉该工厂即将关闭的消息的。[29]

小　结

本章主要讨论了仓库、制造和装配设施的选址相关问题。在许多企业，设施选址已从一种战术决策转变为一种战略决策。本章分析了设施选址的战略重要性，研究了影响设施选址的一般因素，其中包括人口特征和贸易格局。在设施选址中，人口特征是一把双刃剑，因为人口既是商品的市场，也是劳动力的来源。多国贸易联盟所引发的贸易格局的改变，对配送设施选址产生了深远的影响。

本章还讨论了一些影响选址的特殊因素，并举例说明如何运用网格系统确定成本最低的选址。最后还探讨了设施搬迁和设施关闭，企业应当认识到设施搬迁和设施关闭对人员所造成的影响。

关键术语

集聚（产业集群）	网格系统	生活质量因素
棕地	模式间竞争	劳动权法
重心法	模式内竞争	供应商园
外派员工	库存税	血汗工厂
设施关闭	土食战略	增重产品
设施选址	保税加工工厂	失重产品
设施搬迁	就近采购	自由贸易区
纯物料		

讨论和复习题

9.1　讨论选址决策过程涉及哪几层　筛选。

9.2　成本因素是如何影响设施选址决策的？

9.3　为什么顾客市场的位置是设施决策时的一项战略考虑因素？

9.4　讨论影响企业选择运营设施数量的因素。

9.5　纯物料、失重产品和增重产品是如何影响设施选址决策的？

9.6　讨论为何人口既是商品市场，又是劳动力来源。

9.7　什么是保税加工工厂？为何保税加工工厂仍持续流行？

9.8　讨论在低工资水平国家进行制造、装配和配送设施选址的优缺点。

9.9　什么是劳动权法？它是如何影响设施选址决策的？

9.10　什么是外派员工？他们要面对哪些挑战？

9.11　税收和激励是如何影响设施选址决策的？

9.12　运输因素是如何影响设施选址决策的？

9.13　什么是产业集群？产业集群有哪些潜在优势？

9.14　讨论多国贸易协定是如何影响生产或配送设施选址的。

9.15　解释为什么进行设施选址决策时需要考虑生活质量因素。

9.16　除了本章所讨论的一般因素以外，还有哪些因素对企业在境外选址非常重要？

9.17　讨论设施选址决策时需要考虑的特殊因素。

9.18　什么是自由贸易区？它具备哪些功能？

9.19　讨论网格系统的优缺点，如重心法和加权重心法。

9.20　区分设施搬迁和设施关闭。在这两种情况下，企业应如何应对人力资源（工人）问题？

建议读物

Chen, Lujie, Jan Olhager, and Ou Tang. "Manufacturing Facility Location and Sustainability: A Literature Review and Research Agenda," *International Journal of Production Economics*, 149 (2014): 154–163.

Gold, Stefan, Alexander Trautrims, and Zoe Trodd. "Modern Slavery Challenges to Supply Chain Management." *Supply Chain Management: An International Journal* 20, no. 5 (2015): 485–494.

Hula, Richard C. and Rebecca Bromley-Trujillo. "Cleaning Up the Mess: Redevelopment of Urban Brownfields." *Economic Development Quarterly* 24, no. 3 (2010): 276–287.

Jolley, G. Jason, Mandee Foushee, and Jiang Gao. "Tax Incentives and Business Climate: Executive Perceptions from Incented and Nonincented Firms." *Economic Development Quarterly* 29, no. 2 (2015): 180–186.

Kassar, Abdul Nasser, Amal Rouhana, and Sophie Lythreatis. "Cross-cultural Training: Its Effects on the Satisfaction and Turnover of Expatriate Employees." *SAM Advanced Management Journal* 80, no. 4 (2015): 4–18.

Kimelberg, Shelley M. and Elizabeth Williams. "Evaluating the Importance of Business Location Factors: The Influence of Facility Type." *Growth & Change* 44, no. 1 (2013): 92–117.

Lavissiere, Alexandre, Laurent Fedi, and Ali Cheaitou, "A Modern Concept of Free Ports in the 21st Century: A Definition towards a Supply Chain Added Value." *Supply Chain Forum: An International Journal* 15, no. 3 (2014): 22–28.

Ross, Robert J. S. "The Rag Trade as the Canary in the Coal Mine: The Global Sweatshop, 1980–2010." *New Labor Forum* 20, no. 1 (2011): 42–49.

Sakai, Takanori, Kazuya Kawamura, and Tetsuro Hyodo. "Locational Dynamics of Logistics Facilities: Evidence from Tokyo." *Journal of Transport Geography* 46 (2015): 10–19.

Sheffi, Yossi. *Logistics Clusters: Delivering Value and Driving Growth*. (Cambridge, MA: The MIT Press, 2012).

van den Heuvel, Frank P., Peter W. de Langen, Karel H. van Donselaar, and Jan C. Fransoo. "Proximity Matters: Synergies through Co-location of Logistics Establishments." *International Journal of Logistics: Research & Applications* 17, no. 5 (2014): 377–395.

Vukmirovic, Jovanka, Aleksandra Vukmirovic, and Dragan Vukmirovic. "Mapping of the Business Infrastructure in Serbia with a Special View at Brownfield and Greenfield." *Management* 70 (2014): 75–85.

案　例

案例 9－1　　全印度物流服务公司

全印度物流服务公司（AILS）是一家总部位于印度德里南部的第三方物流服务提供商。该公司是由塔塔钢铁厂（Tata Steel，印度最大、最古老的一家企业）的两名物流高管创建的，该公司在海洋运输、海关清关、货物代理和陆运等方面有着丰富经验。在过去的 5 年中，AILS 成功修建了基础设施，并培养了一批有经验的人员来处理各种物流活动。AILS 自视为提供定制物流解决方案和服务的专业公司，该公司提供的服务有：

- 进口合并。AILS 在美国、欧洲、远东、中东都有办事处和贸易往来，提供对印度所有地区的海运和空运集货进口。该公司承诺提供超值的、个性化的快捷服务。
- 门到门服务。AILS 提供门到门交付服务，包括从供应商仓库提货，海关清关前的仓储，为国外进口的商品提供全套的海关清关服务，进行航空或船运订舱直到在印度接收货物。此外，该公司还承办当地海关清关，并为顾客送货到门。
- 出口。AILS 拥有办理各种航运或海运货物出口的专业知识，并确保以最具竞争力的价格及时运送货物。该公司不仅可以处理全部的出口文书手续，还负责货物的实体移动。
- 物流和海关咨询。AILS 可以为顾客提供指导，帮助顾客选择运输模式、最优地使用空间、节省运费。同时，该公司还可充当与印度各官方管理机构的联络人的角色，如印度储蓄银行（RBI）、印度港务局、印度铁路局、道路运输和公路管理局等，代表顾客办理进出口货物的各种许可证和进出口配额。鉴于印度的官僚作风、官僚机构、腐败较为严重，若没有权势或关系网络，在印度经营将寸步难行。

如今，AILS 在德里和印度最大的港口孟买之间（1 407 公里）每月进出口 200 多个 TEU（20 英尺集装箱）。幸运的是，大部分集装箱都用于双向运输，空箱移动是非生产性的。主要的出口商品为卫生间配件、机械配件和农业设备、化工制品、科学设备、医疗设备和药品、食物加工器械、家具、厨房设备等。进口的主要商品为汽车引擎和配件、棉纱、食品、电子产品、电视及其零件、大米、制作石头工艺品用的石头等。

AILS 的咨询业务也慢慢扩展，现在还可为顾客提供制造工厂和仓储设施的选址咨询。最近，美国运动服饰公司（AAA）委托 AILS 公司为其进行设施选址。AAA 是一家生产运动服装的大型跨国企业，该公司要求 AILS 为其生产出口北美或西欧的亲水材料运动衬衫的工厂选址。

AAA 对于所选地址有一个关键要求，具体地说，就是制造工厂必须位于居民人口在 150 万～350 万的城市中，这样德里、孟买、班加罗尔等城市都被排除在外。由于大部分衬衫都会通过水运从印度出口（在特殊情况下也会用到空运），AAA 同意让 AILS 利用其与孟买港物流人员的现有关系。考虑到这些因素，经过几个月艰苦的工作，AILS 最后将工厂选址锁定在巴特那（位于比哈尔邦）和勒克瑙（位于北方邦）这两个大都市。

[问题]

1. 从制造亲水衬衫所需的自然资源考虑，应选择巴特那市还是勒克瑙市？为什么？

2. 从运输的角度考虑，应选择巴特那市还是勒克瑙市？为什么？

3. 从劳动力的角度考虑，应选择巴特那市还是勒克瑙市？为什么？

4. 从生活质量的角度考虑，应选择巴特那市还是勒克瑙市？为什么？

5. AILS应建议制造工厂选址于巴特那市还是勒克瑙市？为什么？

6. 如果衬衫由加尔各答港出口，第5题的答案是否有所变化？为什么？

7. 假定AAA决定在拉丁美洲就近生产，记住案例中给出的关键要求，AAA应当将制造设施选址于拉丁美洲什么地方？为什么？

【注释】

[1] Example drawn from one author's personal experience.

[2] The discussion in this section is based on factors identified in John J. Coyle, C. John Langley, Brian J. Gibson, Robert A. Novack, and Edward J. Bardi, Supply Chain Management: A Logistics Perspective, 8th ed. (Mason, OH: South-Western Cengage Learning, 2009), Chapter 12.

[3] Cecile Rohwedder, "U. K. Grocers Wage Price War, Yet Most Can Declare Victory," The Wall Street Journal, August 10, 2009, A1, A8.

[4] Summer Zhen, "Manufacturers Step Up Search for Low Cost Alternative to China," South China Morning Post, October 3, 2015, n. p.

[5] Peter T. Leach, "Closer to Near-Sourcing," Journal of Commerce, January 16, 2012, 8-11.

[6] Laurie Burkett, "Starbucks to Add Thousands of Stores in China," The Wall Street Journal, Junuary 12, 2016, online, n. p.

[7] Michael J. Berning, "The Energy Efficiency of Local Eating," Environmental Design and Construction, July 2013, 26.

[8] www. chicago-consulting. com.

[9] Amanda Hoyle, "Rooms to Go Pays $3.5M for Land to Build Distribution Center," Triangle Business Journal, February 13, 2014, online, n. p.

[10] www. unfpa. ofg.

[11] http://www. bls. gov/fls/ichcc. pdf.

[12] Mark Szakonyi, "Made in Mexico," The Journal of Commerce, April 28, 2014, 50-52.

[13] Garrett Brown, "Global Electronics Industry: Poster Child of 21st Century Sweatshops and Despoiler of the Environment?" EHS Today, September 2009, 45-48.

[14] Michelle Shelton, "Seven Tips for Employers With Traveling or Expatriate Employees," OnCall International, January 31, 2012.

[15] Ted Mann and John Kamp, "General Electronic to Move Headquarters to Boston" The Wall Street Journal, Junuary 13, 2016, online, n. p.

[16] Beth Mattson-Teig, "Top Site Selection Factors: Highway Accessibility—the Need for Speed," Area Development Online, November 2011.

[17] James L. Heskett, Nicholas A. Glaskowsky, Jr., and Robert M. Ivie, Business Logistics, 2nd ed. (New York: Ronald Press), 1973, Chapter 12.

[18] Lifang Wu, Xiaohan Yue, and Thaddeus Sim, "Supply Clusters: A Key to China's Success," Supply Chain Management Review 10, no. 2 (2006): 46-51.

[19] John W. McCurry, "Heading East," Site Selection, September-October 2008, 708-719.

[20] Susan C. Thomson, "Area Plays Up Quality-of-Life Issues as Another Economic Tool," The Regional Economist, April 2013, 1618.

[21] Dan Olson, "Six Keys to Plant Site Selection," Industry Week, September 2010, 22.

[22] Satria Sambijantoro, "Reforms on Table to Boost Port Efficiency," The Jakarta Post, March 5, 2015, 13.

[23] Lujie Chen, Jan Olhager and Ou Tang, "Manufacturing facility Location and Sustainability: A Literature Review and Research Agenda," Internatinal Journal of Production Economics, 149 (2014): 154-163.

[24] http://earthobservatory. nasa. gov/IOTD/view. php?id=87092.

[25] Wayne Labs, "Refining Location, Location, Location," Food Engineering, December 2011, 49-55.

[26] http://www. sezindia. nic. in/writereaddata/pdf/ListofoperationalSEZs. pdf.

[27] See www. foreign-trade-zone. com.

[28] No author, "Nestlé to Close 'High Value' Hayes Coffee Plant by 2014," Food Manufacture, February 2012, 2.

[29] Jon Harris, "Lehigh Valley Kraft Plant Closing," The Morning Call, November 4, 2015, online, n. p.

第10章 仓储管理

学习目标

- 讨论仓储在物流系统中的作用
- 了解公共仓储、私有仓储、合同仓储以及多客户仓储
- 分析在设计仓储设施时需要考虑的因素
- 审视仓储中一些重要的运作问题

前面章节中反复提及的一个主题是物流学科及其所涉及的各种职能都在不断发生着变化。在物流系统方法中，某一物流职能的变化会对其他职能产生影响。事实上，在前面章节中描述的很多变化，例如电子订货、设施整合以及精细库存等，对仓储管理都产生了非常大的影响。

当今很多经营有方的企业将仓储视为一个战略要素，并作为企业一个潜在的竞争优势来源。例如，电子商务的持续发展使一些企业从传统的关注仓储成本转向强调在快速、正确地履行订单方面的顾客满意度。[1]

本章首先概述仓储的定义，讨论仓储在物流系统中的作用。接着分析公共仓储、私有仓储、合同仓储以及多客户仓储。之后，专门讨论影响仓储设计的因素，特别强调设计时各因素的权衡。最后将讨论生产率、安全保障等仓储中的一些关键运作问题。

10.1 仓储在物流系统中的作用

仓储（warehousing）是“企业物流系统的一部分，是指在原产地、消费地以

及它们之间储存产品（原材料、零部件、在制品、成品）”[2]，它和运输之间可以相互替代，仓储也被称作“每小时零英里的运输”。图 10-1 描述的是仓储和运输之间权衡的一个例子，说明在生产商和顾客之间设立一个仓储设施将会在系统中增加一些新的成本（与仓储相关的成本）。另外，设置仓储设施会使运输线路变短（从生产商到仓储设施，从仓储设施到顾客）。一般来说，近距离运输往往比长距离运输每英里的成本更高，但是近距离运输所增加的成本可能被大批量装运所带来的较低单位重量运输成本补偿。

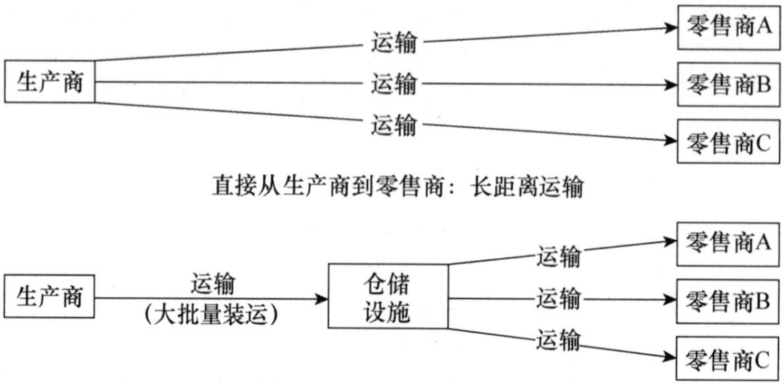

图 10-1　增加一个仓储设施：短距离运输

如果在供应链中引入仓储只是将业务成本在各种物流活动间转换，那么为什么还需要仓储呢？一个关键的原因在于生产和消费模式的不一致，也就是生产量与需求量不一致、生产速率与消费速率不一致，仓储就在生产与消费之间起着协调作用。罐装水果和蔬菜是其中一个极端的例子，其生产发生在一个相对短的时间内，销售却延续一整年。另一个极端例子是销售集中在一个相对短的时间内，生产则整年维持平稳的水平，但应对这种情况更可能的方式是使生产在更接近需求时点的时候开始。

有时，企业会购买比一个短时间内所能消耗的数量更多的物品，这时就需要仓储空间来储存多余的产品。这样做可能出于几种原因，例如避免预期的货物短缺，或想从卖方获得优惠的价格。

前面我们的讨论大多是从市场的角度来看待仓储的，仓储管理与生产和原材料也有关。例如，一个汽车制造商可能会购买额外数量的钢材以应对预期的钢材短缺。

另外，仓储促进了供应链的**重组功能**（regrouping function）。该功能涉及产品在供应链中流动时对产品的数量和组合进行重新安排。重组功能可以有四种形式：集中（也称为成批）、调配（也称为分件）、配货和归类。集中和调配涉及产品数量的调整，配货和归类涉及产品组合的调整。

集中（accumulating）是指将不同来源的类似存货聚集在一起，就像一家百货公司从多家不同的生产商那里购买大量男士西服一样。相反，**调配**（allocating）指的是将较大的批量拆分为较小的批量。继续西装的例子，百货公司可能购买了 5 000 件尺码为 42Short 的西装，每个店铺可能仅存有 15 件或 20 件该尺码的西装。

配货（assorting）是指将多种不同的产品集合起来再转售给特定的顾客。例如，百货公司可能希望给各个店铺供应许多不同的尺寸（例如 36 码、38 码和 40 码）和款式的西装（如两扣西装和三扣西装）。**归类**（sorting out）指的是“将产品分为不同目标市场所需的等级和质量”。[3] 例如，一家百货连锁店可能仅在位于高收入地区的店铺中出售 1 000 美元的男西装，600 美元的男西装可能是在不太富裕地区销售的最高价格的西服。

仓储可以通过仓库、配送中心、履行中心或越库设施来提供。**仓库**（warehouses）强调产品的储存，主要目的是充分利用可用的储存空间。**配送中心**（distribution center）强调产品在设施中的快速移动，主要目的是使**吞吐量**（throughput，一定时间段内流进和流出某个设施的产品总量）最大化。**履行中心**（fulfillment centers）是一种主要处理电子商务订单的、特殊类型的配送中心。

对缩短供应链时间的重视引发了**越库**（cross-docking）设施的发展。越库可以定义为“接收产品，并将其在同一天或隔夜就发运出去而不进入储存的过程”。[4] 事实上，一个产品在一个设施内的停留时间长短是区分配送中心和越库设施的一个因素，通常货物储存时间是否小于 24 小时（或更少）是区分越库设施与配送中心的标志。越库的主要好处包括让产品更快地到达目的地而提升服务。另外，由于更快地交付产品能够减少安全库存，从而使库存持有成本降低。[5]

高级奢侈品零售百货公司 Saks 的经验很好地说明了越库带来的一些潜在利益。例如，在 Saks 越库设施里将一个纸板箱从进货月台移至出厂拖车处只需要 7 分钟。另外，Saks 越库设施每天能够处理 4 倍于原有设施的货物量，人力只需要一半。换句话说，越库设施的效率大约是其原有设施的 8 倍。[6]

因为越库主要是为了节省时间，所以越库设施的设计非常重要。更具体地说，越库设施强调极其快速的产品移动，因而它们应该设计成：极少的储存空间，在两个或多个侧面有卡车收、发货仓门。[7] 图 10－2 展示了一个“I 形”的越库设施设计——矩形、长条，且尽可能地狭窄。[8] 越库设施还可以设计成“H 形”“L 形”“T 形”“U 形”“E 形”，选择何种越库设施设计主要取决于用来建造该越库设施的土地的空间布局以及所使用的月台数量。[9]

10.2　公共仓储、私有仓储、合同仓储及多客户仓储

除了解仓库、配送中心和越库设施之间的区别外，企业还必须合理选择是拥有仓储空间（私有仓储）还是租用（公共仓储、合同仓储、多客户仓储）仓储空间，或是合理组合使用这些仓储形式。因为每个企业的战略、目的和目标都不一样，所以不存在正确的拥有或租赁组合。某个企业可能只使用公共仓储，另一个企业可能只使用私有仓储，第三个企业可能组合使用私有仓储、公共仓储、合同仓储和

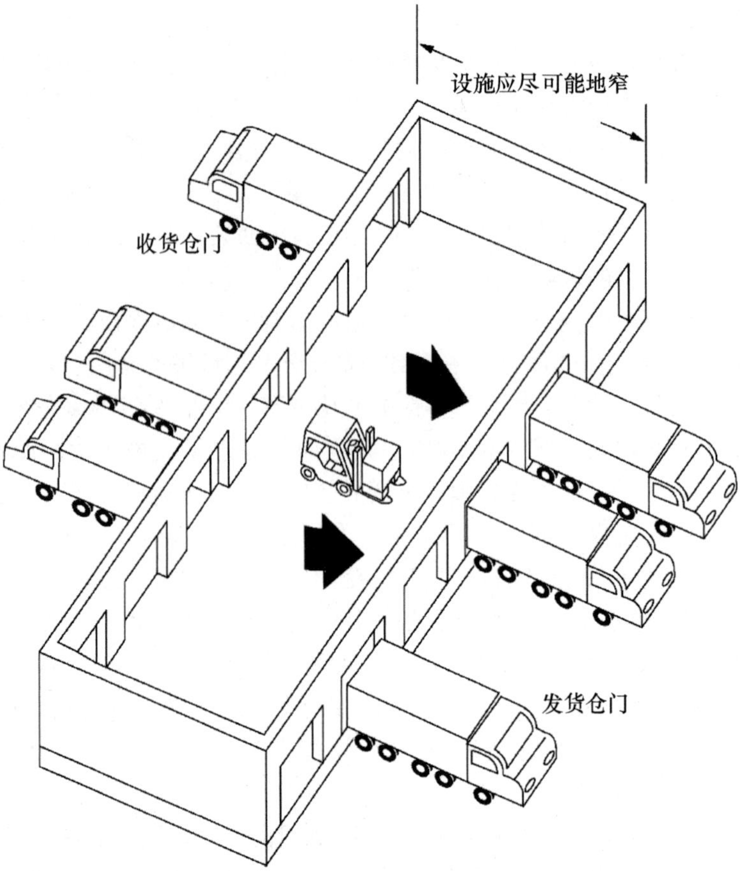

图 10－2　纯供方集运拼箱方式的理想设施（全托盘移动）

资料来源：Reprinted by permission of the Warehousing Education and Research Council.

多客户仓储。每一种仓储形式都有不同的特征，这些特征可能对潜在用户有吸引力，也可能不具有吸引力。

10.2.1　公共仓储

公共仓储（public warehousing）（应该）为所有合法的用户提供服务且对这些用户负责。使用公共仓储，用户方不需要投资，因此当借贷成本（利率）很高时，这无疑是一个很重要的选项。用户在需要时租用空间，可以避免不需要的空间成本。相关的好处是用户可以相对准确地确定其仓储成本，因为公共仓储空间往往是按月租用的。

公共仓储的吸引力还在于用户方不必对人员决策和法规问题负责。仓储服务是物流中两大主要劳动力需求源之一（另一个是运输），而且仓储员工可以加入工会，这增加了管理的挑战性。至少，当使用公共仓储时，仓储员工的招聘、选拔、薪酬、激励和评价等都是由仓储企业而不是客户（用户）负责。

关于法规，在美国，仓储劳动安全受**职业安全与健康管理局**（Ocupational

Safety and Health Administration，OSHA）的监督。由于 OSHA 的标准非常复杂而且冗长，所以从管理的角度看，遵守 OSHA 条例的代价会非常高而且非常复杂。值得指出的是，近年来美国仓储业受到了 OSHA 更严格的审查，因为仓储已被列为高危的工作场所。[10] 和人员决策一样，当使用公共仓储时，法规问题是仓储提供商而不是仓储客户的责任。

公共仓储比企业自己拥有设施更具位置上的柔性，这在企业准备进入新市场时非常重要。例如，一个企业可能希望在新的市场慢慢起步，或不确定其产品在这些市场的接受程度，公共仓储则可以在这些市场提供储存服务而不需要企业投入大量的资本。

公共仓储还可以提供许多其他地方不提供的专业化服务。例如，公共仓储积极提供一些增值服务，如将较大的货物重新包装成零售尺寸，然后收缩包装；协助产品召回；标价、产品组装以及产品测试等。

公共仓储最大的缺点或许是用户缺乏控制。例如，有时公共仓储可能没有可用空间，或即使有空间，但用户对其货物存放的位置基本没有发言权，可能是哪里有空间就放在哪里，这导致某个用户的货物被分散地放在仓库的不同位置。此外，有些公共仓储不是全天 24 小时营业，这意味着用户不能在需要时随时存取产品，或者用户可能需要调整其运作以适应公共仓储的营运时间。

10.2.2　私有仓储

私有仓储（private warehousing）由在设施中储存货物的企业所拥有。私有仓储会产生很高的固定成本，因此只有那些库存量大的企业才考虑私有仓储。在这种情况下，高的固定成本可以分摊到更多单位数量的库存上，从而可以降低每单位库存的成本。私有仓储的最大用户是零售连锁店，它们经常要搬运大量商品。

除了数量大之外，当需求模式相对稳定时，也往往适合选择私有仓储。有时需求的波动会导致产品储存空间不够，这种情形下企业可能需要使用公共仓储作为一种补充，这会增加总的仓储成本，但在另外一些时候可能会有多余空间（多余的能力），这同样耗费成本。

假设有足够的需求而且需求稳定，那么私有仓储可以使用户对它们的仓储需求有足够的控制权。例如，仓储设施可以按用户的要求进行建设。当一个企业的仓储或搬运要求比较独特时，如钢梁、汽油，私有仓储尤具吸引力。另外，在私有仓储中，企业可以控制产品放置的位置，例如一些产品不能存放在地面上。控制的另一个方面体现在，私有仓储使企业在需要时可以随时存取产品而不必调整其活动以适应公共仓储的运营时间。

私有仓储也存在一些明显的缺点，私有仓储的固定成本很高并且要有足够且稳定的储存需求。另外，像私有仓储这样的高固定成本的选择，在高利率时代会变得越发没有吸引力，因为要获得建设或租用设施所必需的资金成本更高（公平地说，在一些国家，比如美国，近年来利率相对较低）。

私有仓储也可能降低企业应对外部环境变化的柔性。例如，使用私有仓储的企业很容易受需求模式变动的影响，比如那些经历过多国贸易联盟的企业。另外，企业的柔性还会受到兼并、收购的影响。例如一个价值数十亿美元的公司收购了一个竞争对手的生产和私有仓储设施。尽管生产设施增加了急需的制造能力，但仓储设施实际上是多余的。然而收购方几乎没有什么选择余地，只能继续经营它，因为如果设施关闭的话将招致巨额罚款（例如，劳动赔偿金）。

10.2.3 合同仓储

关于租用或拥有仓储设施，企业以往只有两个选择，即公共（租用）和私有（拥有）。20 世纪 90 年代早期，出现了另外一种租用仓储空间的形式，也就是**合同仓储**（contract warehousing）（又被称作第三方仓储或专用仓储）。合同仓储有许多不同的定义，在本文中合同仓储指的是“一个长期的、互利的安排，专有地为一个客户提供独特的且专门定制的仓储和物流服务，供应商和客户共同承担相关运营风险”。[11] 从成本的角度来看，合同仓储往往比私有仓储成本低但比公共仓储成本高。

合同仓储是很多企业的首选，因为它避免了公共仓储和私有仓储的缺点，同时兼具公共仓储和私有仓储的优点。更具体地说，合同仓储使一个企业能够专注于它的核心竞争力（做得最好的方面），将仓储管理交给专家来做——这些专家完全专注于客户的需要和期望。[12] 另外，合同仓储能提供与私有仓储相同的控制程度，因为在合同中可以写明重要指标要求。例如，如果某种产品不应放置在地板上，那么可以在特定合同中明确指出这一要求。

在应对外部环境的变化方面，合同仓储被认为比私有仓储更具柔性，但相较于公共仓储缺乏柔性。这种柔性部分取决于合同的期限，合同期限越长，则应对变化的柔性越低。3～5 年的合同期似乎能够使仓储提供者有足够的时间来熟悉客户的业务，也能使客户在协议万一没有产生满意的结果时具有些许灵活性。

10.2.4 多客户仓储

另外一种仓储选择是**多客户仓储**（multiclient warehousing），它兼有合同仓储和公共仓储的特性，近年来很流行。例如，合同仓储一般只服务于一个客户，公共仓储可服务于任意数目的客户，一个多客户仓储服务于有限数目的客户（至少 2 个，但通常不超过 12 个）。以此类推，多客户仓储提供的服务比公共仓储更具差异化，但与合同仓储相比服务的定制程度低。

此外，公共仓储服务是逐月购买，多客户仓储服务是通过合同方式购买，合同期限至少一年。多客户设施对以下一些企业更具吸引力：（1）没有足够的库存需求量，不适合建造自己的储存设施的企业；（2）没有足够的库存需求量，不适合使用合同仓储的企业；（3）对专业化的设备或服务有定期的但不连续需求的企业；（4）可以从与其他有类似需求或要求的企业合作中获益（例如，到同一地点的共享运输）。[13]

10.3 影响仓储设计的因素

10.3.1 一般考虑因素

关于仓储设施设计的一个最好建议是运用常识进行判断，某商业人士的例子可以说明这一点。这位商业人士认为仓库平淡乏味，看上去没吸引力。他决定建造一个更美观的设施，于是他设计了一个黑色地面的仓库，理由是与其他很多仓库的地面相比，黑色地面与众不同。

尽管黑色地面的确非常显眼，却是一个绝对的灾难，部分原因在于该地面显得比同类设施更脏。此外，该黑色地面相当滑，这意味着叉车很难停下来（事实是一些叉车撞到了墙上），仓库的工人也更容易跌倒。这则趣闻提供了一个形式胜过功能或格调胜过内容的极好例子。从常识的角度看，首要的设计考虑因素应该是仓库在相关物流系统中的功能，例如长时间的储存或产品移动，美感则是一个次要的考虑因素。

一个常识性的建议是，在设计仓储设施之前，必须了解所要搬运和管理的货物数量和特性。实际上，对于传统的实体企业来说，电子商务的早期挑战之一就是，许多企业试图通过原本设计用于为零售店供货的仓储设施来完成在线订单。相反，订单履行中心设计应当明确考虑电子商务的关键特征，例如每个订单订货数量少、需要储存的 SKU 品种多但每个品种储存数量并不多、极端的需求高峰（如假期）、当天（或一小时内）交付等。[14]

另一条常识性的建议是对于一个企业来说，了解特定设施的服务目的是非常重要的，因为是强调储存功能还是强调配送功能，将会影响空间的布局。也就是说，产品周转率低的储存设施的布局方式应该是使储存设施的体积利用率最大化，一个强调产品短时间内快速移动的设施，其布局应方便产品进出。

10.3.2 权衡

在进行仓储设计时，应对空间、人力以及机械化进行权衡。宽敞不一定有利，因为人或机器在存货和取货过程中必须行进的距离将增加，而且闲置的空间是多余的能力，我们知道多余的能力也要耗费成本。不过，狭窄的环境也会导致类似因叉车车胎扎破引起的产品损坏以及过道宽度不足引起的移动瓶颈等无效率。

在制定平面布置图前，应该对需要搬运和管理的每种货物加以研究，包括货物具体的物理搬运特性、移动的数量和规律性、拣货的频率，以及与其他货物相比周转速度的快慢等。

在设计有关储存和搬运设备的结构和位置时，不可避免地要进行很多权衡。本节中讨论了其中一些权衡，这些权衡通常比看起来更复杂，因为每种权衡并不是互相独立的，而是会相互影响。尽管就仓储设计而言可能没有正确或错误的答案，但理解各种权衡有助于管理者作出更有效的决策。

10.3.3 固定及可变货物储位

在第7章中我们曾介绍过，订单拣选与组配通常是提高订单周期效果和效率的最好机会。提高订单拣选与组配的效果和效率的一种方法是，在仓库或配送中心规划出产品的储存位置。**高速货位**（velocity slotting）是一种流行的策略，它将最常拣选的物品放在最容易接近的方便位置，缩短拣选人员的移动距离。[15]

一个深思熟虑的储位计划能够降低人工成本、提高拣货和补货效率、提高订单准确率。[16] 为此，企业必须了解固定和可变货物储位的特性。采用**固定储位**（fixed slot location），每个存货单位（SKU）有一个或多个永久指派给它的储位（想象一个停车库，将特定的停车位分配给某些人）。这可以维持订单拣选的稳定性，因为企业应该知道特定的SKU存放在哪里。然而，这可能导致空间利用率低，尤其是有季节性产品时。

可变储位（variable slot location）是指根据空间的可用性将空的储位分给入库的产品。最近的可用储存位置就是可变储位的一个例子，这里“最近的”是指离入口和出口最短的移动时间。尽管可变储位通常会使空间利用率更高，但从订单拣选的视角，它需要一个近乎完美的信息系统，因为必须准确无误地知道每个产品的位置。[17]

10.3.4 向外扩建（水平的）及向上扩建（垂直的）

根据经验，一般认为向上扩建比向外扩建成本要低。向外扩建需要更多的土地，这会相当昂贵，特别是在某些地理区域。例如，2015年英国伦敦1.5英亩的地块定价为2 500万英镑。对于向上扩建方式，尽管建得越高，每立方英尺的建造成本会下降，但仓储设备成本往往会增加。

10.3.5 拣货及补货功能

企业必须决定，拣取出货订单的工人和给仓储设施进货的工人是否应该在同一时间或同一区域内工作。尽管后一种情况所需的管理人员可能较少，但也可能由于工人数目增加造成设施内的拥塞。一个减少拥塞的建议是，拣货员和库存补货员使用不同的通道。同样，这也需要一个非常好的信息系统来随时识别特定员工的位置。

10.3.6 双月台及单月台布局

一个双月台布局通常会在一个设施的一侧设置收货月台，另一侧设置发货月台，货物则在收发货月台之间移动。在单月台的布局中，每个月台都可以作发货和收货用，通常是在一天的某个时间接收货物而在另一个时间发送货物。从上面俯视，货物移动呈现一种 U 形而非直线形的形状。单月台布局方式减少了仓库月台所需的空间，但要求承运人在特定的时间取送货物。另外，这种方式偶尔也可能会造成混乱，比如接收的货物有时又会被装载到刚运送它过来的车辆上。

10.3.7　常规、狭窄或非常狭窄通道

通道宽度可能看起来是一个神秘的问题。你应当认识到，随着通道空间的增加，一个设施的储存容量会减少。例如，狭窄通道（9.5～12 英尺宽）能够比常规通道（超过 12 英尺宽）多储存 20%～25%的产品，非常狭窄通道（小于 8 英尺宽）能够比常规通道多储存 40%～50%的产品。[18] 然而，在较宽的通道中机械设备操作较容易，而且较宽的通道可降低事故发生和产品损坏的机会。

窄的通道需要专门的储存和搬运设备，例如窄通道叉车，它能够同时进行垂直和水平移动。这种专用设备明显比传统叉车贵，专用叉车的价格是传统叉车的两倍也不足为奇，但是专用叉车的生产效率可能是传统叉车的两倍。[19]

10.3.8　仓库的自动化程度

自动化程度是仓库设计中另一个重要的考虑因素。对我们而言，**仓库自动化**（warehouse automation）是指利用机械或电子设备来代替人工劳动。仓库自动化的例子包括窄通道叉车、自动导引车、自动化立体仓库、无线射频识别、机器人拣选等。尽管仓库自动化提供了降低劳动力成本和提高仓库生产率的可能，但对于管理者来说重要的是，确保自动化能明显提高仓储的效率和效果。为此，企业应该首先评估是否准备好实施自动化，因为自动化是复杂的、昂贵的，并且会干扰企业日常运作。如果企业已经准备好实施自动化，那么评估自动化将如何支持企业物流系统也至关重要。[20]

10.3.9　其他空间需求

尽管很多人都认为仓储的主要功能是产品的储存，但仓储设施只有 20%的空间用于储存产品的情况并不少见。[21] 因为每一个仓储设施都会留出非储存活动用的区域，所以了解它们非常重要。这些非储存活动包括（但不限于）以下活动：

1. 在装卸货时运输驾驶员和操作人员的等待区域。
2. 进出货物临时停留或临时储存用的区域。
3. 员工的洗漱间、餐厅等。
4. 托盘存放和修理设施（对于那些收到的是非托盘化的物料而托盘化发货的仓库可能需要一个托盘组装的操作）。

5. 办公场地，包括必要的计算机系统区域。

6. 等待索赔代理人检查的损坏货物的存放区域。

7. 回收利用或修理损坏货物的区域。

8. 再包装、贴标签、标价等的区域。

9. 废弃物及废料堆集和打包的区域。

10. 设备存放和维修的区域（例如，电瓶叉车需要定期充电）。

11. 危险物品、高价值货物、仓储日常使用物资，或需要其他特殊处理的货物（例如冷藏或冷冻的空间）的专用存放区域。

12. 退回货物或回收货物的处理区域。

在设计仓储设施时，记住与外部空间相关的需求也非常重要，这一点不时会被忽略。这些空间包括等待装货或卸货的车辆停放的区域，车辆操纵空间（例如转弯、倒车等）以及员工停车场。

10.4 仓储运作

因为运营一个仓储设施涉及方方面面，所以高效和有效的仓储管理是一项艰巨的任务。鉴于仓储作业的重复性，激发工人的积极性会比较困难。仓储作业是一种紧张的体力劳动，有时仓储设施也是危险的场所。下面，我们将讨论一些重要的运作问题。

10.4.1 仓储生产率分析

在第 4 章曾介绍过，生产率是产出与投入之比。尽管有许多不同的生产率指标可用来评估仓储生产率，但不是所有的指标都可以用于所有不同的设施环境。代表性的仓储生产率衡量指标包括每人装运的箱数、每人装运的产品线数、每人装运的托盘数、平均使用的仓库容量以及所使用的叉车能力等。可以用这些指标以及其他一些生产率指标对组织内部运作随时间进行比较。

根据所分析的相关指标，也可用一些外部数据进行标杆管理。例如，假设某仓库每小时拣取和装运的箱数在两年的时间里从 72 个增加到 84 个。尽管这代表了两年的时间里生产率提高了 16.7％（(84－72)/72)，但与最近的仓储行业数据相比，对每小时 84 个箱子的评价可能大不相同，因为行业每小时拣取和装运箱数的中位数是 100 箱，最优秀的企业每小时拣取和装运超过 250 箱。[22]

仓储生产率的提高并不总是需要在技术、机械化或自动化设备上有很大的投资，认识到这一点非常重要。例如，一种提高仓储生产率的建议是对现有的程序和做法进行审视以识别导致低效率的作业，然后开发出在不增加或不升级现有技术或设备的前提下减少或消除低效率的方法。企业也可以检查其设施布置：水平方向的长距离移动以及频繁的往返可能就是设施布置的问题。比如，像增加交叉通道这样简单的措施就能够减少水平移动的距离以及往返的距离。提高仓储生产率的另一种低成本的建议是，在条件允许的情况下播放音乐。研究表明，播放音乐时工人的生产率会提高。[23]

10.4.2 安全因素

仓库设施可能是比较危险的工作场所。例如，在美国，每 6 个工作场所的死亡事件中就有一件与叉车有关。[24] 图 10－3 提供了一个工作场所安全问题的清单，其中很多是与仓储设施有关的，如跌倒和身体反应。你应该认识到，实际上很多应对仓储安全的建议是常识性的，而且成本很低。例如，细想一下职业安全与健康管理局（OSHA）的一些提高仓库安全性的建议：“禁止员工‘跳月台’（从一个月台跳到另一个月台）”；“禁止玩特技驾驶（叉车）和玩闹”；“保持地面清洁，避免滑倒和绊倒”。[25]

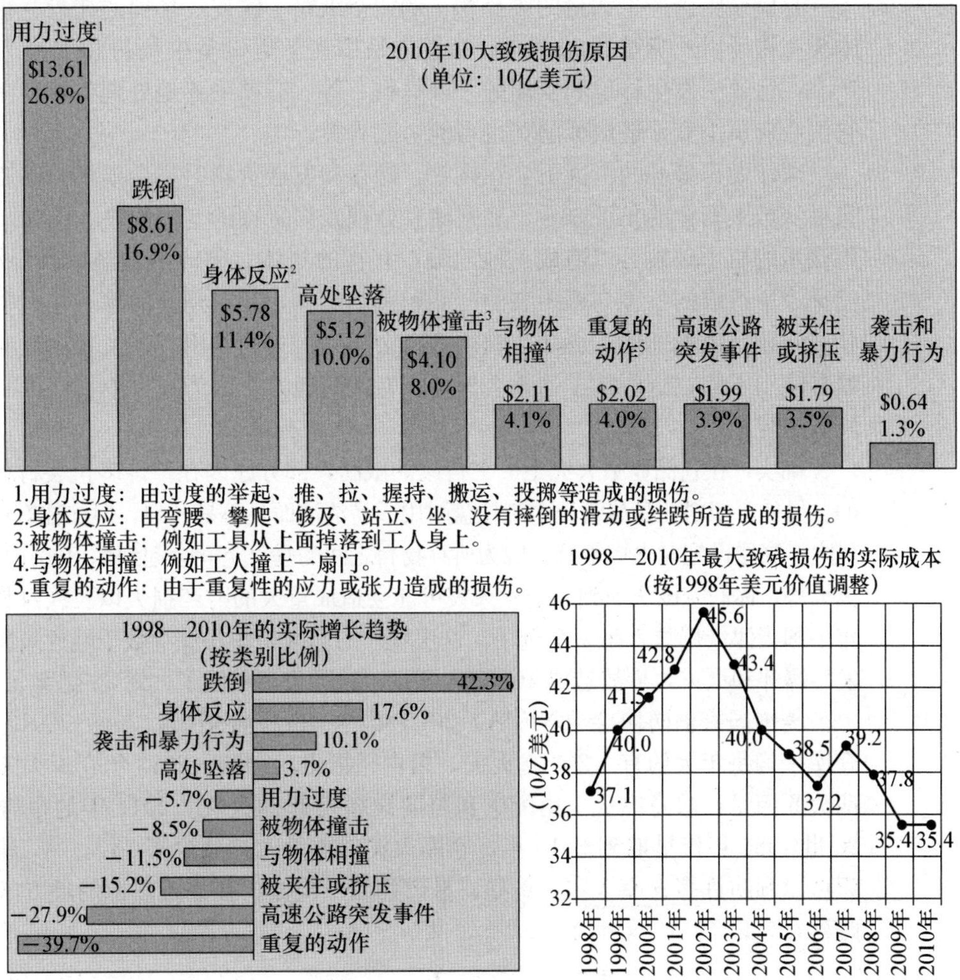

图 10－3 工作场所安全问题

资料来源：Reprinted with Permission of Liberty Research Institute for Safety，August 30，2012.

仓储安全受政府规章条例的影响。在美国，已对仓储设备和操作制定了相关安全标准。为了确保遵守条例，OSHA 检查员会经常视察工作现场。OSHA 特别关注叉车操作和设备，其部分原因在于很多伤亡与之相关。例如，只有受过培训并获得合格证书的仓储员工才允许操作叉车，叉车操作员必须每三年重新认证。

仓库安全因素可分为三个主要类别：员工、财产和机动车辆。[26] 我们将在接来下的段落分别对其进行讨论。对于员工安全，让我们考虑一下一位仓储专业人员的建议："招募、培训以及替换一个工人比提供一个安全的环境所需成本更高。"[27] 工人会由于不正确的举起方法，试图扛太重的货物，没有注意到适当的手部间隙等受伤。背部和肩部损伤在仓储人员中发生最频繁，因此背部支撑腰带和背带被越来越广泛地使用，但只有当工人对如何安全地举起各种货物接受了足够的培训，这些护腰背带才会有价值。

财产

仓储设施会产生大量的废弃物，例如空纸箱、铁皮、坏掉的托盘、盘条箱用的木头和钉子以及**货垫**（dunnage）（货垫是用在承运设备中垫衬和支撑产品以防止产品在运送中发生移位和受损的一种材料）等。必须妥善地处理各种废弃物，因为它们会对员工安全造成威胁，也可能引起火灾。

即使做得最好的情况下，在接收、储存和发送货物时仍会损坏一些货物。如果只是从员工安全的角度来看，必须建立处理残损货物的专门程序。例如，一个装家用氨水的瓶子破裂可以造成三种危险：有害的气体、破碎的玻璃以及湿滑的地面。喷雾罐所造成的危害与罐中装的产品相关。例如，装剃须膏的罐子在火中也不会有什么问题，因为即使它爆炸，剃须膏也会起到灭火的作用。但装着涂料或天然气的喷雾罐则不同，这些罐子通常会保存在专门的地方，因为在火中它们可能会变成燃烧的炮弹。

确实，在仓储业中火灾是一个持续的威胁，部分原因在于许多包装材料都是易燃的。另外，塑料托盘尽管比木制托盘耐用、易清洁而且不易开裂，但往往有更大的火灾风险。高层设施对火更敏感，因为所存物料之间的垂直空间会起到烟道的作用，从而增大火势。你们应该认识到，仓库火灾可能会造成重大的财产损失以及人身伤亡。2015年中国天津港爆炸就是一个例子，这次爆炸的起因是非法储存数千吨危险物资的仓库发生爆炸和火灾，事故造成100多人死亡，保险公司赔偿了大约20亿美元。[28]

美国国家消防协会（NFPA）2016年的一份报告指出，2009—2013年美国的仓库平均每年大约有1 200起火灾。报告还指出，2009—2013年仓库火灾最常见的两大原因是：故意纵火、由配电和照明设备引起的火灾。2016年的报告指出，从20世纪80年代早期到2013年，仓库火灾的数量大约减少了75%。[29] 其实利用常识可以预防许多仓库火灾，例如，易燃物品不应储放在靠近热源的地方（如小型供暖器）。

机动车辆

我们前面提到过，叉车操作和设备一直是政府安全法规特别关注的。事实上，在美国操作叉车每年导致大约 85 名员工死亡，大约 35 000 人重伤。大约 40%的死亡是由于操作员被翻倒的叉车压死。[30] 2014 年开始的一年一度的全国叉车安全日就是旨在提高对叉车安全操作的认识，鼓励更安全的操作员行为。

还有其他一些与车辆相关的安全问题。例如，牵引拖车司机在倒进装/卸月台时应有一个观望的人来提醒驾驶员是否有员工在车辆后面走动。另外，插在卡车车轮下的止轮块或硬橡胶楔子可以防止有意或无意的挂车移动。[31]

10.4.3　危险品

危险品（危险材料）通常受到物流管理人员的特别关注，因为它们可能造成人员伤亡和财产损失。一般来说，**危险品**（hazardous materials）会影响公众的健康和安全。危险材料包括爆炸物、易燃液体和易燃固体等。

政府法规通常要求装运文件上要标明所运输货物的危险属性。仓库员工在接收货物时应该注意这些警示，同样，当货物离开仓库时，也应该在输出货物的装运文件中包括这些警示内容。许多国家还要求企业为每种储存在设施中的危险产品建立安全数据表（SDS）。SDS 包含特定产品对身体和健康危害的信息以及如何正确储存的信息。[32]

危险品专家普遍认同，适用法规只提供正确储存危险品的起点，因为在某些情况下还没有法规。这些专家进一步建议危险品的储存可以通过回答四个问题得到有效的管理，即：要储存的是什么物料？为何要储存？要在哪里储存？要如何储存？[33]

储存危险品时，还必须考虑一些设计要素。存放危险品的建筑通常有专门构造的区域，以便在万一出现事故时这些物品能够被有效控制。这些设施的墙壁和门应该能够承受数小时的烈火。对于危险品储存设施来说，适当的自动喷淋系统以及良好的通风也非常重要。

10.4.4　仓储安全

对许多企业来说，首要关心的是仓库和其他配送设施的建筑安全，因为按照一家专门从事物流安全的企业——国际货物监管公司（Freight Watch International）的说法："静止中的货物即是处于危险中的货物。"[34] 仓储安全的潜在威胁包括盗窃、内盗、高温和潮湿、故意破坏、火灾和电力损失等。[35] 这些威胁会带来许多负面的后果，例如销售和收入的损失，提高安全性所需额外成本，提出适当索赔而花费的时间和成本以及对公众的潜在危险。

2010 年康涅狄格州的一个仓库近 8 000 万美元的药物被盗，这一备受瞩目的盗窃事件很好地说明了仓储安全受到威胁带来的负面后果。药品生产商立即开始对其仓库安全流程和程序进行审查，并采取更严格（和更昂贵）的安全措施。另外，在传统渠道之外销售的药品会产生潜在的安全风险（例如缺乏冷藏会损害一些药品），而且制造商无法获得销售收入。虽然从康涅狄格州仓库偷走的药品最终被找回，但它们成了刑事和民事诉讼中的证据，会在所有相关法律程序结束时被销毁，这意味着制造商无法销售这些药品获得收入。[36]

仓储安全主要关注两个问题，即保护产品和防止被盗。仓储安全可以通过关注人员、设施和流程三个方面得到加强。就人员而言，需要关注的一个环节是仓储工人的招聘过程。首先需要确定某个设施是否确实有正规的招聘流程。当招聘仓储工人时，一个常识性的建议是不雇用可能有盗窃倾向的人（例如，有药物滥用问题的人）。

在设施方面，专家推荐一种公开和暗中监视相结合的方法。对于前者，闭路电视系统等电子设备会很有用，尤其当设施被定期监控时。一种暗中监视方法是突击安全检查，关注特定产品的短缺或过剩。[37] 你们应该认识到，可用于监控仓储安全的设备和技术的复杂性或成本实际上可以是无限的。越复杂的安全设备也越昂贵，因此，企业需要权衡设备的收益是否超过它们的成本。

在提高仓储安全的流程方面，一批货物被搬运的次数越多，丢失或损坏的机会就越多，因此，物流人员应减少货物被搬运的次数。表 10－1 列出了仓储安全中一些可能的不足之处。

表 10－1　仓储安全中可能存在的不足

不足之处	说明
仓库月台人员很容易与卡车司机勾结	不到 5%的罪犯被起诉
依靠根本不起作用的安全措施	安全摄影机不是一直开着
对偷窃采取放任的态度	不要一直等到偷窃达到了一个“不可接受”的水平
不清除工作中滥用药物者或贩毒者	大约 90%的吸毒者为了过毒瘾而去偷盗或贩毒
没有经常对检验人员进行检查	他们可能变得很自满
不容易告发偷窃和滥用药物	将告发工作外包可能更有效
雇用高风险人员	预防为主，治疗为辅

资料来源：Julia Kuzeljevich，“The Seven Deadly Sins in Warehouse Security，” Canadian Transportation & Logistics，April 2006，44.

10.4.5　清洁和卫生问题

乍看起来，清洁和卫生似乎与餐厅和医院等更相关而不是仓储业务相关的问题。然而，在许多行业，仓储的清洁和卫生都至关重要。例如，在餐饮行业，干净卫生的仓库能减少食源性疾病的可能性。此外，清洁且卫生的仓储设施对员工安全、士气以及生产力都会有积极的影响，同时还可以减少员工流动率。[38]

幸运的是，仓库的清洁和卫生不用建立在复杂的理论或昂贵的技术基础上而只需常识和勤勉。一家领先的工业清洁设备供应商建议，企业应制定一个定期清洁仓库的时间表，并坚持按该时间表工作。另外，企业可以灌输一种注重仓库清洁的文化，这种文化要求员工在完成特定任务后及时进行清洁。另外一个建议是，企业可以由 2～3 人组建一个小组并为每个小组指派具体的清洁任务。为了使任务更易于管理，可以给这些小组分别分配一部分任务而不是清理整个仓库。[39]

小　结

本章关注的是仓储，库存物资一段时间的储存。我们首先讨论了物流系统中为什么会存在仓储问题。一个关键的原因是生产和消费的不匹配，仓储有助于消除生产和消费之间的不均衡。本章讨论了仓库、配送中心和越库设施之间的差异。

本章还讨论了公共仓储、私有仓储、合同仓储以及多客户仓储。公共仓储的管理者对货物保管负有许多既定的责任，顾客只需为储存其产品实际使用的空间付费。私有仓储归使用这种设施的企业所有，当企业有大量且稳定的需求时适合选择私有仓储。合同仓储是指长期提供给一个客户的专门定制的仓储服务。多客户仓储是一个相对较新的形式，是公共仓储和合同仓储的一个结合体。

仓储设施设计时要考虑多种因素，并且需要对这些因素进行权衡。例如，向上扩建还是向外扩建的决定会影响设施的劳动力利用、机械化和自动化。偏好固定货物储位的企业为了有足够的储位数目可能不得不建造更大的设施。

本章最后讨论了仓储运作中的一些重要的问题，强调常识性的、低成本的方法可以促进有效和高效的仓储运作管理。例如，如果员工能克制住不从一个月台跳到另一个月台，则仓储安全就能得到加强。

关键术语

集中（成批）	履行中心	归类
调配（分件）	危险品	吞吐量
配货	多客户仓储	可变储位
合同（第三方）仓储	职业安全与健康管理局（OSHA）	高速货位
越库	私有仓储	仓库自动化
配送中心	公共仓储	仓库
货垫	重组功能	仓储
固定储位		

讨论和复习题

10.1　供应链中为什么会存在仓储问题？

10.2　解释仓储促进重组功能的四种方式。

10.3　辨别仓库、配送中心、履行中心和越库设施。

10.4　讨论公共仓储的缺点。

10.5　私有仓储的优缺点是什么？

10.6　讨论为什么合同仓储是很多企业

的首选方案。

10.7 为什么多客户仓储兼具公共仓储和合同仓储的一些特性？

10.8 解释常识如何能够帮助仓储设计。

10.9 在仓储设计中，举出涉及空间、工人和机械化权衡的例子。

10.10 区分固定货物储位和可变货物储位。它们会如何影响仓储设计？

10.11 讨论拣货及补货功能相关的权衡。

10.12 解释仓库设计中通道宽度的重要性。

10.13 讨论与仓库自动化相关的一些关键考虑因素。

10.14 可能影响仓储设计的一些非储存的空间需求有哪些？

10.15 没有大的技术或设备投资的情况下如何提高生产率？

10.16 OSHA 在仓储安全中扮演什么角色？

10.17 讨论火灾为什么在仓储中是一种常见的威胁。

10.18 什么是危险物品？当储存危险物品时应考虑什么设计因素？

10.19 讨论仓储安全如何能够通过关注人员、设施和流程而得到加强。

10.20 清洁和卫生问题与仓储运作有什么关系？

建议读物

Battina, Daria, Alessandro Persona, and Fabio Sgarbossa. "Innovative Real-Time System to Integrate Ergonomic Evaluations into Warehouse Design and Management." *Computers & Industrial Engineering* 77 (2014): 1–10.

Davarzani, Hoda and Andreas Norrman. "Toward a Relevant Agenda for Warehousing Research: Literature Review and Practitioners' Input." *Logistics Research* 8, no. 1 (2015): 1–18.

Dhooma, José and Peter Baker." An Exploratory Framework for Energy Conservation in Existing Warehouses." *International Journal of Logistics: Research & Applications* 15, no. 1 (2012): 37–51.

Faber, N., M.B.M. de Koster, and A. Smidts. "Organizing Warehouse Management." *International Journal of Operations & Production Management* 33, no. 9 (2013): 1230–1256.

Franklin, Rod and Stefan Spinler. "Shared Warehouses: Sharing Risks and Increasing Eco-Efficiency." *International Commerce Review* 10, no. 1 (2011): 22–31.

Holmola, Olli-Pekka and Harri Lorentz. "Warehousing in Northern Europe: Longitudinal Survey Findings." *Industrial Management & Data Systems* 111, no. 3 (2011): 320–340.

Mangano, Guilio and Alberto De Marco. "The Role of Maintenance and Facility Management in Logistics: A Literature Review." *Facilities* 32, nos. 5 and 6 (2014): 241–255.

Osyk, Barbara A., B. S. Vijayaraman, Manesh Srinivasan, and Asoke Dey. "RFID Adoption and Implementation in Warehousing." *Management Research Review* 35, no. 10 (2012): 904–926.

Van Belle, Jan, Paul Valckenaers, and Dirk Cattryse. "Cross Docking: State of the Art." *Omega* 40, no. 6 (2012): 827–846.

案　例

案例 10-1　明尼通卡仓库

韦恩·舒勒（Wayne Schuller）管理着位于明尼苏达州明尼通卡的一个仓库。他主要关注的问题是，在该仓库唯一的卸货月台上应该安排多少工人。在与汽车承运人商讨送货合同后，他发现如果卡车必须等待卸货的话，仓库将支付高额的罚款。韦恩开始增加卸货月台上的工作人员，但这些人似乎常常又是闲着的，因为没有卡车需要卸货。韦恩想到大学学过的排队论可能可以解决这个问题。

假设订单或顾客等以某种模式到达（通常是随机到达），然后排队，排队论就是对这种排队等待概率进行分析的一种方法。一种常见的情形是，平均来说一个设施可能有多余的能力，但实际上它常常超负荷，大量工作积压，这种积压会导致相关的成本，包括支付罚款或失去不愿意等待而离开的顾客。如果一个企业扩大能力以减少等待时间，那么成本会上升，而且这些费用即使在设施空闲时也必须支付。排队论可以用来找到最佳的能力水平，使提供一项服务的成本和等待使用该服务的成本最小化。

在对企业做进一步调查之后，韦恩确定了以下实际情况：

1. 卡车随机到达，平均每小时到达 4 辆，偏差为正负 1 辆。

2. 2 个仓库工人组成的一个小组可以每小时卸 5 车货，或每 12 分钟卸 1 车货。

3. 3 个仓库工人组成的一个小组可以每小时卸 8 车货，或每 7.5 分钟卸 1 车货。

4. 4 个仓库工人组成的一个小组可以每小时卸 10 车货，或每 6 分钟卸 1 车货。

5. 5 个仓库工人组成的一个小组可以每小时卸 11 车货，或每 4.45 分钟卸 1 车货。

6. 前面 1～5 项中给出的卸货时间是平均值。

7. 每个仓库工人每小时收入 14 美元，必须按一个整的班次时间支付，而且——因为工会工作规则——不能给他们分派仓库中其他的工作。

8. 按照与承运人的协议，当卡车停下来等着卸货时，明尼通卡仓库必须按每小时 60 美元支付给该卡车的汽车承运人。

利用一个能够以排队论运算的软件包。请注意：定义为服务者数目的变量（#服务者）表示的是工人小组的数量（一个工人小组及其附随设备作为一个完整的服务者）。

［问题］

1. 针对每种工作小组规模，计算排队等待卸货的期望卡车数。

2. 针对每种工作小组规模，计算排队等待的期望时间，也就是一辆卡车不得不排队等待的期望时间。

3. 针对每种工作小组规模，计算一辆卡车不能立即卸货的概率。

4. 4 种工作小组规模中哪一种对韦恩来说成本最低?

5. 韦恩正在考虑租用一辆叉车用于卡车的卸货。这样将需要一个只有两个人的小组，成本将是每小时 38 美元（工人成本 28 美元，叉车成本 10 美元）。这两个工人能够 5 分钟卸一车货。韦恩应该租用叉车吗?

6. 不考虑你对问题 5 的答案。劳资协商正提上议程，韦恩认为他能够让工会就禁止卸货月台上的仓库工人在他们不卸货的时候被指派其他工作这条工作规则作出让步。如果韦恩能够在仓库工人不卸货的时候给他们分派别的工作，并假设他已挑选了一组优秀的工人，每个工人一天工作 8 小时，那么他将节省多少卸货月台成本?

【注释】

［1］Mary Shacklett，"The 21st Century Warehouse，" World Trade，March 2011，18-25.

［2］Douglas M. Lambert，James R. Stock，and Lisa M. Ellram，Fundamentals of Logistics Management（New York：Irwin McGraw-Hill，1998），Chapter 8.

［3］William D. Perreault，Jr.，Joseph P. Cannon，and E. Jerome McCarthy，Basic Marketin，16th ed.（New York：McGraw-Hill Irwin，2008），Chapter 11.

［4］No author，"2008 Cross-Docking Trends Report，" Saddle Creek Corporation，2008.

［5］Mike DelBoro，"Cross-Docking Rediscovered，" Material Handling & Logistics，May 2011，34-37.

［6］Connie Robbins Gentry，"Distribution Utopia，" Chain Store Age，November 2005，70-72.

［7］DelBoro，"Cross-Docking Rediscovered." May 2011.

[8] Maida Napolitano, Making the Move to Cross-Docking (Oak Brook, IL: Warehousing Education and Research Council, 2000).

[9] Jan Van Boelle, Paul Valckenaers, and Dirk Cattrysse, "Cross-Docking: State of the Art," Omega 40, no. 6 (2012): 827-846.

[10] No author, "OSHA Announces FY 2010 Inspection Plan to Target Industries with High Injury Rates," HR Focus, December 2010, 11.

[11] Warehousing Education and Research Council, Contract Warehousing: How It Works and How to Make It work Effectively (Oak Brook, IL: Author, 1993).

[12] John R. Johnson, "Bigger and Better," Warehousing Management, October 2000, 22-25.

[13] John Peters, "Multiclient versus Dedicated Distribution Center: Which Model Better Fits Your Business?" blog. ryder. com, July 10, 2013.

[14] Kelly Reed, "Five Facility Principles for E-commerce Order Fulfillment," Distribution Center Management, August 2013, n. p.

[15] Bryan Jensen, "Racing past Velocity: Slotting Your Facility to Optimize Order Picking," HVACR Distribution Business, December 2012, 26-28.

[16] Paul Hansen and Kelvin Gibson, "Effective Warehouse Slotting," The National Provisioner, May 2008, 90-94.

[17] Http://www. rightmove. co. uk/property-for-sale/land. html.

[18] Mary Aichlmayr, "Narrow-Aisle: Form Follows Lift-Truck Function," Material Handling Management, June 2009, 18-20.

[19] Josh Bond, "Avoiding a Tight Spot in Narrow Aisles," Modern Materials Handling, September 2015, 12.

[20] Bridget McCrea, "7 Steps to Take before You Install an Automated Warehouse System," Modern Materials Handling, September 2015, 8-11.

[21] Http://www. ioptimizerealty. com/2012/12/21/measuring-utilization-warehouse/.

[22] Karl B. Manrodt and Kate L. Vitasek, "DC Measures 2012," WERC Watch, Spring 2012.

[23] John Tufts, "9 Tips for Improving Warehouse Productivity," Multichannel Merchant Executive Insight, March 6, 2012, 1.

[24] Eric Scharski, "Want a Safer Warehouse? Start with Forklift Users," Food Logistics, January/February 2015, 36-41.

[25] www. osha. gov/Publications/3220_Warehouse. pdf.

[26] Joe Nowlan, "Safety Doesn't Have to Hurt Your Budget," Industrial Distribution, January 2008, 25-27.

[27] Don High In, "Getting A Lift from Safety," by Ed Engel," Warehousing Management, January-February 2001, 5.

[28] Patrick Burnson, "Resilience Requires Transparency," Logistics Management, January 2016, 64.

[29] Richard Campbell, Structure Fires In Warehouse Properties (Quincy, MA: National Fire Protection Association, January 2016).

[30] http://forkliftsystems. com/national-forklift-safety-day-is-june-10th/.

[31] Nowlan, "Safety Doesn't Have to Hurt Your Budget."

[32] Maureen Brady, "Safe, Segregated and Secure: Are Your Hazardous Chemicals Properly Constrained?" Industrial Safety & Hygiene News, June 2012, 46.

[33] Todd Nighswonger, "Are You Storing Hazardous Materials Safely?" Occupational Hazards, June 2000, 45-47.

[34] Freight Watch, US Cargo Theft: A Five-Year Review, April 2011.

[35] Linda Pohle, "What to Do with a Warehouse," SDM: Security Distribution and Management, September 2008, 64-70.

[36] Diane Ritchey, "The $80 Million Theft," Security: Solutions for Enterprise Security Leaders, July 2012, 20-24.

[37] Maria Hoffman, "Eight Ways to Prevent Cargo Theft," Food Logistics, July 2011, 5.

[38] Ned Bauhof, "Keeping It Clean," Beverage World, July 2007, 77.

[39] Http://www. sweeperland. com/how-to-clean-warehouse. html.

第 11 章

包装和物料搬运

学习目标

- 了解产品特征对包装和物料搬运的影响
- 讨论包装的功能、标签等包装基础知识
- 识别影响包装选择的一些问题，如环境保护和包装低效
- 了解单元货载和单元货载平台
- 解释物料搬运原则，了解物料搬运设备

本章将讨论产品的实体搬运，并举例说明物流活动间的相互关联性，尤其是包装和物料搬运。应当牢记的是，不能孤立地进行包装和物料搬运决策。如第 10 章指出的，某些仓储决策也会影响物料搬运决策。例如，决定减小通道宽度以提高空间利用率的决策可能要求使用能够在窄通道使用的物料搬运设备。

每种产品特有的物理特性及其在买卖或移动中可接受的体积和数量共同决定了需要在什么时候以及如何对该产品进行包装。产品可以散装的方式从制造商运到批发商，由批发商装入一些容器中（如桶、盒子或板箱）再进行下一步配送。

反过来，包装特性也会大大影响物料的搬运。无包装的产品和已包装的产品需要完全不同的搬运方式。散装物品（如流体、散货）可以用泵、铲或传送装置来进行搬运。非散装物品则可以放在各种类型的容器中，利用一些搬运设备，如手推车、吊车、滚轮车和升降叉车来进行装卸与搬运。

本章首先讨论产品特征及其对包装和物料搬运的影响。介绍包装的一些基本知识，如包装的促销和保护功能、标签的考虑因素等。接着，将讨论包装选择的相关问题，包括环境保护和包装低效问题等。然后，将介绍单元货载和托盘、滑托板等

单元货载平台。最后，将介绍物料搬运，其中将特别介绍物料搬运的 10 大原则及一些物料搬运设备。

11.1 产品特征

产品的不同特征可能会影响对产品包装和搬运的选择，其中之一是产品的物理特性。物质的存在有三种不同的形态：固态、液态、气态，每种物质形态都有特殊的包装要求。例如，圆柱形的金属罐是用于包装气体的一种方法，铁桶可用于液体的包装。产品的另一种物理特性是其对外界环境的承受能力。煤堆可以承受雨水的冲刷，盐堆却不行。有的产品可以存放于极冷的环境下，有的却不能。另外，产品的密度（单位体积的重量）也会影响对包装的要求。

在物流渠道的移动过程中，一些产品的物理特性会发生改变。例如，天然橡胶暴露在潮湿的环境中会发生霉变。另外，长时间暴露在高温下会导致天然橡胶软化，这会使天然橡胶的搬运和堆放更加困难。[1]

新鲜农产品、鱼、肉和烤面包用的酵母等称为易腐品。在从产地到用户的移送过程中，这些易腐品需要特殊的包装、装卸、储存和监控。封装在塑料袋中销售的、清洗并切好的生菜就是多个供应链成员从包装中受益的例子。生菜的种植者可以从中受益，因为不只是好看的、“完美的”生菜，连那些小的、形状难看的生菜也可以利用。零售商和顾客可以受益是因为袋装生菜比未包装的生菜在货架上存放的时间更长（袋装生菜比未包装生菜的利润也更高）。

可以把热带鱼放入装有足够水并充有氧气的塑料袋中运输，但是水不要超过必需的量，以控制重量。有时也会加入些镇静剂使鱼安静。塑料袋是密闭的并放在一个类似于野餐用冷藏箱的塑料泡沫制成的冷藏盒中。然后将冷藏盒放入一个厚纸箱中运输。鱼必须在 36 个小时内送达，当然，向袋中注入氧气可以延长时间。

除了物理特性，产品的某些化学性质也会影响包装和搬运的选择。有些产品是互不相容的。例如，西兰花、生菜、西瓜这些对化学乙烯敏感的产品与苹果、梨、西红柿等会释放出乙烯的产品放置在同一地方的时间不应超过数小时。长时间放置在乙烯环境下，会导致对乙烯敏感的产品变黄、变软甚至腐烂。

必须让顾客了解产品的不同特性，以帮助他们作出正确的购买决定并正确地保存和使用产品。例如，图 11-1 是包含符号和单词的织物护理标识。图 11-2 是木材的标识，上面提供了木材类型（S-P-F）、含水量（KD-HT）的信息。更具体地说，S-P-F 表示这块木材是云杉、松树或杉树。KD 表示木材经过窑内干燥，含水量在 16%～19%之间，HT 表示木材已经过热处理。近年来，增加一个符号来标识用于包装的木材是否已经过防虫处理也越来越受到关注。越来越多的国家都注意到那些没有经过处理的用作包装材料的木头和木材往往带有多种有害昆虫。

图 11 - 1　织物护理标识

资料来源：Vartanov Anatoly/Shutterstock.

图 11 - 2　木材标识

资料来源：Alamy Stock Phots.

11.2　包装基础知识

包装（packaging）是指那些用于容纳、保护、搬运、运送和陈列货物的材料。[2] 可以用**积木概念**（building-blocks concept）来想象包装，一个很小的单元被放入稍大一点的单元，然后它可以被放入一个更大的单元中，以此类推。让我们看看那些食品杂货店货架上的各种包、罐、纸盒、瓶等，这些小包装单元很可能是从板条箱或盒子等更大的容器中拆包取出的。板条箱或盒子又可能是以单元货载的形式运抵商店的（单元货载的概念将在本章后面作详细介绍）。

由于不同的积木是相互嵌套的，因此记住这些积木的层次非常重要，积木的总体效果应当是保护产品，而且这些积木的功能往往具有互补性。如果某货物的消费包装很坚硬，那么其外层包装则不需要使用太结实的包装材料。相反，如果最小包装不是很结实（如灯泡的零售包装），那么需要仔细整理这些货物并放入由结实材料制成的上层外包装中以起到防护作用，减少损坏。

有一些关于包装的基本问题是企业应当了解的。本节将讨论其中的三个问题——包装功能的权衡，包装测试和监测，标签。

11.2.1 功能的权衡

包装一般具有三种功能：促销功能、保护功能和产品识别功能。这些迥然不同的功能意味着包装设计决策涉及企业内部多个不同的部门，如工程、制造、营销、质量控制、运输和仓储部门。另外，供应链上下游成员也会牵涉到包装决策当中。企业内部各个部门和供应链成员追求的包装设计目标往往各不相同。[3]

有这么多的主体都可能参与到包装设计中，那么自然就存在一个问题，到底由哪个（或哪些）主体来主导包装设计过程?[4] 例如，营销部门和零售商可能希望包装设计能更吸引人以刺激消费者购买。质量控制部门可能希望通过包装设计来减少损失和损坏。吸引人的包装设计虽然可以促进销售，但也可能会增加产品被盗的机会。运输和仓储部门可能希望通过包装设计使包装容器的空间利用最大化，以减少运输成本或仓储空间。但是，这样做可能导致使用大量不同尺寸包装容器，又会产生一些完全不同的问题。

11.2.2 包装测试和监测

正确地设计一个保护性包装系统需要三种重要信息：配送环境的优劣、被保护产品的脆性以及各种缓冲材料的性能特性。当推出一种新产品或运用一种新包装技术时，进行包装的预测试是非常必要的。各种包装材料制造商和贸易组织会提供免费的包装测试。一些独立的测试实验机构也可提供测试。通过复制、模拟可能出现的各种运输灾害，如震动、坠落、水平冲击、挤压（上部承载过多的重量）、过度暴露于极端温度或潮湿环境下、野蛮搬运等，对包装进行测试。

除了新产品或新包装的测试外，托运人还必须保留详细的有关所有损失和损坏索赔的记录。对数据进行统计检验将有助于判断某种损坏形式是不是随机分布的。如果不是，则应采取必要的措施对包装中最脆弱的地方给予额外的保护。一些承运人还会为其顾客提供包装测试。例如，FedEx 的顾客可以将包装样品送到联邦快递，联邦快递会免费为顾客提供包装测试。测试包括多次自由落体测试、震动测试、挤压测试等。[5]

与包装测试相关的另一个问题是，需要对包装所通过的环境进行实时监控。我们通过在所需运输的纸箱内放入记录仪来对包装在实际运输中通过的环境进行监测。这种测量设备可以非常简单，比如仅记录极限温度的类似于医用温度计的仪器、承压超过一定数值后就拉断的弹簧等。另一些更为复杂的仪器可以连续记录一系列的变量，比如温度、湿度、加速力及其持续时间（多方向）。通常沿三个不同轴线来测量加速力及其持续时间，这样可以精确计算力的来源方向。

传感器技术被越来越多地运用到包装监测中。这种技术可以实现数据的实时传输，可以在出现问题时迅速通知托运人。如某批货物没有按规定时间到达规定地点，或者某批货物的温度过高或过低。这些实时数据还有助于托运人快速解决问题。[6]

11.2.3　标签

包装通常是在装配线的终端进行，那么包装贴标的工作也应在那里，这样可以避免过多的、预先印制的包装库存。这也是一个关键的控制点，因为在那里可以精确地测量装配线过来的产品。包装好的产品下线后成为成品库存，企业的外向物流系统负责管理成品库存。在产品的包装工位附近需要保存所有将用到的包装、包装材料及标签。

一旦包装好的产品被放入盒中并封口，盒中存放的物品也就被封闭起来，这时就要在盒子上贴上标签。标签是采用文字、图片还是数字代码形式主要取决于产品的特性和易于被窃的程度。也可以使用通过光学扫描仪可读取的可反射标签。通常食品和药品包装上会要求印上批号以便于在产品召回时进行跟踪。图 11－3 是一些可以买到的贴于纸箱或托盘上的标签样本。

许多法规对包装的标签有明确规定，包括重量标签、说明具体存放的物品的标签和使用说明标签等。如今，这些信息也都必须显示于稍大些的外包装箱的外部，这是因为有些零售商会成箱出售产品，购买者直到回家后才能看到产品的消费包装。随着经济全球化的发展，认识到国与国之间标签法规的不同也非常重要。一般来说，与发展中国家相比，经济发达国家对标签的要求和执行更为严格。

即使是在一个国家，不同州与州（或省与省）之间对标签的要求也会不一样。在美国，酿酒（酒精饮料）行业被严格管制，许多州都设有专门的酒类控制委员会负责管理本州内与酒类相关的活动（包括标签）。酒类标签指南中对字体、字号、标签的位置等都有具体的要求。不履行相关标签指南的话，会被征收额外的附加费、管理费或罚金。

危险品

危险品需要特殊的包装要求，认识到这一点非常重要。虽然在第 10 章中我们已对危险品进行了定义和讨论，但在一定条件下，几乎所有物资都可能会具有危险的特性。例如，粉尘会爆炸，谷仓中的谷物会自燃。在搬运这些或其他一些货物时要加倍小心。

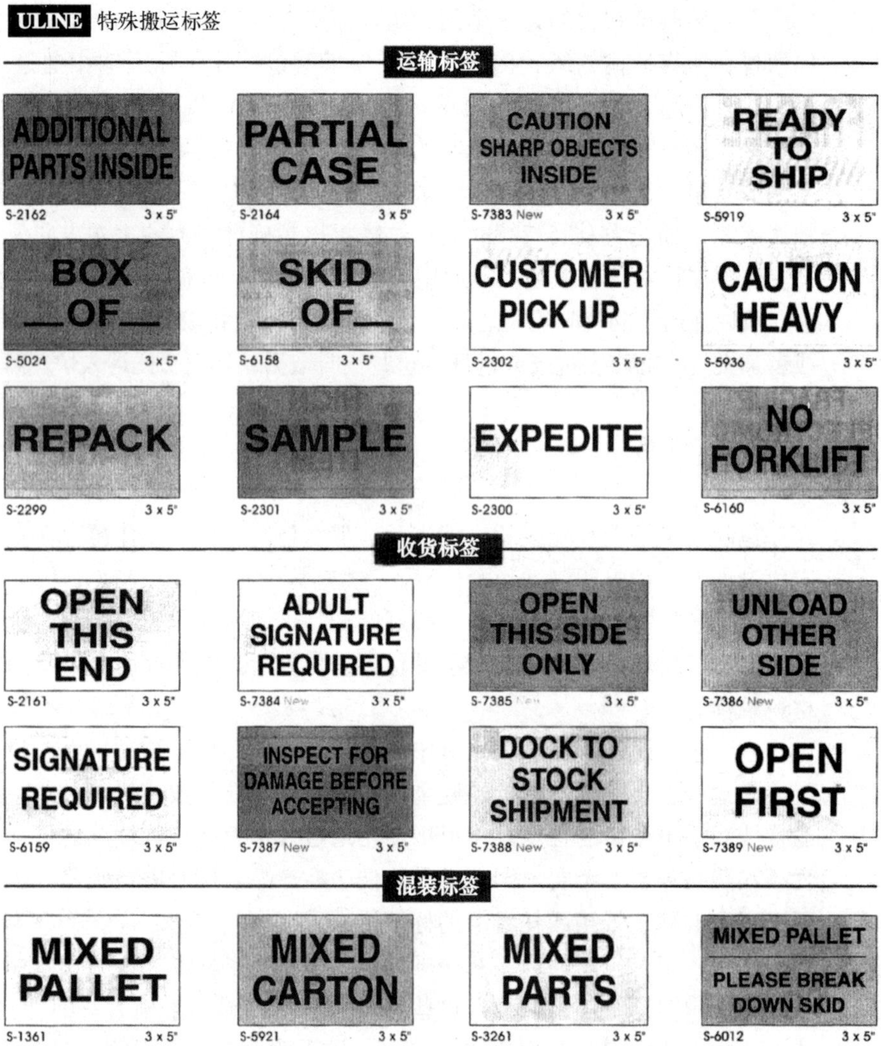

图 11-3　货运标签举例

资料来源：Courtesy of Uline. ww. uline. com.

政府对危险品的标签也有规定。虽然不同的危险品有不同的特殊要求，但是所有的危险品都需要贴上标签、包装和再包装、在装运单据中特别提出警示且事先通知承运人。例如，易燃性物品运输的一个通用原则就是运输车辆以及收货或卸货设备必须要有接地线，储罐、泵、胶管和清洁设备都必须正确清理以免污染下一次货运。在装运单据中必须注明货物是否具有危险性，有时还有必要增加一些附加文书或资料。包装、集装箱、拖车和运载危险品的机车在运输危险品时必须贴有明显的标志或告示牌来说明危险。

越来越多的危险品需要跨国界运输和储存，联合国（UN）在建立危险品分类和标签的全球化系统中发挥着积极作用。**全球化学品统一分类和标签制度**（Globally Harmonized System of Classification and Labeling of Chemicals，GHS）是联合国最近在这一领域所做的努力之一。全球化学品统一分类和标签制度在 2002 年首次执行，随后经过六次修订，最近的修订版在 2015 年讨论通过。全球化学品统一分类和标签制度中提供的关键分类和标签信息有：(1) 图形符号；(2) 警示语（如："危险"）；(3) 危险性说明（如："爆炸物；严重迸射危险"）。[7] 不过遗憾的是，如今仅有不到 75 个国家执行这一制度。

11.3 包装中的问题

11.3.1 环境保护

公众对环境保护的关注在全球范围内对包装工业产生了深远影响。使用一次性的包装材料往往被认为是一种浪费，随着垃圾处理成本的增加，使用一次性包装材料会变得越来越昂贵。塑料包装屡屡成为环境保护主义者抨击的对象。尽管与纸张相比，塑料更便宜、用途更广、更受用户欢迎，并在过去的四分之一世纪中广泛用于包装，但塑料的使用带来了大量的环境问题，其中经常被提及的就是塑料的生物降解需要很长时间，通常要几百年。塑料包装带来的环境问题还包括垃圾问题，有时塑料垃圾会带来非常严重的生态影响。例如，海洋垃圾中塑料占绝大多数。这种垃圾不仅会造成视觉污染，而且对野生动物有负面影响，包括缠绕、窒息和死亡。[8]

企业在选择包装材料时面临的一个关键问题就是每个国家（州或省）的法规规定的可接受的包装材料会有所不同。导致这种不同的原因之一是，不同的实体对环境问题有不同的看法，并制定法规来解决当前关注的问题。例如，一些立法机构是基于垃圾和生态的考量而制定有关减少塑料包装的法规的，其他与塑料相关的法规则是为了减少填埋垃圾的数量。

企业可以采用许多环境友好的包装策略。下面我们介绍其中几种。第一种策略是减少所使用包装材料的数量。事实上正如前面指出的，通常可能是运输承运人对运输货物的包装规格影响较大。减少包装材料的建议可包括仅使用一种可再生的包装材料以提高可回收性，同时改变产品或样式以最小化包装浪费。[9] 将音乐下载到电子设备的能力大大减少了专辑、磁带、光盘等实物产品的销售，当然这些类型产品的包装也就不需要了。

第二种包装策略是使用环境友好的包装材料。例如，虽然塑料不是环境友好的制品，但不同的塑料对环境的影响也不一样，有些塑料比其他塑料环保性差。聚氯乙烯（PVC），也就是我们通常所指的乙烯基，会产生一种高致癌化学物质二噁英，是对环境影响最大的一种塑料。

另外，可生物降解塑料，有时也称为生物塑料，已经发现它们在包装应用中的最大用途。不同于传统的塑料包装，可生物降解塑料包装分解时间短，生产能耗低，易于回收且无毒。[10] 例如，蘑菇块是近年来出现的一种生物可降解塑料，它由蘑菇根和农业废弃物制成。目前，经营日用品、家具、家居饰品的零售商 Crate & Barrel 公司和戴尔电脑公司就使用这种以蘑菇为原料制成的包装材料。重要的是，相较于传统的泡沫塑料，蘑菇块更具成本竞争力。[11]

第三种策略是使用可重复利用的容器，如可再次使用的玻璃瓶。但这种方法并不适用于所有产品，因为前一次运输残留于容器中的极微量的残留物也可能会对下一次利用容器的货物产生污染。让我们来看一个例子，加工后的家禽制品（宰杀、去血、除毛后）通常会带有沙门氏菌（烹饪时的高温可以杀死这种细菌），这种微生物会存留、生存于家禽加工厂使用过的木制板条箱中。如果同一板条箱下次用于运输蔬菜，则沙门氏菌可能污染蔬菜。因此，美国联邦食品药品管理局（FDA）发布命令限制这种容器的重复使用以避免食物污染。

当前，越来越多的企业使用某种类型的可回收容器。例如，农产品托运人对可重复使用的塑料容器的使用显著增加，其部分原因在于改进的、低成本的技术设备使得在运输过程中对货物的监控成为可能。在农产品冷链中，利用可重复使用的塑料容器的好处包括增强对产品的保护，提高包装效率、减少运输和储存成本，降低劳动力成本等。[12]

第四种环境友好包装策略是支持废弃包装物的回收和再循环利用。如果你生活在对报纸、塑料和玻璃容器有强制回收要求的管辖区域，你可能会熟悉这些努力。这种策略更适用于那些接收大量包装产品的企业。如果能够收集到足够多的废弃物，那么回收循环处理过程会更容易一些。一些回收企业专门进行塑料瓶、木制货板、纸板箱、铝罐、玻璃瓶等的回收处理。

值得注意的是，第三、四种策略的包装回收使整个供应链系统成为一个**闭环系统**（closed-loop system），即考虑到产品的回收、再利用、已修复产品的营销和配送过程。

在结束包装与环境保护的讨论之前，你们还应当认识到，散装货物在运输途中所带来的灰尘和气体也引起了一些公共机构的密切关注。一个大煤堆的煤尘往往会飘到几英里之外。在港口区域，以往露天堆置的散装货物如今都被封闭式保存。对于仍露天放置的物品，则需要建立精心设计的真空系统用于收集在搬运过程中产生的灰尘。需要在设施周围开沟蓄积雨水流，然后对其进行过滤处理。有些州还要求石油制品运输者（包括加油站）安装油气回收系统。对那些存在挥发问题的液体，则需要重新设计传输过程使其从油箱或容器底部而不是顶部输入。

11.3.2 公制系统

美国、利比里亚和缅甸是目前世界上仅有的三个没有使用公制度量系统的国家。虽然在30年前这种不一致并没有带来太多的麻烦，但如今经济全球化的发展迫使美国的出口商使用公制单位向海外出口产品。事实上，一些进口国会对没有按公制计量销售的产品征收罚款。现在越来越多的产品用公制单位进行包装和销售，但同时也用稍小的字体标注等值的非公制单位。例如，美国居民过去常常可以购买到16盎司装的软饮料，如今，这种16盎司的饮料容器被0.5升（大约16.9盎司）的容器代替。

在美国最广为接受公制系统的行业是酿酒业。20世纪70年代该行业向公制计量系统的转换显示了美国正式采用公制系统所面临的挑战。正如前面章节所指出的，在美国酿酒业是高度管制的行业，酒精饮料被高额征税。由于美国的税制系统是按半品脱、品脱、夸脱和其他一些英制计量单位制定的，因此税制曾成为向公制计量系统转换时考虑的一个问题。另外，酿酒业采用公制计量系统也造成了一些短期的包装问题，因为在一些情况下，那些用于运输和储存夸脱瓶的纸箱太小了，无法容纳 1 升的酒瓶。

11.3.3　包装低效的识别

前面曾介绍过包装积木的概念，也就是一个很小的单元被放入稍大一点的单元，再放入一个更大的单元中，以此类推。用积木的概念来分析包装的低效率也非常有用。当货物从非常小的单元转移到稍大一些的单元，再移动到更大的单元时，往往会造成包装效率进一步低下（包装低效的复合性质）。包装低效会带来不良的物流影响，如增加损失和损坏、降低物料搬运速度、增加储存成本和运输成本等。

表 11－1 所示的台式胶带切断器的假想例子说明了包装低效的复合性质。由表 11－1 可知，只有不到 1/3 的纸箱容积被实际产品利用，大约 3/4 的可用托盘空间被纸箱占用。将纸箱效率（31.6%）乘以托盘装载效率（75.4%）可知，实际产品仅占用不到 25%（23.8%）的可用托盘空间。这种低效率意味着需要使用更多的托盘，从而导致更高的储存和运输成本。

识别包装低效非常重要，这些低效率被描述为物流节约机会的“最后前沿”。另外，提高包装效率还可以大大节约成本，改善运营。例如，一位优秀的包装顾问表明其一个典型客户减少了 10%的包装、运输和仓储成本，这些成本的节约源自更少的包装盒、更轻的运输重量、更高的包装盒空间利用率、更少的包装支撑材料（如气泡膜、包装填充颗粒等）。[13]

表 11－1　低效包装的假想例子

产品	一个台式胶带切断器 （立方体＝30 立方英寸） 每箱装有 12 台切断器
每箱产品体积	每台 30 立方英寸×12 台＝360 立方英寸
纸箱尺寸	1 140 立方英寸
纸箱效率	每个纸箱内产品的体积除以纸箱的体积 360/1 140＝31.6%
一个托盘可以放 60 个纸箱	
托盘容量	90 720 立方英寸
每个托盘装载的纸箱体积	每箱 1 140 立方英寸×60 箱＝68 400 立方英寸
托盘装载效率	68 400/90 720＝75.4%
纸箱效率×托盘装载效率＝实际产品所占用托盘空间	31.6%×75.4%＝23.8%

11.3.4 包装对运输的影响

承运人的运费表和分类将影响到必须使用的包装类型和包装方法。在货运分类文件中包装类型被明确规定：列出商品名，在商品名后标注逗号，接着用一个词说明包装的类型，如“机器紧压捆包”“桶装”“压缩包装，每平方英尺超过 18 磅”“折叠包装”“箱子里用赛璐珞覆盖”“SU”（总成件）或“KD”（散装件，拆解后包装，这样运输体积只占总成件状态下的 2/3 以下）。

承运人之所以对包装进行分类主要有两个方面的原因。第一，用产品密度来决定包装规格鼓励托运人按密度交付货物，从而有助于更好地利用设备的重量和体积运载能力。总部位于瑞典的民用家具零售商——宜家公司就设计了许多可以紧凑运输的产品。这些产品通常以未组装的形式陈列于零售店中，顾客用自家的汽车就可以把它们运回家。

第二，承运人有关保护性包装的规格要求降低了产品在运输途中的损坏可能性，反过来也降低了对承运人提出的损失和损害赔偿的数额。图 11－4 是汽车和铁路运输中要求在纤维板箱上印的标签（箱子制造商的质量保证章“box maker's certificate”，BMC）。该标签表示纤维板箱制造商对汽车和铁路承运人的保证，保证箱子足够坚固，可以满足它们的搬运要求。请注意，标签中用到了一些指标。例如：SIZE LIMIT 75 INCHS 表示尺寸上限为 75 英寸，该材料不可用于长、宽、高总和大于 75 英寸的包装。

图 11－4 箱子制造商的质量保证章

资料来源：© Pearson Education.

要准确地了解承运人收费和分类对托运人包装的限制是很困难的。运输中的损坏责任是承运人-托运人合同谈判中所涉及的一项内容。如果是承运人承担责任，则他们通常会明确要求所需使用的包装保护水平。如果是托运人承担责任，托运人可以选择所使用的包装类型。承运人规制的解除使瓦楞纸包装制造商及其顾客可以在传统承运商包装规则之外进行创新。由于具体的合同定价是在承运人和托运人谈判后决定，那么包装要求当然可以成为谈判的内容之一。

空运、快递以及美国邮政服务也有包装要求，虽然它们的要求没有铁路运输和汽车运输要求的那么详细。这些企业广泛使用**体积重**（dimensional weight，dim weight），也就是考虑货物的密度（实际重量所占的空间大小）来决定货物的付费重量。[14] 当 2015 年初 UPS 和 FedEx 都开始转换到基于体积重（而非实际重量）计算运费时，体积重也显得越来越重要。由于这种转换可能会增加大约 30%的运输成本，许多企业正在寻找改善体积重的方法。[15]

11.4　物料搬运中的单元货载

正如本章前面所述，物料的包装是基于积木概念：将产品放置在一个容器中成为一个更易于有效管理的单位。本节讨论的是单元货载，这是积木概念向更大数量方面的延伸。**单元货载（单元化）**（unit load（unitization））是指将数个单元（箱或盒）合并成一个更大的单元以提高搬运效率和减少运输成本。[16] 使用托盘搬运车或叉车以及**托盘**（pallet）或**滑木**（skid）（由塑料、钢材或木头制成的小货载平台，货物可以放置在上面便于用机械设备进行搬运）可以提高搬运效率。图 11-5 展示的是若干置于托盘上的单元货载和一个正用托盘搬运车移动的单元货载。

图 11-5　单元货载

资料来源：Dmity Kalinovsky/shutterstock.

采用单元货载有很多好处，其中之一就是对货物的附加保护，因为纸箱通常被纤维绳、收缩包装或其他连接物固定在托盘上，这样能提供更坚固的组块。单元货载的第二个优点就是防止盗窃，因为很难将单个包装或其中的货物取走。在托盘上的包装是可以相互叠放的，因此可以将装有贵重的或易碎品的箱子放在单元货载的中间。单元货载的主要好处就是便于机械设备代替人工劳动。如今已经有许多专用设备可以用来迅速垛建或拆分托盘装载的物料。事实上，机器人正越来越多地与单元货载结合使用。亚马逊已广泛使用机器人进行拣货，其估计机器人订单拣选的速度是人工的 2～3 倍。[17]

单元货载也有局限性。它代表着更大数量的物品而不是单个纸箱，通常是 30～50 个纸箱，因此，对那些交易量不大的企业的价值有限。尽管单元货载的优势之一是可用机械设备代替人工劳动，但购买或租用这些机械设备也需要成本。一辆手动的托盘搬运车的价格从 275 美元到 4 500 美元不等，一辆普通叉车的价格可达到 7 500～30 000 美元。一般来说，托盘搬运车的最大货载能力要低于普通叉车。

单元货载的另一个缺点就是托盘尺寸缺乏标准化。虽然国际标准化组织（ISO）已经建立了六个国际托盘标准（见表 11－2）——四个公制标准、两个英制标准，但在美国流通着几百种不同尺寸的托盘。如果将这些货物出口到别的国家，那么它们必须重新打托盘，这就意味着人工劳动的增加，降低了单元货载的潜在优势。[18]

本章到目前为止主要强调的是将小块货物组合成大块货物，反之亦然，较大块的货物也可以分解成较小块的货物，其中最小的单位就是消费者可以拿回家的单个物品。

表 11－2　ISO 托盘标准

毫米（长×宽）	英寸（长×宽）
1 219×1 016	48.00×40.00
1 000×1 200	39.37×47.24
1 165×1 165	44.88×44.88
1 067×1 067	42.00×42.00
1 100×1 100	43.30×43.30
800×1 200	31.50×47.24

资料来源：ISO Standard 6780：Flat Pallets for International Materials Handling.

11.4.1　单元货载平台

有关单元货载的一个重要问题就是放置单元货载的平台（基本单元）。托盘通常被认为是一个单元货载的基本单元。在美国，单元货载大部分采用木制托盘（大约 90%～95%）。托盘还可以由塑料、实木复合材料（如纤维板）、纸、金属等材料制成。如今托盘材料的选择越来越重要，其部分原因在于：与低度机械化和自动化的物料搬运相比，高度机械化和自动化的物料搬运系统使得托盘需要承受更大的压力。[19]

每种托盘材料都有其优缺点。对塑料和金属托盘来说价格是其主要的劣势。例如，一个新的48英寸×40英寸的木制托盘成本大约为25美元，一个新的48英寸×40英寸的塑料托盘成本大约为110美元，一个新的同样尺寸的金属托盘成本大约为200美元。但是，相对于木制托盘，塑料和金属托盘的优点是更耐用。木制托盘可能只能使用一次，木头的最长使用寿命为3年（在小心使用的情况下）。相比之下，塑料托盘至少可使用5年，其使用寿命超过10年也并不少见。金属托盘则可使用15年以上。木制托盘的另一个缺点是它可能会断裂或产生裂纹，对工人安全造成威胁，并且木制托盘需要经常维修（假定托盘是可修理的）。塑料和金属托盘不会断裂和产生裂纹，提高了工作安全性且仅需很少的维修成本。

托盘重量是另一个需要考虑的因素。一个典型的48英寸×40英寸木制托盘大约重40磅，相同尺寸的塑料托盘重30磅，金属托盘重65磅。在许多物流系统中，50磅是一个相当重的重量，因为在对其进行人工搬运时，人员受伤的可能性会大大增加，特别是背部损伤。另外，和金属托盘相比，木制和塑料托盘更易燃。你可以回忆一下第10章我们曾提及，火灾是仓库面临的一种常见威胁。

尽管托盘是一种广泛使用的单元货载平台，但除材质外，托盘的另一个缺点就是它的高度，当货载被装入火车车皮、拖车或集装箱中时，被托盘占用的空间（大约5英寸）就被浪费了。托盘的一种替代物是**滑托板**（slip sheet）。滑托板是一种由纤维板或塑料制成的平板，用于放置单元货载。从空间利用的角度来看，一个托盘占用的空间是一个塑料滑托板的80倍。另外，塑料滑托板比较轻，可以降低运输成本。[20]

直到21世纪早期，滑托板的主要缺点都是其易碎性导致高货品损坏率。但是，技术的发展使人们发现了可用于制造滑托板的强度更高的塑料和纤维板，并且对搬动滑托板的物料搬运设备进行了改良，从而大大降低了滑托板包装的货品的损坏率。

11.4.2　单元货载之外的问题

积木过程的下一步就是将单元货载托盘装到等待的卡车拖车、火车车皮或集装箱货车中。现在这一装载过程越来越多地基于装货计划软件来完成，图11-6是装货计划软件生成的计算机打印图。该装货计划软件建议应如何将不同规格的箱子码放在一个集装箱中，并指出一些顾客的货物应该装载的部位。例如，该软件识别出一些箱子不能紧挨着放置，或者不允许其他的箱子堆放在它的上面。这种软件还考虑到货物重心和车轴的允许承重量。在对冷冻货物制定装载计划时，该软件还会考虑空气流通的需要。

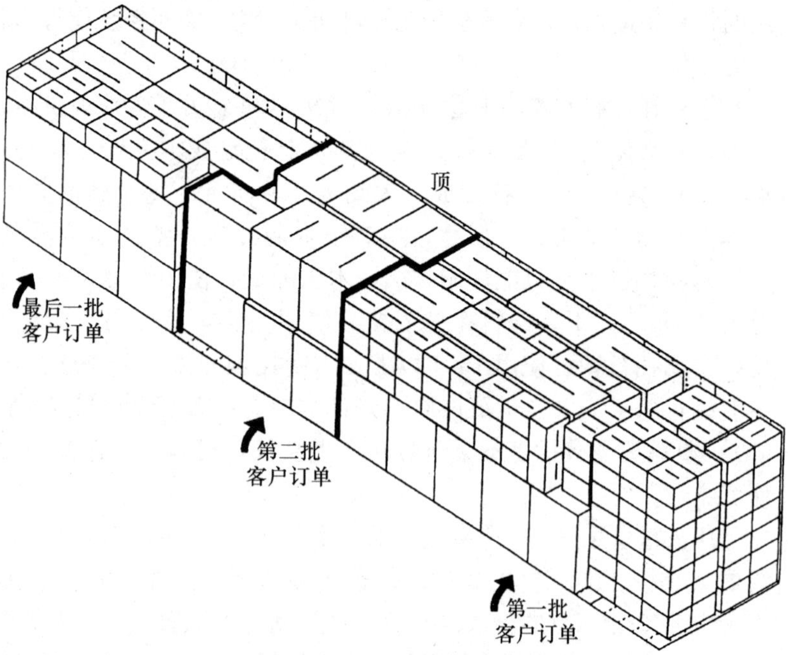

图 11－6　计算机生成的装载计划图

资料来源：Courtesy of TOPS Software Corp.

为方便装货和卸货操作，托盘之间必须预留一些空隙。可以用一些支撑物或可充气式填充袋（见图 11－7）填满这些狭小的空隙。当它们膨胀时，可以填满空隙，起到缓冲和支撑的作用。与支撑或缓冲设备相关的一个问题是货载必须承受来自各个方向的压力。即使是货物被很好地撑牢，由于振动、倾斜、翻滚等产生的各种不同的力仍可能对货物造成损坏。例如，持续的振动会弄松机器上的螺丝或者导致一些包装袋或包装中的货物位置发生变化，从而改变了对其上面物资的支撑力。为解决这个问题，可以采用一种专门的预装载振动装置来促使所装载的货物的位置立即固定下来。

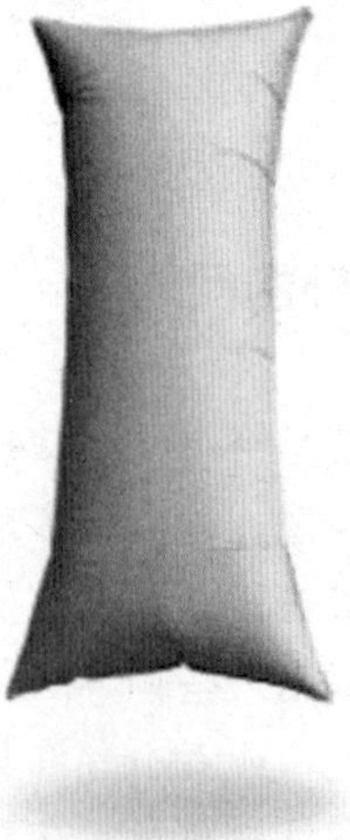

图 11－7　充气填充袋

资料来源：Shutterstock.

有一些货物非常重，在利用火车车皮、拖车或者集装箱装载这些货物时虽然充分利用了这些工具的负荷能力，但还没能填满所有的可利用空间（这种情况称为**重量满载**（weighing out））。这些货物（比如一些重型设备）必须小心支护并尽可能使重量均衡分布。例如，在高速公路上，拖车一边的装载重量大大超过另一边是非常危险的。另外，负载载荷应均匀分布在车轴上。

11.5 物料搬运

由于供应链是一种相互连接的链状结构，与物流相关的一个问题就是产品应如何从一方运送到另一方：如何搬运产品、产品的形态及数量、需要哪些设备来搬运和储存产品等。物料搬运的过程通常并未得到大众的关注，但有时也有例外，比如起重机事故。2015 年，沙特阿拉伯麦加发生的塔吊倒塌事故造成 100 多人死亡，300 多人受伤，该事件受到全世界的广泛关注。

对我们而言，**物料搬运**（material handling）被定义为发生在一个建筑物内（如一个工厂或配送中心）以及在建筑物（如一个工厂或配送中心）与运输服务提供者之间的短距离移动。[21] 这种短距离的物料搬运不同于我们将在第 12、13 章讨论的运输问题。

几乎所有经过包装（通常指消费包装规格的盒子、瓶子和罐子）的产品都是按照前面所描述的积木概念进行搬运的。另外一种搬运方式是通过散装的形式对产品（尤其是对数量极大的产品）进行搬运。散装物料是未经包装的散粒物料，可以通过泵、铲斗装置、传送带（见图 11-8）或仅仅依靠重力搬运。企业必须决定，在

图 11-8　传送带

资料来源：Shutterstock.

供应链的哪一个环节将散装物料装入小的容器中以便进一步出售或运输。有时在同一次运输中，同一货物会同时进行散装和袋装运输。例如，在船舶中，成袋的大米会放置在散装大米的上面以提高货载的稳定性。

散装物料具有不同的搬运特性，其中之一是密度。让我们来看看三种密度不同的散装物料：铁矿石、煤、谷物。某特殊型号的驳船在运送铁矿时仅使用了 2/3 的容积，但 15 800 吨的铁矿石使驳船下降到了设计的最大可允许吃水深度：24 英尺 8 英寸。装载煤时，驳船**容量满载**（cubes out），也就是在达到船舶的最大承重能力前，船舶的整个装载容积都已被填满了，这时船舶的吃水深度仅为 20 英尺 6 英寸。谷物则更轻，驳船满载谷物时的吃水深度还不到 20 英尺。[22]

物料的休止角是指堆放这种物料时该物料在水平面上形成圆锥状堆积体的倾斜角。这个角度越大，这种物料在特定地方就能堆积得越高。无烟煤的休止角大约为 27 度，铁矿石为 35 度。这就意味着在一个给定的地方，铁矿石可以堆放的体积更大，矿石可以通过一个相对更陡、更窄的传送带来进行输送。

散装液体也具有独特的搬运特性。液体的抗流动性可以用黏度来度量。随着温度的上升液体的黏度会下降。糖浆、食用油和许多石油产品在用泵抽吸前，可先对其加热。

气体也有独特的搬运特性，虽然大多数气体都是通过全封闭的管道系统进行输送的，但其中一个例外就是液化天然气，液化天然气经过冷却、加压后，变为只有原气体状态体积 1/630 的液态。在高压状态下的液态天然气可以装入特殊的储存罐中，用远洋船舶运输。

搬运过程本身也可能会改变产品的特性或质量。因为不能让大米因坠落而破裂，因此必须对装货和卸货设备进行设计保证货物在任何时候都不会从数英尺高的地方坠落。在搬运糖时，糖晶体之间的摩擦会形成一种细末，这种细末也是糖，但是它更精细，对水分的敏感性不一样。因此，这些细末必须与其他糖分开来，否则用这种糖制作的面包的质量会受到一定影响。

适用于一种散装物料的运输设备可能并不适用于其他的散装物料。另外需要考虑的是货物颗粒的大小。如果将其研磨成相同大小，那么就可以利用气动或泥浆设备对它们进行搬运，但这需要一定的成本。

11.5.1 物料搬运原则[23]

物料搬运协会（Material Handling Institute）是代表物料搬运行业的一个重要的非营利行业协会。它提出了 10 条物料搬运原则。这些原则对物流设施设计或在遇到困难发现运作问题时非常有用。物料搬运协会认为运用这些原则会对企业盈利能力、顾客服务和生产率带来正面影响。下面我们将列出并简单介绍这 10 条物料搬运原则。

1. 计划原则。强调积极主动的（而非被动的）物料搬运方法。
2. 标准化原则。强调物料搬运活动、过程和设备的标准化。

3. 工作原则。强调更聪明地工作而不是更努力地工作以实现企业生产率和顾客满意的目标。

4. 人体工效学原则。**人体工效学**（ergonomics）是一门寻求工作或工作环境与工作者的能力相适应的科学。这一原则认识到，在设计物料搬运活动和操作物料搬运设备时应考虑人类的局限性和能力。

5. 单元货载原则。关注单元货载价值的最大化。

6. 空间利用原则。致力于充分利用现有空间。

7. 系统原则。强调物料搬运职能将影响其他物流职能，同时会受到其他物流职能和活动的影响。

8. 自动化原则。这一原则建议，在适当的情况下自动化可以提高效率和可靠性。

9. 环境原则。在设计或选择替代设备或物料搬运系统时，应考虑环境影响和能源消耗。

10. 生命周期成本原则。应进行彻底的经济分析，考虑所有物料搬运设备及其系统的整个生命周期。

11.5.2　物料搬运设备

对物料搬运设备进行详细的介绍超出了本书的范围，但是我们必须认识到，物料搬运设备的选择会影响物流系统的有效性、效率和安全性。例如，尽管叉车的使用促进了单元货载的搬运效果和效率，但它是一种危险的设备。在美国，每年有数万起叉车引起的伤害事故。

物料搬运设备的选择必须与企业目标、顾客和产品相一致，这一点非常重要。这看起来是一个常识，但笔者发现有一家消费品生产企业对其仓库设施进行了重新设计，其主要目的仅仅是为了跟上物料搬运设备的技术发展水平，但不到一年，该仓库设施不得不重新设计，因为先进的物料搬运设备与企业所售产品类型以及顾客的订货需求不符。

物料搬运设备可以分为两类——储存设备和搬运设备。储存设备有支架、货架、箱等；搬运设备包括传送系统、升降叉车、手推车和起重机等。虽然储存设备和搬运设备完全不同，但对其中一种设备的选择会影响另一种设备的选择。例如，货架的使用会导致物流通道狭窄，因而需要既能水平运动又能垂直运动的特殊搬运设备在狭窄的通道内进行作业。

物料搬运设备也可以按是否为人工密集型、机械化或自动化进行分类。真正的自动化是指无须人工介入，如自动导引搬运车（AGV）。机械化则指的是设备辅助人员工作而不是完全替代（如升降叉车）。[24] 在人工、机械化、自动化之间进行权衡，主要的考虑因素应该是相关搬运规模，因为自动化设备的固定成本非常高，所以需要有足够的搬运量来保证成本效率。通常设备搬运达到每天 50 000 箱才能达到自动化设备的经济规模。[25]

另外，一个企业的订单拣货和组配系统也会影响其对物料搬运设备的选择。在**“人到货”拣选系统**（picker-to-part system）中，拣货者将叉车等设备开至货物的存放地拣取货物；在**“货到人”拣选系统**（part-to-picker systems）中，货物通过传送带直接运送到拣货者面前。这两种系统涉及人员移动时间的权衡，一般来说人员移动时间往往占整个订单分拣时间的 60%～80%。

小　结

在进行包装与物料搬运决策时，有许多需要考虑的因素，如产品的物理特性等。可以将包装想象成积木概念，也就是将非常小的单元放入稍大一些的单元中，并以此类推。本章分析了一些包装中存在的问题，首先对包装的保护功能和促销功能进行了区分。我们还了解到，正确的包装标签会影响物流系统的效果和效率。包装还会对环境产生影响，我们识别并讨论了几种环境友好的包装策略。

本章还对单元货载（单元化）进行了讨论，其中特别强调木制、塑料和金属托盘的特性。接着，本章转入物料搬运的话题，识别了一些不同类型散装物料搬运时面临的挑战，并列举了 10 条物料搬运原则，这些原则可以提高物流系统的效果和效率。最后，本章讨论了物料搬运设备，设备的选择必须与企业目标、顾客和产品相一致。

关键术语

积木概念	全球化学品统一分类和标签制度（GHS）	“货到人”拣货系统
闭环系统	物料搬运	“人到货”拣货系统
容量满载	包装	滑托板
体积重	托盘（滑木）	单元货载（单元化）
人体工效学	重量满载	

讨论和复习题

11.1　产品特性如何影响包装和物料搬运？

11.2　什么是积木概念？它是如何应用于已包装产品的搬运的？

11.3　包装一般具有哪三大功能？这些功能间有何冲突？

11.4　要正确设计保护性包装需要哪些信息？

11.5　描述一些用于货运途中监控环境的设备。

11.6　为什么认识到国与国之间标签要求的不同非常重要？

11.7　讨论危险品的一些标签要求。

11.8　塑料包装有哪些环保缺陷？

11.9　企业可以采取哪些环境友好的包装策略？

11.10　描述美国采用公制系统时可能面临的挑战。

11.11　减少包装低效如何能够提高物流系统绩效？

11.12 运输费率和分类是如何影响包装类型和包装方法的？

11.13 讨论单元货载的优缺点。

11.14 对木制、塑料和金属托盘进行比较评价。

11.15 一旦单元货载被转载到运输车辆上，物流管理者会面临什么样的问题？

11.16 区分重量满载和容量满载，并解释这些概念是如何影响物流人员工作的。

11.17 讨论散装运输的各种搬运特性。

11.18 本章讨论的10条物料搬运原则中哪两项原则最让你吃惊？为什么？

11.19 为什么物料搬运与企业目标、顾客、产品相一致很重要？

11.20 企业的订单拣选和组配系统是如何影响其物料搬运设备决策的？

建议读物

Carrasco-Gallego, Ruth, Eva Ponce-Cueto, and Rommert Dekker. "Closed-Loop Supply Chains of Reusable Articles: A Typology Grounded on Case Studies." *International Journal of Production Research* 50, no. 19 (2012): 5582–5596.

Guzman-Siller, Christina, Diana Twede, and Diane Mollenkopf. "Differences in the Perception of Pallet Systems between U.S. and Canadian Grocery Retailers." *Journal of Food Distribution Research* 41, no. 3 (2010): 84–97.

Hanson, Robin and Christian Finnsgard. "Impact of Unit Load Size on In-Plant Materials Supply Efficiency." *International Journal of Production Economics* 147 (2014): 46–52.

Hellstrom, Daniel and Fredrik Nilsson. "Logistics-Driven Packaging Innovation: A Case Study at IKEA." *International Journal of Retail & Distribution Management* 39, no. 9 (2011): 638–657.

Jimenez-Guerrero, Jose Felipe, Juan Carlos Gazquez-Abad, and Guillermo Ceballos-Santamaria. "Innovation in Eco-Packaging in Private Labels." *Innovation: Management, Policy & Practice* 17, no. 1 (2015): 81–90.

Magnier, Lise and Dominique Crie. "Communicating Packaging Eco-Friendliness: An Exploration of Consumers' Perceptions of Eco-Designed Packaging." *International Journal of Retail & Distribution Management* 43, nos. 4 and 5 (2015): 350–366.

Minami, Chieko, Davide Pellegrini, and Munchiko Itoh. "When the Best Packaging Is No Packaging." *International Commerce Review* 9, nos. 1 and 2 (2010): 58–65.

Newmann, W. P. and L. Medbo. "Ergonomic and Technical Aspects in the Redesign of Material Supply Systems: Big Boxes vs. Narrow Bins." *International Journal of Industrial Ergonomics* 40, no. 3 (2010): 541–548.

Nunes, Isabel L., Pedro M. Arezas, A. Sergio Miguel, and Ana S. Colim. "Manual Materials Handling: Knowledge and Practices among Portuguese Health and Safety Practitioners." *Work* 39, no. 4 (2011): 385–395.

Twede, Diana. "The Birth of Modern Packaging: Cartons, Cans and Bottles." *Journal of Historical Research in Marketing* 4, no. 2 (2012): 245–272.

Williams, Helen, Fredrik Wikstrom, Tobias Otterbring, Martin Lofgren, and Anders Gustafson. "Reasons for House Food Waste with Special Attention to Packaging." *Journal of Cleaner Production* 24 (2012): 141–148.

案 例

案例11-1 Let There be Light灯罩公司

距离伊利诺伊州芝加哥60英里远的Let There Be Light灯罩公司专门设计和制造定制灯罩和灯泡。过去该公司所有产品都销往美国和加拿大。最近，一家与Let There Be Light灯罩公司经常合作的建筑企业接受委托设计中国的几个大型公共建筑物，这些项目需要Let There Be Light灯罩公司供应8 100个完全一样的灯具。销售条款中包括把货物直接运送到上海港。在上海港货物的所有权将交给建筑企业。

Let There Be Light灯罩公司设计了一种圆柱形灯罩样本，这种圆柱形灯罩高度和直径均为11英寸。灯罩被包装入边长为12英寸的正方体盒子中。我们将这种灯罩称为A型灯罩。每个A型灯罩的制造成本为4美元，重9磅。每个包装盒成本为60美分，重1磅。因此，每个包装盒装入A型灯罩后的总重量为10磅。

为了减少包装成本并恪守公司对环保物流的承诺，Let There Be Light灯罩公司还设计了另外两种锥形的灯罩设计方案，B型灯罩和C型灯罩。圆锥形设计的一个好处就是灯罩可以套放在一起，也就是说多个灯罩可以包装入一个包装盒中。尽管在灯罩之间需要放置一些垫料，但套放的灯罩可以相互起到保护作用。另外，锥形灯罩的生产成本高于柱形灯罩。

Let There Be Light 灯罩公司测定每个B型灯罩的制造成本为4.5美元，可以6个套放在一个包装盒中进行运输。包装盒尺寸为12英寸×12英寸×40英寸。装有6个灯罩后的包装总重62磅。每个B型灯罩包装盒的成本为2美元，其中包括了灯罩之间的垫料。每个C型灯罩的制造成本是5美元，可以10个套放后运输。其包装盒尺寸为12英寸×12英寸×48英寸。装有10个灯罩后的包装总重为101磅，每个C型灯罩包装盒的成本为2.25美元，其中也包括了灯罩间的垫料。

灯罩将被装入联运集装箱，通过铁路运输到温哥华港。运至温哥华港的运输成本为每40英尺的集装箱收费1 400美元，运费与货物的重量无关。但是由于受公路载重量限制的要求，每个集装箱装载的重量不能超过44 000磅。联运集装箱的内部结构宽8英尺，高8.5英尺，长40英尺。保险费按在温哥华港准备装船运往海外的货物价值的2%计算（按照此时企业的总成本来估算）。Let There Be Light 灯罩公司了解到，从温哥华港到上海港的运输成本为每个40英尺集装箱800美元。

［问题］

1. 一个40英尺集装箱中可以装入多少个A型灯罩？
2. 一个40英尺集装箱中可以装入多少个B型灯罩？
3. 一个40英尺集装箱中可以装入多少个C型灯罩？
4. 将A型灯罩运往上海港的总成本是多少？
5. 将B型灯罩运往上海港的总成本是多少？
6. 将C型灯罩运往上海港的总成本是多少？
7. 你建议采用哪种灯罩？为什么？

【注释】

［1］Joseph Bonney, "Rubber Match," Breakbulk & Project Cargo, January 2016, 14-16.

［2］Logistics Dictionary, www.tntfreight.com.

［3］Jack Ampuja, "Finding the Right Package for Your Chain," Material Handling & Logistics, September 2011, 26-29.

［4］Ibid.

［5］http://images.fbdex.com/us/services/pdf/PKG_Testing_Under150Lbs.pdf.

［6］Suzanne Heyn, "Shipment Monitoring Technology: Picking Up the Signals," Inbound Logistics, April 2014, 77-81.

［7］http://www.unece.org/DAM/trans/danger/publi/ghs/ghs rev06/English/ST-SG-AC10-30-Rev6e.pdf.

［8］Dannielle Senga Green et al. "Impact of Discarded Plastic Bags on Marine Assemblages and Ecosystem Functioning," Environmental Science & Technology, 49 (2015): 5380-5389.

［9］Trish Lorenz, "No More Pass the Parcel," Design Week, April 14, 2005, 9.

［10］http://www.biostockspro.com/7-advantages-of-biodegradable-plastics/.

［11］Alex Knapp, "This Entrepreneur Is Literally Growing the Future of Manufacturing," Forbes, May 6, 2015, 23.

［12］Jennifer Strailey, "Key Trends in Transportation and Logistics Transform Produce Shipments," Progressive Grocer, November 2015, 139-142.

［13］Jack Ampuja, "Packaging Optimization: Why Less Isn't Always More," Material Handling & Logistics, September 2013, 30-32.

［14］http://www.ups.com/content/us/en/resources/ship/packaging/dim_weight.html? srch_pos=1&srch_phr=dim+weight.

[15] Sara Pearson Spector, "Keep Dim weight Shipping Charges under Control," Modern Materials Handling, November 2014, 14.

[16] http://cscmp.org/digital/glossary/glossary.asp.

[17] Marcia Kaplan, "Will Robots Take Over Ecommerce Warehouse?" Practical Ecommerce, September 10, 2015, n.p.

[18] "Marshall White on the State of Pallets," Modern Materials Handling, March 2006, 53-58.

[19] April Terriri, " Balancing Cost, Quality, Strength, Service," Food Logistics, April 2009, 24-27.

[20] www.desicant-solution.com.

[21] John J. Coyle, C. John Langley, Jr., Brian J. Gibson, Robert A. Novack, and Edward J. Bardi, Supply Chain Management: A Logistics Perspective, 8th ed. (Mason, OH: South-Western Cengage Learning, 2009), Appendix 11-A.

[22] Correspondence from the Reiss Steamship Company to the authors.

[23] The material in this section comes from "The Ten Principles of Material Handling," www.mhia.org.

[24] Mary Aichlmayr, "Making a Case for Automation," Transportation & Distribution, June 2001, 85-90.

[25] Ibid.

第12章 运输

学习目标

- 比较各个国家的运输基础设施
- 了解五种运输模式及各自的特点
- 讨论多式联运
- 描述几种不同类型的专业运输组织
- 解释各种运输法规对运输的影响
- 了解承运人的法定分类

运输（transportation）可以被定义为两点间货物和人员的实体移动。运输是供应链成功运作的关键，因为货物是通过运输在供应链上移动的。在前面章节讨论过的受运输影响或影响运输的物流活动包括：

1. 企业的工厂、仓库、供应商、零售点及顾客的位置都直接影响运输成本。

2. 库存需求受所用运输模式的影响。在一个物流系统里，高速、高价的运输系统仅需较少量的库存，低速、廉价的运输需要更大量的库存。

3. 所选择的运输模式影响所需的包装，承运人分类规则也决定了包装的选择。

4. 承运人的类型会影响制造企业物料搬运设备的选择，如装卸设备和发收货月台的设计。

5. 鼓励相同两点间的最大化拼箱装运的订单管理方法，能使企业发送更大量的货物给承运人并利用数量折扣。

6. 顾客服务目标影响卖方选择的承运人的类型、质量以及承运人服务。

本章首先将对世界各国的运输基础设施进行简单介绍，接着将详细讨论运输的五种不同类型或模式：航空运输，汽车运输（卡车运输），管道运输，铁路运输和水路运输。本章还将讨论多式联运及一些专业运输组织。最后还将对运输法规以及承运人的法定分类进行说明。

为了与过去的实践和其他物流教材保持一致，本章对运输的探讨也主要从美国的视角出发并聚焦于美国国内的运输。鉴于此，读者应该明白，一个国家的地质、经济、基础设施以及其他宏观环境要素可能会导致其与美国不同的运输系统，而且世界经济的全球化意味着越来越多的货物在多国间运输（国际运输），这也是第 14 章将要探讨的主题。

12.1　运输基础设施的比较

由于本书的读者越来越多的是美国以外的读者，那么对世界上人口密度较大的 5 个国家的交通基础设施进行一个基本的比较是很有用的。表 12 - 1 中显示的一些数据表明国家之间在运输基础设施上存在极大差距。至少，基础设施的缺乏可能使某种运输模式在一个国家内部难以得到推广。

表 12 - 1　各国运输基础设施统计

	巴西	中国	德国	尼日利亚	美国
航空[a]	7	68	14	10	189
（铺设的）公路	212 798 公里	3 453 890 公里	645 000 公里	28 980 公里	4 304 715 公里
（输油）管道	4 831 公里	23 072 公里	2 826 公里	4 441 公里	240 771 公里
宽轨间距（1.676 米）轨道	5 822 公里	100 公里			
标准轨间距（1.435 米）轨道	194 公里	190 000 公里	43 209 公里	293 公里	293 564 公里
窄轨间距（1.000 米）轨道	23 341 公里	670 公里	220 公里	3 505 公里[b]	
（内河）航道	50 000 公里	110 000 公里	7 467 公里	8 600 公里	41 009 公里

a. 铺设的长度超过 3 047 米（大约 10 000 英尺）的飞机跑道数量。
b. 轨距＝1.067 米。
资料来源：The World Factbook，www.cia.gov，2016.

表 12 - 1 中与空运有关的基础设施统计数据是指铺设的长度超过 3 047 米（大约是 1 万英尺）的跑道数量。这个长度是非常重要的，因为通常认为 1 万英尺长的跑道才适于起降现有最大的宽体飞机。宽体飞机是长途国际货运和客运飞行所必不可少的。从表 12 - 1 我们可以了解到，美国拥有超过 1 万英尺飞机跑道的机场最多，这也是美国积极参与长途国际运输的一个标志。目前中国宣布有 70 多个拥有 1 万英尺跑道的机场，这一数字预计必将大大增加，因为中国计划到 2020 年新修建近 40 个商用机场。

公路、管道、铁路和水运的基础设施统计数据都是以公里为单位的（1 公里大约等于 0.62 英里），这些数据也为我们提供了一些有趣的结论。例如，尽管巴西和中国的地理面积大致相同，但中国铺设的公路里程数是巴西的大约 16 倍。（值得注意的是，2010 年以来，中国又新铺设了超过 180 万公里的公路。）这些数据还显示在美国输油管道运输广为流行。相对于表 12－1 中所列出的其他四个国家，中国的内河水运最发达。

表 12－1 中有关铁道**轨间距**（rail gauge，两个平行轨道内侧的距离）的信息非常有趣。美国在轨道基础建设中都使用单一尺寸的标准轨间距（1.435 米）。相反，巴西和中国同时使用宽轨间距（1.676 米）、标准轨间距和窄轨间距（1.000 米）。尼日利亚仅使用窄轨间距，其轨间距为 1.067 米而不是 1.000 米。有关轨间距的数据之所以重要是因为一个国家内或相邻国家间的轨间距不一致意味着铁路运输的货物必须从一辆机车转运到另一辆机车，从而增加运输时间和成本。例如，中国和印度接壤，正如前面所提及的，中国主要使用标准轨间距，印度使用宽轨间距。[1]

12.2 运输模式

目前有五种并存的基本运输模式，每一种运输模式都可能在某些特性上优于其他运输模式。一种特定运输模式的魅力取决于以下特性[2]：

- 成本（承运人提供一次货运的价格）；
- 速度（从货物接收到交付所需的时间）；
- 可靠性（交付的一致性）；
- 能力（可以输送多少种不同类型的产品）；
- 运载量（一次装运可以输送的货物量）；
- 柔性（把货物交付给顾客的能力）。

公共政策会对各种运输模式的运作特性产生影响。例如，如果用**吨英里**（ton miles，所运输货物的吨数和运输英里数的积）和货运收入作为衡量标准，从 19 世纪到 20 世纪中叶铁路运输一直是主导的运输模式。但是，美国州际公路系统的发展促使汽车承运人大大提高了运输速度、可靠性、柔性。尽管如今铁路运输仍占有最大份额的吨英里运量，汽车承运人却占据了大部分的货运收入。

从公共政策的角度来看，州际公路系统的建设成本主要是由美国联邦政府（大约 90%）和州政府支出的。这种由联邦和州政府提供的资金支持是巨大的。美国铁路承运人负担了它们自己的轨道系统的建设成本，在其他国家铁路建设的成本通常是由国家政府来支付的。这样，和汽车承运人相比，美国的铁路运输具有一定的成本劣势，铁路运输在定价中必须考虑这一巨大的固定成本。

在本节中，我们将分别对这五种运输模式进行详细介绍。下面首先介绍航空运输。

12.2.1 航空运输

谈到空运，人们马上会想到速度，尤其是空运在**干线运输**（line-haul，货物或乘客在不同机场之间的移动）上的速度优势。新式的喷气式飞机的运输速度大大超过了其他运输方式，可达到每小时 500～600 英里。确实，对于距离超过 600 英里的装运，空运最为快捷（如今也有一些汽车运输企业提供距离在 600～700 英里之间的通宵运输服务）。

空运是相当昂贵的，空中货运服务的长途运输成本被认为是其主要不利因素，许多企业不能承受空运的成本。由于大部分的托运人和**收货人**（consignee）并不位于机场所在地，因此货物需要从承运人处运到始发机场，还要从到达机场运至收货人处。这种**补充服务**（accessorial service，干线运输的补充运输服务）大大增加了运输成本、时间以及搬运次数，也增加了搬运成本以及货物丢失和损坏的机会。

不同于其他运输方式，大部分的空运货物都是装载于客机的货舱中进行输送的（通常称为机腹货运）。机腹货运的运载量非常有限，对于单通道的窄体飞机这个问题更为明显。例如，美国联合航空公司的一架窄体波音 737-900 飞机可以提供大约 1 825 立方英尺的机腹空间，宽体波音 777-200 飞机的机腹可以提供大约 6 925 立方英尺的机腹空间。[3] 一架完全运载货物的宽体飞机的运载量非常惊人。最新型的全货运波音 747 飞机可以运载大约 155 吨货物。

空运的成本、速度和运载量意味着空运更适合价值高、体积小的生鲜食品或需要紧急运送或具有特殊时间要求的货物。空运的高运价使其不适用于散装货物。空运采用**体积重**（dimensional weight，dim weight），也就是考虑货物的密度（实际重量所占的空间大小）来决定货物的付费重量。[4] 适合航空运输的货物包括：

- 汽车零件和配件；
- 采摘的鲜花和幼苗；
- 电子或电气产品，例如手机、iPod；
- 水果和蔬菜；
- 机器及零件；
- 金属制品；
- 摄影器材、部件及胶卷；
- 印刷品；
- 服装。

在某种程度上，空运的可靠性也是值得考虑的问题。一方面，空运的速度优势有助于托运人抢回失去的时间，这也是利用其他运输方式不可能实现的。另一方面，由于很多的空运都是机腹运输，空中旅客交通日益拥挤及其导致的延误也意味着空中货运的拥挤和延误。此外，天气条件，如雾、雪和雷雨，都可能对空中运输的可靠性产生影响。事实上，美国联邦快递公司之所以把它的第一个（如今仍是最主要的）航空货运中心建立于田纳西州的孟菲斯一定程度上就是因为孟菲斯很少会出现有雾天气。

12.2.2 汽车运输

美国公路系统的中枢是州际公路系统（Interstate Highway System，正式名称是艾森豪威尔国家州际及国防公路系统），它是 1956 年通过联邦立法批准修建的。这个全长约 4.7 万英里、具有进入限制的高速公路系统对美国经济的发展有着深远的影响。基于物流的考虑，许多企业开始把制造、组装和配送设施选址于靠近州际公路的地方。事实上，沃尔玛的成功就可以部分归功于其先于竞争对手认识到州际公路系统的物流机会。事实上，在企业选址决策的年度调查中，靠近公路一直都被列为最重要的考虑因素。[5]

公路系统最重要的商业使用者是汽车（卡车）运输企业。对汽车承运人进行分类的一种方法是根据其是提供零担运输还是整车运输进行分类。**零担运输**（less-than-truckload，LTL）的货物量可从 150～10 000 磅不等，这些货物通常太大而无法人工搬运，但又无法装满一辆卡车。装运零担货物的卡车还有空间可运送其他顾客的货物。不同于整车运输承运人，零担运输承运人往往通过一个货物**集散中心**（terminal）系统进行运作（在集散中心，货物在运载车辆间转移）。集散中心派出小型运输卡车到各个顾客处接送货物。在集散中心，货物被装载到干线运输的卡车上。长途运输的卡车驶向靠近货物目的地的另一个集散中心，然后将这些货物从卡车上卸载，转载于一些用于地域运输的小卡车上。广为人知的零担运输承运人包括：ABF 货运系统公司、联邦快递公司、UPS 公司和 YRC 货运公司。

整车运输（truckload，TL）承运人专门运输重量大于 1 万磅的货物。虽然实际的运输重量随运输产品的不同会有所不同，但需运输的货物在体积上往往可以装满一辆卡车。装满一辆车的玻璃制品的重量可能是 1.8 万磅，满车的罐装食品重量则可能达到 4 万磅。尽管整车运输可能一次只涉及一个顾客，但也可把多个顾客的大批货物（大于 1 万磅）整合拼装成为一整车货物。零担运输需通过集散中心，整车运输则可以直接将货物从托运人运至收货人。一些广为人知的整车承运人有：斯奈德国家运输公司（Schneider National）、亨特运输公司（J. B. Hunt）、斯威夫特运输公司（Swift Transportation）和沃纳企业公司（Werner Enterprises）。

零担运输企业在运输的货物类型上往往有限制（主要是干货，如仪器、书籍、贺卡等），整车运输能够运输很多类型的货物，包括干货、食品、冷藏物品、液体产品、动物和家畜、汽车和钢材，但不限于这些。总的来说，尽管汽车承运人有能力运输许多不同类型的货物，但载运量受到公路道路承重和尺寸（宽度和长度）的限制。例如，使用州际公路系统的汽车货运被限制要求最大毛重不超过 8 万磅。关于尺寸要求，卡车拖车最大宽度限制在 102 英寸，牵引车和拖车的最大总长度要求各州各不相同。当然也有一些国家对汽车承运人没有尺寸和重量限制。

虽然在美国只要有路就可以进行汽车货运，但有些因素会影响运输的距离。例如速度限制和服务时间（hours-of-service，HOS）法规。21世纪以来，服务时间法规一直是立法和诉讼的主题。它不仅试图明晰相关法律，而且明确说明卡车驾驶员24小时内驾驶小时数限制和一星期内驾驶小时数限制。

服务时间法规和公路速度限制也不断根据安全的考量而进行调整。一些州（如加利福尼亚州、俄勒冈州、华盛顿州）采用二级速度限制政策，汽车承运人的最大允许速度应低于小轿车。另外有一些州则取消了或正在考虑取消这种应用于卡车司机的较低的最高速度限制，这些举措实际上可以增加汽车货运的运输距离。读者们应认识到每个国家都可能有它们自己的有关货运司机的工作小时数限制法规或速度限制。例如，在加拿大，行驶在北纬60度以南或以北，需要服从不同的服务时间法规。另外，在加拿大英属哥伦比亚省，最高速度限制为每小时120公里（大约每小时75英里），安大略省的最高速度限制为每小时100公里。

毫无疑问，汽车运输的主要优势是柔性，也就是它可以把货物直接递送到顾客处（或顾客相对方便到达的地方）的能力。例如，如果你在你所在大学的书店购买了一本教材，这本书可能是通过零担运输承运人运送到那里的。如果你是从网上购买的这本教材，那么这本书可能可以通过小型的送货车直接送到你的居住处。确实，美国卡车运输联盟（American Trucking Associations，一个代表汽车承运人利益的商业组织）多年的口号就是："要想货运到家，请用卡车运输。"

与航空运输一样，天气条件也会影响汽车运输的可靠性。相关的天气因素包括雾、雪、洪水、强风（可能会影响桥梁的通行）。另外，人们出行需求的增加、天气、道路事故（如汽车抛锚、交通事故）以及道路施工等因素也会造成公路交通的拥堵，对汽车运输的可靠性产生影响。在一些主要大都市这种交通拥堵更加严重，补充修建道路也不太可能缓解这种现象。一些基于技术的方法，如智能交通系统及计算机路线安排软件被用于缓解道路拥堵问题。

尽管汽车运输的成本低于航空运输，但与另外一些运输模式相比汽车运输的成本仍相对较高。购买的汽车运输服务类型不同其成本也会大不相同。例如美洲豹运输公司（Panther Transportation）和联邦快递紧急定制服务（FedEx Custom Critical）所提供的加急货运所需成本最高，整车运输成本最低。

这些成本的不同也体现了理解本教材通篇所讨论的物流活动间的权衡的重要性。例如，假定一个企业每天生产8 000磅猫砂，那么企业可以每天用零担运输方式运送8 000磅的货物，或者积累5天的产出共4万磅并采用整车运输方式运送以利用整车运输方式较低的运输费率，但是为了获得较低的整车运输费率，企业又不得不维持库存，从而增加储存和库存成本。

12.2.3 管道运输

管道运输是一种独特的运输模式，它是唯一一种不需要运输车辆的运输模式。管道运输的重要价值在于以下几点。首先，它不需要车辆的操作者，这对于其他模式的运输却是必须考虑的重要因素，因为这些交通工具的操作者（如飞行员、船长）每年的报酬超过20万美元。另外，这些交通工具操作者有时会停工（如罢工），也可能会成为事故发生的原因。不需要运输车辆也意味着管道运输是一种单向的运输模式，其他运输模式是包括往返程的双向运输，回程运输往往是剩余能力或可利用空间浪费的主要来源。

管道运输不需要运输车辆也意味着它是最可靠的一种运输模式，其部分原因在于管道运输中不会出现与运输车辆相关的混乱（例如事故），管道运输也不会受不利天气环境的影响。但管道运输也是最慢的一种运输方式，不需要运输车辆也意味着需要用力，通常是用泵站来驱动产品在管道中流动。管道输送的慢速特征意味着整个运输时间的增加和物流系统中存货的增加。

从能力的角度来看，可使用管道运输输送的货物是很有限的，它输送的产品必须是液态、可液化或气态的。事实上，管道运输广泛用于石油产品的输送，石油输送管道可分为原油管道和成品油管道。原油采集管线的直径通常小于等于6英寸，它起始于各油井并将原油输送到汇集场。分支管线再把原油从采集管线的汇集场运送到炼油厂，分支管线的直径为3～48英寸不等，最普通的管线尺寸是8～10英寸。通过成品油管道可以将石油产品，如汽油或飞行燃料，从炼制厂输送到距顾客更近的储油罐中。这些石油产品储存于油罐中，再通过卡车或铁路运输到顾客处。因此管道运输具有有限的交付柔性。

泥浆系统（slurry systems）可以把散装固体货物碾磨成细小的可液化的微粒，并将这些微粒和液体进行混合使之成为可流动的浆状，然后利用泵来抽吸促使该物质在管道中移动。最后滤掉液体，留下固体物质。水是泥浆系统中最常使用的液体，也可使用甲醇等其他一些液体。将碾碎的煤从亚利桑那州北部输送到发电站的布莱克·梅萨（Black Mesa）管道可能是最著名的正在运营的泥浆管道系统。其他一些正在运营的泥浆管道系统用于输送磷酸盐、石灰石、铜精矿和铁精矿。[6]

虽然管道运输可以输送的货物种类很有限，但管道运输的输送量很大。例如，48英寸的横跨阿拉斯加的管道，长789英里，每天可以输送200万桶原油。另外，输油管道的修建是非常昂贵的，因此管道运输的固定成本很高，但是由于这些固定成本可以分摊到大量的产品中，管道运输可以为用户提供相对较低的单位成本。

12.2.4 铁路运输

虽然在美国大约有550条正在使用的货运铁路，但大约90%的铁路货运收入和吨英里运量来自7条Ⅰ级货运铁路（2015年的收入大约为4.50亿美元）。[6] 美国的铁路货运被四家货运承运人垄断：柏灵顿北方铁道运输公司（Burlington Northern，BN），CSX，南诺福克铁道运输公司（Norfolk Southern，NS），联太平洋铁道运输公司（Union Pacific，UP）。柏灵顿北方铁道运输公司和联太平洋铁道运输公司主要占据着密西西比河以西的市场，CSX和南诺福克铁道运输公司占据着密西西比河以东的市场。

这种市场的高度集中和控制在其他运输模式中很少见。实际上，这导致了有限的顾客服务和价格选择。近年来，铁路承运人有限服务选择的表现之一就是不一致的服务可靠性，当然有时是因为恶劣的气候条件。近年来，美国主要铁路都受到暴风雪、创纪录低温、严重水灾和龙卷风的袭击，大量的轨道被损毁，造成严重的运输延误。

如果使用前面提及的六种特性（能力、运载量、成本、柔性、可靠性、速度）来对五种运输模式进行比较，我们可以看到，对于任何一种比较属性，铁路运输都既不是最好，也不是最坏。例如，虽然铁路运输具有运送许多不同类型的货物的能力，但它往往用于运送大量、低价值的散装货品，如煤、化学制品、农产品和非金属矿产。随着多式联运（在本章的后面部分还将具体讨论）的发展，铁路运输也开始用于运送制造产品和已包装产品等具有更高价值的货物。总体来说，在运送不同类型货物的能力方面，铁路运输优于航空运输、汽车运输和管道运输，但劣于水路运输。

与汽车运输相比，铁路运输的柔性（把货物递送到顾客处的能力）较差，除非顾客位于铁道线旁或拥有专用线（铺设在主线到特殊设施间的轨道）。但是，铁路运输的柔性优于航空运输、水路运输和管道运输。说到一次货运可以输送的货物量，铁路运输优于空运和汽车运输，但劣于管道运输和水路运输。铁路运输的货车车厢（用于运送普通的货物）、漏斗车（用于装载煤和矿物等）、罐车（用于输送液体或可液化的货品）的可用输送容量大约为 110 吨，大大高于通常使用的卡车拖车的 25 吨容量，但一艘干散货驳船（barge，一种用于输送重物的平底船）的运载容量可达到大约 1 750 吨。[7]

从成本（承运人输送一次货物所索取的价格）和速度方面（从接收货物到交付货物所花费的时间）考虑，铁路运输也处于五种运输模式的中间。尽管铁路运输比航空运输和汽车运输便宜，但它比管道运输和水路运输要贵。铁路运输的速度比管道运输和水路运输要快，但比航空运输和卡车运输要慢。

12.2.5 水路运输

货物可以通过湖上货物运输船在北美五大湖上进行运输，同样可以利用驳船在内陆运河上移动。水上运输贸易通过远洋航行船舶在美国本土 48 个州与阿拉斯加、夏威夷、波多黎各岛间进行。这里我们的讨论将主要集中于内陆水域，主要是河流。疏浚后的河道深度至少需要达到 9 英尺，这是大多数驳船的最低航行要求。尽管最小疏浚深度看上去并不稀奇，但它极其重要，因为相关天气环境的变化，如久旱、结冰等，会对内河水运的可靠性带来影响。

久旱会造成水平面降低，水平面降至可接受的水平以下就会对水路运输造成影响。这时，驳船上的货物不得不减少甚至驳船交通可能被完全中断而不得不采用其他运输方式。例如，2012 年干旱的气候导致密西西比河 11 英里的水路关闭，使驳船运输业者每天损失大约 100 万美元。[8] 洪水是另一种将会对内河水运的可靠性造成影响的相关天气因素。例如，2015 年底和 2016 年初，严重洪灾导致密西西比河部分河段禁止驳船通行。[8] 河道结冰是在明尼苏达州和威斯康星州等北方诸州可能会遇到的问题。冰面封锁了河道，导致驳船不能全年通行。因此，顾客只能在秋季大量储备库存以维持冬季月份的使用，或选择使用其他运输方式。

并不是内河运输的所有不可靠性都和天气有关。特别是水道**船闸**（lock）系统也会造成运输的不可靠（船闸可以通过抬高或降低货船使其与河流水平高度保持一致，从而保证船只顺利向上游或向下游航行）。美国内河水域的许多船闸系统都已经相当陈旧，有些船闸甚至建于 20 世纪 30 年代。随着使用年限的增加，这些船闸也需要越来越多的维护。目前，船闸的预防性维修仍属个别现象而非普遍情形。一旦船闸出现故障，相关维修可能需要数月才能完成，这将会对托运人和驳船运输业者带来不良后果。[9]

美国内河水运的另一个特征就是低速，平均时速大约只有 6 英里。值得注意的是，运输时间还受到航行方向的影响。向上游逆行比向下游顺流行驶速度要慢。内河水道往往迂回曲折，这也增加了运输时间。另外，如前面所指出的，船闸维护也会使运输时间增加。

当然内河水运也有优点。对于用户来说，内河水运相对较便宜，它曾经被认为是最便宜的运输方式。自从 20 世纪 80 年代向内河水运征收燃油税以来，管道运输成为最便宜的运输方式，但与铁路运输和汽车运输相比，内河水运仍便宜很多。总的来说，按吨英里费用来计算的话，铁路运输成本大约是内河水运的 2～3 倍，汽车运输大约比内河水运高 20～30 倍。

虽然内河水运多用于输送低价值的、可以用机械设备（泵、铲、输送机等）搬运的散装货物，但它也可以用于运输其他类型的许多货物。除煤外，用驳船运输的主要货物还有石油和石油产品。另外，主要通过内河水运进行运输的还包括食物和农产品、工业化学制品、矿物和石头。正如前面所指出的，与铁路运输和汽车运输相比，内河水运承运人的运载量要大得多。

12.3 多式联运

前面我们对每一种运输模式都进行了单独讨论，就好像它们是相互独立起作用一样，但实际上随着经济全球化的发展，要把一批货物从原产地运送到目的地需要用到多种运输模式。这里，我们把**多式联运**（intermodal transportation）定义为，使用集装箱或其他可以在不同运输方式间相互移转而无须反复装卸或弄乱其中物资的运输设备所进行的运输。[10] 通过多式联运，两种或多种运输模式紧密合作，可以扬长避短，充分利用每一种运输模式的优势。比方说，企业可以使用**驮背运输**（piggyback transportation），也就是将卡车拖车或者集装箱装在铁路平板车上的公铁联运，可以同时利用铁路干线运输的低成本以及卡车运输提供门到门服务的能力。

从前面对于多式联运的定义中，我们可以看到集装箱是多式联运中所需的一种重要设备。集装箱需要用机械设备，如集装箱起重机，来进行搬动。企业仅需搬运整个集装箱而非内部单件货物，从而大大降低了货物搬运成本。由于在铁路、卡车和水运承运人间集装箱是可以互换的，所以集装箱可用于多式联运以充分利用每一种运输方式的优势。海运和铁路运输的承运人都开发出了可同时搬运多个集装箱的方法，从而减少了单独吊装和货物移动的数量。

集装箱通常为 8 英尺高，8 英尺宽，10～53 英尺长。大部分集装箱是干货集装箱，也有些集装箱被绝热并安装有温度控制设备，还有一些特制的多式联运集装箱，用于搭载装有液体和气体的罐装容器，还有些集装箱被设计用于需隔热或冷藏的货物。图 12 - 1 显示了一些不同类型的集装箱。

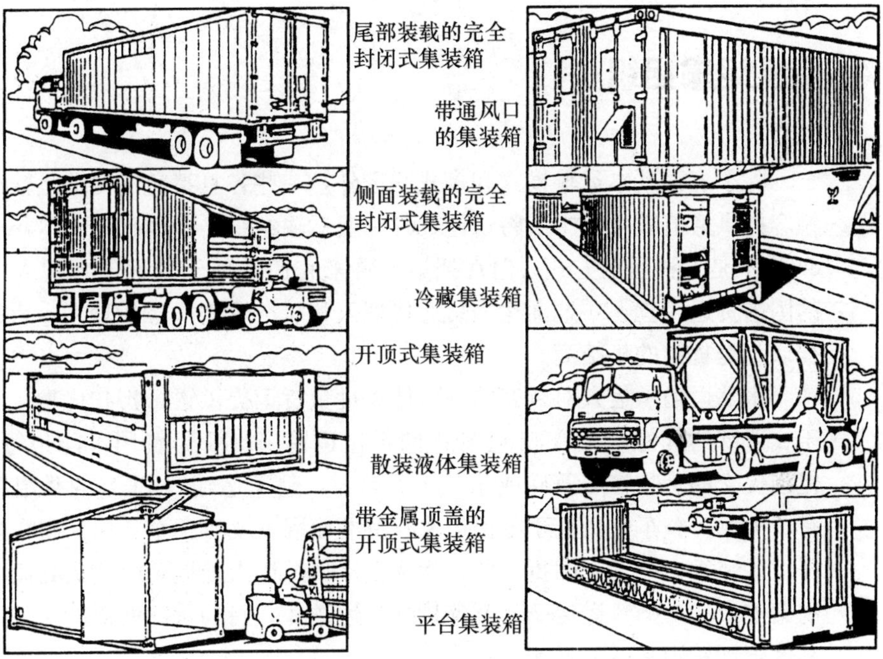

图 12 - 1　不同类型的联运集装箱

资料来源：Ports of the World，14th ed.，CIGNA Property & Casualty Companies.

航空货运集装箱，通常称为**单元货载设备**（unit load devices，ULDs），由轻金属材料制成，其尺寸多种多样。不同于图 12 - 1 中所示的那些集装箱，由于要符合机身轮廓的要求，空运的单元货载设备会有一些不规则的形状。

尽管集装箱的长度可以从 10～53 英尺不等，但通常使用的集装箱计量单位是**国际标准箱单位**（twenty-foot equivalent unit，TEU），TEU 代表一个 20 英尺的标准集装箱单元。联运货物的体积大小通常用多少个 TEU 来表示，也就是说可以装满多少个 20 英尺的标准箱。比方说，人们一般用特定时间内港口搬运货物的 TEU 数量来对港口规模进行排名。集装箱船的装载能力大小也用可以装载的 TEU 数量进行度量。如今集装箱船的容积不断增加。2000 年（现在大学中的很多本科生那时可能还不到 5 岁），最大集装箱船的容量大约为 8 000 TEU。2015 年 7 月，海运巨头地中海海运公司（Mediterranean Shipping Company）开始运营三艘19 224 TEU的轮船。

集装箱不仅使货物搬运有了革命性的发展，还促进了不同运输模式间的合作以发展更加可行、高效的运输服务，如**陆桥服务**（land bridge services）。陆桥服务通过水路运输和地面运输（通常是铁路运输）相结合在货物起始港和目的港之间运输货物，而不是在两个港口间完全使用水路运输。举一个从夏威夷运送菠萝到欧洲的例子。不是从夏威夷经水路通过巴拿马运河运至欧洲，而是采用陆桥服务方式，首先用集装箱船将菠萝从夏威夷运至美国西海岸的港口，然后装有菠萝的集装箱被装载到铁路车辆上穿越美国运至美国东海岸港口，在那里这些集装箱将被装载到船只上运往欧洲。虽然陆桥服务增加了整个运输的成本，但它的主要优势在于大大缩短了从起始地到目的地的整个运输时间。

12.4 专业运输组织

除了五种基本运输模式和多式联运外，一些各具特色的专业运输组织还能够为顾客提供增值服务。本节将讨论几种专业运输组织。**货运代理人**（freight forwarders）不是一种运输方式，但在托运人看来它们类似于其他的承运人。有两种类型的国内货运代理人：地面运输货运代理人和航空运输货运代理人。货运代理人可以被认为是货物的集结商。

水陆运输承运人对顾客的一次性大批量货运提供数量折扣优惠。例如，对于低于2万磅的货物，从A市到B市的零担运输（LTL）费用可能是每百磅5美元，但当提交的货物在2万磅或超过2万磅时，整车运输（TL）的费用可能仅为每百磅2美元。整车收费低于零担运输收费的原因主要有三个：（1）整车货物运输是由托运人装货、收货人卸货；（2）货物直接从托运人处运至收货人处而不需要经过货物集散中心；（3）运送2.5万磅货物与运送250磅的货物所需的文书事务、账单和其他管理费用基本上是相同的。

货运代理人专门为零散货物的托运人提供服务，因为他们的货运量不足以适用整车运价。没有货运代理人，这些托运人就不得不支付5美元的零担运价。货运代理人可为托运人提供同样的服务而收取介于整车运价和零担运价之间的费用，也就是每百磅4美元。这是可能的，因为货运代理人可以将他所接到的所有小批量的货物集结起来达到2万磅及以上，这样就能够获得每百磅2美元的整车运费。通常货运代理人提供提货和交付服务而不提供干线运输服务。干线运输由汽运承运人或铁路运输承运人（联运服务）来承担。

航空货运代理行业与航空承运人携手合作，代理人集结货物并将其装载于准备空运的集装箱中，从而大大节省了航空公司的地面搬运时间。因此，航空公司积极支持货运代理人，因为这样实现了双方受益的劳动分工：货运代理人承担零售功能，与各个托运人和收货人接洽；航空公司则专注于批发，负责在主要城市间运送货运代理人的集装箱。

一些货运代理人专门运送某种特定的货物。一个常见的例子是在服装行业，许多小的服装企业需要每次给大城市的各个零售店大批量运送几款服装。服装货运代理人采用特殊的运输车辆，将所有服装都用衣架悬挂起来，便于货物到达后立即上架展示。另外一种专业代理人专门运送动物，他们的服务包括安排运输、清关、准备文书、检疫服务、实验室服务和定制动物集装箱等。

托运人协会（shippers' associations）的作用与地面和空运货运代理人基本相同，但它并不像营利性组织那样运作。托运人协会是一种会员制的合作组织，其会员资格的取得可以基于一些不同的条件，比方说输送特定货物、属于某一特定行业或位于某一特定区域。尽管托运人协会通常被认为是为其会员提供大量运输相关的服务（全服务协会），但也有一些托运人协会主要致力于为会员争取到最低的运价（"运价谈判"协会）。北美托运人协会（NASA）就是其中一个例子，该协会专门从事饮料的全球运输。[11] 和其他托运人协会一样，NASA致力于为其会员节约运输成本。

经纪人（brokers）是另外一种专业运输组织，它在托运人和承运人间进行协调。经纪人在为托运人获取最佳运价和服务包的同时，也使承运人的能力得到最大化利用。经纪人既可以负责零担运输又可以处理整车运输。那些负责零担货物运输的经纪人将货物集结在一起，再将货物转交给汽运承运人、运输代理或者托运人协会。对于整车运输，经纪人会与个别承运人合作而获得部分运费作为补偿。

在某些情况下，第三方物流企业也会涉及一些运输服务安排，它们竭力寻找具有互补运输需求的客户以提高运输设备的利用率，从而可以为各个客户降低运输成本。例如，一家著名的第三方物流企业说服克莱斯勒（Chrysler）和福特在某一特定区域分享卡车运输空间，这些卡车同时为克莱斯勒和福特的特约销售商运送修理用零部件。这个第三方物流企业向克莱斯勒和福特展示专有运输（也就是说，该设施仅仅运载克莱斯勒或福特的部件）需要更多的设备、额外的运输和各方多余的运力，这增加了零部件的配送成本。

到目前为止我们的讨论大多是假定需运输的货物重量至少达到数百磅。本节最后将讨论另一种专门运输和投递包裹的**包裹承运人**（parcel carriers）。这里的包裹通常是指最大总量不超过150磅的小包。包裹托运人有很多选择，如美国邮政服务公司提供的邮政小包服务（Retail Ground）。邮政小包有尺寸规定（长度及围长合计最大为130英寸）和重量限制（大约70磅），它按包裹重量、运输距离、形状收费。[12] 多数情况下，托运人必须将包裹送至邮局，但货物可以直接递送到收货人的实际邮寄地址。

包裹托运人的另外一种选择就是UPS。美国其他的运输公司在财力上都无法与UPS相比（2015年它的包裹递送业务的收入大约为490亿美元）。UPS在早期之所以能够吸引顾客主要是因为UPS可以更具竞争力的价格提供某些竞争对手（如美国邮政服务公司的邮政小包服务）无法提供的特色服务，如每日自动包裹集配服务、多点同时递送服务、无法递送包裹的返送等。和美国邮政服务公司的邮政小包不同，UPS 的收费包括包裹提货和交付费用。如今 UPS 通过多种运输方式（包括公路汽运、铁路运输及航空运输）来提供一系列的服务。

UPS 在建立之初主要是利用卡车进行干线运输的包裹递送企业，在 20 世纪 80 年代业务拓展至空中运输。FedEx 开始时主要利用空运运输包裹，如今也不断发展并利用卡车进行干线运输。UPS 和 FedEx 如今都可以为托运人提供多种服务选择，其中包括空运当天到达服务、利用空运或汽运的当天或第二天交付服务等。UPS 和 FedEx 对于所运输包裹的尺寸和重量限制大致相同，都有最大长度 108 英寸，最大围长 165 英寸的包裹尺寸限制。虽然 UPS 和 FedEx 的包裹最大重量限制均为 150 磅，但当运送的包裹重量大于 70 磅（UPS）或 75 磅（FedEx）时两家公司都有特殊的规定和程序需要遵守。

另外，灰狗公司（Greyhound）也提供包裹递送服务，称为灰狗包裹快递。该公司是美国一家主要运行于城市间的巴士公司。与 UPS 和 FedEx 一样，它也可以为顾客提供多种服务选择，例如直接运送服务（使用专用车辆）和标准服务（包裹装载到货舱中随巴士移动）。灰狗包裹快递公司的包裹最大重量限制为 100 磅。[13]

12.5 运输规制

这五种模式的运输均受到并还将持续受到各种不同类型的联邦、州、地方政府规制的影响。比方说，你可能不知道，2007 年前美国商业航线的飞行员都必须在 60 岁前退休（现在商业航线飞行员法定退休年龄为 65 岁）。你可能也不知道有许多关于卡车拖车灯光布置的特殊指导原则。不仅运输企业必须了解这些法规，运输企业的客户也有必要了解这些法规，因为这些法规会影响客户的物流系统的效果和效率。确实，规制也是需要成本的——需要被制定成文，需要专门的政府机构（规制管理机构）去施行法规。

本节的讨论主要集中于美国联邦运输规制。下面将介绍环境规制、安全规制和经济规制。在进行讨论前，读者应当认识到国与国之间运输规制的水平和程度是各不相同的。比如，世界上许多发达的工业化国家都制定了严格的机动车排放法规，在一些经济落后的国家即使有排放法规也还不是很严格。我们不对每个国家排放法规的合理性进行评判，但物流业者需要了解其业务所涉及国家的相关运输法规以及该法规所衍生出的成本和服务。

12.5.1 环境规制

美国环保署（Environment Protection Agency，EPA）是美国一个保护人类健康和环境的联邦立法机构，它以多种方式影响运输。EPA 的主要担心是运输所带来的各种污染，如噪声和空气污染。关于噪声污染，EPA 负责实施轨道机车和卡车拖车等运输设备的噪声排放标准。说到空气污染，EPA 强制轨道机车和卡车拖车必须满足严格的排放要求。例如，2015 年生效的 EPA Tier 4 排放标准要求新的轨道机车发动机的氧化亚氮排放量应较 2005 年投入使用的机车发动机降低约 75%。[14]

EPA 也相当关注资源节约。运输中消耗的石油大约占美国整个石油消费的 2/3。因此，提高燃烧效率、减少石油消耗成为众多运输企业面临的重要问题。例如，1994 年以来，美国联合航空公司燃油效率提高了 33%以上，大约 25%的地面服务设备使用电力或替代燃料。2016 年在洛杉矶国际机场开始为期三年的可持续性航空生物燃料试验。[15]

12.5.2 安全规制

美国交通部（Department of Transportation，DOT）是美国主要负责交通安全法规制定的联邦政府机构。尽管 DOT 的安全责任涉及所有的五种运输模式，但内河水运承运人的安全规制主要由美国国土安全局（U. S. Department of Homeland）下属的海岸警卫队（U. S. Coast Guard）负责。下面将介绍每种运输模式的主管政府安全机构及其作用或责任。

联邦航空管理局（Federal Aviation Administration，FAA）主要负责空运安全并致力于提高航空安全和效率。FAA 的主要作用之一是领空和空中交通管理，为此 FAA 负责管理机场控制塔和空中交通控制中心。[16] 联邦汽车承运人安全管理局（Federal Motor Carrier Safety Administration，FMCSA）是一个相对较新的政府机构，设立于 2000 年 1 月，主要致力于减少大型卡车和巴士引起的车祸和人员伤亡。FMCSA 主要负责加强安全法规执法力度，识别并管理高风险的承运人和商用机动车驾驶员，改进安全信息系统和商用机动车技术。[17]

美国管道运输与危险材料管理局（Pipeline and Hazardous Materials Safety Administration，PHSMA）下属的管道安全办公室（Office of Pipeline Safety，OPS）负责天然气和液体管道的安全问题。OPS 负责油气管道设施的设计、安装和运行相关法规的制定与执行。[18] 在联邦铁路管理局（Federal Railroad Administration，FRA）众多职责中，行业安全问题是其主要职责之一。它雇用了大约 400 多位安全监察员对五个不同的领域进行调查，即危险材料，动力和设备，运行实践（包括毒品和酒精问题），轨道结构，信号和列车控制问题。[19] 美国海岸警卫队主要负责海事（水上）安全问题。美国海岸警卫队的三大角色是：安全、保卫、管理。它的主要安全作用在于促进航运安全、事故调查和海员执照发放。[20]

12.5.3 经济规制

有关运输的经济规制是指对商业实践和活动的控制，比如市场进入和退出、定价、服务、会计和财务问题、并购等。由于运输在社会和经济生活中日益重要，而且社会广泛认为如果没有政府规制的制约，运输企业不会按照公众的最佳利益运作，因此于 19 世纪 70 年代出台了美国联邦运输经济法规。[21] 经济法规促进了美国两个关键的经济立法机构的设立，美国州际通商委员会（Interstate Commerce Commission，ICC）是铁路运输、汽运、内河水运和输油管道的经济立法权威，民用航空委员会（Civil Aeronautics Board，CAB）是航空运输的经济立法权威。

对于运输经济规制的全面讨论已超出了本书的范围，本书的一位作者曾在零担运输业被经济管制的时期在某零担运输企业工作过，他的工作经验使其对经济规制提出的挑战有更深入的了解。例如，在经济规制下，零担运输承运人之间的价格竞争非常有限，承运人可以通过共同费率厘定（如彼此间分享成本和价格信息）来定价，且无须担心法律诉讼。这意味着所有的零担运输承运人可以为任何两点间的货物运输收取完全相同的费用。那么，当企业无法在价格上进行竞争时，它们必须依靠服务进行竞争。因此，作者所在公司的老板将公司取名为“AAA 货车运输公司”的原因之一就是公司名可以列在电话号码簿的最前面。

从 20 世纪 70 年代后期开始，运输业的各个部门都经历了经济规制缓和（也称为解除管制），1985 年 CAB 被撤销。1995 年，美国州际通商委员会（ICC）也被立法取消并把剩下的经济立法职能转交给一个新的机构——美国交通部的**地面交通委员会**（Surface Transportation Board，STB）。虽然 STB 主要负责解决铁路运价和服务争端、审查潜在的铁道合并，但它也继续对汽车承运人、国内水运、联邦能源立法委员会没有规定的管道运输运价和服务具有司法权。[22]

从物流发展的角度来看，运输经济规制解除是非常重要的，因为它使运输企业可以更自由地定价和进行服务选择。第 1 章曾提到定价和服务选择是定制物流概念的两个重要特征。另外，美国的经济规制解除也成为其他国家规制解除（有时也称为“自由化”）的催化剂，这一趋势在航空运输业最为明显。

12.6 承运人的法定分类

虽然 20 世纪 70 年代后期经济规制不断减少，但对承运人进行法定分类仍非常重要。更特别的是，运输承运人被分类为出租承运人或自有车辆承运人。出租承运人又可进一步细分为公共承运人、契约承运人、豁免承运人。承运人的法定分类之所以重要是因为不同的承运人所受经济管制的程度是不一样的（例如，公共承运人比契约承运人有更广泛的经济管制限制）。不管法律分类如何，所有的承运人都必须遵守相关的环境和安全法规。

把**公共承运人**（common carrier）与其他运输形式区别开来的关键因素是公共承运人同意服务一般大众。为了保证充分服务一般大众，公共承运人承担着四项特殊的义务：服务、递送、收取合理的运价、避免价格和服务歧视。公共承运人的服务义务是指公共承运人应该服务于所有需要服务的顾客，只要货物及货物始发地和目的地在承运人的服务范围之内。比如，一个专业的干货柜汽车承运人不会希望运输液态化学制品。尽管企业可能不想运送某些类型的货物，但这些不受欢迎的货物并不能成为公共承运人拒绝服务责任的合法理由。为此，近年来美国主要货运铁路试图说服地面交通委员会解除对公共承运人运输危险化学品（如氯气）的规制。[23]

递送的责任要求承运人提供及时的货物收集和交付服务，同时保证交付的货物与接收时的货物状态完全一样（例如，避免缺失或货物的损坏）。收取合理运价的责任一直被认为是同时为承运人和客户提供保护，合理运价思想可以防止运价过低以至于承运人不能或不愿运输货物，同时它也可以防止运价过高以至于客户不愿或不能提交货物给承运人。避免价格和服务歧视的责任要求处于相同处境的顾客（例如，运送相同货物的顾客，运输的始发地和目的地相同的顾客）应当受到同样的对待。《1995年ICC终结法案》(ICC Termination Act of 1995) 的一个关键点就是解除许多类型汽运承运人合理运价责任（之后，避免定价和服务歧视的责任也被解除)。

契约承运人（contract carrier）基于合同向顾客提供特殊的服务。合同对获取的报酬、提供的服务、使用设备的类型等都做了详细说明。不同于公共承运人，契约承运人没有义务为一般公众提供服务，仅仅服务于与其签订了合同的顾客。契约承运人也没有必要对所有顾客一视同仁，因为每一个合同都是按照各个顾客的要求特别制定的，契约运输可看作既具备了自有车辆运输的很多优势（如对服务的控制），又避免了自有车辆运输的许多缺点（如雇用驾驶员，自己拥有设备）。

豁免承运人（exempt carrier）是指通过一些立法条款而免受经济法规约束的出租承运人。合理的运价和服务必须是承运人和客户直接协商决定的。例如《1940年运输法案》(Transportation Act of 1940) 把国内水运也纳入经济规制，但允许液态散装货物免受经济规制，而且只要一艘拖船上的散装干货种类不超过三种也可以免受规制。[24] 同样，《1935年汽车承运人法案》(Motor Carrier Act of 1935) 将汽车承运人纳入经济规制，但豁免了未经加工的农产品。《1980年汽车承运人法案》(Motor Carrier Act of 1980) 放松了对汽车承运人的规制，豁免农用种子和植物免受规制。[25]

自有车辆承运人（private carrier）不受任何经济规制的约束，这些企业的主要业务并不是运输，它们利用卡车、轨道机车、驳船、班轮或飞机为自己提供运输服务。自有车辆运输在卡车运输业中最为普遍，占美国卡车公路里程数的50%以上。[26] 美国著名的自有车辆承运人包括沃尔玛、西斯科公司（Sysco Corporation)、美国食品公司（US Foods）以及可口可乐公司等。

自有车辆运输的一个优势是，运输设备可以充当企业宣传的移动广告牌。能够对运输进行控制是自有车辆运输的另一优势，在某种程度上这是因为企业可以在自己最合适的时间进行装运，而不是在承运人方便的时间进行。自有车辆运输还可以为企业带来巨大的竞争优势。例如，相较于出租承运人的服务绩效，自己拥有运输车队可以使企业更好地为关键顾客提供服务。[27]

尽管自有车辆承运人可能是一种成本有效的运输形式，但拥有或租用相关运输设备需要资金支出，车辆维护也需要经常性开支，因此这也有可能是相当昂贵的运输形式。另外，管理成本也经常被忽视和低估。许多自有车队都至少需要一名全职管理人员负责车辆选择、维护、人员配备、劳动关系、遵从法规等。

小　结

事实上，货物或人员在两点间的实体移动是所有物流和供应链运作成功的关键。本章首先对几个国家的运输基础设施进行了比较，发现国与国间的运输基础设施有显著不同。

接着，本章从能力、运载量、成本、柔性、可靠性和速度等方面对五种运输模式进行了分析。然后，对多式联运进行了介绍，其中对集装箱运输进行了重点讨论。另外，探讨了货运代理人、经纪人等专业运输组织的作用。

本章还讨论了环境规制、安全规制以及经济规制对运输的影响。我们了解到美国许多联邦机构都对运输负有责任，而且不同运输模式的规制水平和类型也有所不同。本章最后介绍了承运人的四种法定分类：公共承运人、契约承运人、豁免承运人和自有车辆承运人。

关键术语

补充服务	多式联运	托运人协会
驳船	陆桥服务	泥浆系统
经纪人	零担运输（LTL）	地面交通委员会
公共承运人	干线运输	国际标准箱单位（TEU）
收货人	船闸	集散中心
契约承运人	包裹承运人	吨英里
美国交通部（DOT）	驮背运输	运输
豁免承运人	自有车辆承运人	整车运输（TL）
货运代理人	轨间距	单元货载设备（ULD）

讨论和复习题

12.1　为什么运输对于企业供应链运作尤其重要？

12.2　为什么了解国家运输基础设施特征非常重要？

12.3　从干线运输和补充服务两个方面来讨论航空运输的速度。

12.4　为什么航空运输的可靠性存在问题？

12.5　整车运输的运作与零担运输的运作有何不同？

12.6　速度限制和服务时间法规是如何潜在影响汽车承运人服务的？

12.7　无须运输车辆的管道运输的优缺点是什么？

12.8　什么是管道运输泥浆系统？它是如何运行的？

12.9 讨论铁路运输的缺点。

12.10 气候环境是如何影响内河水运承运人的运输可靠性的？

12.11 讨论内河水运的正面特性。

12.12 集装箱是如何有助于促进多式联运的？

12.13 什么是货运代理人？它有什么作用？它提供什么样的服务？

12.14 什么是托运人协会？

12.15 讨论一下包裹托运人可以有的各种不同选择。

12.16 列出几项环境法规，并描述它们对运输的影响。

12.17 选出三种运输模式，说出负责该模式的联邦立法机构及其与安全相关的作用或责任。

12.18 什么是经济规制？为什么解除运输经济规制很重要？

12.19 公共承运人和契约承运人有何不同？

12.20 讨论自有车辆承运人的优缺点。

建议读物

Caris, An, Sabina Limbourg, Cathy Macharis, Tom van Lier, and Mario Cools. "Integration of Inland Waterway Transport in the Intermodal Supply Chain: A Taxonomy of Research Challenges." *Journal of Transport Geography* 41 (2014): 126–136.

Corsi, Thomas M., Curtis M. Grimm, David Cantor, and Donald Wright. "Should Smaller Commercial Trucks Be Subject to Safety Regulations?" *Transportation Journal* 53, no. 2 (2014): 117–142.

Cullinane, Kevin, Michael Furth, Michael K.Y. Fung, Stephen X.H. Gong, and Japhet S. Law. "Development of Air Transport Industry in the Asia-Pacific Region." *Pacific Economic Review* 16, no. 1 (2011): 42–46.

Dillon, Brooke M. "Where is the 'T' in Environmental, Health, and Safety (EHS)? An Argument for Formalized Hazardous Materials Transportation Management Systems." *Environmental Quality Management* 23, no. 1 (2013): 1–9.

Egbunike, Obiajulu N. and Andrew T. Polter. "Are Freight Pipelines a Pipe Dream? A Critical Review of the UK and European Perspective." *Journal of Transport Geography* 19, no. 4 (2011): 499–508.

Grusevska, Kateryna, Theo Notteboom, and Andrii Shkliar. "Institutional Rail Reform: The Case of Ukranian Railways." Transport Policy 46 (2016): 7–19.

Hull, Bradley. "The Chicago-East Coast Corridor: Changing Intermodal Patterns." *Transportation Journal* 51, no. 2 (2012): 220–237.

Rodrigue, Jean-Paul, Jean Debrie, Antoine Fremont, and Elisabeth Gouvernal. "Functions and Actors of Inland Ports: European and North American Dynamics." *Journal of Transport Geography* 18, no. 4 (2010): 519–529.

Saunders, Lance W., John E. Bell, and Rapinder Sawhney. "The Use of Common Carriers to Control Internal Capacity: A Survey of the Industry." *Transportation Journal* 54, no. 1 (2014): 122–135.

Sersland, Daniel and Rajan Natarajan. "Driver Turnover Research: Exploring the Missing Angle with a Global Perspective." *Journal of Service Management* 26, no. 4 (2015): 648–661.

Swan, Peter F. "Market-Based Regulation of Freight Transportation: A Primer." *Transportation Journal* 50, no. 1 (2011): 91–108.

Zabihi, Sasha. "Drones and the Lack of Federal Control." *Journal of Transportation Law, Logistics & Policy* 82, nos. 1 and 2 (2015): 49–58.

案 例

案例 12－1 HDT卡车公司

HDT卡车公司始创于1910年，位于美国印第安纳州克朗波因特市。公司唯一的产品是大型卡车，卡车都是根据每位顾客的特殊要求定制的。公司生产过小汽车，但于1924年退出了该业务。20世纪30年代末期，公司濒于破产，但到了1940年，公司靠几个制造坦克回收车的军事合同起死回生。坦克回收车是一种装有大型轮子的车辆，它能够将破损的坦克拖上一辆低矮的拖车，拉到一个能进行修理的地方。

第二次世界大战以后，HDT公司只生产大型越野车，包括机场扫雪车、机场失事飞机救援车和油田钻井设备等。HDT公司从仍集中在密尔沃基—底特律—托莱多—克利夫兰地区的小型制造商那里购买所有的零部件。实质上，HDT公司所做的全部事情就是将这些零部件组装成专用车辆，包含车架、传动装置、车轴、驾驶室和其他所需装备。装配线的速度相对较慢。当车轮被装到车架和车轴上后，夜班工人会立刻将汽车底盘推到装配线的下一个工位上为第二天白班的工人做好准备。如果采用一班制，则每天可以组装 2 辆卡车。如果有大量相同卡车的订单，则每天可组装 3 辆卡车。但只要装配速度加快，质量也会随之下降。

HDT 公司的管理层决定不扩大规模，他们对在超大型卡车市场上的良好业绩感到满意。1970 年以来，除了两次例外，HDT 公司总是有至少 4 个月的订单积压。20 世纪 60 年代，它业绩最好的市场是机场，但是 1980 年以后，最好的市场是油田设备，首先是阿拉斯加的北坡地区的市场，其次是中东地区市场。美国军方也是一个常客。

2002 年底，HDT 公司接到一份 50 辆重型卡车的订单，这些卡车将用于沙特阿拉伯的油田。销售条款规定在 2003 年 7 月 1 日或之前将卡车交付到沙特阿拉伯的多哈港。具体来说，HDT 公司销售的每辆车将得到 17.2 万美元，以美元现金结算，条件是在多哈港卸货船的船边交货（FAS），也就是说 HDT 公司将承担直到卡车在多哈港从船的吊钩上卸下为止的所有运输费用。只要卡车被卸下，HDT 公司就将得到货款。

克里斯·雷诺兹（Chris Reynolds）是 HDT 公司的生产主管，他估计生产能够大约在 2003 年 4 月 1 日开始，完成订单需要 18 个工作日。考虑到周末因素，所有 50 辆卡车将在 4 月 20 日至 25 日完成。雷诺兹认为 2003 年 5 月 1 日是更现实的完工日期，因为他发现将装配线限定为只为一个客户组装卡车是非常困难的，其原因是 HDT 公司的销售主管维克·库卢（Vic Guillou）希望任何时候装配线都在为尽可能多的客户生产卡车，因为潜在的买家经常来工厂参观，当他们可以看到生产的车辆型号非常多、用途非常广时，总是会留下更深刻的印象。

HDT 公司的财务主管诺曼·庞（Norman Pon）希望优先制造按 FOB 工厂交货方式销售的卡车，因为这样可以改善公司的现金流状况。在确定了每辆车 17.2 万美元的价格是交付到沙特阿拉伯的卡车售价后，庞认为该价格太低并坚持提高价格（但没有成功）。库卢则争辩这次销售是必要的，因为从任何人的观点看，阿拉伯世界都代表着一个增长的市场，库卢希望 HDT 公司的卡车能销到那里。HDT 公司的总裁戈登·罗伯逊（Gordon Robertson）支持库卢的看法。罗伯逊认为庞是个很好的财务主管，但在做重要决定时总有过多顾虑。庞则认为罗伯逊还没有摆脱其在 20 世纪 80 年代的形象，那时他的父亲还是 HDT 公司的总裁。庞已经记不清有多少次老罗伯逊需要资金来解决儿子所面临的困窘境遇。库卢是年轻的罗伯逊在大学的室友，庞认为他俩具有共同的爱好，喜欢刺激的生活。

在 2002 年签订单时，库卢坚持 FAS 目的地港口价是最好的销售条款，因为远洋租船费率由于船运总吨位供给过多而在下降。库卢预测到 2003 年年中租船费率将会非常低以至于最便宜的运输方式是将所有的 50 辆卡车装载到一条船上。庞对此表示反对，认为 HDT 公司应该只从卡车制造上获利，因为公司中没有人熟悉海运。罗伯逊其实是一个投机商，他不这样认为。

2003 年 3 月，雷诺兹安排 4 月 2—29 日在生产线上完成这份 50 辆卡车的订单，这代表每个工作日生产 2.5 辆卡车。同时，装配线上还安排了其他工作，所以生产进度表是经过深思熟虑确定的。油田卡车和其他卡车的零配件正在运达。积压的订货超过了 7 个月，是 1989 年以来最大的积压量。这几乎都是由于库卢附加的销往沙特阿拉伯的卡车引起的。有 3

个被积压订单，总计 115 辆卡车。

罗伯逊和库卢离开克朗波因特前往圣迭戈参加一个行业会议。罗伯逊从圣迭戈来电说，他和库卢决定在回克朗波因特之前先去墨西哥度假。罗伯逊知道他不在时 HDT 公司可以正常运转，也知道有庞看管业务，公司的资产将是安全的。几天之后，他寄来了一张盖有蒂华纳邮戳的墨西哥明信片，说他们正在享受墨西哥的假期，他们将比当初计划要逗留更长的时间。

庞得知罗伯逊和库卢要离开更长一段时间，感到开心，但很快又开始担忧他们会在墨西哥积攒哪些账单以及哪些要由公司报销。他俩都有一些属于公司的信用卡。按照经验，庞预料到罗伯逊大约会每周给他来一次电话要求现金垫款或转账（罗伯逊不希望他的一些支出留下费用记录）。

如往常一样，庞开始担心支付罗伯逊和库卢的度假花费会影响 HDT 公司的现金流。庞查看了他的现金流预测，他总是提前 6 周做好，这次 4 月 1 日将有一些油田卡车零配件的账单就要到期。事实上，如果坚持雷诺兹的生产计划，那么所有零配件都将在 4 月 10 日前到货，如果 HDT 公司打算获得惯例的折扣，那么所有零配件都必须在 4 月 8—20 日之间付款（对于在实际或要求收货的 10 天之内付款的货物，以较晚日期为准，HDT 公司可以获得 1%的折扣）。庞一度开始想象最坏的情形：零配件账单到期日正好与罗伯逊和库卢要求大量现金垫款的时间相同。他打电话到克朗波因特银行和信托公司，HDT 公司在那里有信贷额度，他了解到目前的利率是每年 8%。然后他问 HDT 公司的运输主管鲍伯·范德普尔(Bob Vanderpool)，油田卡车将何时运达沙特阿拉伯。

“我不知道，”范德普尔回答，“我以为在你为每辆卡车定价 17.2 万美元时库卢已经安排好了运输，不过我将进一步核实一下。”核实之后，他打电话告诉庞，库卢的秘书没有找到任何文件表明库卢已经了解清楚了租船费用。“这是预料中的事，”庞嘀咕道，“你愿意去了解一下吗?”范德普尔说他不愿意。于是庞向他建议，有一些其他的新订单也是去往阿拉伯国家的，所以范德普尔应该考虑拓宽其专业知识。范德普尔勉强同意了，之后庞一直没有听到任何音讯，直到几天后在大厅遇到范德普尔。范德普尔说这个任务比他想象的要花更多的时间。一周后，范德普尔说他已经做了力所能及的工作，并将把数据转交给庞。范德普尔还说他没有租船的权力，并建议庞要确定下来当罗伯逊不在公司时由谁做这个事情。当天晚些时候，范德普尔带着厚厚的一摞文件来到庞的办公室。

“看起来你好像做了大量的计算。”庞说道。

“不，不是我，”范德普尔说道，“是两个公司外部的人。一个是鲍伯·吉德 (Bob Guider)，芝加哥的一个国际货运代理，他帮我们做出口零件的货运。他帮我联系了埃迪·康(Eddie Quan)，埃迪是纽约的一个租船经纪人，对租船市场非常熟悉。我们有两种选择。”

“什么选择?”庞问道。

“噢，”范德普尔答道，“圣劳伦斯航道将在 4 月中旬开通，我们可以利用它。问题是这条航道是绕行的，尤其是到阿拉伯国家，而且没有很多班轮到那个地区，因为该航道刚刚开通，所以货舱很难得到。如果我们不准备租船，最好的方法就是利用巴尔的摩。”

“租一条船怎么样?”庞问道，“为何租船就不能利用巴尔的摩呢?”

“从理论上说，我们可以这么做，”范德普尔回答道，“但是康说我们想要的船相当小，不可能航行到巴尔的摩。我们可以与其他人协商共用一条船，但是很多散装货物太脏了，可能不适合与我们的车辆放在一起。康说4月份有一艘外国船进入五大湖，它还在寻找一个出口货物的租户。你知道，因为受船闸宽度的限制，船通常较小。如果我们想要租用那艘船，我们必须马上行动，因为如果别人租用它，我们就没有机会了。”

“是哪种类型的船？”庞问道。

“这艘船的名字是诺拉·皮诺（Nola Pino），与20世纪60年代法国的一个电影女演员同名。你可能会记得某位希腊船王曾以诺拉·皮诺的名字给船起名，但他的妻子最后让他同时放弃了女演员诺拉·皮诺和诺拉·皮诺这艘船。目前，这艘船计划在4月份的最后一周到达芝加哥，船上装的是可可豆，准备5月1日装载出口的货物。康认为我们可以按每天2 400美元的价格租用该船30天，这些时间足够用来装货，穿越航道，并抵达多哈，最晚于5月29日或30日将卡车卸下。”

“请告诉我另外一种选择。”庞说道。

“巴尔的摩有相当多的船到我们要去的地方，”范德普尔说，“我们可以每天从这里将两辆卡车装载到火车上运往巴尔的摩。每周安排有两艘从巴尔的摩到多哈的船。将卡车运抵巴尔的摩平均要4天时间，在那里要等3天左右才能装船，应该是3.5天，但如果铁路知道我们要赶船的话，它会欺诈强夺的。到多哈的航行时间平均是15天——可能多一点或少一点时间，主要取决于从巴尔的摩到多哈之间的其他港口所需搬运的货物量。”

“每辆卡车抵达目的港平均要22天。”庞说道，他把数字输入了计算器。“运费是多少？”

范德普尔回答：“将两辆卡车装载并固定在铁路平板货车上的收费是120美元，当然，只要它们成对地运送，每辆卡车也就是60美元。按成对的方式计算，平板车上的两辆卡车运到巴尔的摩的铁路运费合计为1 792美元，每辆卡车在巴尔的摩的搬运费为200美元，从巴尔的摩到多哈的海运运费为每辆车1 440美元。我们还要购买保险，每辆车大约为150美元。”

“总计是2 790美元，”庞看了计算器后说道，“如果我们租用诺拉·皮诺费用是多少？你说过租那艘船的费用是72 000美元，还有其他的费用吗？”

“将卡车运到港口的方式有两种。”范德普尔说道，“每辆卡车的装载和固定费用只要40美元，因为我们可以一次性装载50辆卡车。每辆卡车的铁路运费平均为180美元，到芝加哥要1天时间，装载需要1天。我们将在码头停泊1天，码头的费用是每英尺2美元，诺拉·皮诺长度是535英尺。我们要负责装载和摆放货物，全部50辆卡车的这部分费用是4 000美元。航道的通行费为每吨1.8美元，对我们来说，也就是每辆卡车54美元。在多哈，整船的卸货费用为4 200美元。海运保险费每辆卡车为210美元。”

“还有其他的选择吗？”庞问道。

“仅有的另外一种选择就是将卡车从这里开到芝加哥，”范德普尔答道，“我们需要办理临时牌照和护送许可证，并支付在卡车装载前将每辆卡车上的油箱排空的费用。问题是护送将跨越州界，我们还需要在伊利诺伊州办临时牌照和许可证。我们还需要50位司机，按时间付酬，另外还需要支付司机的回程费用。”

“帮我一个忙，”庞说，“请给我们的外部法律顾问福兰克·伍德（Frank Wood）打个电话，问问他我们租船必须经过哪些步骤。告诉他我尤其关心的是责任。将康的电话号码给他。我想确认一下是否还涉及更多的费用。如果罗伯逊仍按计划休假的话，他会打电话来要求我电汇现金的。如果你能将告诉我的信息归纳成两栏的话，我将非常感谢，左边一栏列出租船的费用，右边列出经由陆路到巴尔的摩的费用。罗伯逊再打来电话时，我可以让他来做决定。”

“有一个问题。”范德普尔问道。

“请说。”庞回应道。

“为什么租船的数据应该在左边？”

“因为在地图上（见图 12A），芝加哥位于巴尔的摩的左边，这是当我打电话时，让它们保持有条理的唯一方法。”

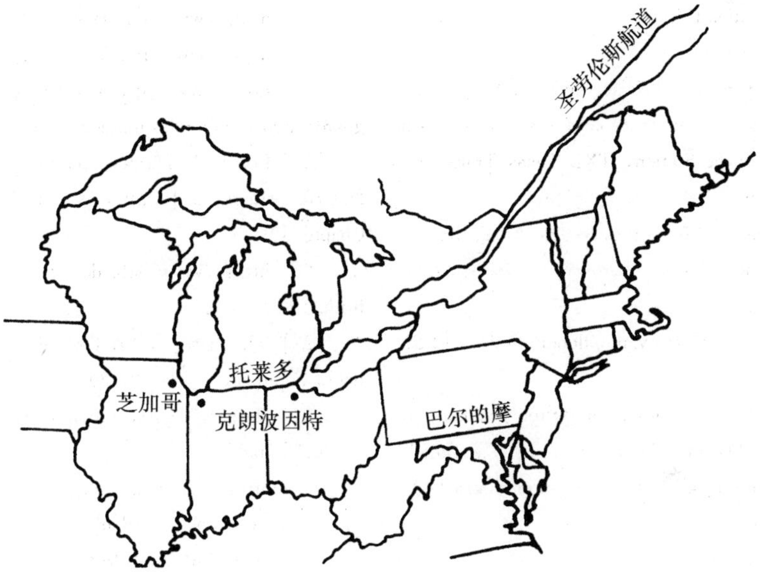

图 12A　美国东北部地图

［问题］

1. 假设你是范德普尔，请草拟出庞刚才所要求作的比较。

2. 你会推荐这两种运输路线中的哪一种？为什么？

3. 假设沙特阿拉伯的买家在美国还进行了其他的大量采购，并考虑将其所有的采购合并起来，将它们装载到一艘大船上，买家将包租该船。该买家联系 HDT 公司，尽管承认其购买 FAS 多哈交货的承诺，但询问如果销售条款改成 FOB HDT 公司克朗波因特工厂交货，HDT 公司愿意从每辆卡车 17.2 万美元的价格中扣除多少。你认为 HDT 公司的价格应该降低多少？在什么条款和条件下？

4. 将销售条款改成巴尔的摩港口交付，重新回答问题 3。买家负责将卡车从火车上卸下。

5. 是否存在一个利率水平会使 HDT 公司更换运输路线？如果有，是什么？

6. 假设 HDT 公司的借贷成本是每年 12%。因为买家在卡车交付时将会支付货款，那么对于 HDT 公司来说，通过支付加班费用来加快生产速度，当卡车生产完后将它们经由巴尔的摩港口来发运，并较早地收回卡车的货款，这样做是否有利？为什么？

【注释】

[1] The World Factbook, www. cia. gov, 2016.

[2] Drawn from David J. Bloomberg, Stephen LeMay, and Joe B. Hanna, Logistics (Upper Saddle River, NJ: Prentice Hall, 2002), Chapter 7.

[3] Data derived from www. unitedcargo. com/shipping.

[4] http://www. ups. com/content/us/en/resources/ship/packaging/dim_weight. html? srch_pos=1&srch_phr=dim+weight.

[5] "29th Annual Survey of Corporate Executives: A Realignment of Location Priorities.

[6] www. aar. org.

[7] Center for Ports and Waterways, A Modal Comparison of Domestic Freight Transportation Effects on the General Public (College Station, TX: Texas Transportation Institute, 2009).

[8] Josh Sanburn, "As Barges Sit Idle Along the Mississippi, the Economic Costs Grow," business. time. com, August 22, 2012.

[9] www. mvs. usace. army. mil/floodfight/L-D/LD21. pdf.

[10] This definition comes from Barton Jennings and Mary C. Holcomb, "Beyond Containerization: The Broader Concept of Intermodalism," Transportation Journal 35, no. 3 (1995): 5-13.

[11] www. nasaships. com.

[12] http://www. usps. com/ship/mail-shopping-services. htm.

[13] http://www. shipgreyhound. com/e/pages/Faq. aspx#Ship_Q14.

[14] Jessica Hardcastle, "GE'S Tier 4 Locomotive Cuts Emissions More Than 70% without Aftertreatment," Environmental Leader, September 30, 2013, n. p.

[15] http://www. united. com/web/en-US/content/company/ globalcitizenship/environment. aspx.

[16] http://www. faa. gov/about/safety-efficiency/.

[17] http:/Iwww. fmcsa. dot. gov/mission/about-us.

[18] http://www, phmsa. dot. gov/pipeline/about.

[19] http://www. fra. dot. gov/us/content/3.

[20] http://www. gocoastguard. com/about-the-coastguard/discover-our-roles-missions/Marine-safety.

[21] Donald V. Harper, Transportation in America, 2nd ed. (Englewood Cliffs, NJ: Prentice Hall, 1982), Chapter 19.

[22] http://www. stb. dot. gov/stb/about/overview. html.

[23] John D. Boyd, "A Toxic Rate Battle," The Journal of Commerce, June 22, 2009, 62.

[24] Harper, Tansportation in America.

[25] Ibid.

[26] http://www. nptc. org/index. php? option=com content&view-article&id=39&itemid=457.

[27] David Cullen, "Private Fleets: Measuring Up," Fleet Owner, October 2010, 30-32, 36.

第 13 章 运输管理

学习目标

- 讨论费率的确定
- 了解运输模式和承运人选择
- 区分不同类型的运输单证
- 说明与发货、收货有关的一些活动
- 了解运输服务质量

当今运输管理者的工作较之 20 世纪 70 年代即本书第 1 版出版时已大不相同。部分原因可以归结为全球化、规制的变化、技术的发展。如今，中国已是全球第二经济大国（以 GDP 计算），并且是多个国家的制造基地。从中国上海发运到美国艾奥瓦州得梅因的货物（比如说玩具）的运输需求，与俄亥俄州的克利夫兰到得梅因的运输需求有显著差异。

关于规制的变化，在第 12 章已指出，从 20 世纪 70 年代末期起经济规制开始减少，在价格与服务方面有了更多的选择。这些变化意味着运输管理者已由被动变为主动，不再只是接受经济规制确定的价格和服务包（被动）。今天的运输管理者在为企业协调定价和服务上发挥着积极作用（主动）。

技术发展及其对物流管理的影响是本教材反复提及的话题。费率的制定（13.1 节将详细介绍）为我们了解技术发展如何影响运输管理提供了一个很好的例子。20 世纪 80 年代，所有费率都公布在费率表（一个包含所有费率信息的像电话簿一样的手册）上。运输管理者常常要查阅多个费率表来确定合适的运价，这一过程往往导致众多错误的定价决定。如今许多承运人都提供在线的费率厘定信息，运输管理者只需输入始发地和目的地的邮政编码、装运重量就可以获得估算的费率。

这里，我们将**运输管理**（transportation management）定义为托运人或收货人购买和控制运输服务。[1] 较之以往，如今企业越来越关注运输管理，因为运输是企业主要的支出项目。概括地说，货物运输大约占美国 GDP 的 6%。另外，正如我们自始至终反复强调的，对于大多数企业来说，运输是物流成本最高的活动。正如第 12 章指出的，运输是所有供应链成功运作的关键。

与第 12 章类似，本章的讨论也主要是从美国的运输管理者的视角展开的。读者必须牢记的是，一个国家的运输体系、政府参与运输的程度、国家的技术发展都将会影响该国运输管理的基本特征。例如，在有些国家，可能某种运输模式仅有一个政府运营的运输企业，运输管理者也就不需要关注这种运输模式的承运人选择了。

虽然本章大部分内容都聚焦于运输管理者的关键职责，但需要指出的是，运输管理者也会参与到企业其他许多运作中。他们可以帮助营销部门，为销售人员提供货物运价信息、基于运费节省提出数量折扣建议、为产品的可靠交付选择承运人和运输路线。运输管理者还可以在包装和物料搬运方面为制造部门提供建议，并保证在需要时可获得充足的运输供应。他们可以通过提供简化的运输或路径指南、拟定运输单证、鼓励货物拼装来协助外向运输过程。最后，他们可以帮助采购部门，为采购部门提供控制成本和内向运输质量的方法、跟踪和加急运输丢失或延误的重要输入物料。

本章后面的讨论将聚焦于运输管理者的一些主要职责。首先，我们将分析费率（定价）的一些考虑因素，并特别介绍费率的制定。接着，在讨论运输模式和承运人选择后，将介绍货运单证的一些内容。然后，本章将介绍货物的装运和接收。最后，将讨论有关运输服务质量的问题。

13.1 费率（定价）因素

13.1.1 费率的确定

正如我们在本教材中所看到的，物流有许多本学科的专业术语。这里，运输管理者的一项关键职责涉及费率的制定。**费率**（rate）是一个物流术语，指的是货物运输所收取的价格。（“车费”（fare）是指旅客运输所收取的价格。）费率确定对于计算适当的运输成本是必不可少的。运输费用的计算公式为：

运输费用＝重量×费率

运输费率是基于产品、重量和距离三个因素确定的。具体如下。

● 搬运特性不同的产品的费率是不同的。例如，运输 2 000 磅圆珠笔和 2 000 磅活鸡的费率是不同的。

● 重量不同的装运的费率是不同的。例如，每次装运 10 磅，每次装运 1 000 磅和每次装运 1 万磅的费率是不同的。

● 不同运输距离的费率是不同的。例如，从马萨诸塞州的波士顿到纽约州的奥尔班尼，与从佐治亚州的亚特兰大到华盛顿州的斯波坎的费率是不同的。

制定费率就是要以数字形式基于这三个因素将费率确定下来并设计一种方法将这些数字与某次具体运输的费率联系起来。刚刚提及的三个因素对于运输管理者来说非常重要，因为一旦它们发生变化，整个运输费用也将发生改变。

费率厘定的一种方法就是对产品、重量和距离的每种可能组合确定一个特定的费率，也就是**商品费率**（commodity rate）。尽管商品费率在处理具体运输需求时非常管用，但当你细想一下，会存在多少种不同的产品、重量和距离组合时，你会发现费率的数量会迅速变得异常庞大（并可能产生相反效果）。例如，由于在美国有超过 3 万个重要的装运点和收货点，在商品费率体系中，就需要有装运点和收货点所有可能组合的不同费率，这一数字就达到万亿乘万亿![2]

你要知道，运输费率结构的建立可追溯到 19 世纪末经济规制时代——一个所谓“办公自动化”就是指打字机的时代。很明显，那时的运输团体需要一种简化费率确定的方法。这可以通过**等级费率系统**（class rate system）来实现，该系统对产品、重量和距离这三个主要费率因素进行了简化。其中一个被广泛使用的产品数目简化体系是国家汽车货运分类表（National Motor Freight Classification，NMFC），其中包含了从 50～500[3] 的 18 个不同的分类等级。分类等级越高，相应的运输费率就越高。分类号非常重要，因为它是一种承运人和托运人都能理解的描述货物的编码，分类说明还明确规定了必须使用的包装以及承运人对包装的要求。图 13-1 列出的是国家汽车货运分类表中的一页，请注意其中的细节。NOI（not otherwise indexed by number）表示没有另外的数字索引，也就是说，不能找到一个更符合的定义。所需包装也用数字表示，并在分类文件中进行了详尽描述。

有四个要素用于确定产品的货运分类，它们是密度、易装载性、搬运的难易程度、易于损坏和被盗的程度。**密度**（density）是指产品单位体积的质量。密度被认为是决定产品分类的主要因素，部分原因在于运输中存在和密度相关的机会成本。也就是说，具有较低密度（每立方英尺的重量低）的产品，比如发泡橡胶，在达到运输车辆的最大承重之前就会占据车辆的整个可用空间（容量满载），因此低密度的产品会被分配到较高等级。例如，密度低于每立方英尺 1 磅的产品都分配到等级 400，密度每立方英尺大于等于 1 磅但低于 2 磅的产品被分配到等级 300。[4]

易装载性（stowability）是指商品打包入一件货载的难易程度。可能考虑的因素包括该商品能否和危险品装载在一起以及该商品上部承受载荷的能力。搬运的难易程度是指由于商品大小、重量等引起的搬运难度。最后，易于损坏和被盗的程度是指商品损坏其他货物的可能性、易腐性以及商品的价值。

NATIONAL MOTOR FREIGHT CLASSIFICATION 100-AM

ITEM	ARTICLE	CLASS
	GLASS: subject to item 86500	
86560	**Automobile or Boat Glass,** including **Windshield Glass,** cut to shape, see Note, item 86566, in Packages 772, 2146, 2147, 2223, 2261 or 2483:	
Sub 1	Not bent, in boxes or crates:	
Sub 2	120 united inches or less	70
Sub 3	Exceeding 120 united inches	85
Sub 4	Bent, other than tempered:	
Sub 5	Nested, in boxes, crates or Packages 304, 305, 315, 2347 or 2348	85
Sub 6	Not nested, in boxes or Packages 1180, 1247 or 2034	125
Sub 7	Bent, tempered, in boxes, crates or Packages 304, 305, 315, 774, 2347 or 2348, or when not nested, in Packages 1180 or 2034	85
86566	NOTE—Applies only on glass in specific sizes or shapes for installation in automobile bodies or in or on boats.	
86580	**Building Slabs,** opaque glass, NOI, with or without backing, in boxes or crates:	
Sub 1	5/16 inch thick or less	85
Sub 2	Over 5/16 inch thick,	65
86600	**Cullet (Broken Glass),** in boxes or drums	50
86650	**Glass,** crushed, ground or powdered, not including enamel or frit, in bags, boxes, drums or Package 2453	55
86660	**Glass,** faceted, in panels, see Note, item 86662, in boxes or crates	85
86662	NOTE—Applies on glass, plain or colored, set in cement, concrete or plastic resins to form designs, patterns or pictures.	
86670	**Glass,** flashed or ruby, not framed nor leaded, in boxes	85
86700	**Glass,** flat, NOI, see Note, item 86701:	
Sub 1	Bent, in boxes or crates:	
Sub 2	220 united inches or less	85
Sub 3	Exceeding 220 united inches but not exceeding 15 feet in length nor 9 feet in width	100
Sub 4	Exceeding 15 feet in length or 9 feet in width	250
Sub 5	Not bent, see Note, item 86702, in boxes, crates or Packages 195, 198, 235, 785, 2008, 2025, 2147, 2149, 2160, 2239, 2245, 2281 or 2497:	
Sub 6	220 united inches or less	65
Sub 7	Exceeding 220 united inches but not exceeding 15 feet in length nor 9 feet in width	100
Sub 8	Exceeding 15 feet in length or 9 feet in width	200
86701	NOTE—The term 'flat' applies to glass known as sheet, plate, polished prism, rolled, window or float glass, whether or not polished, laminated, colored, opalescent, opaque, chipped, decorated, wired, etched, figured, acid dipped, ground, sandblasted, metalized (sprayed with atomized metal while glass is hot) or tempered, but not when silvered for mirrors, nor flashed, nor framed or leaded (set in or framed by lead or other metal).	
86702	NOTE—Flat glass, not bent, may also be cut to size, edges beveled or ground, or holes cut or drilled.	
86750	**Glass,** leaded, see Note, item 86752, in boxes:	
Sub 1	With landscape, pictorial or religious designs,	200
Sub 2	With curved, angled or straight line patterns, or with designs other than landscape, pictorial or religious	100
86752	NOTE—The term 'leaded glass' means glass either colored or clear, set in lead or in other metal.	
86770	**Glass,** microscope slide or slide cover, see Note, item 86771, in boxes	70
86771	NOTE—Does not apply on microscope slides or slide cover glasses. Applies only on the glass from which these articles are manufactured. For provisions applicable to microscope slides or slide cover glasses, see item 88535.	
86830	**Glass,** rolled, overlaid with aluminum strips with metal terminals attached, in boxes or crates	77.5
86840	**Glass,** rolled, overlaid with aluminum strips, NOI, in boxes or crates	70
86900	**Glass,** silvered for mirrors, not framed, nor backed nor equipped with hangers or fastening devices:	
Sub 1	Shock (window glass, silvered), in boxes, see Note, item 86902	85
Sub 2	Other than shock glass, in packages shown:	
Sub 3	Bent, in boxes:	
Sub 4	Not exceeding 15 feet in length nor 9 feet in breadth	100
Sub 5	Exceeding 15 feet in length or 9 feet in breadth	250
Sub 6	Not bent, see Package 785:	
Sub 7	120 united inches or less, in boxes, crates or Packages 198 or 235	70
Sub 8	Exceeding 120 united inches but not exceeding 15 feet in length nor 9 feet in breadth, in boxes or crates	100
Sub 9	Exceeding 15 feet in length or 9 feet in breadth, in boxes or crates	200
86902	NOTE—Glass, silvered for mirrors, which has been framed or backed, or equipped with hangers or fastening devices, is subject to the classes for mirrors, NOI.	
86940	**Glass,** window, other than plate, with metal edging other than sash or frames, in boxes	77.5
86960	**Glazing Units,** glass, not in sash, see Note, item 86966, in boxes, crates or Packages 2149 or 2281	70
86966	NOTE—Applies on units consisting of sheets of glass separated by air or vacuum, sealed at all edges with same or other materials.	
87100	**Glass Factory Flattening Stones, Floats, Gathering Rings or Pot Rings or Glasshouse Pots,** clay, in boxes, crates or drums or on skids	85
87500	**GLASSWARE GROUP:** Articles consist of Glassware or Glass Articles, see Note, item 87512, as described in items subject to this grouping.	
87512	NOTE—All articles of glassware which are plated, mounted or trimmed with gold or silver will be subject to the provisions provided for glassware, gold or silver deposit, gold or silver mounted or gold or silver trimmed.	
87520	**Ampoules (Ampuls),** in boxes or Package 2362	100
87540	**Aquariums or Terrariums,** capacity over 1/2 gallon, see Note, item 87552, in boxes or crates:	
Sub 1	Each in individual fiber box, two or more smaller sizes nested within one larger	85
Sub 2	NOI	150

Only participants in the NMFC at the time the transportation occurs may use the provisions herein.
For explanation of abbreviations and reference marks, see last page of this Classification. ©NMFTA 2013 403

图 13－1　国家汽车货运分类表

资料来源：Reprinted from the National Motor Freight Classification © ATA 2013.

正如货物分类被用于简化商品的数目一样，可通过重量分组来简化装运重量（例如，少于 500 磅，500～999 磅，1 000～1 999 磅）。装运重量少于 500 磅的货物的费率要高于装运重量在 500～999 磅的货物，以此类推。距离也以类似的方式进行简化，以往距离都是用费率基数来进行简化的。基数越高，说明发送地和目的地之间的距离越远。如今，费率基数正越来越多地被特定发送地和目的地的邮政编码替代。

表 13-1 是利用等级费率系统确定费率的一个例子。表 13-1 中的装运 1 作为分析运输费用随商品分类、重量和距离变化的参考点。正如表 13-1 所示，装运 1（等级 100）与装运 2（等级 200）的不同仅在于商品分类不同。由于分类等级越高费率越高，所以装运 2 的运输费用（1 245.87 美元）远高于装运 1 的运输费用（666.52 美元）。

关于等级费率系统与重量，装运 1 的货物重量为 500 磅，装运 3 的重量为 1 500 磅，表 13-1 显示，装运 3 的运输费用（1 533.26 美元）虽然远高于装运 1 的运输费用（666.52 美元），但并没有达到装运 1 的运输费用的 3 倍（如果重量与运费之间是线性关系的话，装运 3 的运输费用应是装运 1 的运输费用的 3 倍）。最后，装运 1 和装运 4 的不同仅在于目的地邮政编码，因为装运 4 的运输距离（大约 2 100 英里）远大于装运 1（大约 1 000 英里），所以表 13-1 中装运 4 的运输费用（829.96 美元）高于装运 1 的运输费用（666.52 美元）也就不足为奇了。

表 13-1　等级费率系统举例

装运	商品分类	重量	距离（用邮政编码表示）	运输费用[a]
1	等级 100	500 磅	44 023～32 169	666.52 美元
2	等级 200	500 磅	44 023～32 169	1 245.87 美元
3	等级 100	1 500 磅	44 023～32 169	1 533.26 美元
4	等级 100	500 磅	44 023～90 210	829.96 美元

a. 运输费用代表的是 2016 年初的数据。

资料来源：Data derived from a sample rate calculator for Old Dominion Freight Lines，http://www.odfl.com/LTRate/LTLRateResult.

表 13-1 中的运输费用引出了对等级费率的几点思考。第一，商品分类（例如等级 100 和等级 200）会显著影响运输费用，因此人们也就能够明白为什么托运人应了解某一特定商品的分类了。第二，货物越重则运费越高。话虽如此，托运人可以通过少批次、大批量地运输货物来减少运输费用（例如，装运 3 一次运输 1 500 磅货物的运费为 1 533.26 美元）而不是多批次、小批量地运输货物（例如，装运 3 次，每次运输 500 磅货物的总运费为 1 999.56（666.52×3））美元。

第三，虽然长距离运输（装运 4）比短距离运输（装运 1）的运输费用要高，但成本差异与距离的增加并不成正比。装运 4 的运费大约是装运 1 的 1.25 倍，但装运 4 的运输距离是装运 1 的 2 倍以上。因此，运输管理人员应该尽量避免短距离运输。

商品的货物分类是由商品分类标准委员会（Commodity Classification Standards Board）制定和发展的。该委员会由 3～7 名美国汽车货运协会（National Motor Freight Traffic Association）的全职员工组成。承运人与托运人在确定商品分类等级时通常会产生分歧。托运人往往倾向于更低的等级（较低费率），承运人则更希望较高的等级。运输管理人员可以就商品的分类等级提出申请。图 13-2 是镁耙的重新分类申请书。

CCSB DOCKET 2015-1 **SECTION I**

SUBJECT 3

Re: Rakes or Lutes, magnesium

CCSB Contact: George M. Beck Telephone — (703) 838-1813 beck@nmfta.org
Allison L. Austin (703) 838-8864 austin@nmfta.org

Proponent: Surfa Slick, LLC, Riverside, California

Present Classification Provisions

Item	Description	Class
	TOOLS, OR PARTS NAMED: subject to item 183550	
	Rakes, hand, having tines constructed of: subject to item 185645	
185653	Magnesium, in boxes..	100

Proposed Classification Provisions

Item	Description	Class
	TOOLS, OR PARTS NAMED: subject to item 183550	
	Rakes, hand, having tines constructed of: subject to item 185645	
185653	Magnesium, etc..	⇉Cancel; see item NEW
⇉NEW	**Rakes or Lutes,** hand, consisting of magnesium heads with detached handles of same or other material; **or Handles or Parts thereof,** NOI; in boxes:	
Sub 1	Exceeding 96 inches in length..	92.5
Sub 2	Not exceeding 96 inches in length	70

Analysis

This proposal was submitted by Surfa Slick, LLC to add a new item under the Tools, or Parts Named generic heading for magnesium rakes or lutes, or handles or parts thereof. The proponent's rakes or lutes are currently classified under the provisions of item 185653, naming "Rakes, hand, having tines constructed of magnesium." The proponent states, however, that these particular commodities exhibit transportation characteristics not reflected in the current class 100. The proposal seeks to establish provisions for magnesium rakes or lutes, based on the length of the handling unit.

History of Provisions

Provisions for magnesium rakes were established as a result of action taken on Docket 932, Subject 18 (March 1993). That proposal sought to establish classes for rakes based on the material construction of the tines. Information on that record showed a density of 9.47 pcf for magnesium rakes. When shipped in boxes, no unusual or significant handling, stowability or liability problems were indicated. The proposal was approved as modified, and the provisions first appeared in Supplement 2 to NMF 100-T, effective July 10, 1993. The provisions have remained substantially unchanged to the present.

 Subject 3, Page 1 of 4

图 13－2　汽车承运人分类变更备审建议

资料来源：Permission to reproduce this material has been granted by the National Motor Freight Traffic Association，Inc.，2011.

SUBJECT 3

About Magnesium Rakes or Lutes

Magnesium rakes or lutes are tools primarily used in the spreading and leveling of asphalt or concrete. They may also be used to level dirt, rock, gravel or snow. The proponent's products consist of a fiberglass or magnesium handle, metal connector bracket and a magnesium rake or lute head. Some handles will exceed eight feet in length. Examples of the involved parts and assembled product are shown in the photos below.

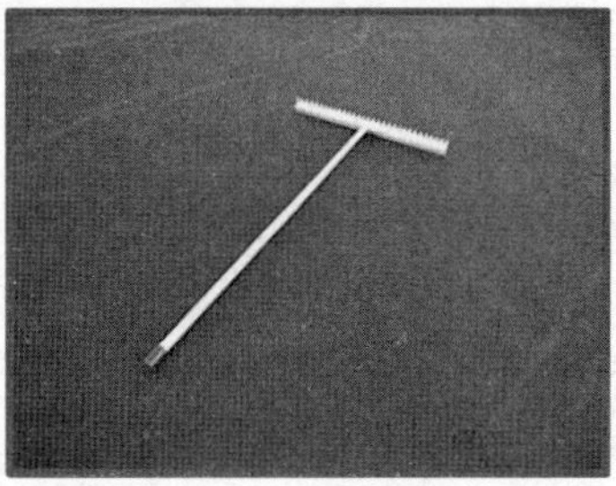

Transportation Characteristics

Density—The proponent submitted a total of 89 density observations, including data on all of its models of magnesium rakes or lutes and the individual parts. The densities range from 9.41 to 28.46 pcf, with an average density of 18.73 pcf. A frequency distribution is shown below.

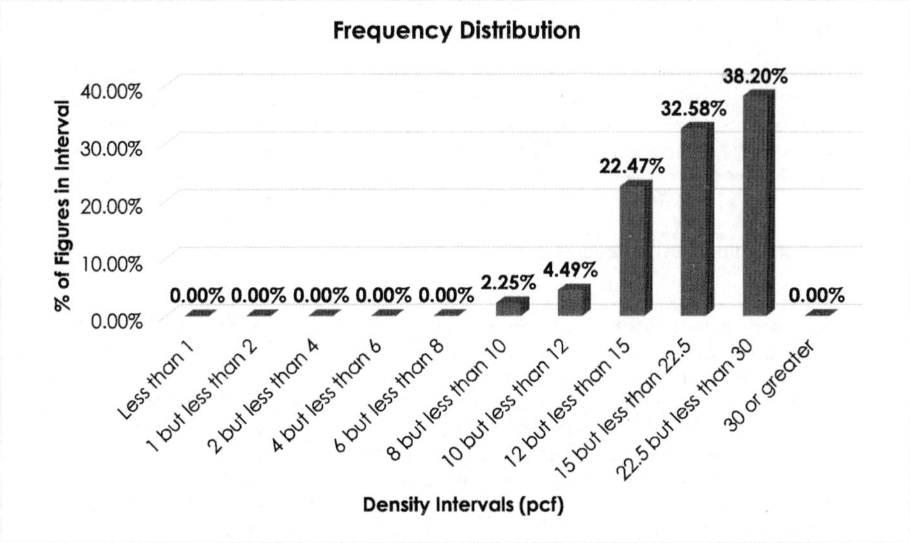

　

图 13－2（续）

SUBJECT 3

When the data is evaluated based on the handling unit's length, the following density ranges and averages emerge.

Handling Unit Length	Density Range (pcf)	Average Density (pcf)
Exceeding 96 inches	9.41 – 16.57	13.39
Not exceeding 96 inches	11.63 – 28.46	20.38

Handling—As shown in the photo on the right, the proponent's magnesium rakes or lutes are shipped in fiberboard boxes secured on lift truck skids or pallets. Individual components (i.e. handles, connector brackets or heads) of magnesium rakes or lutes may be shipped in boxes on the same handling unit. Data furnished by the proponent indicates that handling units can exceed 96 inches in length. Generally, freight that exceeds 96 inches in length will require extra care and attention during handling.

Stowability—The proponent states that the involved products are stackable. However, depending on the shipment configuration, its magnesium rakes or lutes may or may not provide a regular load-bearing surface for top freight. In addition, handling units that exceed 96 inches in length may complicate the carrier's ability to structure a load and maximize vehicle utilization.

Liability—The involved articles are not perishable, hazardous in nature, unusually susceptible to theft, unusually liable to damage and would not appear likely to damage other freight. The proponent provided the list prices for various models of its magnesium rakes or lutes. The list price ranges from $12.58 to $13.48 per pound, with an average price per pound of $13.16. The individual parts range in list price from $12.00 to $19.43 per pound, with an average price per pound of $14.33. The proponent states that no claims have been filed for a one-year period.

Relationship to CCSB Policies and Guidelines

CCSB policy calls for classification provisions to reflect a commodity's known transportation characteristics. The proponent asserts that the provisions of item 185653 for "Rakes, hand, having tines constructed of magnesium" are not reflective of the transportation characteristics of its products. Information provided by the proponent includes 89 density observations ranging from 9.41 to 28.46 pcf, with an average density of 18.73 pcf. An average density of 18.73 pcf is generally associated with a class 70, which under CCSB guidelines calls for a minimum average density of 15 pcf. However, CCSB policies further state that unusual or significant negative handling, stowability or liability characteristics may be contributing factors in the assignment of classes. In this regard, it is noted that some of the involved magnesium rakes or lutes exceed 96 inches in length, which present additional handling and stowability considerations. In such situations, classification precedent has been to assign a class higher than that called for under the CCSB density guidelines. Surfa Slick has proposed classes accordingly, as outlined in the table on the following page.

图 13 - 2（续）

CCSB DOCKET 2015-1　　SECTION I

SUBJECT 3

Handling Unit Length	Average Density (pcf)	CCSB Minimum Average Density Guideline (pcf)	Class Based on CCSB Guidelines	Class Adjustment Based on Handling and Stowability Considerations
Exceeding 96 inches	13.39	12	85	92.5
Not exceeding 96 inches	20.38	15	70	--

This proposal would cancel item 185653 with reference to a new item for "Rakes or Lutes, hand, consisting of magnesium heads with detached handles of same or other material; or Handles or Parts thereof, NOI," at class 70 when the length does not exceed 96 inches, consistent with the respective density guideline. Handling units exceeding 96 inches in length would be assigned a class 92.5, one class higher than that called for by the respective density guideline.

This proposal is in keeping with CCSB policies and precedent.

Subject 3, Page 4 of 4　　

图 13 - 2（续）

让我们来看看图 13 - 2，建议中首先给出了现有的分类条款，接着给出了建议的分类条款。图 13 - 2 表明，该建议希望能够根据搬运单位的长度来确定分类等级，从而降低镁耙商品的分类。图 13 - 2 中建议书的大部分内容是申请者提出该分类建议的合理依据。请注意，图 13 - 2 中的“运输特性”部分关注的是本章前面所讨论的四种产品特性——密度、易装载性、搬运的难易程度、易于损坏和被盗的程度。

13.1.2　费率和服务谈判

本章前面提到，当代运输管理者受费率和服务法规的限制更少，从而有机会在费率和服务谈判方面扮演更积极主动的角色。如今运输管理者可以为企业精心制定能够满足企业物流需要的费率与服务包。可以想象，这些费率和服务包可能随产品、地点和顾客的不同而有所不同。

如今运输费率和服务选择更具柔性，这使运输管理者能够对价格和服务进行权衡，对价格与服务的权衡仅仅受制于运输管理者的创造力和想象力。让我们看下面两个来自铁路运输业的例子。一个是运输公司向铁路承诺，若每辆机车能够按约定的计划交付货物，则同意支付额外的费用。另一个例子是某公司同意每年在休斯敦和芝加哥之间利用联运方式运输600万磅货物，该托运人同意另外加付铁路每车皮75美元，条件是90%的车皮在96小时内完成铁路运输任务。这两个例子都阐明了当符合预期服务标准时会支付货币溢价，费率和服务谈判同样可以包括当未能达到预定服务标准时的货币惩罚。

这里我们不可能列出托运人和承运人谈判中所有可能涉及的费率和服务条款的清单。表13-2中列举了谈判过程中可能使用的代表性条款。

表13-2　承运人与托运人谈判过程中典型的费率及服务条款

费率调整	仲裁	包括的文件和商品
审计权利	定价基础	开票程序
承运人设备和驾驶员	承运人保险	承运人通知要求
滞留时间	协议有效期	预计运输量
如何处理丢失及损坏索赔	货运提前期	托盘装载
交付证明	重新谈判和开始合同	费率和费用表
协议的终止	运输服务水平	豁免条款

国内销售条款

销售条款是在费率和服务谈判过程中或为某次国内运输支付运费时（国际销售条款将在第14章进行讨论）需考虑的因素之一。FOB（free on board，船上交货）后面写着“起运港”或“目的港”，这一地点明确了货物所有权和控制权从卖方转移到买方的位置。**起运港船上交货**（FOB origin，FOB起运港）情况下，买方在装船地点就拥有了货物的所有权和控制权。**目的港船上交货**（FOB destination，FOB目的港）的情况下，直到货物在目的港交付给买方前，卖方都拥有货物的所有权和控制权。

除了确定货物所有权从卖方转移到买方的地点外，FOB条款还明确了哪一方负责安排货物运输、哪一方负责提出货物索赔（本章后面还将讨论这一主题）。通常可以通过修改一些条款对起运港船上交货和目的港船上交货进行限定，其中最常见的有运费到付（freight collect）、运费预付（freight prepaid）、运费预付和退还（freight prepaid and charged back）。这样可能出现六种国内销售条款，具体描述如下[5]：

- FOB 起运港，运费到付（FOB origin，freight collect）：买方支付运费，并在运输途中拥有货物所有权，负责对丢失和损坏提出索赔（如果需要的话）。
- FOB 起运港，运费预付（FOB origin，freight prepaid）：卖方支付运费，买方在运输途中拥有货物所有权并负责提出丢失和损坏索赔（如果需要的话）。
- FOB 起运港，运费预付和退还（FOB origin，freight prepaid and charged back）：卖方先支付运费然后向买方递送运费账单。买方在运输途中拥有货物所有权并负责提出丢失和损坏索赔（如果需要的话）。
- FOB 目的港，运费到付（FOB destination，freight collect）：买方支付运费，卖方在运输途中拥有货物所有权，并负责对丢失和损坏提出索赔（如果需要的话）。
- FOB 目的港，运费预付（FOB destination，freight prepaid）：卖方支付运费，在运输途中拥有货物所有权并负责提出丢失和损坏索赔（如果需要的话）。
- FOB 目的港，运费预付和退还（FOB destination，prepaid and charged back）：卖方先支付运费然后向买方递送运费账单，卖方在运输途中拥有货物所有权并负责提出丢失和损坏索赔（如果需要的话）。

与 FOB 起运港和 FOB 目的港相关的运输责任对运输管理有重要的启示。例如，从卖方的角度来看，FOB 目的港的优点是卖方控制运输，能够确保对每个买方提供更统一的运输。FOB 目的港的缺点就是卖方企业必须对运输管理（如费率和服务谈判、运输模式和承运人选择等）有透彻的了解，这些知识不是短时间内可以习得的。

运输成本分析

在费率和服务谈判中还需要进行运输成本分析。运输成本分析在进行合并运输决策时尤其有用。这是因为对于更大批的装运，单位重量的运输成本往往会低一些，那么自然会希望将小批装运整合成大批装运。当然，合并运输决策会对仓储和库存管理等其他物流活动带来影响。

信息技术的发展使得运输成本分析越来越容易。例如，一些卡车运输企业利用从顾客已支付的运费清单中收集的数据，调查一段具有代表性的时间内的内向或外向交货情况。这有助于承运人和顾客确定每次装运或装运模式是否有改善的可能性。另外，还可以通过敏感性分析，为不同运输服务水平确定运输成本。虽然敏感性分析能够使人们更好地了解当从一种服务水平转向另一种服务水平时可能带来的运输成本的节约，但敏感性分析无法估计出其他相关成本（如由于运输服务过慢导致的顾客不满意）。

13.2 运输模式和承运人选择

长期以来，运输管理者都要负责选择运输模式和承运人。理论上说，运输模式和承运人选择大体分为两个步骤。运输管理者首先决定要使用的一种或几种适合的运输模式，然后根据所选择的运输模式进一步选择一个或几个具体的承运人。理解第 12 章中介绍的各种运输模式的特征在运输模式选择过程中非常有用。

然而承运人的选择并不像选择运输模式那样简单直接。其中部分原因在于每种特定运输模式下可能都有数十、数百甚至数千承运人可供选择。期望运输管理者了解某种特定运输模式下的所有可能承运人或每个承运人提供的服务及运作特性是不现实的。

由于仍未对承运人选择相关评价因素的数量达成共识，也导致承运人选择不是那么简单。例如，各学术研究中提出的承运人选择因素从少于 10 个到超过 150 个各不相同。正如费率和服务谈判一样，把承运人选择决策中可能使用的所有评价因素全部列举出来是不可能的。代表性的承运人选择因素包括总运输时间、运输时间可靠性、具有竞争力的费率、丢失和损坏情况等。

近年来，随着**非模式托运人**（amodal shipper）的兴起，运输模式和承运人选择变得越来越难以理解。非模式托运人是指仅购买一种预先设定的运输服务水平（如特定价格的两天交付服务）而不关心提供实际运输服务的运输模式和承运人的运输管理者。事实上，研究表明，相对于运输模式而言，托运人对运输时间及其可靠性等运输指标更感兴趣。非模式化快速发展的原因之一是，无固定资产的第三方物流企业有能力开发出多式联运方案来满足顾客的运输要求。[6] 像 UPS 和 FedEx 这样的能够提供各种类型运输服务的企业的存在（例如，空运、快递、零担运输、包裹）也促进了非模式化的发展。

13.3 单　证

在第 1 章提出的物流定义中，我们提到过信息的管理。货物运输中附带的单据，也称**单证**（documentation），是物流信息的重要来源之一。货运单证既有一些实用的功能（如指出何物、何地和运输量），又可以在某次运输发生问题时提供合法追索依据。这里我们主要关注一些国内货运单证，国际货运单证将在第 14 章进行讨论。

企业的运输部门负责完成运输企业产品所需要的所有单证。今天，许多承运人会提供软件或安全网站使托运人能够用计算机来生成所有的通常使用的单据。许多托运人还会拥有自己的能够生成货运单证的订单处理软件。

13.3.1　提单

最重要的一种运输单证是提单，它是运输业中最基本的业务单证。**提单**（bill of lading）的作用就是在产品提交给承运人时的交货收据。承运人在收到货物时签署提单并将正本留给托运人。所签署的提单正本是托运人证明承运人已接收货物的凭证。提单是一个有约束力的合同，清楚列明了承运人和托运人的责任和义务。地面运输承运人所使用的提单合同基本上已依法标准化，其中明确规定了托运人和承运人的责任和义务，大大简化了运输管理者的工作。

有两种类型的提单：记名提单和指示提单。记名提单的纸张是白色的，收货人的名字明确地记录在指定位置。承运人将货物交付给指定的收货人是承运人必须承担的法定责任，但提单中没有明确列出也不会暗示货物的所有权。指示提单的纸张是黄色的，收货人的名字没有指明。例如，假设位于华盛顿州的一家木材厂将仍未卖出的一批夹板装入货车车厢运输，它将会使用一张指示提单把货物交给柏灵顿北方铁道运输公司，柏灵顿北方铁道运输公司将把这批货物运至芝加哥。一旦找到买家，那么托运人会通过邮件将指示提单正本发往距离买方最近的银行，并通知买家。买家会前往银行付款，银行会将提单正本转给买家。买家凭提单正本前往铁道运输公司，铁道运输公司再将该车夹板交付给买家。指示提单也可用于企业对付经常拖延付款的顾客，因为指示提单保证顾客必须在付款后才能接收到货物。

根据提单特有的格式，提单又可以分为：全式提单，简式提单，预先印制提单。全式提单既可以是记名提单也可以是指示提单。在全式提单的正面（见图 13－3）包括一些标准信息，提单背面则印有托运人和承运人间的整个合同内容。提单背面的文字会非常小。由于阅读这种完整格式的合同很困难，而且考虑到在所有提单上都印上完整合同所需的印刷成本，1949 年铁路运输和汽车运输承运人开始采用简单格式的提单。简式提单的正面印有如下声明："本合同项下的每项服务均应遵守国内统一记名提单的所有条款和条件。"

另外一种提单是预先印好的，既可以是全式提单，也可以是简式提单；既可以是记名提单，也可以是指示提单。从理论上说，提单是由承运人准备和发出的，但事实上，多数的托运人会购买自己的提单并预先印上其定期交运的产品清单。托运人之所以花钱购买或印制自己的提单，是因为托运人通常在通知承运人之前已准备好了提单。这种预先印制的提单可以更快地准备好，出错的可能性也降低了。例如，托运人可以先写入正确的商品分类而不是让承运人来决定。

有少数托运人采用自己的提单，但由于该提单中可能另外规定了一些承运人必须服从的新责任，承运人可能拒绝接受该提单。建议承运人向驾驶员提供标签贴在提单上以表示他们的签字仅意味着他们已提货。

(Form 18 Regular-Large B-7-66-150M Sets)

(Uniform Domestic Straight Bill of Lading, adopted by Carriers in Official, Southern, Western and Illinois Classification territories, March 15, 1922, as amended August 1, 1930, and June 15, 1941.)

1　**UNIFORM STRAIGHT BILL OF LADING**

Shipper's No.______

Agent's No.______

Santa Fe

Original — Not Negotiable

The Atchison, Topeka and Santa Fe Railway Company

RECEIVED, subject to the classifications and tariffs in effect on the date of the issue of this Bill of Lading.

At______ **19**______

From______

the property described below, in apparent good order, except as noted (contents and condition of contents of packages unknown), marked, consigned, and destined as indicated below, which said company (the word company being understood throughout this contract as meaning any person or corporation in possession of the property under the contract) agrees to carry to its usual place of delivery at said destination, if on its own road or its own water line, otherwise to deliver to another carrier on the route to said destination. It is mutually agreed, as to each carrier of all or any of said property over all or any portion of said route to destination, and as to each party at any time interested in all or any of said property, that every service to be performed hereunder shall be subject to all the conditions not prohibited by law, whether printed or written, herein contained, including the conditions on back hereof, which are hereby agreed to by the shipper and accepted for himself and his assigns.

(Mail or street address of consignee—For purposes of notification only.)

Consigned to______

Destination______ State of______ County of______

Route______

Delivering Carrier______ Car Initial______ Car No.______

No. Packages	DESCRIPTION OF ARTICLES, SPECIAL MARKS, AND EXCEPTIONS	*WEIGHT (Subject to Correction)	Class or Rate	Check Column

Subject to Section 7 of conditions, if this shipment is to be delivered to the consignee without recourse on the consignor, the consignor shall sign the following statement:

The carrier shall not make delivery of this shipment without payment of freight and all other lawful charges.

______

(Signature of consignor.)

If charges are to be prepaid, write or stamp here, "To be Prepaid."

Received $______ to apply in prepayment of the charges on the property described hereon.

______

Agent or Cashier.

Per______

(The signature here acknowledges only the amount prepaid.)

Charges Advanced:

$______

*If the shipment moves between two ports by a carrier by water, the law requires that the bill of lading shall state whether it is "carrier's or shipper's weight."

NOTE—Where the rate is dependent on value, shippers are required to state specifically in writing the agreed or declared value of the property.

The agreed or declared value of the property is hereby specifically stated by the shipper to be not exceeding______ per______

______Shipper.　　______Agent.

Per______　　Per______

Permanent postoffice address of shipper______

图 13-3　一份全式提单

13.3.2　运费清单

另一种运输管理者必须熟悉的基本单证是**运费清单**（freight bill），是由承运人发出的要求付款的一种发票。通常来说，在支付任何一张运费清单之前都需要得到运输管理者的同意，而且要在限定的工作日之内完成向承运人的支付。为了满足这些时间限制，如今许多运输管理者都加入了自动运费清单支付服务。一旦运输管理者启动支付服务程序，承运人就会直接把运费清单提交到该服务系统。支付服务系统就会把运费清单看作从托运人货运账户提取的支票并付费给承运人。CT 物流、CASS 信息服务、Data2Logistics 公司都是为人所熟知的美国货运支付公司。

与运费清单相关的一个持续存在的问题就是企业通常被要求过多支付运输服务费用。为了发现那些会导致过多支付的错误并在以后纠正这些错误，托运人会实施运费清单的内部审计（审计工作由企业内部员工完成）。部分托运人也会采用运费清单的外部审计（由独立第三方来完成）。

13.3.3　货物索赔

货物索赔（freight claims）文件是另一种关键的运输单证，是一份通知承运人运输出现错误或缺陷、延迟或其他问题的文件。由于准备向承运人索赔的资料是一项常规性的工作，许多承运人会将文件信息和索赔文件样本张贴在自己的网站上。以下是在承运人网站上可以找到的典型的货物索赔信息：谁可以提出零担运输货物索赔？提出索赔的时限如何？如何提出零担货物索赔？提出零担运输索赔需要哪些文件？货物索赔提出后该怎么办？[7] 请注意这里的时间限制，必须在提单签署日后 9 个月内提出货物索赔。

索赔工作最困难和最具挑战性的一个方面就是确定具体的损失金额。法律规定，公共承运人对托运人和收货人的损失要承担全部实际损失。"全部实际损失"通常根据以下常用经验法则确定：明确定义这种情况下的责任并规定损害赔偿的方法的联邦法令的基本思想是，所有者所获得的补偿金额要等于实际损失。换言之，如果承运人履行合同，那么承运人应该使货物的所有者恢复到其本应有的状态。[8]

确定全部实际损失价值的关键因素在于"赚得"这个概念。假设一批通过公共承运人运输的产品属于一个零售商所有，但货物遭到无法修复的损坏，这时问题就出现了，"零售商是以批发价索赔还是以零售价索赔呢？"如果所损坏的商品只是一般的补充库存，那么零售商就可以按批发价索赔并加上运输成本（如果已经支付），因为该零售商还没有赚得零售利润。相反，假设商品已由某顾客订购，但当货物在送达时发现已被损坏，而且零售商的顾客表示他不会再等待并要求取消订货，在这种情况下，零售商就可以按零售价索赔，因为如果承运人准确地提供了服务，零售商就可以赚得利润了。

对于托运人和承运人来说另一个比较棘手的情况是**隐蔽丢失和货损**（concealed loss or damage），是指货物在打开包装检查后才发现货物破损或丢失的情况。承运人可能不愿赔偿隐蔽丢失和货损。这主要有两个原因：第一，如果所运货物外包装没有损坏，那么很有可能是不当的内部保护造成的。这时承运人就可以免除赔偿责任，因为不当的内部包装完全是托运人的过失。第二，也存在收货人的职员弄坏或盗窃货物的可能性。隐蔽丢失和货损索赔的微妙性在于承运人的左右为难。承运人不愿意支付由托运人或收货人的错误引起的索赔，但将托运人或收货人卷入丢失和货损又会使托运人或收货人感到不快。

运输专家建议收货人在管理隐蔽丢失和货损时应遵循五个管理技巧：（1）尽快检查货物；（2）尽快拆货；（3）注意交货过程中的一些不正常现象（如托盘、包装破损）；（4）记录、记录、记录；（5）让托运人在发货时拍照，收货人在收货时拍照。[9]

自运输规制解除以后，索赔的数量大大减少，这是因为在谈判过程中，托运人会同意承运人承担较小的责任以换取较低运费。另外，运输规制解除法案也减少了承运人的责任。1980年颁布的解除铁路经济规制的《斯塔格斯铁路法案》（Staggers Act）和《1980年汽车承运人法案》（适用于卡车）分别允许铁路和汽车承运人设立低报价值费率（托运人同意，若发生索赔，每百磅重的商品价值不会超过一定数额，以换取较低费率）。

13.4 收货与发货

运输管理中另一个关键的决策问题是发货和收货，主要是指装运的战术计划和控制以及对货物装载和卸载的监控。[10] 在发货和收货时会涉及许多活动，下面将讨论其中的部分活动。

13.4.1 整合小批装运

小批装运通常指重量大于150磅少于500磅的货物的装运，它是运输管理者所面对的极具挑战性的问题之一。正如第12章所提及的，运输成本的特点就是装运的货物数量越大单位重量成本越低。这是因为不管装运数量多少，每一次装运所需的某些费用（如固定成本、管理费用或场站成本）是不变的。当货物装运量更大时，这些成本可以分摊到更多数量的货物中。运输管理者需要做的决策就是，是否需要以及何时将多批次小批量装运整合成少批次大批量装运。图13-4显示了一些货物整合活动。

小批量装运之所以会存在问题主要有以下一些原因。从承运人的角度来说，它们可能不愿接收小批装运，因为小批装运需要更多的人力，导致人工成本增加。另外，一些承运人认为小批装运会导致亏损，因为小批装运所得的收入不足以弥补所需的成本。从运输管理者的角度来说，多次小批装运意味着需要一个能够追踪每一单货物状态的信息系统。一般来说，追踪一次装运有10个单元货物的运输比追踪10批但每次仅装运一个单元货物的运输要容易得多。然而，累积10个单元的货物可能需要时间，时间的延长会造成对最终顾客的服务质量的降低。另外，尽管一次装运10个单元货物可能会降低运输成本，但若把库存成本考虑进来，10个单元货物的库存成本远高于1个单元货物的库存成本。

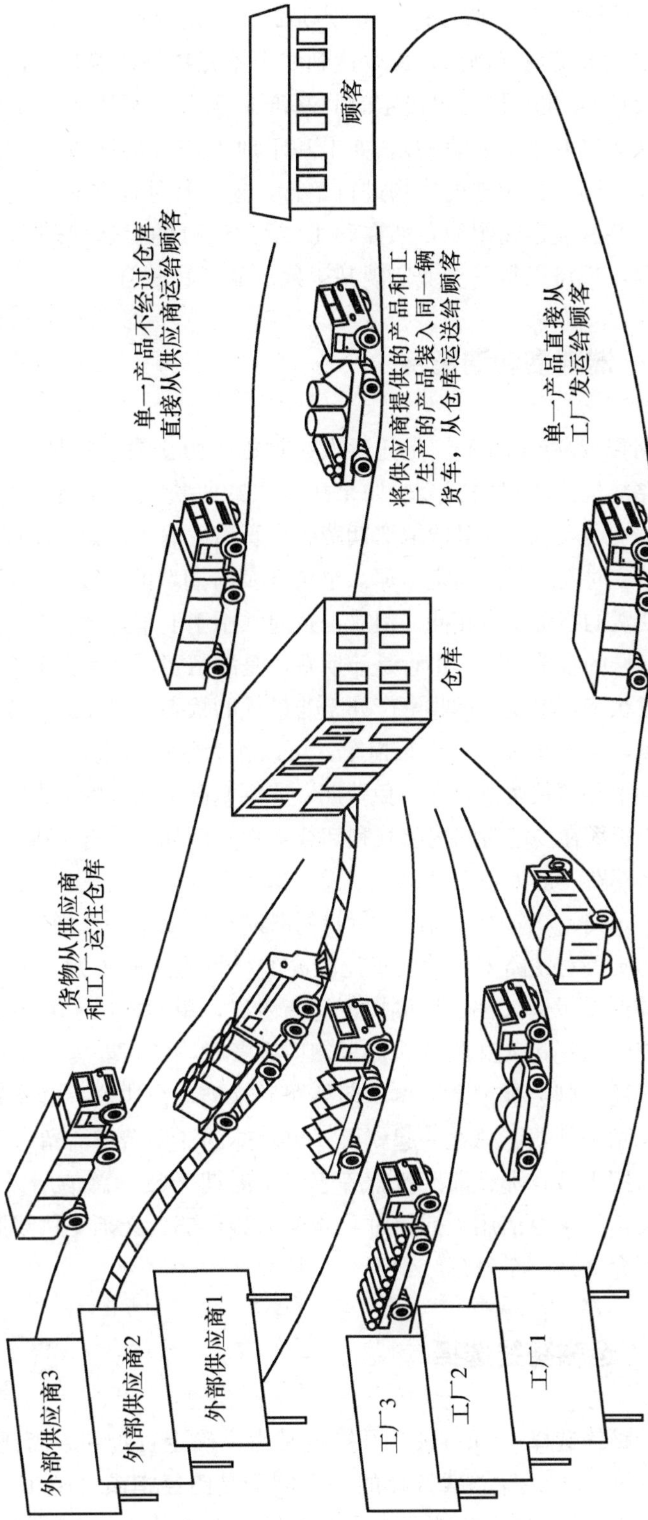

图 13-4　运输管理者尽可能整合小批装运

我们可以基于时间或基于地点对小批装运进行整合。[11] 还是以上一段所说的10个单元货物为例，假设每天可收到2个单元货物，基于时间的整合可以通过设定数量基准来实现（例如，最少达到8个单元货物才能装运，也就意味着每4天进行一次装运），也可以通过设定时间基准来实现（例如，每3天进行一次装运，也就是每次运输6个单元货物）。如果基于地点进行货物整合，那么运输管理者就是期望将运往同一目的地的货物进行整合，这时往往需要和其他企业货物整合后一起运输。一些专业运输组织，如在第12章讨论过的货运代理人、托运人协会、运输经纪人等，都可以帮助企业实现基于地点的货物整合。

13.4.2 滞期费和滞留费

滞期费（demurrage）是托运人或收货人由于没有按期返还所占用的火车车皮而向铁路承运人支付的罚金。如果托运人或收货人占用货船的时间超过允许期限，内河水运承运人也可向其收取滞期费。在管道运输中，如果储存在目的地槽罐中的油料未在特定时间期限内运走，那么也会涉及滞期费的问题。**滞留费**（detention）的概念与滞期费的概念基本相同，但滞留费通常用于卡车运输。航空公司集装箱的使用者也面临同样的收费问题。不管是滞期费还是滞留费，承运人关注的都是其设备处于闲置和无效状态，也就是创收资产处于非最优的状态。对托运人或收货人来说，闲置的运输车辆，如火车车皮或卡车拖车，可以作为临时（且便宜）的仓库。

滞期费和滞留费都是在"免费期"原则基础上运作的，即在征收罚款之前允许托运人和收货人在一定时间内装载和卸载货物。例如，截至2016年中期美国CSX运输公司的滞期费一般为105美元/车/天，当然也有一些例外。更具体地说，危险品的滞期费为175美元/车/天，需冷藏货物的滞期费为200美元/车/天，具有吸入毒性和放射性的物质等对铁路安全性要求比较高的材料的滞期费为1 500美元/车/天。[12]

目前许多承运人都会提供损害均衡协议，里面提出了一个滞留和滞期借贷记账会计系统。当托运人和收件人提早发还设备时，便可获得一个信用奖励，反之，如果延迟送还，则会被记录一次负债惩罚。这类均衡协议一般有效期是一个月，在一个月末奖励和惩罚汇总在一起就可算出具体的滞期费或滞留费了。如果总滞期天数超过总信用天数，那么滞期费就等于（总滞期天数－总信用天数）×适用的滞期费率。相反，如果总信用天数超过总滞期天数，那么无须支付滞期费。一般来说，信用奖励不允许从一个月延续到下一个月。

13.4.3 运输路线选择

运输路线选择（routing）可被定义为，确定货物在发货地和目的地之间如何运输的问题。[13] 运输路线选择的一个例子是**路径指南**（routing guide），它能够提供各种运输相关信息（如装运准备、货票、首选的承运人名单、某两点间货物运输所使用承运人名单）。例如，美国高档连锁百货店诺德斯特龙的路径指南中明确列出了哪个配送中心供应哪个具体的零售点（如华盛顿州斯波坎市的零售店由位于俄勒冈州波特兰市的配送中心供应）。另外，诺德斯特龙的路径指南还指出使用哪家承运人向配送中心运输货物。

路径指南旨在使货物装运相关活动标准化并简化运输模式和承运人的选择（如可以明确确定运输模式和承运人）、减少运输成本（如通过数量折扣）、提高供应链绩效（如缩短运输周期）。但现实是路径指南往往并未被遵循，导致运输成本增加和顾客不满。为了最大化路径指南的有效性，要确保有现成的路径指南供相关人员使用，同时监督并强制要求遵循指南的要求。[14]

13.4.4　货物追踪和加急运输

货物追踪（tracing）是指确定货物移动过程中的具体所在位置。追踪货物的能力将直接影响货物的**加急运输**（expediting，也就是快速将货物运往最终目的地的需求）。如今许多承运人都拥有能够提供货物状态实时信息的信息系统，顾客可以通过网络和智能手机获知货物状态信息以更快更便利地跟踪货物。空运和汽车承运人是加急运输中用得最多的两种模式。这两种模式都在缓解 2014 年末和 2015 年初美国西海岸码头工人罢工所引发的供应链问题（如拥堵和延迟）中发挥了作用。[15]

13.5　运输服务质量

本章最后将讨论运输服务质量。第 7 章曾指出宏观环境的改变，如全球化和技术的发展，使企业对服务质量的要求越来越高，对于运输服务尤其如此。例如，本书一位作者在 20 世纪 70 年代末 80 年代初曾在卡车运输业工作，当时货物跟踪是一个费力的人工过程，运输管理者要获得某次装运的信息可能需要好几天的时间。如今，实时信息系统和全球定位系统的结合使实时货物追踪成为可能。越来越多的运输管理者可以通过笔记本电脑、平板电脑或智能手机直接追踪货物信息。

让我们回忆一下第 12 章的内容，经济规制解除促进了承运人间价格和服务的竞争，这使企业需要对承运人绩效进行评价。为此一些运输管理者使用运输绩效计分卡，绩效计分卡上列举了相关评估项目指标（可能与用于选择承运人的指标相同）和每个承运人在该项目上的评分。

表 13－3 说明了承运人绩效计分卡是如何进行绩效评价的。在本例中，运输管理者选择了 5 个绩效属性用于评价每个承运人。运输管理者为每个属性分配了权重，比如“成本改善”赋予的权重为 30%。运输管理者还对该承运人在每个属性上的绩效情况进行了评分，该承运人在“成本改善”属性上的得分为 4。“加权得分”由该属性的权重与在该属性下的得分相乘计算而得。例如，“成本改善”属性的加权得分为 1.2，是由属性权重 30%乘以属性得分 4 计算而得的。将所有 5 个属

性的加权得分相加（表 13－3 中计算得到 4.137 5），然后除以最大可能得分（5.00），最后得到“绩效得分”（82.75%）。

表 13－3 承运人绩效计分卡举例

属性	权重（%）	评分	加权得分
成本改善	30	4	1.2
准时交付	25	4.5	1.125
顾客抱怨	20	4.25	0.85
货物丢失和损坏	15	4.75	0.712 5
是否有社会化媒体	10	2.5	0.25
总和			4.137 5
绩效得分			82.75%

注：所有数据均是假想数据，仅用作说明的目的。

绩效计分卡可用于诊断工具，比如说，如果某个承运人的绩效得分低于 70%，那么该承运人将会被给予一段时间的观察期。如果在观察期内它的运作没有令人满意的改善，那么这个承运人将不再被选用。

运输服务质量在不断提高。如今许多企业都以非常正式的形式（如公开报道、表彰晚宴、奖章）表彰提供优质服务的运输承运人。另外，一些物流行业杂志每年都会评选优秀的运输服务企业。比如，《物流管理》杂志每年都会发起运输服务“追求质量”活动，要求运输服务的使用者从五个维度对承运人评分：准时性、价值、客户服务、信息技术、设施与运作。这五个维度的总得分超过了行业平均分的承运人就会获得“追求质量”奖，许多承运人都在自己的网站的显著位置显示企业获得该项殊荣。

小　结

本章主要介绍了运输管理，即托运人和收货人购买或售出运输服务的活动。本章分析了运输管理者的一些主要职责。费率方面的考量是企业运输管理者的一项主要职责，尤其是费率的确定。运输管理者还要负责运输模式和承运人选择，如今的趋势是企业管理者更关注运输承运人选择标准的制定而不是运输模式的选择。

准备运输单证是管理者的另一项主要职责，本章讨论了提单、运费清单和货物索赔等重要单证。需要运输管理者决策的另一个方面是发货和收货，包括有关货物整合运输、确定滞期费和滞留费等活动。本章最后讨论了运输服务质量。

关键术语

非模式托运人	滞留费	费率
提单	单证	运输路线选择
等级费率系统	加急运输	路径指南

商品费率
隐蔽丢失和货损
滞期费
密度
目的港船上交货
起运港船上交货
运费清单
货物索赔
易装载性
货物追踪
运输管理

讨论和复习题

13.1 全球化是如何影响运输管理者的工作的？

13.2 技术的发展是如何改变费率确定过程的？

13.3 讨论运输管理者如何参与到企业其他职能运作中。

13.4 确定运输费率的三个主要因素是什么？

13.5 商品费率和等级费率有何不同？

13.6 讨论决定货物分类的四个要素。

13.7 关于产品货运分类，托运人和承运人之间可能存在的分歧是什么？

13.8 讨论运输管理者应如何在价格和服务之间进行权衡。

13.9 列出并描述美国国内运输可以选择的支付方式（销售条款）。

13.10 为何选择承运人比选择运输模式复杂？

13.11 什么是非模式托运人？讨论哪些因素影响了它的发展。

13.12 讨论提单的一些基本功能。

13.13 讨论记名提单和指示提单的区别。

13.14 什么是运费清单？为什么每张运费清单都需要审计？

13.15 讨论隐蔽丢失和货损协议中所包含的基本条款、争议和问题。

13.16 解释为什么小批装运对运输管理者来说是一大挑战。

13.17 讨论滞期费和滞留费的基本思想，谈谈损害均衡协议如何发挥作用。

13.18 解释运输管理者应如何使用路径指南。

13.19 区分货物追踪和加急运输。

13.20 什么是承运人绩效计分卡？运输管理者应如何使用它？

建议读物

Ekwall, Daniel and Björn Lantz. "Seasonality of Cargo Theft at Transport Chain Locations." *International Journal of Physical Distribution & Logistics Management* 43, no. 9 (2013): 728–746.

Eng-Larsson, Fredrik and Christofer Kohn. "Modal Shift for Greener Logistics: The Shipper's Perspective." *International Journal of Physical Distribution & Logistics Management* 42, no. 1 (2012): 36–59.

Han, Lixum. "Delivery of Goods under a Straight Bill of Lading: Chinese Judicial Practice and Perspective." *Journal of Business Law* 7 (2015): 573–586.

Han, Sang-Kyun and Glen Murphy. "Trucking Productivity and Costing Model for Transportation of Recovered Waste in Oregon." *Forest Products Journal* 61, no. 7 (2011): 552–560.

Hanna, Joe B. "Exploring the Future of U.S. LTL Motor Carrier Pricing." *World Trade* 24, no. 10 (2011): 20–26.

Jena, N. and Nitih Seth. "Factors Influencing Logistics Cost and Service Quality: A Survey within the Indian Steel Sector." *Industrial & Commercial Training* 48, no. 4 (2016): 199–207.

Robinson, Jessica L., Rodney W. Thomas, and Karl B. Manrodt. "Food for Thought in the Transportation Carrier-Selection Decision." *Transportation Journal* 52, no. 2 (2013): 277–296.

Rogerson, Sara, Dan Andersson, and Mats Johansson. "Influence of Context on the Purchasing Process for Freight Transport Services." *International Journal of Logistics: Research & Applications* 17, no. 3 (2014): 232–248.

Wen, Yuh-Horng. "Impact of Collaborative Transportation Management on Logistics Capability and Competitive Advantage for Carriers." *Transportation Journal* 51, no. 4 (2012): 452–473.

Williams, Zachary, Michael S. Garver, and G. Stephen Taylor. "Carrier Selection: Understanding the Needs of Less-Than-Truckload Shippers." *Transportation Journal* 52, no. 2 (2013): 151–182.

案　例

案例 13－1　　**奇比薯片公司**

位于内华达州里诺的奇比薯片公司（Chippy Potato Chip Company）1947 年便开始生产薯片并将薯片分销至以里诺为中心的半径 100 英里范围内的地区。该公司在里诺、卡森城和塔霍湖地区用自己的卡车运输，用公共承运人向其他地方输送货物。其所有装运都是以零担运输为基础的。适用于薯片零担运输的汽车承运人费率等级是 200。尽管教材中薯片经常被作为容易导致卡车容量满载的小密度货物的典型例子，这个费率等级还是比较高的。即使许多承运人行业都已解除了规制，奇比薯片公司仍很难找到卡车承运人愿意就具体的合同费率进行谈判。这是因为薯片密度小占地大，从承运人的角度来看并不是一种值得运输的货物。

薯片每袋 8 盎司，24 袋 8 盎司的薯片被包装入一个 12 英寸×12 英寸×36 英寸的包装盒内。一箱包装好的薯片重量为 14 磅。每袋 8 盎司薯片 FOB 工厂批发价是每袋 40 美分，零售价是 59 美分。

最近奇比薯片公司开始生产一种新产品，是由土豆粉做成的，这种新型薯片的形状都一样，因此可以叠放在筒状包装盒内。一个 5 盎司纸制筒装薯片的批发价（FOB 工厂）是 40 美分，零售价 59 美分。新型薯片的体积要小很多，24 个 5 盎司包装的薯片可以包装入一个 1 立方英尺的纸箱内，装满货物后每箱重 10 磅（薯片的重量和装入薯片后整个纸箱重量不同是由于后者计入了包装材料的重量，承运人以箱子重量为基础收取费用）。

奇比薯片公司的管理者认为新型薯片体积小了许多，以零担运输等级 200 来计算费率太高了。管理层决定向汽车承运人分类委员会（Motor Carrier Classification Bureau）要求新的、更低的等级。（汽车承运人费率等于分类等级乘以距离。如果分类等级降低了，那么运输的费用会降低。）

［问题］

1. 如果你为奇比薯片公司工作，你会要求哪种新分类等级？给出你的理由。

2. 分类等级取决于服务成本和价值。从承运人的角度看，服务成本是如何变化的？

3. 如果现在的零担运输分类等级为 200，对顾客来说服务价值是如何变化的？

4. 新的筒状包装更加坚固，如果你是奇比薯片公司的员工，你认为此要素将如何影响分类？

5. 你如果在汽车承运人分类委员会工作，并且注意到薯片重量与包装重量之间的关系发生了变化，那么这将如何影响产品的分类等级？

6. 奇比薯片公司自己拥有一辆用于本地运输的卡车，为双轴封闭式车厢，内部空间尺寸为 7 英尺×8 英尺×20 英尺，法律限重为 8 000 磅。卡车不可以超重，应如何对新型和旧型薯片进行组合运输（新薯片多少箱，老薯片多少箱）？（提示：使用表格来完成。）

【注释】

［1］John J. Coyle, Edward J. Bardi, and Robert A. Novack, Transportation, 6th ed, (Mason, OH: South Western, 2006).

［2］Ibid.

[3] http://www.nmffa.org/Pages/Nmfc.aspx.

[4] www.freightquote.com/howtoship/nmfc-freight-density.aspx.

[5] Derived from http://www.provisionlogistics.com/domestic-terms-sale.

[6] "Transport Buying Shifts from Mode to Metrics," Transportation and Distribution, January 2006, 34-35.

[7] http://works.pittohio.com/mypittohio/Itl/freight-claims.asp.

[8] Atlantic Coast Line Ry. Co. v. Roe, 118 So. 155.

[9] cerasis.com/2015/04/28/concealed-damage-claims/.

[10] John E. Tyworth, Joseph L. Cavinato, and C. John Langley, Traffic Managvment: Planninb Operations, and Control (Prospect Heights, IL: Waveland Press, 1991).

[11] Ibid.

[12] Information derived from CSX Transportation's Publication CSXT 8100, Terms and Conditions of Service and Prices for Accessorial Service, effective July 1, 2016.

[13] http://www.cscmp.org/sites/default/files/user_uploads/resources/downloads/glossary.pdf.

[14] Nico Michas, "Using Routing Guides to Reduce Costs," Traffic World, June 30, 2008, 6.

[15] William B. Cassidy, "Expediting Advantage," The Journal of Commerce, May 18, 2015, 58-62.

第14章 国际物流

学习目标

- 讨论宏观环境对国际物流的影响
- 解释国际单证以及销售条款和付款方式
- 辨别国际贸易专业组织独特的活动
- 阐明国际配送中的运输和库存相关因素
- 介绍物流绩效指数

鉴于21世纪全球贸易的巨幅增长，理解国际物流至关重要。的确，尽管在2008年和2009年全球经济增长放缓，但世界商品出口总值自21世纪以来已差不多增加了两倍，从2000年的大约6.2万亿美元增长到2014年的大约19万亿美元。[1] 从相对的角度来看，商品出口占**世界生产总值**（gross world product，所有国家国内生产总值之和）的比值也从2000年的大约12%增长到2014年的大约24%。[2]

国际物流（international logistics），即与跨国销售的货物相关的物流活动，主要出现在以下情形：

1. 企业将生产或种植的一部分产品出口，例如将造纸机出口到瑞典，将小麦出口到俄罗斯，将煤出口到日本。

2. 企业进口原材料（例如从加拿大进口木浆）或制成品（例如从意大利或日本进口摩托车）。

3. 货物在一个国家进行部分组装，然后运往另一个国家进一步组装或加工。例如，一个企业在美国制作出电子元件，然后将它们运往远东的一个自由贸易区，在那里利用低成本的劳动力进行装配，接着将装配好的零部件再运往美国，作为最终产品的一部分。

4. 具有全球化视角的企业，将几乎所有的国家都看成市场、原料供应地或者商品买卖或装配作业的地点。

5. 由于地理原因，一个国家的国内贸易要越过外国边境，通常是以保税的方式。例如，在底特律和布法罗之间，或美国低纬度的 48 个州和阿拉斯加州之间，途经加拿大往来的货物是以保税的方式运送的，也就是说负责这些货物的承运人要承担特殊的法律责任，将货物密封并确保在途经其他国家时不把它们拆开来进行销售或使用。以保税方式运送的货物在穿越别国时该国不征收正常关税。

本章首先探讨宏观环境对国际物流的影响，接着审视国际物流中三个与交易相关的关键因素，即单证、销售条款及付款方式。然后讨论关键的国际贸易专业组织，包括国际货运代理和出口打包行。之后探讨国际物流中的运输因素和国际贸易库存。本章最后讨论一个新兴的国际物流概念，即物流绩效指数。

14.1　宏观环境对国际物流的影响

宏观环境影响因素（macroenvironmental influences）指的是一个企业所面临的无法控制的力量和环境，包括文化、人口、经济、自然、政治和技术因素。[3] 虽然这些宏观环境因素在企业的国内市场也带来了各种挑战，但是在国内市场之外做生意时，挑战更大。例如，许多国家都有与空气污染有关的法律和法规，然而，这些法律和法规的性质以及它们强制执行的程度各个国家各不相同。

全面讨论所有的六种环境因素对国际物流的影响超出了本书的范围。为了让大家了解宏观环境因素对国际物流的影响，我们将讨论其中三个影响因素，即政治、经济和文化因素。

14.1.1　政治因素

对国际贸易的政治限制有很多种形式。很多国家禁止某些可能危及国家安全的运输，例如，美国不允许将军用设备或战略物资运往一些特定的国家，如伊朗和朝鲜。同样，个别国家可能会联合起来向另一个国家施压，要求该国不要成为那些可用于制造核武器的材料的积极供应商。一些国家会限制货币的流出，因为如果进口长期大于出口，那么一个国家的经济将会受到不利的影响。这些管制不涉及特定的商品而是为了限制货币的流出。所有的进口都会要求事先核准，到达的货物如果没有预先核准是不允许进入的。

一种比较常见的有关贸易的政治限制是**关税**（tariffs），或一些政府对某些产品进口所征收的税。关税的设立通常是为了保护本地的制造商、生产商或种植者，而且一旦建立起关税壁垒就不容易消除。有时，进口国征收的关税会根据产品来源国而不同，从国际采购的角度看，这会影响生产地的选择。

另外一组有关贸易的政治限制可以归类为**非关税壁垒**（nontariff barriers），指的是施加在进口产品之上的除关税之外的限制。[4] **进口配额**（import quota）就是一种非关税壁垒，它限制了在一段时间内从任何一个国家可以进口的产品数量（按数量或按价值）。国家的人口健康和安全问题常常给施加非关税壁垒提供很"便利的"理由。许多国家出于阻止植物和动物疾病传播的考虑，会检查各种商品或产品以确定它们不存在这些问题。如果发现物资受到了污染，那么在未清除干净之前是不能进关的。其他一些产品可能会因为不满足安全标准而被禁止进入。例如，因为日本存在地震的危险，所以要求所生产的立式冰箱即使在倾斜了差不多 10 度时还能保持竖立。

禁运（embargoes），或特定国家之间的贸易禁止，是另外一种有关贸易的政治限制，通常因政治关系紧张而导致。例如，美国和古巴的贸易从 20 世纪 50 年代后期就被禁止了。尽管 2015 年美国和古巴恢复了外交关系，但由于美国强烈的政治反对，贸易禁运不太可能在短期内解除。[5] 类似的情形还出现在以色列和许多阿拉伯国家之间。因为长期的政治关系紧张，它们之间停止了贸易，而且这种贸易禁止已经扩展到包括那些对以色列表示同情或提供支持的国家。

另一个影响国际物流的政治因素是联邦政府干预跨境贸易的程度。涉及对外贸易的企业会发现联邦政府在对外贸易中的作用比在国内交易中要大得多，结果是买卖双方不总能自由地签订适合双方需求的协议。其中部分原因在于大多数企业最初是在国内市场发展起来的，现行的所有政府规制都被看成是一个既定的因素。当一个企业向国外市场拓展时，它发现每个希望与之进行贸易的国家都有不同的要求。

从事国际物流的企业也了解联邦政府在国际运输中的干预比在国内运输中要多。其中一个原因是海运承运人和国际航空公司可以视为一个国家经济的延伸，而且它们的大多数收入都会流入那个国家的经济系统。对那个国家来说，国际运输起到了一种出口的作用，对该国的**国际收支平衡表**（balance of payments，记录一个国家国际金融交易的会计系统[6]）有利。然而，对于运输另一方的国家而言，影响则相反，因为该国必须进口该运输服务，这对该国的国际收支不利。一些国际收支状况很差的国家会签发一种进口许可证或通行证，条件是货物通过悬挂该国国旗的船只或飞机来运输，这意味着它进口的只是货物而不是运送货物所需的运输服务。[7] 像这样的情况就强制规定了承运人的选择。

联邦政府介入跨境贸易的另一个方面是，许多国家会提供补贴，培训自己的商船船长，负担建造商船的一部分成本，并从事其他活动来促进本国商船队的发展。政府也会通过**优先承运**（cargo preference）准则来支持自己的承运人，即要求一定比例的运输量必须由悬挂该国国旗的船只来运送。

过去，很多国际航空公司是由国家政府所拥有和经营的，例如印度航空公司（Air India）、中国国际航空公司（Air China）以及意大利航空公司（Alitalia，由意大利政府所有）。然而，在过去的 30 年，一些政府所拥有的国际运输企业已经转为私营，或称为私有化。例如，英国航空公司（British Airways，前身是英国海外航空公司（BOAC））在 20 世纪 80 年代后期被私有化，肯尼亚航空公司（Kenya Airlines）在 20 世纪 90 年代中期被私有化，斯里兰卡航空公司（SriLankan Airlines）在 20 世纪 90 年代后期被私有化。

14.1.2　经济因素

许多不同的经济因素，例如汇率波动、市场规模、收入、基础设施、经济一体化等，都会影响国际贸易，继而影响国际物流。让我们思考一下汇率波动或货币相对价值的变化。当一个国家的货币相对其他货币贬值时，进口产品的成本变高，但出口通常会猛增；当一个国家的货币相对其他货币坚挺时，会出现相反的情形。

人口是市场规模的一个代表指标，你可能记得第 9 章曾提及，中国和印度是世界上两个人口最多的国家。事实上，中国和印度各有超过 12 亿的人口，两国合起来占了世界人口的约 1/3。从人口的角度来看，因其绝对和相对规模，中国和印度可能是最具吸引力的市场。

尽管中国和印度的国内生产总值在过去 15 年快速增长，但中国的人均国内生产总值约为 14 300 美元，印度的人均国内生产总值约为 6 300 美元。[8] 人均国内生产总值数据对在一个国家可买到的产品可能存在潜在影响。在人均国内生产总值相对较低的国家，如印度，一种营销的策略是使用一次性产品包装，称为小袋，因为人们可能买不起大批量的产品。从物流的角度看，一次性产品包装需要不同的外包装、更容易丢失、相较于大批量销售的产品来说更容易被盗。

国家的物流基础设施是另一个会影响国际物流的经济因素。在第 12 章中我们了解到，巴西、中国、德国、尼日利亚和美国的运输基础设施差异非常大，这些差异对跨境贸易有重要影响。例如，10 000 英尺机场跑道的缺乏会限制一个国家参与较高价值产品长距离国际运输的能力。仓储是另一种关键的物流基础设施，在不同国家也有极大的差别。例如，与其他西方国家相比，中国和印度的仓储更倾向于劳动密集型。同样，印度大部分仓库都缺乏仓储管理系统和自动数据收集工具，比如，条形码和扫描仪的应用比较有限。[9]

经济一体化是我们将讨论的最后一个影响国际物流的经济因素。存在不同程度的经济一体化形式，从自由贸易区（如北美自由贸易区），其关注重点是消除参与国之间的贸易壁垒，到经济联盟（如欧盟），其实现了成员国之间经济政策一体化，允许货物、服务以及生产要素在成员国之间自由流动。[10]

全面讨论经济一体化超出了本书的范围，很多国家还在继续探索不同类型的经济一体化形式。例如，在本书出版之时，阿尔巴尼亚、马其顿、黑山、塞尔维亚和土耳其正申请加入欧盟。目前欧盟共有 28 个成员国，2013 年批准加入的克罗地亚是其第 28 个成员国。在 2016 年年中，英国投票决定退出欧盟，英国这一决定在未来几年将会对物流产生影响。

经济一体化潜在的物流影响包括单证要求减少、关税降低以及分销网络的重新设计。例如，在第 9 章中曾提及，波兰和捷克已成为欧盟东扩最热衷的配送设施选点。

14.1.3 文化因素

文化是我们要讨论的最后一个影响国际物流的宏观环境因素。文化因素包括宗教、价值观、礼仪、信仰和语言等。我们将探讨三个文化因素——语言、国家法定假日和时间取向，以及它们对国际物流的潜在影响。

关于语言，搬运工可能无法阅读和理解出口国的语言，在一些国家搬运工是文盲也并不奇怪。因此，必须使用警示性的符号（见图 14－1）而不是文字。海运船舶上的货物运输通常会有识别托运人、收货人、目的地和件号（在多件次的货运中）的显著标记。一些在国际运输中使用的纸板箱和板条箱的标记看起来就像牛身上的烙印，这通常是托运人的标记，这个标记的图样也会出现在单证上。托运人标记可用于码头工人不识字但又需要一种方法将单证和货物放在一起的场合。

图 14－1　用于包装出口货物的一些符号

资料来源：Fotolia.

和国内货物一样，还必须多加小心，让那些易遭偷盗的物品不被识别出来。这可能需要每几个月变换一次符号。图 14-2 展示的是一个有跨境贸易运输所要求的各种标记的包裹。与某次装运相关的提单、装箱单、信用证以及与装运相关的其他单证中都必须包含同样的标记。注意，箱子上的标记同时用英寸和毫米表示，也同时给了重量和尺寸，因为密度是决定国际运输费用的一个因素。

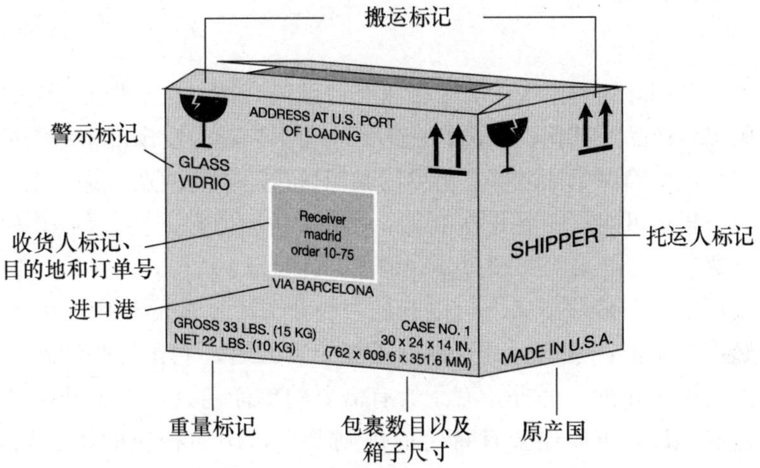

图 14-2 一个标记为出口的包裹

资料来源：© Pearson Education.

国家节假日是另一个会对国际物流的有效性和效率产生影响的文化要素。例如，中国的春节不是很多西方人所熟知的 1 月 1 日。中国春节是农历新年，因此每年的新年开始日期都不一样（见表 14-1）。另外，正月初一到正月十五期间，许多企业是不上班的，这种情况会影响这个时间段内中国国内以及进出中国的货运。

表 14-1 2018—2023 年中国春节的开始日期

年份	开始日期
2018	2 月 16 日
2019	2 月 5 日
2020	1 月 25 日
2021	2 月 12 日
2022	2 月 1 日
2023	1 月 22 日

资料来源：www. chinesenewyearsinfo/Chinese-new-year-calendar. php.

关于时间取向，许多文化中将时间看成是线性的，也看成是一种可以管理、分配、使用和浪费的资源。在这种时间取向下，守时是一个关键属性且可被操作化为具体的物流指标，如准时服务，并且可以通过准时生产系统的实施来实现。然而有的国家可能有着完全不同的时间取向。例如一些国家将时间看成是循环的而不是线性的。在这种观点下，今天与昨天并没有太多不同。类似地，明天与今天也没有太多不同。从运作的角度来看，循环时间取向意味着今天没有完成的事可以明天接着干，“时间进度计划”（例如生产计划、拣货与交付计划）常常被看成是指导性的而非绝对的。

14.2 国际单证[11]

在国际物流系统中，单证流和产品流一样，也是物流不可分割的一部分。从本国出口产品到其他国家进行销售的企业很快就会发现准备必需的单证，将单证汇总起来，并确保单证能够在需要的时间送达需要的地点，是一个巨大的挑战。尽管国内的货运可能只需要几种单证，但出口货运通常需要大约 10 种单证。对于有些跨境贸易，可能会需要超过 100 种不同的单证！

单证在某种意义上可以起到一种非关税壁垒的作用，因为在入境点需要所有必需的单证，没有做到这点则可能导致延迟，或在某些情况下会导致货物被进口国的海关扣押。另外，有了所有需要的单证还只是一个开始，出口企业如何填写这些单证，可能还会有特定的细则要求，例如相应的语言以及适当的字体和字号等。

鉴于国际货运可能会使用到的单证非常多，这里只介绍几种常用的单证。我们将重点介绍商业发票、原产地证书、托运人出口报关清单以及国际货物托运书（托运书）。**商业发票**（commercial invoice）本质上类似于国内的提单，概括了整个交易并应当包含一些关键信息，如对货物的描述、销售条款和付款方式（将在下一节讨论）、发货数量以及货运方式等。商业发票通常是提交给海关部门的最重要的单据。**原产地证书**（certificate of origin）明确说明了制造该产品的国家，其可能是政府出于控制的目的所要求出具的或出口商为了证明生产地点而提出的。

托运人出口报关清单（shipper's export declaration，SED）包含了有关的出口交易材料，例如运输方式、交易参与者以及出口物的描述。SED 往往是一个国家官方出口统计的基础。**国际货物托运书**（shipper's letter of instruction，SLI）通常和 SED 附在一起，提供明确的货运声明。例如，一份 SLI 可能简要地说明了哪一方应该收到哪些单证、货运的方式或路线、所购买的保险种类以及采用了哪家保险公司。

在对国际货运有关的单证要求进行小结之前，还应该提一下自由贸易协定。尽管一些自由贸易协定减少了对单证的要求，但另一些实际上导致了单证的增加，这可能违背了这些协定的初衷，即促进参与国之间的贸易往来。

例如，让我们来看一下 2005 年生效的中美洲自由贸易协定（CAFTA）。为了获得该协定中所规定的有利关税，企业需提供大量的单证，首先是一份详细的原产地证书，包括不同供应链参与者（如供应商和生产商）的宣誓书。相比起来，对从中国进口的产品所要求的单证则少得多。[12]

14.3 销售条款

决定**销售条款**（terms of sale）指的是在谈判中工作的各方，仔细考虑可能的物流渠道并决定买卖双方移交以下内容的时间和地点：

1. 实体货物（物流渠道）。
2. 支付货款、运费以及在途货物的保险（财务渠道）。
3. 货物的法定所有权（所有权渠道）。
4. 所需的单证（单证渠道）。
5. 控制或监管在途货物的责任，如牲畜运输情况下（物流渠道）。

可以从日历时间、地理位置或完成某些任务来对移交作明确说明，必须同时考虑时间和地点。

20 世纪 30 年代，国际商会（International Chamber of Commerce）制定了国际货运的销售条款，并定期进行修订。最近一段时间以来，这些销售条款，通常被称为**国际贸易术语解释通则**（Incoterms），会在每一个新的十年开始时实施，例如 Incoterms 1990 和 Incoterms 2000。最新的修订版，Incoterms 2010，于 2011 年 1 月 1 日生效，它体现了全球贸易的快速扩张，尤其关注提高货物安全和跨境运输的新趋势。[13]

Incoterms 2010 的两个关键变化是：将条款按运输方式进行了组织；在国际和国内运输中都使用这些条款。对于前者来说，Incoterms 现在被分为组 1（适用于任何运输方式）和组 2（只适用于海运和内河运输）。在接下来的部分，我们将列举并描述这两组国际贸易术语解释通则。[14]

14.3.1 组 1：适用于任何运输方式的条款

工厂交货（EXW）

卖方履行其义务，让买方在其经营场所或其他指定地点（例如工厂、仓库等）提货。

买方承担从卖方所在地提货时开始，直到产品运送到买方所在地为止的所有风险和费用。

货交承运人（FCA）

卖方将已办理出口清关的货物交给买方规定的承运人或被授权在卖方处或其他指定地点提货的另一方。买方承担将货物运送到最终目的地的所有风险和费用，包括交给承运人后的运输以及所有将产品输入到其他国家的海关费用。

运费付至（CPT）

卖方办理货物出口清关手续并在指定的装运地点将货物交付给卖方指定的承运人或其他人。卖方负责将货物交付到指定目的地相关的运输费用，但不负责购买保险。

运费加保险费付至（CIP）

卖方办理货物出口清关手续并在指定的装运地点将货物交付给卖方指定的承运人或其他人。卖方负责将货物交付到指定目的地相关的运输费用和最低保险保障。

运输终端交货（DAT）

卖方办理货物出口清关手续并承担在指定的目的港或目的地交货和卸货相关的所有风险和费用。买方负责自那时起的所有费用和风险，包括在指定的目的地国办理货物进口清关手续。

目的地交货（DAP）

卖方办理货物出口清关手续并承担将货物交付至指定的目的地所有风险和费用（不包括卸货风险和费用）。买方负责卸货及在指定目的地国办理货物清关的所有费用和风险。

完税后交货（DDP）

卖方承担将货物交付至指定目的地的所有风险和费用，完成卸货和进口清关手续。

14.3.2　组2：只适用于海运和内河运输的条款

船边交货（FAS）

卖方办理货物出口清关手续，在指定的装运港将货物交到船边，即完成交货。买方必须承担自那时起的一切风险和费用。

船上交货（FOB）

卖方办理货物出口清关手续，卖方将货物装上买方指定的船只，在装运港船上交货。货物在装运港被装上指定船时，风险即由卖方转移至买方。买方必须承担自那时起的一切风险和费用。

成本加运费（CFR）

卖方办理货物出口清关手续，在装运港船上交货。卖方承担将货物运至指定目的港的运费。但在装运港装船后货物的风险就由卖方转移至买方。

成本、保险费加运费（CIF）

卖方办理货物出口清关手续，在装运港船上交货。卖方承担将货物运至指定目的港的运费和保险费用。卖方的保险要求只是最低保险保障范围。买方负责在指定目的港卸货及货物进口清关相关的所有费用。一旦货物在装运港转船，风险就从卖方传递到了买方。

虽然 Incoterms 的使用不是强制性的，但它们普遍地被司法当局以及世界各地的买家和卖家接受。另外，使用 Incoterms 以前的版本是可以接受的，但双方应该清晰地指明使用的是哪个版本（例如，Incoterms 2010，Incoterms 2000，Incoterms 1990 等）。

14.4 付款方式[15]

就国际贸易而言，**付款方式**（methods of payment）指的是买方付款给卖方的方式。付款方式在国际物流中的挑战性比在国内物流中要大得多。国际买方和卖方的目标与国内买方和卖方的目标几乎是一样的：买方想拿到已付款的产品，卖方想得到款项。然而，国际贸易变幻莫测，例如运输的延迟以及特定国家经济与政治风险，会影响成功达成这些目标的可能性。另外，不正确的国际运输单证以及信息不正确的单证都会导致卖方得不到买方付款。

存在四种不同的国际支付方式——预付现金、信用证、汇票和记账贸易。与销售条款相似，不同的付款方式会给涉及的各方带来不同的风险。例如，尽管预付现金对于卖方来说风险最小，但对买方的风险非常大。如果已付款的产品未收到怎么办？又比如，**记账贸易**（open account），即卖方将货物和所有单据都直接发给了买方并信任买方会在某一日期前付款，其对于卖方来说潜在风险非常大，对买方来说风险最小。

持续的全球经济不确定性导致对记账贸易融资的信贷投放明显减少，从而引起信用证作为一种国际付款方式被再度使用。[16] **信用证**（letter of credit）是由银行开立的，倘若卖方遵守了特定交易的适用条款和条件，则承诺对卖方付款。图 14－3 所示的是一个信用证的样本。

国际运输的付款方式应该在决定运输价格时确定，而且付款方式会受一些关键因素的影响，例如产品将销往的国家以及卖方对买方风险的评估。例如，就产品将销往的国家而言，处于政治或经济不稳定的国家的买方可能需要通过预付现金的方式来支付。卖方对买方风险的评估可以基于与买方以往的交易经验、与买方进行过贸易的其他公司提出的相关证明以及买方的信用评级（如果有的话）来进行。

DISTRICT OF COLUMBIA
CAPTIVE INSURANCE COMPANY
IRREVOCABLE LETTER OF CREDIT

Letter of Credit No. (00001)

A.B.C. Bank
Date Address
City, State

Commissioner
Department of Insurance, Securities and Banking
Attention: Joyce Lewis
810 First Street, NE, Suite 701
Washington, DC 20002

Commissioner:

1. We hereby establish our IRREVOCABLE LETTER OF CREDIT in your favor for the account of ______________________ up to the aggregate amount of ______________ available by your draft(s) drawn on us, at sight, bearing the number of this IRREVOCABLE LETTER OF CREDIT No. (00001). This LETTER OF CREDIT shall expire at our Letter of Credit Department, ____________________ at our close of business on ____________________________ unless as hereinafter extended.

2. This LETTER OF CREDIT is issued pursuant to the provisions of Section 7 (d) of the Captive Insurance Company Act of 2004, and on behalf of the above mentioned ______________________ (name of captive) which is applying for a certificate of authority to engage in the insurance business in the District of Columbia as a captive insurance company. We understand and agree that ______________________ (name of captive) has no obligation to reimburse us and we have no right of set off against any funds held by us for ___________________ (name of captive) in the event this LETTER OF CREDIT is drawn down, in whole or in part. By issuing this LETTER OF CREDIT, we waive any common law, statutory or contractual right of reimbursement or set off against ____________________ (name of captive) that may arise in the event this LETTER OF CREDIT is drawn down, in whole or in part.

3. It is a condition of the LETTER OF CREDIT that it shall be automatically extended for additional periods, each of one year, unless at least ninety calendar days prior to the then relevant expiration date we have advised you in writing that we elect not to extend. In that event, you may draw hereunder on or prior to the then relevant expiration date, up to the full amount then available hereunder, against your sight draft(s) on us, bearing the number of this LETTER OF CREDIT.

4. It is a further condition of this LETTER OF CREDIT that each automatic extension shall be measured from the then relevant expiration date, even though such date is not a business day in the District of Columbia for this Bank. It is also a condition of this LETTER OF CREDIT that, for the purpose of drawing hereunder, if the then relevant expiration date is a nonbusiness day for our Bank, drawing may be made not later than our next immediately following business day.

5. This LETTER OF CREDIT sets forth in full the terms of our undertaking, and such undertaking shall not in any way be modified, amended or amplified by reference to any note, document, instrument, statute, regulation or agreement referred to herein or in which this LETTER OF CREDIT is referred to or to which this LETTER OF CREDIT relates and any such reference shall not be deemed to incorporate herein by reference any note, document, instrument, statute, regulation, or agreement.

6. Each sight draft so drawn and presented shall be promptly honored by us if presented on or prior to the above stated expiration date or any extension thereof as above provided. Presentation under this LETTER OF CREDIT must be made at ________________ located at ___________ during normal banking hours.

Optional Provision

7. Unless otherwise expressly stated, this credit is subject to the Uniform Customs and Practices for Commercial Documentary credits fixed by the International Chamber of Commerce, ICC Publications No. 500 (1993 Rev,).

Very truly yours,

图 14-3　信用证

资料来源：DC. gov.

14.5　国际贸易专业组织

涉及国际物流的企业很少仅依赖内部的人员来管理所有的运输操作。一些国际贸易专业组织逐步发展起来，大多数涉及国际贸易的企业最终都会使用这些专业组织所提供的一项或几项服务。本节将讨论几种国际贸易专业组织。

14.5.1　国际货运代理

国际货运代理（international freight forwarders）是专门从事船运或者空运的专业化组织。不管是船舶运输的专业化组织还是航空运输的专业化组织，它们的业务功能通常是一样的。下面将讨论它们的主要功能。

信用证承兑的建议

当客户收到一个信用证时，该文件会包含很多卖方必须满足的条件。货运代理会确定该客户能否满足这些条件。如果不能，它将向客户建议该信用证必须进行修改。在该信用证被进一步处理之前，必须正式通知买方和买方的银行。

向承运人订舱

从国际承运人那里获得舱位通常要比从国内承运人困难，原因有以下几点：第一，船只或飞机的出发频次较低，而且飞机或船只的装载容量有严格限制；第二，安排与其他承运人的联运更困难，而且任何一个托运人与国际承运人的讨价还价能力通常比起与国内承运人的讨价还价能力要弱；第三，货运代理人会密切关注承运人可用舱位的变化，而且相较于单个托运人，货运代理人能带给承运人更大的业务量，因此当舱位比较紧张时货运代理人拿到舱位的可能性更大。

准备出口申报单

美国政府出于统计和控制的目的，要求填写出口申报单，而且几乎每批装运都必须准备出口申报单并进行申报。

准备空运单或提单

国际空运单是一种完全标准化的单证，海运提单则不是，后者会由于货运的远洋航线、经过的沿海区域不同以及多种其他情况而有所不同。海运提单经常是可协商的，这意味着无论是谁，只要合法拥有提单就可以提取货物。因为几乎每一条远洋航线都有自己的提单，所以货运代理的专业知识是准确填单所必需的。

获得领事单证

领事单证是指获得进口国对货物进入的许可。进口国使用领事单证来确定货物经过海关时应征收的关税。

安排保险

与国内货运不同，国际货运必须投保，或者是对每次单独装运投保，或者是托运人（或货运代理）对所有的装运有一个总括保单。国际航空公司按名义费率提供保险。船运的保险费率更高，而且整个过程非常复杂，因为某些做法在海上是可以接受的。例如，如果船只处在沉没的危险中，船长可以丢弃一些货物（抛进大海）以保持漂浮。余下货物的货主以及船主则必须分担对货物被抛弃掉的托运人的赔偿费用。

准备和发送发货通知单和单证

货物销售所涉及的财务交易应与货物的实体流动密切协调。为了确保货物交付时卖方能得到支付，一些相当复杂的惯例和操作程序和步骤已发展形成。国际货运代理在单证准备和交易阶段承担着托运人的角色，当货物跨越国际边境时必须准备好某些单证。

在出口事务上起总咨询顾问的作用

在应对新产品、新销售条款、新市场或新法规时，问题会接连不断地产生。一个好的国际货运代理知道答案或知道如何找到答案。例如，托运人有一些类似的货物需运输到同一市场时，其中某些手续是重复性的，当托运人自己的出口部门办理这些手续的成本比货运代理代办所收取的费用要低时，一个诚实尽责的货运代理会建议托运人自己办理这些手续。

国际货运代理的收入主要来自三个方面：类似于国内的货运代理，它们按批发方式购买舱位然后以零售方式卖出；通过合并货运，它们可以从每磅更低的价格中获利；大多数承运人会根据货运代理为其带来的货运收入而给予货运代理相应的佣金。另外，货运代理为准备单证、进行研究等收取费用。

14.5.2 无船公共承运人

人们经常将另外一种国际物流中介机构，即**无船公共承运人**（nonvessel-operating common carrier，NVOCC），同国际货运代理相混淆，因为这两种中介机构都是合并来自不同托运人的货物然后利用运量与海运承运人谈判从而达成有利的运输费率。在不同的国家，无船公共承运人的法律责任与国际货运代理的法律责任通常各不相同。例如，美国要求无船公共承运人和国际货运代理两者都必须经美国联邦海事委员会（Federal Maritime Commission）许可才能成为海运中介机构。按美国联邦海事委员会的说法，无船公共承运人是公共承运人，负有公共承运人服务和交付的义务。从托运人的角度看，无船公共承运人是一个承运人，从海运承运人的角度看，无船公共承运人是一个托运人。

在美国，虽然一个公司可以同时拥有无船公共承运人和国际货运代理两种许可，但它不能在同一次运输中同时充当无船公共承运人和国际货运代理的角色。一般有三个关键因素可用于将无船公共承运人与国际货运代理区别开来：（1）无船公共承运人可以发行自己的提单；（2）无船公共承运人可以设定自己的海运和多式联运价格；（3）无船公共承运人可以与海运承运人签订服务合同来购买运输服务。[17]

14.5.3　出口管理公司

有时候，寻求出口的制造商会使用一个**出口管理公司**（export management company，EMC）的服务，这种公司充当着制造商出口销售部门的角色。EMC 可以提供各种增值活动，包括对未来有意进入的国家进行市场研究，开发合适的分销渠道，用外语处理销售信函，确保符合外国的贴标要求等。当为一家美国企业处理海外销售时，出口管理公司或者用自己的账户进行买卖，或者为美国制造商提供有关每个潜在买家的信用信息，让其能够判断是否要冒这个险。

一家出口管理公司通常专门从事某种产品或对某个国家（地区）的出口。例如，Five Star NDT 管理公司将美国制造的产品出口、推销和销售给墨西哥的杂货连锁店和零售商店。为此，Five Star NDT 代表了如妃尔斯夫人饼干公司（Mrs. Fields Cookies）和 Marie Callenders 公司这样的一些美国制造商，这些制造商的产品在墨西哥的一些零售店（如 Benavides，Calimax 和沃尔玛墨西哥公司）销售。[18]

14.5.4　出口打包行

当出口商缺少设备或专门技能自己做货运包装时，**出口打包行**（export packers）能提供定制化的服务。除了一些包装的销售功能外，出口包装还涉及两种截然不同的目的。第一，使货物能够顺利地通过海关。对于一个根据货物及其包装物合计重量来征收关税的国家，这意味着应该选择重量轻的包装材料。对于邮寄的货物，它可能意味着应该制作一种另外带有小封盖的信封，这样海关检查员能够打开封盖查看里面的内容而不用打开整个信封。对于装入板条箱中的机器，这可能意味着应该使用有间隔的板条而不是完全封死的结构（海关检察员可以通过板条之间的缝隙来观察和探查从而满足他们的好奇心）。

出口包装的第二个目的是保护产品，因为出口运输的历程几乎总是比国内运输的更复杂。对于很多企业，传统的海运包装方式是将产品放入其国内包装中后再装入一个木制的容器中。与国内货运相比，远洋货运会遭受更多的潮湿损害以及更加极端的温度变化。例如，途经高温地区的罐装品会结水珠，从而导致罐头生锈以及商标脱落。金宝汤公司（Campbell's Soup）在产品的纸箱中加入了干燥剂，否则在海运航程中罐头上会出现锈斑。[19]

14.6　国际物流中的运输和库存

在许多情况下，国际货运的运输距离比国内货运要长得多。运输距离的增加通常意味着买方或卖方必须选择水路或航空运输，本节将详细介绍海洋运输和国际航空运输，最后还将讨论国际物流中的地面运输。

在我们讨论海洋运输和国际航空运输之前，大家应该认识到运输时间和成本之间的权衡。例如，空运一批货物从上海到洛杉矶可能仅需一两天时间，经水路运输则可能需要 15～20 天的时间，空运成本可能比水运成本高 2～5 倍。

另外，若在每次运输行程的起运港和目的港没有完全相同的搬运设备，那么国际运输不可能是有效或高效的。因此，除非起运港和目的港都装备了适当的集装箱搬运设备，否则集装箱运输是行不通的。说到这里不得不提及的是，在一些国家某些产品仍然是靠搬运工用肩膀（或头）扛着一个个袋子沿着步桥走上走下进行装载或卸货。由于装卸时间增加，这种人工装货和卸货方式效率低下。这种情况通常出现在非常贫穷的国家，人工货物搬运给很多人提供了工作（从而获得收入）的机会。

14.6.1 海洋运输

如果不住在一个靠近海港的地方，你就不可能对水路运输在国际贸易中的重要性作出一个正确的评价。一个经常被引用的统计数据是，大约 60％的跨境货物是通过水路运输来运送的。表 14－2 中的数据也说明了水路运输在国际贸易中的重要性。表中提供了 2015 年世界 10 大最繁忙集装箱港口的数据，吞吐量按 20 英尺国际标准箱单位（TEU）测量。正如表 14－2 中所示的，世界上最繁忙的集装箱港口上海，在 2015 年搬运了超过 36 000 000 个标准箱；10 大最繁忙集装箱港口中有 9 个位于亚洲，其中 7 个位于中国。注意，欧洲的港口和美国的港口未能跻身于 10 大最繁忙的集装箱港口中。

表 14－2　世界最繁忙集装箱港口（2015 年）

港口	国家	TEU 吞吐量
上海	中国	36 540 000
新加坡	新加坡	30 920 000
深圳	中国	24 200 000
宁波	中国	20 630 000
香港	中国	20 070 000
釜山	韩国	19 450 000
青岛	中国	17 470 000
广州	中国	17 220 000
杰贝阿里/迪拜	阿联酋	15 600 000
天津	中国	14 110 000

资料来源：Marsha Salisbury，Journal of Commerce，August 22，2016.

另外，你可能不知道有各种类型的船舶可用于国际货物的水路运输。例如，谷物、矿石、硫黄、糖、废铁、煤、木材和原木等干散货物，通常是以包租的形式以整船批量的方式运送。图 14－4 显示的是一艘散货运输船。另外还有一些专业化的货船，它们通常由托运人所拥有。例如，都乐食品公司（Dole Food Company）拥有并经营着大约 20 艘冷藏船只来运输该公司自己生产的香蕉、菠萝等各种水果。液体散装货物，例如石油，通常是通过油轮来运输的。这些油轮要么是石油公司所拥有的，要么就是石油公司从投资船舶的个人那里租用（包租）的。

另外一种综合了几种类型货船特征的船舶是多隔舱零担油船。这些油轮具有 50 个以上的不同油舱，体积从 350～2 200 立方米不等。每个油舱都可以装载一种不同的液体，并通过单独的管道系统进行装卸。这些油舱有不同类型的涂层，其中一些是温控的。有些油轮是环球航行的，运载棕榈油、椰子油、化学制品和精炼的石油产品。

图 14－4　一艘远洋散货运输船正在通过最左边的一台机械设备装载出口的煤炭

资料来源：David Gaylor/Shutterstock.

最后，来往于欧洲和美国、欧洲和亚洲以及美国和亚洲之间的货物主要是通过集装箱船运输的。托运人或货运代理通常提供整集装箱的货，如果托运人提供的是拼箱货物，那么货船经营者必须将所有这些拼箱货物装进集装箱，这样这些货物才能被装载到集装箱船上。在大型的集装箱船上，有些集装箱被放置在甲板层上面，这能增加货船的体积装载能力。

在前面章节我们曾指出集装箱船的装载能力在持续增加。货船尺寸的增加促进了**国际航运中心**（load centers）或每周有成千上万个集装箱到达和离开的主要港口的发展。随着货船尺寸的增加，在一个地理区域停靠多个港口将变得更加昂贵，因此大型集装箱船的经营者希望在一个地理区域只停靠一个港口。国际航运中心可能会影响国际运输业的格局，因为一些港口将会被降级，为国际航运中心提供支线运输服务。另外，国际航运中心也可能会影响补充运输提供商，例如卡车和铁路，尤其是如果现有的公路和铁路基础设施不足以适应这些大型港口将带来的更高的货物量时。

14.6.2 航运公会和联盟

从 19 世纪 60 年代中期起，海运价格开始由**航运公会**（shipping conferences）或由在某些贸易区域之间（如亚洲和欧洲）运行的所有海洋运输经营者的卡特尔组织（同业联盟）来确定。以往航运公会同时提供价格的稳定性以及保证舱位的可获得性，主要是因为会员承运人集体确定价格和服务水平并且不用担心反垄断诉讼。

买方（托运人）和卖方（承运人）以及卖方团体（公会或联盟）之间的关系在过去的 20 年有了显著变化，这些关系目前非常不稳定。在某些地区，这种贸易关系已经从一个严格管制的环境转到了一个基本上不受管制的环境，也就是说在保密合同协议中托运人和承运人可以自由地构建最适合它们的贸易关系。

特别是自 20 世纪 90 年代以来，在美国和欧洲，航运公会的影响一直在减弱。例如，尽管 1998 年的《美国海洋航运改革法》（U. S. Ocean Shipping Reform Act，OSRA）没有明确禁止航运公会，但 OSRA 允许海运托运人和承运人商议保密合同，这严重破坏了公会的权力并减低了它的号召力。另外，在 2008 年底，欧盟取消了航运公会为欧盟国家之间的海洋运输集体定价的反垄断豁免权。

20 世纪 90 年代中期，**海运承运人联盟**（ocean carrier alliances）开始在集装箱贸易中形成，在这种联盟中承运人保持各自的身份但在业务领域中相互合作。这些联盟给参与会员提供两个主要的好处，即货船舱位的共享以及为托运人提供一个更广泛服务网络（沿途停靠港）的能力。尽管联盟不是公会，但它们的规模能够让联盟在与托运人、港口码头经营者以及相连的陆地承运人之间的交易中施加相当大的影响力。

近年来，由于收购、兼并和破产，各主要海运承运人联盟的构成发生了很大的变化。截至 2016 年中期，主要有三大海运承运人联盟：2M 联盟（由马士基集团（A. P. Moller-Maersk）、韩国现代商船株式会社（Hyundai Merchant Marine）、地中海航运公司（Mediterranean Shipping Company）组成）；大洋联盟（Ocean Alliance，由法国达飞轮船（CMA CGM）、中国远洋海运集团（China Cosco Shipping Group）、长荣海运（Evergreen Marine）以及东方海外（Orient Overseas Container Lines）组建）；THE Alliance 联盟（由赫伯罗特公司（Hapag-Lloyd）、川崎汽船株式会社（Kawasaki Kisen Kasha（K Line））、阳明海运（Yang Min Marine Transport）、商船三井（Mitsui O. S. K. Lines（MOL）、日本邮船（Nippon Yusen Kabushiki Kaisha（NYK Line））组成）。

14.6.3 国际空运

国际空运业务存在三种类型：包租飞机，专门从事运载包裹的综合航空承运人，以及定期航班承运人。当然包租整架飞机是昂贵的，但有时该费用也是合理的。例如，包租飞机可以用在牲畜和纯种动物的运输上，一次将 2 400 头牛从美国运送到俄罗斯南部沃罗涅日地区的特殊运输，使用一架波音 747 货机进行了 6 次背对背连续飞行，每次运输约 400 头牛。[20]

国际空运的第二种类型专注于提供包裹服务。我们大家熟知的承运人 UPS、FedEx 和敦豪国际（DHL）等就是提供这种包裹服务的。这些公司提供文件和小包裹的地面收取和投递服务，因为它们拥有介于这两者之间的所有交通工具和设施，所以它们被称为综合承运人。这些包裹服务对国际物流具有特殊的意义，因为它们通常可以在许多主要的地点之间提供最为快捷的服务。它们也经常被用来递送国际物资流通中所产生（也是很重要的一部分）的单证，虽然很多国际贸易单证现在可以通过电子方式进行传送。这些综合承运人也为它们的客户提供单证服务。

定期航班的主要功能是载客，货运通常仅是一个次要因素，货物通常是携带在客机的腹部。话虽如此，也有一些提供定期航班的航空公司会在某些市场使用全货运飞机（称作货机）。例如，汉莎，一家德国的航空公司，在德国法兰克福和中国的上海之间，以及法兰克福和印度的德里等其他直飞城市之间开通直达货机。

以往定期国际航空承运人的航线是通过国家之间的谈判确立的，这些谈判通常涉及两个国家（称作双边协定）。在这些双边协定中可以商谈的问题包括：两个国家之间的航班数量，所使用的飞机类型，所提供的座位总数，所服务的地区或城市，将为特定地区或城市间服务的承运人等。

虽然传统的双边航空协定大大促进了国际航空运输的发展，但这些协定就像上一段所描述的，实质上往往相当严格。为此，**开放领空协定**（open skies agreements）在 21 世纪变得日益流行，这种协定提供了更开放的国际航空环境并限制联邦政府的介入。其中最有名的开放领空协定是生效于 2008 年 3 月的美国和 27 个欧盟成员国之间的开放领空协定。这个协定的一项关键条文就是，任何欧盟的航空公司以及任何美国的航空公司都可以在欧盟的任何地方与美国的任何地方之间飞行。[21]

14.6.4 地面运输考虑因素

虽然海洋运输和航空运输在国际贸易中起关键的作用，尤其是在长距离的货物运输中，但理解地面运输的一些考虑因素也非常重要。例如，在某些国家公路货运是由卡车（汽车承运人）来完成的，在另一些国家，公路货运可能通过自行车或动物拉动的车来完成。

国际物流中地面运输的考虑因素包括，理解一个国家的基础设施以及该国地面运输模式的运作特征。例如，关于基础设施，美国的公路里程排名世界第一（大约 650 万公里），随后是印度（大约 470 万公里）和中国（大约 410 万公里）。然而，跟美国的 75 000 公里高速公路和中国的 65 000 公里高速公路相比，印度只有 2 000 公里的公路可以归类为高速公路。[22] 但公路里程数也只是一个方面。另外，比如说从德里到加尔各答的车程大约是 1 400 公里，印度的承运人可能需要超过 60 小时来完成。[23] 相比之下，一些美国的汽车承运人承诺 1 400 公里路程的运输时间大约是 30 个小时。

除了基础设施外，理解一个国家地面运输模式的运作特征也非常重要。例如，从俄亥俄州克利夫兰到佛罗里达州奥兰多的汽车运输货物在跨州界（例如从俄亥俄州进入西弗吉尼亚州，从西弗吉尼亚州进入弗吉尼亚州）行进时，几乎不会遭遇延迟，但在其他的国家跨州（省）的汽车运输货物在跨州（省）界行进时会经受长时间的延迟。延迟的一个原因可能是某些国家会将一个汽车承运人的业务限制在一个特定州（省）的边界内。结果是，每当跨越边界进入另一个州（省）时，跨州（省）的货物必须从一个公司的车辆转移到另一个公司的车辆上。延迟的另一个原因可能是在某些国家卡车从一个州（省）进入到另一个州（省）时需要接受检查。这可能包括对所有货物的实物清点和检查、计算和检验、单证检查、车辆检查以及驾驶员检查等。请记住，不论什么原因，延迟都会使运输时间延长和成本增加。

在其他国家，服务性能是另一个与地面运输相关的重要模式运作特征。例如，在中国的铁路运输中，货物的优先级比乘客要低。中国的铁路运输也面临搬运技术欠佳的问题，导致铁路运输的货物损坏率高于卡车运输。在某些情况下，托运人会在火车上安排自己的保安，以保护其货物免遭盗窃。[24]

在一些国家，地面运输的一个替代方案是**短途海运**（short-sea shipping，SSS）。短途海运指的是利用内陆和沿海水路将货物从国内的港口运送到目的地的水上运输。[25] 短途海运在欧洲得到了更广泛的接受和运用（如图 14－5 所示），而且欧盟一直倡导海洋高速公路的概念，其指定了 4 条明确定义的、涉及欧盟成员国的短途海运航线。短途海运潜在的好处包括减少铁路和卡车交通拥堵，减少公路损坏，减少卡车相关的噪声和空气污染以及提高航道的利用率。

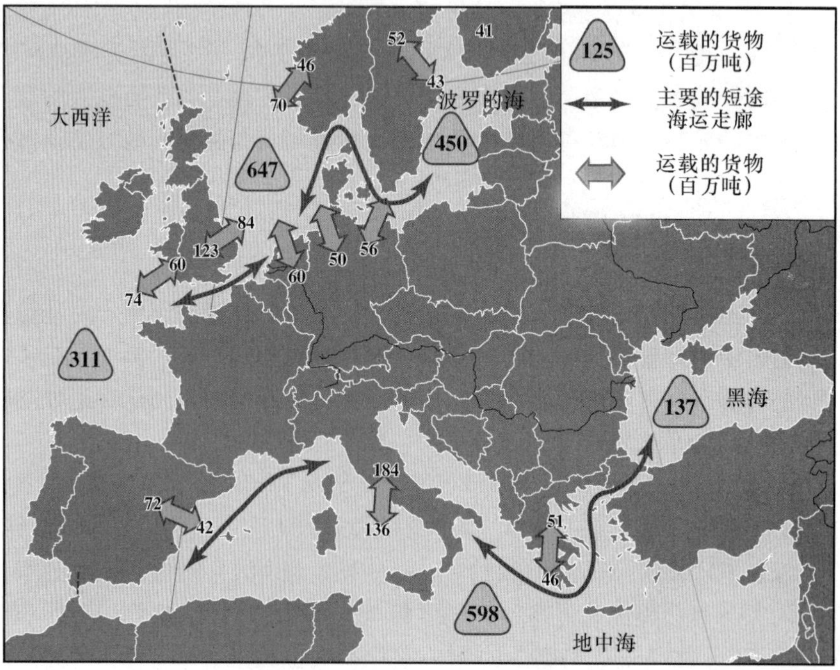

图 14－5　欧洲的短途海运网络

资料来源：© Pearson Education.

尽管短途海运的概念在北美地区得到了一些关注，但一个连接加拿大新斯科舍省哈利法克斯市到美国东北部一些港口的短途海运服务在运作了仅 9 个月后于 2012 年初停止运营。这项服务的失败（而且是在这么短的时间内失败）使得短途海运要想在未来几年成为北美地区一个可行选项的可能性非常低。[26]

14.6.5　国际贸易库存

即使在最佳的情形下，国际供应链中的产品运输也绝不会与类似的国内运输一样顺畅。由于在国际运输中通常会出现更大的不确定性、误解以及延迟，因此需要更多的安全库存。另外，因为汇率不断变化，存货的估价非常困难。如果货物是按产地的货币进行估价的，那么该价值会随着产品存放地的货币价值而波动。当一个国家（或全球）的货币不稳定时，存货投资可能会增加，因为它们被认为比持有现金或证券风险更小。

涉及国际贸易的企业必须认真考虑其库存策略。部分原因在于：在一个国家可供销售的库存可能未必能满足邻近国家的市场需求。例如，电器的电压、电器插头和电源插座在不同国家是不同的。因此，一个为在美国使用而设计的 120 伏特的电器产品若要在欧洲使用的话，需要同时配一个电压转换器和一个插头适配器。

产品退货（逆向物流）政策是国际库存管理需要关注的另一个问题。不像在美国产品可以因任何原因退回，有些国家不允许退货，除非该产品在某些方面有缺陷。国际退货的第二个挑战是，让买方将一个有缺陷的产品退回到原产国可能是不合理或不切实际的。

仓储是与国际物流有关的另一个库存相关因素。尽管经济发达国家的仓储设施非常先进，能满足现代物流系统的要求，但其他一些国家的仓储设施可能存在很多问题。[27]

14.7　物流绩效指数[28]

本章最后将讨论一个相对较新的国际物流概念，即**物流绩效指数**（logistics performance index，LPI）。LPI 首次推出是在 2007 年，经过多次更新，最后一次更新是在 2016 年。LPI 因物流在全球贸易中的重要性得到认可而得以创建，它衡量一个国家在 6 个物流维度上的绩效（2007 年评估了 7 个物流维度）：

- 海关等边境管制机构的清关流程的效率（速度、简易性和手续的可预测性）。
- 贸易及运输相关的基础设施的质量（例如港口、铁路、公路、信息技术）。
- 安排价格有竞争力的货运的容易性。

- 物流服务的能力和质量（例如货运商、报关行）。
- 跟踪和追溯托运货物的能力。
- 货物在预定或预期的交货时间内到达目的地的时效性。

LPI 包含大约 160 个国家的数据，采用 1 分（最低分数）到 5 分（最高分数）的量表来对这 6 个维度进行评分。德国（LPI 分数＝4.23）、卢森堡（LPI 分数＝4.22）是 2016 年 LPI 排名最高的两个国家，叙利亚（LPI 分数＝1.60）和海地（LPI 分数＝1.72）是排名最低的两个国家。

LPI 是一个非常有价值的国际物流工具，因为可以从几个不同的角度对该数据进行分析。首先，可以根据 LPI 整体得分以及 6 个维度的每一项得分对所有国家进行分析。例如，虽然卢森堡的 LPI 整体得分在 2016 年排名第二，但在“时效性”维度方面排名第一。

其次，利用 LPI 可以分析一个国家物流绩效随时间的变化情况，可以将一个国家的物流绩效与所在地理区域的其他国家进行比较，将同一收入组别的国家的物流绩效进行对比。例如，你可以将 2007 年、2010 年、2012 年、2014 年和 2016 年的阿根廷整体和具体维度的 LPI 得分进行比较，还可以将阿根廷的得分与拉丁美洲和加勒比地区其他国家进行比较，与中高收入国家的物流绩效进行比较。LPI 还允许与一个收入组别内表现最佳的国家进行比较。例如，2016 年南非是表现最佳的中高收入国家。

小　结

本章论及了国际物流的许多方面，国际物流与国内物流在很多方面存在不同，例如，国际物流有数量众多的单证要求，并且起运地和目的地之间的距离更长。宏观环境影响因素对国际物流提出了巨大挑战。本章讨论了三种具体的宏观环境因素：政治因素、经济因素和文化因素。

从政治的角度，我们了解到国际贸易会受到关税和非关税壁垒的影响，联邦政府也积极介入到跨境贸易中。本章还提到，货币波动、经济一体化等不同的经济因素会影响国际物流。在文化方面，一个国家的时间取向会影响进度计划以及对准时绩效的强调。

本章还讨论了国际物流中三个关键的运作问题，即单证、销售条款及付款方式。本章介绍了几种关键的国际单证，包括原产地证书和托运人出口报关清单。本章还讨论了国际销售条款 Incoterms。因为国际物流非常复杂，很多企业依靠专业组织，例如国际货运代理和出口打包行，来帮助开展出口和进口的事务。

本章还介绍了国际配送中的运输和库存因素。我们讨论了海洋运输、国际空运以及地面运输，我们了解到国际货运的不确定性越大则所需库存水平越高。本章最后讨论了物流绩效指数，物流绩效指数从六个维度衡量一个国家的物流绩效。

关键术语

国际收支平衡表	国际货运代理	海运承运人联盟
优先承运	国际物流	记账贸易
原产地证书	信用证	开放领空协定
商业发票	国际航运中心	托运人出口报关清单（SED）
禁运	物流绩效指数（LPI）	国际货物托运书（SLI）
出口管理公司	宏观环境影响因素	航运公会
出口打包行	付款方式	短途海运
世界生产总值	非关税壁垒	关税
进口配额	无船公共承运人（NVOCC）	销售条款
国际贸易术语解释通则		

讨论和复习题

14.1 讨论对跨境贸易的一些关键的政治限制。

14.2 某国政府可能会如何介入国际贸易？

14.3 讨论一个国家的市场规模可能会如何影响国际贸易，继而影响国际物流。

14.4 经济一体化可能会如何影响国际物流？

14.5 语言因素会如何影响国际货运的包装和贴标？

14.6 什么是原产地证书？什么是商业发票？什么是托运人出口报关清单？

14.7 讨论国际销售条款和 Incoterms。

14.8 说出国际货运四种付款方式的名称。哪一种对买方风险最大？对卖方呢？

14.9 讨论国际货运代理可以提供的四种服务功能。

14.10 什么是无船公共承运人？

14.11 出口包装的两个主要目的是什么？

14.12 讨论水运对国际贸易的重要性。

14.13 解释国际航运中心的概念。国际航运中心可能会如何影响国际运输业的格局？

14.14 讨论海运承运人联盟在国际物流中的作用。

14.15 综合航空承运人如何影响国际物流的有效性和效率？

14.16 开放领空协定与双边协定有何不同？

14.17 讨论在一些国家中货物跨州（省）界进行汽车运输时发生延迟的可能原因。

14.18 定义短途海运（SSS），讨论 SSS 的一些优势。

14.19 分析跨境贸易中库存管理面临的一些挑战。

14.20 什么是物流绩效指数？可以如何应用它？

建议读物

Akyelken, Nihan and Harmat Keller. "Framing the Nexus of Globalisation, Logistics and Manufacturing in Europe." *Transport Review* 34, no. 6 (2014): 674–690.

Batra, Subhash C. "Contemporary Public Warehousing in India with Special Reference to the Changing Global Economic Scenario." *Finance India* 28, no. 1 (2014): 197–204.

Cui, Lianguang, Ivan Shong-Lee Su, and Suzanne Hertz. "Logistics Innovation in China." *Transportation Journal* 51, no. 1 (2012): 98–117.

Dadzie, Kofi Q., Evelyn Winston, and Robert Hinson. "Competing with Marketing Channels and Logistics in Africa's Booming Markets." *Journal of Marketing Channels* 22, no. 2 (2015): 137–152.

Havenga, Jan Hendrik. "Macro-Logistics and Externality Cost Trends in South Africa—Underscoring the Sustainability Imperative." *International Journal of Logistics: Research & Applications* 18, no. 2 (2015): 118–139.

Jayaram, Jayanth and Balram Avittathur. "Insights into India." *Supply Chain Management Review* 16, no. 4 (2012): 34–41.

Liu, Xiaohong. "Competitiveness of Logistics Service Providers: A Cross-National Examination of Management Practices in China and the U.K." *International Journal of Logistics: Research & Applications* 14, no. 4 (2011): 251–269.

Morales-Fusco, P., S. Savri, and G. DeMelo. "Short Sea Shipping in Supply Chains: A Strategic Assessment." *Transport Reviews* 33, no 4 (2013): 476–496.

Stapleton, Drew M., Vivek Pande, and Dennis O'Brien. "EXW, FOB, or FCA? Choosing the Right Incoterm and Why It Matters to Maritime Shippers." *Journal of Transportation Law, Logistics and Policy* 81, no. 3 (2013): 227–248.

Tan, Albert Wee-Kan, Zhao Yifei, Dali Zhang, and Olli-Pekka Hilmola. "State of Third Party Logistics Providers in China." *Industrial Management & Data Systems* 114, no. 9 (2014): 1322–1343.

Tongzon, Jose. "Liberalization of Logistics Services: The Case of ASEAN." *International Journal of Logistics: Research & Applications* 14, no. 1 (2011): 11–34.

Xavier, Wescley Silva and Ricardo S. Martins. "Logistics Strategy and Organizational Structure in Brazilian Small and Medium-Sized Enterprises (SMES)." *Organizations and Markets in Emerging Economies* 2, no. 2 (2011): 91–116.

案　例

案例 14 - 1　　纽伦堡-奥格斯堡机械公司

纽伦堡-奥格斯堡机械公司（Nürnberg Augsburg Maschinenwerke，N. A. M.）是德国最成功的制造企业之一。该公司历史悠久，其前身是 1748 年在德国奥伯豪森成立的圣安东尼钢铁公司（St. Antony Iron Mill，位于鲁尔工业园区的核心位置）。那时德国工业时代刚刚开始。创始人很快建立了钢铁厂和煤矿厂，并成立了 Gute Hoffungshuette 公司（GHH）。紧接着，在纽伦堡和奥格斯堡，几家公司合并成立了 N. A. M. 。GHH 和 N. A. M 这两家公司在 20 世纪初也进行了合并。

在此期间，N. A. M. 凭借鲁道夫·狄塞尔（Rudolf Diesel）的发明脱颖而出。狄塞尔发明了柴油机，并于 19 世纪末期将之带到 N. A. M. 。在早期汽车设计中，柴油发动机与内燃机相竞争，如今柴油机已广泛应用于重型卡车、涡轮机、火车发动机和船舶。在此成功的基础上，N. A. M. 在全球迅速扩大制造业务和分销，但其国际业务有两次受到了国际政治的影响。第一次，在第一次世界大战期间，N. A. M. 损失了其在国外的大部分资产，这也促成了 1920 年它与 GHH 的合并。第二次，第二次世界大战之后，N. A. M. 再次损失了其在国外的全部资产，还要重建它在国内的大部分业务。1955 年，该公司在慕尼黑成立了卡车部门，后来那里成为新公司总部。

到了 2003 年，该公司再次在重型卡车和汽车设计、工程和制造以及印刷技术、火箭和能源科技方面享誉全球。它在全球范围内重建工厂和销售办事处，是世界上最大的柴油发动机生产商之一。卡尔·休博（Karl Huber）是 N. A. M. 南美地区销售副总经理，他负责管理南美当地的销售代理以及在慕尼黑总部的一个小组。

8 月 15 日，休博收到利奥波德·埃斯凯巴（Leopold Escabar）从加里加斯发来的电子邮件。埃斯凯巴刚刚开完一个很重要的会议回来，该会议的目的主要是与当地政府探讨巴西圣保罗市和里约热内卢市的公共运输系统改造。其他一些卡车和巴士生产企业的销售人员也参加了会议。埃斯凯巴给休博带来了一些好消息和一些坏消息。埃斯凯巴被告知N.A.M.很可能得到一份224辆车的订单，是NAM#4-G型两厢铰接式巴士（或者称之为"手风琴"巴士，埃斯凯巴喜欢这个称呼），并有可能再得到一份568辆巴士的合同，但要赢得此次交易，N.A.M.必须保证满足成本和时间要求。

顾客首先要求N.A.M.给出的每辆车的总价格（包括运费）必须等于或低于6个月之前N.A.M.获得的布宜诺斯艾利斯运输中心的233辆巴士订单的价格，价格是每辆车124 500欧元。休博在制定布宜诺斯艾利斯这单交易时就已经打出了一定利润量，因此在价格方面他非常自信地认为可以满足顾客的定价要求，而且如果必要的话，他可以压缩一点利润。

第二个保证，有一点令人担心：巴西当局感到了政治压力，因为其运输计划的实施已严重滞后于预定进度，需要向公众证明，新的计划正在紧锣密鼓地进行当中。因此它与N.A.M.签约的一个苛刻条件就是要求N.A.M.一定确保在11月15日之前（也就是3个月后）将第一批25辆车送达圣保罗市的桑托斯港。如果N.A.M.能够按时完成这最初的90天订单，公司会接到余下的199辆车的订单，交货期限是15个月。568辆车的后续订单基本上取决于224辆车的初始合同条款的满足情况。所有的汽车都要送到桑托斯港。

休博看了埃斯凯巴的电子邮件后轻轻地吹了一个口哨。这是一个很大的订单。简单说来，因为这一订单，在接下来的几个季度里，他会提前完成区域销售目标。他立刻回了邮件，指示埃斯凯巴暂时接受报价，并向当地政府保证会在90天内收到25辆车，在接下来的18个月内收到其余的所有车辆。N.A.M.会在5个工作日内正式接受订单。之后他挠了挠头，开始考虑如何去做。休博还有4天的时间准备下一次的管理层会议，他准备在这次会议上提出这项计划，并与生产副总一起提出一份完成计划。休博冲向电话，甚至没有看数字盘，很熟练地拨通了号码4823。

迪特·伯德森（Dieter Berndsen）是生产副总，他听了老朋友休博的描述并记了下来。他向休博解释说慕尼黑的生产已经达到了极限，而且德国其他两处工厂在接下来的第四季度也面临订单积压。伯德森提供了两种当前的解决方案：第一，考虑让泰国军方在慕尼黑工厂的40辆车的订单等一等。他说他很不愿意这样做，因为泰国方面要求进行了几次产品修改，而且在慕尼黑的生产线也已做好生产调整准备。第二，建议把新的巴西订单发到N.A.M.的布拉格分厂。布拉格分厂是在全欧洲最小的也是最老的工厂，生产线速度也最慢，但该工厂刚刚完成一个#4-G订单的生产。由于最近有一份订单取消了，从现在直到年终该工厂生产线的能力利用只达到70%。按伯德森的说法，8周之内，布拉格分厂可以轻松完成巴西的最初25辆车的订单。

在伯德森提出由布拉格分厂完成这次任务时，休博立即赞同。但问题是这个分厂生产速度太慢以至于无法完成接下来的订单（即224辆车）的20%，这将意味着他必须在别的工厂重新组织生产和交付。在电话里伯德森轻轻叹了口气说："谢谢你的新难题，休博。让我好好想想这个问题再给你回电话。但是不要担心，我们会在最后期限之前完成任务。你会得到你的奖金，但别忘了分我点。"

休博笑了，表示感谢后挂了电话。

伯德森决定把整个订单（224辆车）拆分给布拉格分厂和慕尼黑的生产能力大一些的工

厂。为了落实进度计划和定价，他现在需要预计完成整个订单所需的时间以及运输成本。他更倾向于使用德国联邦铁路公司（Deutsche Bundesbahn）通过铁路运输将巴士运至不来梅的北海港，但是他也不能确定这对所有的工厂来说是否都是最佳方案。

伯德森的首要问题是最初的一批货必须在10月15日准备好离开布拉格分厂。伯德森咨询了他的供应链分析员马库斯·韦斯（Marcus Weiss），让韦斯制作一个工作表，列出从布拉格分厂发往不来梅港所需的成本和时间。伯德森还让韦斯考虑一下有没有其他可行方案。（欧洲拥有连接其商业航道网络的广泛的河流和运河网络。事实上，欧盟一直倡导海洋高速公路的概念，指定了4条涉及其成员国的短途海运航线。）匈牙利分厂有时会使用驳船通过易北河向北将汽车运往汉堡市。德国工厂有时候也利用工业水路网络向北运输至不来梅或汉堡，或者是通过莱茵河向西发往荷兰的鹿特丹（参见图14A）。

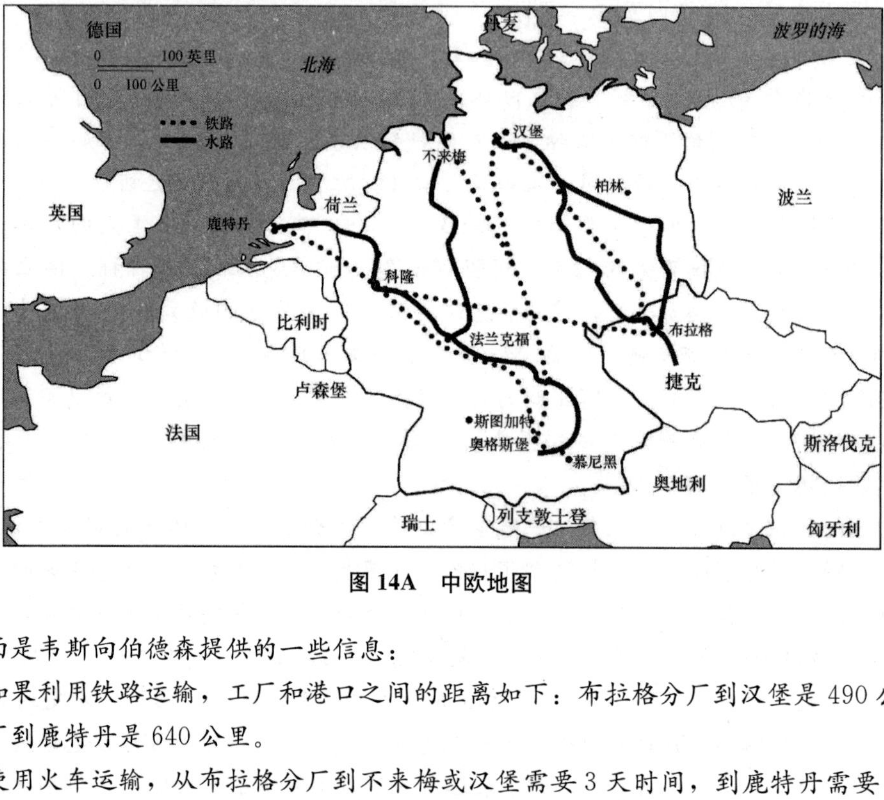

图14A 中欧地图

下面是韦斯向伯德森提供的一些信息：

● 如果利用铁路运输，工厂和港口之间的距离如下：布拉格分厂到汉堡是490公里，布拉格分厂到鹿特丹是640公里。

● 使用火车运输，从布拉格分厂到不来梅或汉堡需要3天时间，到鹿特丹需要4天或5天时间。鹿特丹的优势在于从鹿特丹到桑托斯港的运输时间会比从不来梅或汉堡出发节省一天，而且海运运费节省5%。

● 捷克铁路公司可以把货物运送到捷克与德国的边境，然后德国联邦铁路公司可以接手这些平板货车（每辆货车车皮可以装载2辆巴士）。从布拉格到汉堡，德国联邦铁路公司每车皮收费1 643欧元，其中包括其捷克伙伴提供服务所需费用。如果使用铁路运输从布拉格到鹿特丹，每辆平板货车车皮收费是1 943欧元。无论是哪个港口，从平板货车上卸载并驶至班轮旁每辆巴士需45欧元。班轮每天可以装载20辆巴士，每辆巴士收费25欧元，装卸巴士的数量超过20辆直至达到30辆时要收取超时费。超时费是每辆巴士另加15欧元（对每第21辆车，第22辆车……以此类推）。每辆巴士的总费用包括将巴士从铰接处拆解的费用。

● 如果从布拉格到汉堡采用水路而非铁路，那么会使每辆巴士运输费用节省 48 欧元。到达汉堡使用水路运输会增加 3 天运输时间。

● 对于任何跨海运输，N. A. M. 一般与赫伯罗特公司（Hapag-Lloyd AG）合作。赫伯罗特公司可以提供既便宜又灵活的费用，赫伯罗特公司通过与其他海运公司的联盟为这批巴士订单提供运输服务。一艘班轮可以运送 125 辆巴士，但是必须把巴士从铰接处拆解，运送至目的地后再组装。

● 从不来梅或汉堡运送至桑托斯港每辆车的运送成本是 6 000 欧元（运输批量为 20 辆车或更多一些），而且运送时间是 18 天。赫伯罗特公司表示在 10 月 24 日，10 月 27 日，10 月 31 日和 11 月 3 日，班轮有可以装载 25 辆车的空间。赫伯罗特公司同时表示 10 月 23 日、10 月 28 日和 11 月 2 日，从鹿特丹到桑托斯港也有足够的货船空间运送巴士。

● 在桑托斯港搬运（卸载）汽车的费用估计是每辆车 94 欧元，其中包含了将被拆解成两部分的巴士重新装在一起的费用。

● N. A. M. 的信用贷款的最高限额的利息为 10%。

［问题］

1. 假设你是韦斯先生，对于一开始运送的 25 辆车你有多少种可用的备选方案？

2. 对于要满足在 90 天之内运送 25 辆汽车的要求你会更倾向于哪一个路线方案？铁路运输还是水运？运往哪个港口？成本是多少？

3. 回答问题 2 还需要哪些信息？

4. 对于最初的 25 辆车，运输成本有多重要？

5. 对于最初的 25 辆车的装运需要哪些顾客服务支持？由谁负责？

6. 巴西的买家希望汽车运往桑托斯港，韦斯查阅了国际商会的 Incoterms，发现了三种交付条款类别：

● 运输终端交货（DAT）。在这种类型的交易中，卖方办理货物出口清关手续并承担将货物运到指定的目的港或目的地终端并卸货的所有风险和费用。买方负责从这点起的所有费用和风险，包括在指定的目的地国办理货物进口清关手续。

● 目的地交货（DAP）。卖方办理货物出口清关手续并承担将货物运到指定的目的地的所有风险和费用，但不包括卸货相关风险和费用。相关买方负责卸货及货物进口到指定目的地国清关相关的所有费用和风险。

● 完税后交货（DDP）。卖方承担将货物交付至指定目的地为卸货和进口清关做好准备相关的所有风险和费用。卖方承担将货物运至指定地点的一切费用和风险，包括卸货和进口清关。

他该如何选择？为什么？

7. 在第一批订单任务完成之后，对于第二批更大的订单（199 辆），你会使用相同的运输路线吗？为什么？

8. 如果可能，N. A. M. 通过水路来运输以显示它对欧盟海洋高速公路概念的支持，这有多重要？

【注释】

[1] World Trade Organization, International Tade Statistics, 2001 and 2015.

[2] Calculated from data in the World Trade Organization, International Trade Statistics, 2001 and 2014 as well as data from the World Bank, 2014.

[3] http://www. marketingpower. com/_layouts/Dictionary. aspx? dLetter=M.

[4] Philip R. Cateora, Mary C. Gilly, and John L. Graham, International Marketing, 15th ed. (New York: McGraw-Hill Irwin, 2010).

[5] www. cfr. org/cuba/us-cuba-relations/p11113.

[6] Cateora, Gilly, and Graham, International Marketing, 15ed.

[7] As used here, flying a nation's flag is synonymous with being owned by private or public entities in that nation.

[8] The CIA World Factbook, 2016.

[9] Knight Frank, India Logistics and Warehousing. Report (2014).

[10] Michael R. Czinkota and Ilkka A. Ronkainen, International Marketing, 10th ed. (Mason, OH: Cengage Learning, 2012), Chapter 4.

[11] This material in this section is drawn from Donald F. Wood, Anthony Barone, Paul R. Murphy, and Daniel L. Wardlow, International Logistics, 2nd ed. (New York: Amacom, 2002), Chapter 12.

[12] Alan M. Field, "Too Complex?" The Journal of Commerce, May 16, 2005, 16-18.

[13] Export. gov—Incoterms 2010.

[14] This information comes from Export. gov—Lncoterms 2010.

[15] The material in this section is largely drawn from Jim Sherlock and Jonathan Reuvid, eds., The Handbook of International Trade (Edinburgh, UK: GMB Publishing, 2005), Part 8.

[16] Bernie Hart, "Risks and Rewards," Gulf Shipper, January 12, 2009, 58-60.

[17] James E. Devine, Jr., "10 Steps fbr FMC Licensing as an OTI," Florida Shipper, February 18, 2008, 11, 74.

[18] http://www. soldinmexico. com/.

[19] American Shipper, September 2001, 26.

[20] www. chartersphere. com/cargo-charter/livestock/com.

[21] Cathy Buyck, "A Slow Opening," Air Transport World, March 2008, 24-30.

[22] Highway data taken from The CIA World Factbook, 2016.

[23] Akshat Kaushal. "Why Freight Moves So Slowly on Indian Roads, Business Standard, January 5, 2016, np.

[24] Christina Wu, "China Logistics Profile," USDA Foreign Agricultural Service GAIN Report, 2003.

[25] www. marad. dot. gov.

[26] Peter T. Leach, "Marine Highway Sufiers a Blowout," The Journal of Commerce, May 7, 2012, 38, 40.

[27] China Warehouse Sector, Report prepared by DBS Group Research, July 28, 2015.

[28] Tbe material in this section is based on Logistics Performance Index, http://lpi. worldbank. org/international/global.

附录 A　物流专业组织

美国运作管理协会（APICS）（www. apics. org）

APICS 是“供应链和运作管理领域最有名的专业协会”。[1] 2014 年 APICS 与供应链理事会（Supply Chain Council）合并，2015 年与美国运输和物流协会（American Society of Transportation and Logistics）合并。如今，APICS 提供多种认证项目：生产和库存管理认证（CPIM），供应链专业人士认证（CSCP），供应链运营专业人士认证（SCOR-P），物流、运输和配送管理专业人士认证（CLTD）。

供应链管理专业协会（CSCMP）（www. cscmp. org）

CSCMP 以前被称作物流管理专业协会。协会的宗旨是“引领供应链专业，连接、开发和教育全世界物流和供应链管理专业人士，并影响其整个职业生涯”。[2] CSCMP 提供一个有三个等级的认证项目 SCPro™。基于三个渐进的层级，SCPro™ 认证可以对贯穿于供应链活动中的知识与技能进行评估。

物流国际学会（SOLE）（www. sole. org）

物流国际学会是一家“由个人组成的，以提高物流技术、教育和管理的艺术和科学为目标的非营利国际专业学会”。[3] SOLE 在世界上 50 多个国家设有分会，提供三种认证项目：助理物流师认证（DL Program），国际物流运筹诊断师认证（CPL），国际物流运筹顾问师认证（CML）。

国际物流与运输学会（CILT）（www. ciltinternational. org）

CILT “是世界上最大和最具影响力的运输、物流和供应链领域人士的国际专业组织”。[4] CILT 在世界上 30 多个国家有分支机构，CILT 提供可反映教育成果和卓越实践经验的特许会员称号。

仓储教育和研究理事会（WERC）（www. werc. org）

WERC 是“一家仅专注于物流管理及其在供应链中角色的专业组织”。[5] 它强调教育和学习，强调对行业问题的研究和交流机会。

【注释】

［1］From APICS，© 2016 APICS.

［2］© CSCMP.

［3］From The International Society of Logistics，© 2016 SOLE.

［4］From The Chartered Institute of Logistics and Transport © 2016 CILT.

［5］From Warehousing Education and Research Council © 2016，WERC.

附录 B　作业成本法

作业成本法（activity-based costing，ABC）通过识别哪些作业导致了特定成本的发生来更好地理解一种产品的成本构成。与传统的会计方法不同，作业成本法试图找出一个特定成本对象的支出类别。作业成本法的逻辑是，成本对象消耗作业，而作业消耗资源。[1]

作业成本分析包括以下五个步骤：

- 作业识别；
- 确定每个作业的成本；
- 确定成本动因；
- 收集作业数据；
- 计算产品成本。[2]

接下来，将利用一个假设的例子说明作业成本法的五个步骤。假设某企业有兴趣将作业成本法应用于其销售的两种产品的订单周期流程中。因此，我们需要识别相关作业（步骤 1）；接下来就要确定每个作业的成本（步骤 2）。如表 B-1 所示。步骤 3 要求我们确定成本动因，在本例中，订单数是订单传递作业的成本动因，订单处理活动数是订单处理的成本动因，箱子数是订单拣选与组配的成本动因，交付地数是订单交付的成本动因。

表 B-1　每项作业的成本

作业	成本（美元）
订单传递	1 000
订单处理	3 000
订单拣选与组配	12 000
订单交付	6 000

对于剩下的两个步骤，表 B-2 显示了作业数据和产品成本计算。关于订单传递，产品 1 收到 3 份订单，产品 2 收到 7 份订单，总共 10 份订单。因为产品 1 占全部订单的 30%（3/10），相应的订单传递成本为 300 美元，即占全部订单传递成本 1 000 美元的 30%。同理，产品 2 占全部订单的 70%，相应的订单传递成本为 700 美元。另外三项作业的产品成本可以用相同的方式计算。需要注意的是，表 B-2 的数据显示：订单周期的总成本为 22 000 美元。根据作业成本法，产品 1 的订单周期成本为 12 600 美元，产品 2 为 9 400 美元。

在对作业成本法的简单讨论作出结论前，应该认识到成本动因可能因企业的不同而不同。另外，企业所特有的一些因素，如组织架构、运作结构及产品，也可能是驱动成本的动因。[3]

例如，在我们假设的例子中，交付地数是与订单交付相关的成本动因，收货的顾客数可能是另一个订单交付成本动因。

表 B-2 作业数据和产品成本计算

作业	成本（美元）	产品1数据	产品1成本（美元）	产品2数据	产品2成本（美元）
订单传递	1 000	3份订单	300	7份订单	700
订单处理	3 000	4个作业	1 200	6个作业	1 800
拣货与组配	12 000	110箱	6 600	90箱	5 400
订单交付	6 000	30个交付地	4 500	10个交付地	1 500
总额	22 000		12 600		9 400

【注释】

[1] www. pitt. edu/~roztocki.

[2] Ibid.

[3] John Karolefski, "Time is Money," Food Logistics, June 16 2004, 18-22.

术语表*

3D 打印（3D printing） 从数字化文件制作三维实体的过程。[1]

库存 ABC 分析（ABC analysis of inventory） 该方法认为由于不同库存对企业的价值不一样，所以不能用同一种方式管理企业所有库存。[8]

补充服务（accessorial service） 干线运输的补充运输服务。[12]

集中（成批）（accumulating（bulk making）） 将不同来源的类似存货聚集在一起。[10]

作业成本法（activity-based costing，ABC） 通过识别哪些作业导致了特定成本的发生来更好地理解一种产品的成本构成。[7]

集聚（产业集群）（agglomeration（industry cluster）） 不同企业选址于同一个地方能够带来的网络优势。[9]

敏捷供应链（agile supply chain） 强调企业在产量和品种变化方面响应需求的能力。[5]

调配（分件）（allocating（bulk breaking）） 将较大批量拆分为较小批量。[10]

非模式托运人（amodal shipper） 仅购买一种预先设定的运输服务水平而不关心提供实际运输服务的运输模式和承运人的运输管理者。[13]

专业应用软件（application-specific software） 为帮助物流管理人员处理特定的物流职能与活动而开发的（如运输管理系统）软件。[2]

资产（assets） 企业所拥有的资源，包括流动资产和长期资产。[3]

资产周转率（asset turnover） 用于衡量企业利用资产取得销售收入的效率。[3]

配货（assorting）将多种不同的产品集合起来再转售给特定的顾客。[10]

延迟交货订单（back order） 对一种已缺货的物品下达订单。[8]

国际收支平衡表（balance of payments） 记录一个国家国际金融交易的会计系统。[14]

平衡计分卡（balanced scorecard，BSC） 从顾客、内部业务流程、学习和成长、财务结果这四个不同方面来对业务进行评价的一种战略性计划和绩效管理系统。[3]

资产负债表（balance sheet） 反映一定时期内的资产、负债和所有者权益状况。[3]

驳船（barge） 一种用于输送重物的平底船。[12]

标杆管理（benchmarking） 利用其他组织的绩效衡量标准来判断自己的绩效。[7]

大型零售商（big-box retailer） 场地面积大且有大量商品待售的零售商店。[1]

大数据（big data） 通过不同来源（如传感器、智能手机、射频标签和企业间的数据交换）收集到的大量近实时数据。[2]

提单（bill of lading） 最重要的一种运输单证，也是运输业中最基本的业务单证。[13]

贿赂（bribes） 交易达成前给对方金钱。[6]

经纪人（broker） 帮助托运人和承运人实现更低的运价，并使承运人设备能够得到更有效利用的企业。经纪人还可以帮助承运人与货载匹配。[12]

棕地（brownfields） 含有化学物质或其他类型工业废料的地点。[9]

积木概念（building-blocks concept） 将小的单元放入更大一些的单元，以此类推，以便能够更有效地搬运。[11]

牛鞭效应（bullwhip effect） 需求订单沿供应链逐级放大的现象。[5]

“C 级”职位（“C-level” position） 企业高级职员，如首席执行官（CEO）、首席运营官（COO）或

* 术语后方括号内数字表示该术语所在的章号。——译者

首席财务官（CFO）。[4]

优先承运（cargo preference） 要求一定比例的运输量必须由悬挂本国国旗的船只来运送。[14]

因果（相关）预测（cause-and-effect（associative）forecasting） 假设有一个或多个因素与需求相关，因果关系可用来估计未来的需求。[7]

重心法（center-of-gravity approach） 可以用于单一设施的选址，以使新建设施到现有设施的距离最短。[9]

集权式物流组织（centralized logistics organization） 企业仅有唯一的物流部门，该部门在总公司管理整个企业的物流相关活动。[4]

原产地证书（certificate of origin） 说明产品的制造国。[14]

等级费率系统（class rate system） 对产品、重量和距离这三个主要费率因素进行了简化的系统。[13]

闭环系统（closed-loop systems） 考虑到产品的回收、再利用、已修复产品的营销和配送过程的系统。[11]

云计算（cloud computing） 见"按需软件"。[2]

联合品牌（co-branding） 在同一个地点顾客可以购买来自两个或多个品牌零售商的产品。[1]

协同计划、预测和补货（collaborative planning，forecasting，and replenishment，CPFR） 供应链合作伙伴间共享计划和预测数据以实现供应和需求更好的匹配。[7]

商业发票（commercial invoice） 一种在跨境贸易中使用的单证，该单证概括了整个交易的内容，并包含一些关键信息，如对货物的描述、销售条款以及付款方式等。[14]

商品费率（commodity rate） 对产品、重量和距离的每种可能组合确定的特定费率。[13]

公共承运人（common carrier） 同意服务一般大众并承担四项特殊义务（服务、递送、收取合理的运价、避免价格和服务歧视）的运输承运人。[12]

互补产品（complementary products） 可以在一起使用或配送的库存（如剃须刀和刀片）。[8]

隐蔽丢失和货损（concealed loss or damage） 货物在打开包装检查后才发现货物破损或丢失的情况。[13]

收货人（consignee） 货物的接收方。[12]

集装箱（container） 一种规格统一、可重复使用的装运货物的密封金属容器。[1]

集装箱安全倡议（Container Security Initiative，CSI） 世界各地的一些港口同意美国海关的代理机构对入境美国的高风险集装箱在装船之前进行识别和检查的一项协定。[4]

契约承运人（contract carrier） 基于合同向顾客提供特殊的服务。[12]

合同物流（contract logistics） 见第三方物流。[5]

合同（第三方）仓储（contract（third-party）warehousing） 一个长期的、互利的安排，专有地为一个客户提供独特的且专门定制的仓储和物流服务。[10]

成本领先战略（cost leadership strategy） 要求企业从事能够使其在给定质量水平下成为行业低成本生产者的活动。[3]

成本权衡（cost trade-offs） 一项物流活动的变化会导致一些成本增加，另一些成本下降。[1]

越库（cross-docking） 接收产品，并将其在同一天或隔夜就发运出去而不进入储存的过程。[10]

容量满载（cubes out） 在达到船舶的最大承重能力前，船舶的整个装载容积已被货物填满。[11]

流动比率（current ratio） 衡量企业流动资产偿还其流动负债的能力。[3]

顾客盈利性分析（customer profitability analysis，CPA） 向顾客群体或单个顾客分配收益和成本以计算顾客群体或单个顾客的盈利性。[7]

顾客服务（customer service） 在时间、可靠性、沟通和便利性等方面满足用户需要的物流管理能力。[7]

《海关贸易合作反恐条例》（Customs Trade Partnership Against Terrorism，C-TPAT） 关于公共组织和私人组织联合起来防止恐怖主义通过进口和交通运输方式袭击美国的一个条例。[4]

周转（基本）库存（cycle（base）stock） 在一个订货周期中满足正常需求所需的库存。[8]

数据（data） 事实或记录下来的对某现象的测量结果。[2]

数据挖掘（data mining） 应用数学工具对大量数据进行分析以提取其中的相互关系和规则。[2]

数据仓库（data warehouse） 企业收集的所有相关

数据的中心存储库。[2]

呆滞库存（dead inventory（dead stock）） 在12个月中没有销售额的库存。[8]

分权式物流组织（decentralized logistics organization） 物流相关决策分散在部门或产品群层次，并且通常在不同的地理区域进行。[4]

需求管理（demand management） 在供应链及其市场上创造协调的需求流。[7]

滞期费（demurrage） 铁路承运人向没有按期返还所占用的火车车皮的托运人或收货人收取的罚金。[13]

密度（density） 产品单位体积的质量。[13]

滞留费（detention） 由于使有承运人的设备时间过长，托运人或收货人向卡车承运人支付的费用。[13]

美国交通部（Department of Transportation, DOT） 美国主要负责交通安全法规制定的联邦政府机构。[12]

差异化战略（differentiation strategy） 需要企业开发出能够提供具有顾客价值且区别于竞争对手提供物的独特属性的产品和服务。[3]

体积重（dimensional（dim） weight） 考虑货物的密度（实际重量所占的空间大小）来决定货物的付费重量。[11]

非中介化（disintermediation） 消除生产商和消费者间的中间环节。[1]

配送中心（distribution center） 强调快速吞吐的仓库，这对支持营销工作是非常必要的。[10]

单证（documentation） 货物运输中附带的单据。[13]

货垫（dunnage） 用在承运设备中垫衬和支撑产品以防止产品在运送中发生移位和受损的一种材料。[10]

经济订货批量（economic order quantity, EOQ） 使库存持有成本与订货成本之和最小的订货量。[8]

经济效用（economic utility） 产品在满足顾客的需要和需求上的价值或有用性。[1]

电子数据交换（electronic data interchange, EDI） 在计算机之间传递结构化的交易数据。[2]

电子采购（electronic procurement, e-procurement） 利用互联网使企业采购物品和服务变得更加容易、快捷且更便宜。[2]

禁运（embargoes） 在特定国家之间禁止贸易往来。[14]

企业资源计划（enterprise resource planning, ERP） 该系统可以让企业自动集成大部分业务流程，在整个企业分享通用的数据和实践，在实时环境中生成并访问信息。[2]

人体工效学（ergonomics） 一门寻求工作或工作环境与工作者的能力相适应的科学。[11]

过剩能力（excess capacity） 未使用的可用空间。[4]

多余的（过剩的）物料（excess（surplus） materials） 超出企业合理需求的存货。[6]

豁免承运人（exempt carrier） 通过一些立法条款而免受经济法规约束的出租承运人。[12]

外派员工（expatriate workers） 被长时间派往其他国家的员工。[9]

加急运输（expediting） 快速将货物运往最终目的地的需求。[13]

支出（成本）（expenses（costs）） 反映一定时期内为了产生收入而发生的费用金额。[3]

出口管理公司（export management company） 充当制造商出口销售部门角色的企业。[14]

出口打包行（export packers） 是一种国际物流专业性企业，当出口商缺少设备或专门技能自己做货运包装时，可以为其提供定制化货物包装服务。[14]

设施关闭（facility closing） 一个企业决定停止现有地点的经营业务，因为这些经营业务不再需要或者可以被其他设施兼并。[9]

设施选址（facility location） 选择配送中心、仓库和生产设施的地点以增进物流的效果和效率。[9]

设施搬迁（facility relocation） 企业将经营业务转移到另一设施以更好地为供应商或顾客服务。[9]

快速供应链（fast supply chain） 强调速度和时间要素的供应链。[5]

金融科技（FinTech） 利用基于云的软件来优化采购和应付账款之间的关联。[6]

定期订货系统（fixed order interval system） 按照固定的时间间隔进行订货，并且总是在某个特定的时间进行补货。订货量因下次订货日前的销售预测的不同而不同。[8]

定量订货系统（fixed order quantity system） 企业每次的订货量保持不变，但订货的时间间隔会发生变化。[8]

固定储位（fixed slot location） 为每个 SKU 分配特定位置并总是储存在那里。[10]

目的港船上交货（FOB destination） 直到货物在目的港交付给买方前，卖方都拥有货物的所有权和控制权。[13]

起运港船上交货（FOB origin） 买方在装船地点就拥有了对货物的所有权和控制权。[13]

聚焦战略（focus strategy） 企业将精力集中于某一特定细分市场以实现成本领先或差异化优势。[3]

形式效用（form utility） 产品能被顾客使用并对顾客有价值。[1]

第四方物流（领先物流提供商）（fourth-party logistics（lead logistics provider）） 是指其主要目的是确保不同的 3PL 企业为共同的供应链目标而努力的企业。[5]

分散的物流结构（fragmented logistics structure） 物流活动由组织内多个不同部门管理。[4]

自由贸易区（free trade zone） 一个特殊区域，通常邻近港口或机场，货物在通过进口国的海关前可以在那里储存或加工。[9]

运费清单（freight bill） 由承运人发出的要求付款的一种发票。[13]

货物索赔（freight claims） 一份通知承运人运输出现错误或缺陷、延迟或其他问题的文件。[13]

货运代理人（freight forwarder） 将发运的货物集结，以大量运输的费率购买运输服务。[12]

履行中心（fulfillment centers） 是一种主要处理电子商务订单的、特殊类型的配送中心。[10]

全球定位系统（global positioning systems，GPS） 通过使用卫星，允许企业计算车辆位置、速度和时间。[2]

全球采购（global procurement（sourcing）） 从世界的任何地方购买零部件和输入。[6]

全球化学品统一分类和标签制度（Globally Harmonized System of Classification and Labelling of Chemicals，GHS） 联合国对危险品进行的分类和标识。全球化学品统一分类和标签制度中提供的三类关键信息有：（1）图形符号；（2）警示语；（3）危险性说明。[11]

全球供应链论坛模型（GSCF 模型（GSCF model））（Global Supply Chain Forum（GSCF）model） 是一种供应链管理流程框架，包括顾客关系管理、需求管理、订单履行等八大流程。[5]

网格系统（grid systems） 一种使用地图或网格的定位技术，将具体地点标在南北轴和东西轴上，目标是发现最小化运输成本的地点。[9]

世界生产总值（gross world product） 所有国家国内生产总值之和。[14]

危险品（hazardous materials） 其本身或与其他因素相互作用时可能会对人类、动物或环境带来危害的（生物的、化学的、物理的）物品或药剂。[10]

人道救援物资物流（humanitarian logistics） 涉及调动人员、资源、技能和知识以帮助受到自然或人为灾害影响的人们的过程和系统。[1]

进口配额（import quota） 在某个特定的时期，可被进口到某个国家的某种产品的绝对限制数量。[14]

进口商安全申报规则（importer security filing（ISF）rule） 也称为“10＋2”规则。该规则要求货物在非美国的港口装船前，进口商需要申报 10 种信息，承运人需要申报 2 种信息。[4]

利润表（income statement） 反映一定时期的收入、支出和利润。[3]

国际贸易术语解释通则（Incoterms） 国际贸易中的销售条款。[14]

信息（information） 以适合决策的形式表示的大量事实。[2]

模式间竞争（intermodal competition） 潜在用户可用的运输模式的数量。[9]

多式联运（intermodal transportation） 使用集装箱或其他可以在不同运输方式间相互移转而无须反复装卸或弄乱其中物资的运输设备所进行的运输，且这种移动只需要一张唯一的提单。[12]

国际货运代理（international freight forwarders） 专门从事船运或者空运的专业化组织。[14]

国际物流（international logistics） 与跨国销售的货物相关的物流活动。[14]

物联网（Internet of Things，IoT） 是指嵌入到物体中的并能通过互联网进行跟踪和控制的传感器和数据通信技术。[2]

模式内竞争（intramodal competition） 每种运输模式的承运人数量。[9]

库存（inventory） 为达到多种目的而维持的物品和物料的存货。[8]

库存持有成本（inventory carrying (holding) costs） 持有库存相关的成本，比如投资利率、保险、库存变质等。[8]

库存缩水（inventory shrinkage） 记录进入仓储或零售设施的物品比出库的多。[8]

库存税（inventory tax） 类似于个人缴纳的个人财产税，库存税是基于评估日的库存价值来征收的。[9]

库存周转率（inventory turnover） 一年内库存可被销售的次数。[8]

投资回收（investment recovery） 从废料、过剩物料、呆滞物料以及废弃物料中识别重新获得收入或减少成本的机会。[6]

ISO 9000 一套用于质量管理和保证体系的记录、实施和证明的通用标准。[4]

JIT 生产方式（just-in-time (JIT) approach） 旨在通过减少（如果不是消除）安全库存来使库存最小化，同时要求所需数量的物料在所需的准确时点送达生产地点。[8]

主观判断预测（judgmental forecasting） 利用主观判断和直觉进行预测，适用于数据有限或无历史数据的情况。[7]

回扣（kickbacks） 交易达成后返还金钱。[6]

卡拉杰克组合矩阵（Kraljic's Portfolio Matrix） 基于物资的重要性和供应复杂性对企业所需采购的物资进行分类的一种工具。[6]

陆桥服务（land bridge service） 通过水路运输和地面运输（通常是铁路运输）相结合在货物起始港和目的港之间运输货物。[12]

抵岸成本（landed costs） 产品的产地价格加上运至目的地的成本。[1]

精细敏捷（leagility） 兼具精细和敏捷的特性，即供应链的一部分环节聚焦于对波动的顾客订单和产品多样性的及时响应，另一部分聚焦于平衡计划需求以均衡产出。[5]

精细制造（lean manufacturing） 聚焦于消除浪费以及速度和流动性的提高。[8]

精细六西格玛（lean six sigma） 将精细和六西格玛这两种方法的目标和方法结合在一起，认识到企业不能只关注质量或速度。[4]

精细供应链（lean supply chain） 聚焦于消除所有的浪费（包括时间）和保证均衡生产。[5]

零担运输（less-than-truckload，LTL） 货物量从 150～10 000 磅不等，这些货物通常太大而无法人工搬运，但又无法装满一辆卡车。[12]

信用证（letter of credit） 一种由银行推出的付款方式，在卖方遵守特定交易的适用条款和条件的情况下保证向卖方支付货款。[14]

负债（liabilities） 企业欠另一方的财务债务。[3]

干线运输（line-haul） 货物或乘客在不同机场之间的移动。[12]

国际航运中心（load centers） 每周都有成千上万个集装箱到达和离开的主要港口。[14]

土食战略（locavore strategy） 采购本地种植或生产的食物。[9]

船闸（lock） 当船只向上游或向下游行驶时，通过抬高或降低货船使其与河流水平高度保持一致。[12]

物流（logistics） 供应链管理专业协会对物流的定义是：物流是供应链管理的一部分，它以满足顾客需求为目标，对产品、服务和相关信息在原产地和消费地之间有效且高效地正向和逆向流动和存储进行计划、实施和控制。[1]

物流信息系统（logistics information system，LIS） 为物流决策者收集、分类、分析、评价和发送所需及时、准确信息的人、设备和程序。[2]

物流优化模型（logistics optimization models） 利用电子制表软件和插件帮助物流人员对战略、战术、操作和协同层面的关键物流问题进行复杂的判断和决策。[2]

物流绩效指数（logistics performance index，LPI） 被设计用来衡量国家的 6 个物流维度绩效的指标。[14]

物流服务质量（logistics service quality） 企业无缺陷或无差错为内外部顾客交付产品、物料和服务的能力。[4]

物流社会责任（logistics social responsibility） 与物流直接相关的企业社会责任。[4]

物流不确定性金字塔模型（logistics uncertainty pyramid model） 一种识别那些可能影响物流活

动风险的不确定性来源的模型。[4]

机器学习（machine learning） 是一种基于计算机的技术。它使用一些可以从数据中学习的算法，这些算法利用数据来建立并不断更新诸如预测等活动的模型。[2]

宏观环境影响因素（macroenvironmental influences） 企业所面临的无法控制的力量和环境，包括文化、人口、经济、自然、政治和技术因素。[14]

订货型生产（make-to-order） 产品在顾客订单到达之后才开始生产。[7]

备货型生产（make-to-stock） 产品在顾客订单到达之前已生产。[7]

马尔科姆·鲍德里奇国家质量奖（Malcolm Baldrige National Quality Award），用于表彰在质量和绩效方面取得成就的美国企业。[4]

保税加工工厂（maquiladora plants） 位于美墨边境南部的制造工厂。[9]

营销渠道（marketing channels） 从生产地向消费地移动商品和转移商品所有权所需的一系列机构。包括所有机构和营销过程中的所有营销活动。[1]

大量物流（mass logistics） 一种千篇一律的物流方法，也就是每个顾客获得相同类型和水平的物流服务。[1]

物料搬运（material handling） 两点或多点间物料的短距离移动。[11]

物料管理（materials management） 物料向企业的移动和储存。[1]

付款方式（methods of payment） 在国际贸易中是指买方向卖方付款的方式。[14]

多渠道营销系统（multichannel marketing systems） 开发分开的营销渠道来服务顾客。[7]

多客户仓储（multiclient warehousing） 兼有公共仓储和合同仓储的特性，提供的服务比公共仓储更具差异化，但比合同仓储的定制程度低。[10]

多供应源（multiple sourcing） 建议选择多个供应商的采购思想。可以促进竞争、减少供应风险、更好地获取市场信息。[6]

就近采购（nearsourcing） 指企业重构物流网络，将一些生产设施选址于邻近主要消费市场的地方。[9]

净利率（net profit margin） 衡量每单位销售收入获取利润的能力。[3]

非关税壁垒（nontariff barriers） 施加在进口产品之上的除关税之外的限制。[14]

无船公共承运人（nonvessel-operating common carrier，NVOCC） 在国际贸易中，能够承接运输服务但自己并不拥有船只的公司。[14]

呆滞物料（obsolete materials） 不太可能再被采购它的企业使用的物料。[6]

职业安全与健康管理局（Occupational Safety and Health Administration，OSHA） 对工作场所进行规制以确保工人安全的美国联邦政府机构。[10]

海运承运人联盟（ocean carrier alliances） 在集装箱贸易中，各海运承运人保持独立但在运营上合作的联盟。[14]

全渠道零售（omnichannel retailing） 是一种不分渠道销售，专注于为顾客提供无缝购物体验的战略，不管顾客是通过台式电脑、移动设备、手机购物还是在实体店购物。[1]

全渠道战略（omnichannel strategy） 使零售顾客可以在任何地方、任何时间、在任意设备上订购商品，同时也允许顾客在任何他们希望的时间和地点接收货物。[3]

按需软件（服务软件）（on-demand software（software-as-a-service）） 用户每次使用时才访问进入的而不是用户拥有或许可安装的软件。[2]

记账贸易（open account），国际贸易中的一种支付方式，即卖方将货物和所有单据都直接发给买方并信任买方会在某一日期前付款。[14]

开放领空协定（open skies agreement） 两个或多个国家间的一种协定，它使国际航空自由化，限制联邦政府的介入。[14]

订单周期（order cycle） 从顾客下达订单到收到订货之间的时间间隔。[7]

订单交付（order delivery） 从承运人提取货物到顾客收到货物的这段时间。[7]

订单履行率（order fill rate） 用现有库存可以完全且及时满足的订单的比例。[7]

订单管理（order management） 对与订单周期相关的各项活动进行管理。[7]

订单拣选与组配（order picking and assembly） 包括从授权合适的地点履行订单到承运人完成货物

装载为止的所有活动。[7]

订单处理（order processing） 从卖方收到订单到授权合适的地点来履行订单的这段时间。[7]

接单收款周期（order to cash cycle） 企业从收到订单直到收到订单付款的时间间隔。[7]

订单传递（order transmittal） 从顾客下达订单到卖方收到订单的这段时间。[7]

订单类选（order triage） 根据预定的规则对订单进行分类以使企业可以决定订单优先级。[7]

订货成本（ordering costs） 与订购库存货物相关的成本，如订货费用和调整准备费用。[8]

所有者权益（owner's equity） 在任何特定时点企业资产抵偿企业负债后的差额部分。[3]

包装（packaging） 用于容纳、保护、搬运、运送和陈列货物的材料。[11]

托盘（滑木）（pallet（skid）） 由塑料、钢材或木头制成的小货载平台，货物可以放置在上面便于用机械设备进行搬运。[11]

包裹承运人（parcel carriers） 专门运输包裹的企业。[12]

"货到人"拣货系统（part-to-picker system） 货物通过传送带直接运送到拣货者面前。[11]

合作伙伴关系（partnerships） 供应链成员间的长期合作关系。[5]

完美订单（perfect order） 同时满足相关顾客指标的订单。[5]

实物配送（physical distribution） 产成品的储存和向顾客的移动。[1]

"人到货"拣货系统（picker-to-part system） 拣货者将叉车等设备开至货物的存放地拣取货物。[11]

按灯拣货技术（pick-to-light technology） 通过安装在货架上的灯光来识别需被拣选的订货。[7]

驮背运输（piggyback transportation） 将卡车拖车或者集装箱装在铁路平板车上的公铁联运。[12]

内盗（pilferage） 指员工偷窃。[4]

渠道（在途）库存（pipeline（in-transit）stock） 处于物流系统中不同固定设施（如工厂、仓库或商店）之间的运输途中的库存。[8]

地点效用（place utility） 在顾客需要的地方提供产品。[1]

拥有效用（possession utility） 顾客能够占有产品的价值或效用。[1]

延迟思想（postponement） 将组装、生产和包装等增值活动推迟到尽可能晚的时间。[1]

自有车辆承运人（private carrier） 它们的主要业务并不是运输，它们利用卡车、轨道机车、驳船、班轮或飞机为自己提供运输服务。[12]

私有仓储（private warehousing） 企业自己拥有的仓储。[10]

采购（购买）（procurement（purchasing）） 从外部组织购买原材料、零部件和补给品以支持企业的运作。[6]

采购卡（P-卡）（procurement card（P-card）） 类似于个人使用的信用卡，只是 P-卡用于企业采购。[6]

生产率（productivity） 产出与投入的比值。[4]

精神库存（psychic stock） 为了刺激需求而维持的库存，其基本思想是客户看到库存会刺激其购买。[8]

公共仓储（public warehousing） 为所有合法的用户提供服务且对这些用户负责。[10]

纯物料（pure materials） 在加工过程中不失去重量的物料。[9]

生活质量因素（quality-of-life considerations） 将非商业因素（生活成本、犯罪率、教育机会）作为决定工厂或配送设施位置的重要考虑因素。[9]

射频识别（radio-frequency identification，RFID） 使用射频来识别已植入射频识别标签的物品。[2]

轨间距（rail gauge） 两个平行轨道内侧的距离。[12]

费率（rate） 货物运输所收取的价格。[13]

重组功能（regrouping function） 产品在供应链中流动时对产品的数量和组合进行重新安排。[10]

关系型交换（relational exchange） 是供应链成员之间的一种长期导向关系，具有信任、承诺、依赖、共同投资和利益共享的特点。[5]

订货点（reorder（trigger）point，ROP） 库存水平下降到该点时就发出补货订单。[8]

响应性（responsiveness） 组织能够满足独特的或计划外顾客需求的程度。

资产回报率（return on assets，ROA） 衡量每单位投资创造多少净利润的指标。[3]

收入（销售额）（revenues（sales）） 反映一定时期内企业提供给顾客的所有产品和服务的货币价值。[3]

逆向拍卖（reverse auction） 一个买家邀请多个卖家投标，出价最低的卖家通常会赢得该业务。[2]

逆向物流（reverse logistics） 产品从消费者向制造商的流动和储存（如产品召回和产品回收）。[4]

劳动权法（right-to-work laws） 保障工人长久在工厂工作而不必加入工会的州政府法律。[9]

运输路线选择（routing） 确定货物在发货地和目的地之间如何运输的问题。[13]

路径指南（routing guide） 提供各种运输相关信息。[13]

安全（缓冲）库存（safety (buffer) stock） 除周转库存外，为应对需求或提前期的不确定性而持有的库存。[8]

《萨班斯-奥克斯利法案》（Sarbanes-Oxley (SOX) Act） 该法案致力于提高上市公司的财务报告透明度，重树投资者对资本市场的信心。[3]

SCOR 模型（SCOR model (supply chain operations reference model)） 一种识别出与供应链管理相关的六种流程（计划、采购、制造、交货、退货和使能流程）的框架。[5]

废料（scrap materials）不能再使用的、已经废弃的物料，或生产过程的某种副产品。[6]

服务配件物流（service parts logistics） 涉及服务配件储存设施网络的设计、库存订货政策的确定、所需配件的储存、将配件从储存设施运至顾客等活动。[8]

服务补救（service recovery） 在服务或产品没能满足顾客期望之后让顾客恢复到满意状态的过程。[7]

服务补救悖论（service recovery paradox） 相较于第一次就把事情做好，一位开始不满意的顾客在经历了优质的服务补救之后可能更加满意。[7]

分享经济（sharing economy） 企业将未使用的闲置资源（过剩的仓储空间、未使用的拖车）提供给其他企业分享使用。[4]

托运人协会（shippers' associations） 与货运代理人执行基本相同功能的一种非营利性会员制的合作组织。[12]

托运人出口报关清单（shipper's export declaration, SED） 包括有关的出口交易材料，如运输方式、交易参与者以及出口物的描述。[14]

国际货物托运书（shipper's letter of instruction, SLI） 通常与托运人出口报关清单一起，提供明确的货运声明。[14]

航运公会（shipping conferences） 在某些贸易区域之间运行的所有海洋运输经营者的卡特尔组织。[14]

短途海运（short-sea shipping） 利用内陆和沿海水路将货物从国内港口运往目的地的水路运输。[14]

仿真（simulation） 一种模仿现实世界系统的技术，通常用数学方程式代表系统各组成部分之间的关系。[2]

单一供应源（single sourcing） 仅选择一个供应商提供所需产品，以期获得更低单位成本，增强与供应商的合作和沟通。[6]

六西格玛（six sigma） 强调真正消除业务差错，努力实现每 100 万个机会只出现 3.4 个瑕疵、缺陷或差错。[4]

滑托板（slip sheet） 一种由纤维板或塑料制成的平板，用于放置单元货载。[11]

泥浆系统（slurry systems） 将散装固体货物碾磨成细小的可液化的微粒，并把这些微粒和液体进行混合使之成为可流动的浆状，再以泥浆的形式通过管道运输。[12]

分类组合功能（sorting function） 该功能弥合了生产者的产品、服务组合与消费者所要求的产品、服务组合之间的差异。[1]

归类（sorting out） 将产品分为不同目标市场所需的等级和质量。[10]

投机库存（speculative stock） 为诸如季节性需求、预计价格上涨和潜在产品短缺等原因而持有的库存。[8]

现金流量表（statement of cash flows） 是反映一个组织在一定时期现金流入和现金流出动态状况的报表。[3]

存货单位（stock-keeping unit, SKU） 在库存中单独记账的每个不同商品种类。[1]

缺货（stockout） 有顾客愿意购买时产品却正好没货。[1]

缺货成本（stockout costs） 卖方无法提供买方准备购买的物品而导致的成本。[8]

易装载性（stowability） 商品打包入一件货载的难易程度。[13]

战略性采购（strategic sourcing） 指从供应链的视

角来看待购买。[6]

战略利润模型（strategic profit model，SPM） 为执行 ROA 分析提供了分析框架，它同时将收入和支出纳入考虑之中从而得出净利率，另外还考虑资产以衡量资产周转率。[3]

替代产品（substitute products） 能够与另一种产品满足顾客同样需求的产品。[8]

供应商审计（supplier audit） 对供应商结构、资源、健康以及责任进行评定。[6]

供应商开发（逆向营销）（supplier development（reverse marketing）） 指的是积极的采购参与，一般不属于供应商进行的活动。[6]

供应商园（supplier parks） 主要供应商选址于或临近汽车装配厂所在的地方，有利于降低运输成本和库存持有成本。[9]

供应商计分卡（supplier scorecards） 企业用于报告其供应商的绩效信息。[6]

供应链（supply chain） 从原材料生产者开始直到最终消费者为止的所有物品流动和转化相关的活动以及相关的信息流。[5]

供应链分析（supply chain analytics） 通过整合技术和员工的努力来识别趋势，进行比较，突出供应链流程中的机会。即使涉及大量数据，也是如此。[5]

供应链合作（supply chain collaboration） 供应链成员之间、企业与其供应商或顾客之间建立的正式或非正式的合作关系，以提高各方的整体业务绩效。[5]

供应链金融（supply chain finance） 是一套基于技术和财务的流程，力图通过允许企业延长对供应商的付款期限并同时让供应商能够得到提前付款来优化现金流。[6]

供应链管理（supply chain management，SCM） 按照供应链管理专业协会的定义，供应链管理包括采购、转化以及所有物流管理活动的计划和管理。重要的是，它还包括供应商、中介、第三方物流提供商和顾客等渠道伙伴的协调和合作。本质上，供应链管理整合了企业内和企业间的供应和需求管理。[5]

供应链合作伙伴关系（supply chain partnership） 两个供应链成员间特有的业务关系。[5]

供应管理（supply management） 涉及少数供应商的一种关系型交换方法。[6]

地面交通委员会（Surface Transportation Board，STB） 主要负责铁路运价和服务的一个美国政府机构。[12]

可持续采购（sustainable procurement） 将社会和环境因素的考量纳入采购过程的所有阶段。[6]

可持续产品（sustainable products） 既满足当代人的需求，又不损害后代人满足其需求的能力的产品。[1]

血汗工厂（sweatshops） 剥削工人的组织，对雇员既不履行财务义务，也不履行法律义务。[9]

系统方法（systems approach） 只有认识到企业主要职能领域（例如营销、生产、财务和物流）间的相互依赖性，企业目标才能够实现。[1]

速度记录仪（tachograph） 安装在卡车内，能够对卡车速度和发动机转速进行连续、实时记录的仪器。[4]

定制物流（tailored logistics） 为有相似物流需求的顾客群提供适合他们需求和需要的物流服务。[1]

关税（tariffs） 政府对某些进口产品征收的税。[14]

国际标准箱单位（twenty-foot equivalent unit，TEU） TEU 代表着一个 20 英尺的标准集装箱单位。联运货物的体积大小通常用多少个 TEU 来表示。[12]

集散中心（terminal） 货物或乘客可以在运载车辆或运输模式间转移的承运人设施或公共设施。[12]

销售条款（terms of sale） 在国际贸易中，指的是确定买卖双方移交货物的时间和地点、实体货物、支付方式、货物的法定所有权、所需单证和运输过程中货物控制和监管的责任。[14]

偷窃（偷盗）（theft（stealing）） 拿走和带走个人财物，试图剥夺合法所有者拥有它的权利。[4]

第三方物流（物流外包、合同物流）（third-party logistics（logistics outsourcing，contract logistics）） 这些概念所包含的一般观点是，一家企业（如制造商）允许一家专业性企业为其提供一种或多种物流职能（如仓储、外向运输）。[5]

吞吐量（throughput） 一定时间段内流进和流出某个设施的产品总量。[10]

时间序列预测（time series forecasting） 一组基于未来需求仅由过去需求决定这一基本假设的预测

技术。[7]

时间效用（time utility） 在顾客需要时提供产品。[1]

吨英里（ton miles） 运输货物的吨数和运输英里数的积。[12]

总成本方法（total cost approach） 将与产品移动和储存相关的所有活动看作一个整体（如总成本）而不是各自独立的观念。[1]

总拥有成本（total cost of ownership，TCO） 该方法认为企业应考虑所采购物料的获取、使用直至维护的所有成本。[6]

货物追踪（tracking） 确定货物移动过程中的具体所在位置。[13]

交易型交换（transactional exchange） 供应链参与者之间的短期导向的交易关系。[5]

运输（transportation） 两点间货物和人员的实体移动。[12]

运输管理（transportation management） 托运人或收货人购买和控制运输服务。[13]

运输管理系统（transportation management systems，TMS） 是使创建订单、提交货物、货运跟踪、审计和付款过程自动化的软件包。[2]

交通从业人员员工身份识别卡（transportation worker identification credential，TWIC） 一种对所有模式的交通运输员工进行身份识别的通用凭证。[4]

整车运输（truckload，TL） 专门运输重量大于1万磅的货物。[12]

统一的物流结构（unified logistics structure） 多个物流活动被整合到一个部门，作为一个单独的部门进行管理。[4]

单元货载（单元化）（unit load（unitization）） 将数个单元（箱或盒）合并成一个更大的单元以提高搬运效率和减少运输成本。[11]

单元货载设备（unit load devices，ULDs） 航空货运集装箱的替代名称。[12]

可变储位（variable slot location） 根据空间的可用性将空的储位分配给入库的产品。[10]

高速货位（velocity slotting） 将最常拣选的物品放在最容易接近的方便位置。[10]

供应商管理库存（vendor-managed inventory，VMI） 制造商为零售商确定补充订货的数量和时间。[8]

语音识别拣货（voice-based order picking） 利用语言来引导订单拣选活动。[7]

仓库（warehouse） 强调产品的储存，主要目的是充分利用可用的储存空间。[10]

仓库自动化（warehouse automation） 利用机械或电子设备来代替人工劳动。[10]

仓库管理系统（warehouse management systems，WMS） 是一种监督企业内部物料储存和流动的软件包。[2]

仓储（warehousing） 企业物流系统的一部分，在原产地、消费地以及它们之间储存产品。[10]

废弃物（waste materials） 已经损坏、破碎，或已不适合进一步使用或再生的物料。[6]

重量满载（weighing out） 货物已经达到了车辆或集装箱的负荷能力，但还没能填满所有的可利用空间。[11]

增重产品（weight-gaining products） 在加工过程中重量不断增加的产品，这类产品的加工地点应靠近市场。[9]

失重产品（weight-losing products） 在加工过程中会失去相当大一部分重量的产品，这类产品的加工地点应选择在靠近开采或收获的地方。[9]

无线通信（wireless communication） 不通过电线电缆进行的通信，包括红外线、微波、无线电传输等。[2]

图书在版编目（CIP）数据

物流学：第12版/小保罗·墨菲，迈克尔·克内梅耶著；杨依依译. —北京：中国人民大学出版社，2019.11
（工商管理经典译丛. 运营管理系列）
ISBN 978-7-300-27552-9

Ⅰ.①物… Ⅱ.①小… ②迈… ③杨… Ⅲ.①物流-高等学校-教材 Ⅳ.①F25

中国版本图书馆CIP数据核字（2019）第226430号

工商管理经典译丛·运营管理系列
物流学（第12版）
小保罗·墨菲　迈克尔·克内梅耶　著
杨依依　译
Wuliuxue

出版发行	中国人民大学出版社		
社　　址	北京中关村大街31号	**邮政编码**	100080
电　　话	010－62511242（总编室）		010－62511770（质管部）
	010－82501766（邮购部）		010－62514148（门市部）
	010－62515195（发行公司）		010－62515275（盗版举报）
网　　址	http://www.crup.com.cn		
经　　销	新华书店		
印　　刷	涿州市星河印刷有限公司		
开　　本	787 mm×1092 mm　1/16	**版　　次**	2019年11月第1版
印　　张	20.25 插页1	**印　　次**	2025年3月第5次印刷
字　　数	436 000	**定　　价**	75.00元

Pearson

尊敬的老师：

您好！

为了确保您及时有效地申请培生整体教学资源，请您务必完整填写如下表格，加盖学院的公章后以电子扫描件等形式发我们，我们将会在 2～3 个工作日内为您处理。

请填写所需教辅的信息：

采用教材				□ 中文版 □ 英文版 □ 双语版
作　者			出版社	
版　次			ISBN	
课程时间	始于　　年　月　日		学生人数	
	止于　　年　月　日		学生年级	□ 专科 □ 本科 1/2 年级 □ 研究生 □ 本科 3/4 年级

请填写您的个人信息：

学　校			
院系/专业			
姓　名		职　称	□ 助教 □ 讲师 □ 副教授 □ 教授
通信地址/邮编			
手　机		电　话	
传　真			
official email（必填） (eg：×××@ruc. edu. cn)		email (eg：×××@163. com)	
是否愿意接受我们定期的新书讯息通知：　□ 是　□ 否			

系/院主任：＿＿＿＿＿＿＿＿（签字）

（系 / 院办公室章）

＿＿年＿＿月＿＿日

资源介绍：

——教材、常规教辅资源（PPT、教师手册、题库等）：请访问 www. pearsonhighered. com/educator。（免费）

——MyLabs/Mastering 系列在线平台：适合老师和学生共同使用；访问需要 Access Code。（付费）

地址：北京市东城区北三环东路 36 号环球贸易中心 D 座 1208 室（100013）

Please send this form to：copub. hed@pearson. com

Website：www. pearson. com

中国人民大学出版社　管理分社

教师教学服务说明

中国人民大学出版社管理分社以出版工商管理和公共管理类精品图书为宗旨。为更好地服务一线教师，我们着力建设了一批数字化、立体化的网络教学资源。教师可以通过以下方式获得免费下载教学资源的权限：

★ 在中国人民大学出版社网站 www.crup.com.cn 进行注册，注册后进入“会员中心”，在左侧点击“我的教师认证”，填写相关信息，提交后等待审核。我们将在一个工作日内为您开通相关资源的下载权限。

★ 如您急需教学资源或需要其他帮助，请加入教师 QQ 群或在工作时间与我们联络。

中国人民大学出版社　管理分社

教师 QQ 群： 648333426（工商管理）　114970332（财会）　648117133（公共管理）
教师群仅限教师加入，入群请备注（学校＋姓名）

联系电话： 010-62515735，62515987，62515782，82501048，62514760

电子邮箱： glcbfs@crup.com.cn

通讯地址： 北京市海淀区中关村大街甲 59 号文化大厦 1501 室（100872）

管理书社　　人大社财会　　公共管理与政治学悦读坊